불교심리학과
인지행동치료

Buddhist Psychology and Cognitive - Behavioral Therapy

자비중심치료 임상 실제

불교심리학과
인지행동치료

Buddhist Psychology and Cognitive - Behavioral Therapy

데니스 터치 · 로라 실버스타인 · 러셀 콜츠 지음

윤희조 · 윤영선 옮김

씨
아이
알

서문

2005년 나는 내가 회장으로 있던 국제인지심리치료협회가 주최하는 국제인지심리치료 콘퍼런스에 참석하기 위해 스웨덴 예테보리에 있었다. 공식프로그램 하루 전날 인지치료의 창시자인 아론 벡Aron Beck과 불교를 대변하고 있는 달라이 라마Dalai Lama가 대화를 나누는 회의에 참석하였다. 이 대화는 놀라운 일이었고, 나머지 콘퍼런스에 많은 영감과 지혜를 불어넣었다. 알고 보니 벡은 수년간 마음챙김 명상을 해왔고 달라이 라마는 벡의 인지치료법의 팬이라는 것을 밝혔다. 벡은 인지치료사가 내담자에게 어떻게 한 발 물러서서 관찰하게 하는지, 그 생각이 현실과 같지 않다고 생각하게 하는지를 설명하였다. 그리고 인지치료사들이 그 생각이 의미하는 바가 무엇인지, 그 생각의 근거는 무엇인지, 다르게 생각하는 방식은 어떤 가치를 가지는지를 내담자가 검토하기를 요구하는 것을 설명하였다. 달라이 라마는 그 방식이 불교의 접근법과 일치한다는 것에 열렬히 동의하였다. 둘은 학문적으로, 인간적으로 강력한 유대감이 있는 것처럼 보였다. 2014년 11월에 인지치료에 종사하는 많은 사람들이, 예를 들어 옥스퍼드대학교의 데이비드 클라크David Clark, 보스턴대학교의 스테판 호프만Stefan Hofmann, 펜실베이니아대학교의 주디스 벡Judith Beck과 롭 드루비스Rob DeRubeis, 반드빌트대학교의 스티브 홀론Steve Hollon, 인지치료센터의 크리스틴 파데스키Christine Padesky가 필라델피아에 있는 벡의 아파트에서 만났다. 벡은 달라이 라마가 최근 방문해서 공통의 관심사에 대해서 이야기를 나누면서 함께 점심 식사를 했던 이야기를 해주었다.

이 책의 저자들은 두 가지 전통, 즉 불교의 지혜와 인지행동치료를 일관되게 연결하고자 한다. 실재, 무상성, 마음챙김, 수용, 연민, 자아, 자애와 같은 중요한 개념을 불교가 어떻게 보고 있는지, 이 개념들이 좀 더 의미 있고 완전한 삶을 살도록 어떻게 도울 수 있는지를 학문적으로 상세하게 기술하고 있다는 것이 이 책의 참으로 고유한 특징이라고 할 수 있다. 이 책은 역사적인 문헌을 인용하는 것뿐만 아니라 실제로 내담자들에게 무엇을 말해야 하고, 무엇을 해야 하는지에 대해서 많은 것을 다루고 있다. 또한 이 책은 이러한 기법들이 왜 가치가 있는지에 대해서 광범위하게 다루고 있다.

물론 인지행동치료 안에는 벡의 접근법, 행동활성화기법, 수용전념치료, 변증법적 행동치료, 마음챙김에 기반한 인지치료, 연민중심치료 등과 같은 다양한 학파가 있다. 일부 학파는 특정 기법 또는 다른 학파나 상담사가 사용하는 작업가설의 중요성에 대해서 동의하지 않을 수 있다. 이는 적극적이고 개방되어 있는 지적 활동의 장에서는 자연스러운 결과다. 개인적으로 효과가 있는 것은 무엇이든 사용하는 것이 좋다고 생각한다. 그래서 나는 그것들 전부를 사용한다. 그러나 적절한 시기에, 적절한 문제에 대해서, 적절한 내담자에게 사용한다. 나는 그것을 유연하게 적용해야 한다고 생각한다.

그러나 이러한 접근법들 각각은 불교의 일부 측면과 연관될 수 있다. 불교가 반드시 벡의 접근법이나 수용전념치료와 연관되어야 한다는 것이 아니고, 불교가 이러한 접근법에 대한 우리의 이해를 확장시킬 수 있고, 이러한 접근법들을 더 넓은 역사적 맥락 속에 놓을 수 있다고 이야기하는 것이다. 이 책을 읽으면서 불교의 지혜에 더욱 감사하게 되었고, 유익하며 실용적이고 활용할 수 있는 정보를 제공하기 위해서 부단히 노력해준 저자들에게 감사한다. 저자들의 훌륭한 업적에 찬사를 보내야 마땅하며, 이 책을 우리 손에 쥐게 된 것은 행운이다.

마지막으로 몇 년 전 예일대학교 동창회에 참석했을 때가 생각난다. 거기서 한 동창생과 함께 긍정심리학, 감사, 연민에 대해서 이야기를 나누고 있었다. 그 친구는 눈을 반짝이며 나를 쳐다 보면서 다음과 같이 말했다.

"밥, 2000년 전에 이미 이런 이야기를 한 사람들이 있었던 것 같아."

다른 사람들은 이미 알고 있던 것을 우리는 계속 배우고 있는 것 같다.

로버트 레히
철학 박사, 미국 인지치료협회 회장
웨일코넬메디컬대학교 정신의학과 임상심리 교수

옮긴이의 글

　불교상담을 처음 접하는 학생들은 불교에 대해 난감해하곤 했다. 불교의 범위가 너무 광범위하다는 것이다. 이 문제에 대해서 나는 불교상담은 불교심리학을 이론적 근거로 하기 때문에 불교 전반을 모두 공부할 필요는 없고, 불교의 한 분야인 불교심리학만 공부하면 된다고 설득하였다. 그때 이후 불교심리학의 체계를 세우는 것은 나의 연구과제가 되었고, 지금까지 40여 편의 논문을 통해서 꾸준하게 이 작업을 지속하고 있다.

　또 하나, 불교와 서구심리학을 비교하고 있는 서구의 저술을 번역하는 작업을 하고 있다. 『붓다와 프로이트』, 『붓다와 아들러의 대화』, 『만다라미술치료』와 같은 책이 이 작업의 결과물이고, 이러한 작업의 일환으로 본서를 번역하게 되었다. 불교적 요소가 가장 많이 활용되고 있는 분야가 인지행동치료의 제삼의 물결이라고 할 수 있는 분야다. '마음챙김'으로 시작하는 일련의 심리치료는 불교수행의 영향하에서 이루어지고 있는 작업으로 본서는 이러한 작업의 가능성을 보여준다고 할 수 있다.

　저자들은 불교심리학과 인지행동치료의 융합 가능성을 진지하게 고민하고 있다. 그리고 이러한 가능성을 임상적으로 구현할 수 있는 가능성까지 본서에서 제시하고 있다. 사성제, 삼법인, 칠각지, 팔정도를 기본으로 이를 인지행동치료적으로 접목하고 있다. 나아가서는 깨달음의 관점에서 칠각지와 팔정도를 통한 임상사례 개념화를 하고 있다는 점은 획기적이라고 할 수 있을 것이다. 따라서 본서는 인지행동치료의 미래의 지향점을 보여주는 한편, 불교심리치료가 서구심리치료와 어떻게 접목될 수 있는지를 보여주고 있어 인지행동치료 기반의 전문가뿐만 아니라 불교심리치료 전문가들에게도 많은 통찰을 줄 것으로 생각한다.

　본서를 번역하는 데 의역에 의존하지 않고 가능하면 원의에 가깝게 번역하였다. 이는 인지행동치료의 관점에서 이해한 용어를 불교심리학적 용어로 환원할 가능성이 있기 때문이다. 인지행동치료적 관점에서 불교심리학을 새롭게 이해하는 것을 보는 것이 불교심리학의 하나의 지향점을 제시하는 것이 될 것이다. 한 예로 팔정도 각각에 대해 '건강한'이라는 용어로 번역하였다. '바른'을 '건강한'으로 번역어를 제시하고 있는 것이 불교심리학의 지평을 넓힐 수 있겠다는 생각에 그대로 번역하였다.

　이 책의 초역을 맡아준 공역자이신 윤영선 박사의 헌신이 없었다면 이 책은 시작도 하지 못했을 것이다. 공역자의 노고에 감사를 전한다. 또한 윤문을 맡아준 엄세정 선생에게 감사를 전한다. 꼼꼼하게 한글의 맥락을 잡아주었고, 번역투의 어법을 가능하면 자연스럽게 잡아주었다. 그리고 오랫동안 번역 원고를 기다려주신 도서출판 씨아이알에 죄송스러운 마음과 감사를 전한다. 특히 최장미 편집자에게 감사를 전한다.

공역자 대표 윤희조

감사의 글

공저자인 로라와 러셀에게 깊은 감사와 존경을 보낸다. 지난 4년 동안 로라는 새로운 삶으로 나아가는 여정을 함께 한 파트너였고, 이 책을 집필하는 동안 모든 일의 중심에 있었다. 이 책을 탈고할 때 나는 새로운 시작을 함께하기를 기대하고 있다. 러셀, 당신의 믿음과 용기는 이 작업을 가능하게 했다. 친구여, 당신과 함께 이 책을 집필한 것은 영광이었다.

길포드 출판사의 헌신적이고 현명한 편집자인 짐과 제인에게 감사를 전한다. 짐의 비전은 이 책을 만드는 데 핵심적 역할을 했고, 제인의 인내, 정확성은 많은 도움이 되었다. 이 책을 만드는 데 도움을 준 길포드 출판사의 모든 관계자들에게 감사를 전한다.

알게 되어서 영광인 나의 멘토들에게 감사를 전한다. 레히Robert Leahy, 길버트Paul Gilbert, 칸Paul Genki Kahn, 프립Robert Fripp, 윌슨Kelly Wilson, 헤이즈Steven C. Hayes, 아모디오Richard Amodio, 파이어스톤Lillian Firestone, 휴즈Michael Hughes, 캄필롱고Jim Campilongo, 지베일레Tony Geballe, 헤이즈Stephen K. Hayes에게 감사를 전한다. 특히 이 책을 만드는 데 큰 역할을 해준 밥 레히Bob Leahy의 도움이

컸다. 추천사를 써준 것에 대해서도 감사를 전한다.

나의 동료들에게도 감사를 전한다. 특히 아이언스Chris Irons, 브락Martin Brock, 올리프Laura Oliff, 멜와니Poonam Melwani, 멕휴Louise McHugh, 해리스Russ Harris, 쇤도르프Benjamin Schoendorff, 왈셔Robyn Walser, 라이트M. Joann Wright, 커틴Aisling Curtin, 프레스티Nanni Presti, 헤이즈Louise Hayes, 브랠러Christine Braehler, 세이지Mia Sage, 시어스Richard Sears, 하이네베르그Yotam Heineberg, 네프Kristin Neff, 라이너 Meredith Rayner, 구리에리Margherita Gurrieri, 베턴Sonja Batten, 시스티Mark Sisti, 델리베르토Tara Deliberto, 거머Chris Germer, 필레키Brian Pilecki, 화이트Ross White, 본드 Frank Bond, 산도스Emily Sandoz, 찬Christian Chan, 후버드Bruce Hubbard, 페메넬라Mike Femenella, 후퍼Nic Hooper, 벨Tobyn Bell, 코드 3세Trent Codd III, 시걸Zindel Segal에게 감사를 전한다.

로라의 가족들은 이 작업을 하는 동안 에너지의 원천이었다. 나의 어머니, 가족, 형, 형의 가족에게 감사를 전한다. 이 책을 준비하는 동안 친구들, 특히 마크Mark, 크리스 텐슨Elizabeth Christensen, 인우드Philip Inwood에게 감사를 전한다. 또한 지난 몇 년 동안 연민의 길을 함께 걸어온 모든 내담자들에게 행운이 있기를 기원한다.

마지막으로 우리들의 수많은 영적 조상에게 감사를 전하고자 한다. 현재의 우리 목표를 위해서 깊은 사랑과 존경을 그들에게 전한다. 석가모니 붓다shakyamuni Buddha, 초걈 트룽파 린포체Chogyam Trungpa Rinpoche, 존 베넷 John G. Bennett, 순류 스즈키Shunryu Suzuki, 조지 아바와노비치 구르지에프George Ivanovich Gurdjieff, 케이스 리처드Keith Richards….

데니스 터치

우리와 비슷한 마음을 가진 사람들의 지지와 가이드가 없었다면, 이 책은 완성되지 못했을 것이다. 특히 공저자인 데니스 터치와 러셀 콜츠에게 감사의 인사를 전할 수 있는 기회를 갖게 되어 기쁘고 영광스럽다. 이 두 사람에게 감사와 존경을 충분히 표현하지 못한 것 같다. 러셀, 당신의 깊은 곳에서부터 나오는 따뜻함, 공감, 친절, 열정은 나에게 경이로움과 동기부여, 용기를 내게 하는 원천이었습니다. 데니스, 당신의 파트너십, 우정, 수용, 앎에 대한 탐구의 열정에 감사를 표합니다.

나에게는 항상 든든한 기준점이 되어준 사람들에게 또한 감사를 전하고 싶다. 여동생 에리카, 타인을 배려하는 우아함과 섬세함을 보여주고, 끊임없는 힘은 세상을 변화시키고자 하는 열망과 함께 한다는 것을 가르쳐주었다. 부모님이 보여주신 삶의 모습은 나에게 용기, 호기심, 조망을 주었다. 항상 감사드린다.

시간과 인내심을 가지고 나를 가르치고, 나와 함께 배운 모든 이들에게 감사를 전한다. 특히 길버트, 베인Thomas Bein, 레히, 멕긴Lata McGinn, 카디네일James Cardinale, 울포크Robert Woolfolk, 앨런Leslie Allen, 샌드Shara Sand, 윌슨, 헤이즈, 콘필드Jack Kornfield, 살즈버그Sharon Salzberg, 아이언스, 거머, 네프, 보르코벡Tom Borkovec, 리처드Brad Richards, 디메프Linda Dimeff, 하이트로Lauren Whitelaw, 영Jeff Young에게 감사한다. 내가 항상 집, 가족이라고 부르는 많은 그룹과 커뮤니티에게 감사를 전한다. 프리Fritz, 영Young, 콘도Kondo, 터치Tirch, 만Mann, 라이헨바흐Reichenbach, ACBS, ACT-NYCE, CFT, CBT, OMEGA 패밀리에게 감사를 전한다. 자애, 연민, 공감, 평온함을 느낄 수 있는 환경을 만들어주신 모든 분들께 감사를 전한다.

로라 실버스타인

가장 먼저 공저자인 데니스 터치와 로라 실버스타인에게 감사를 전하고 싶다. 이들의 헌신이 없었다면 이 책은 불가능했을 것이다. 더 중요한 것은 그들의 격려, 지혜, 헌신, 우정은 매일 나에게 영감을 주었다. 또한 아내, 아들, 부모님에게 감사를 전한다. 그들의 변함없는 지지는 나를 고양시켰고 이 작업에 헌신하도록 힘을 주었다.

길버트와 그의 가족, 데니스와 로라, 아이언스Chris Irons와 이오안노우 Korina Ioannou, 리Deborah Lee, 윌포드Mary Welford, 크리Michelle Cree, 헨드슨Lynn Henderson, 벨Tobyn Bell, 루크레Kate Lucre, 브렐러Christine Braehler, 애쉬워스Fiona Ashworth, 클랩튼Neil Clapton, 고스Ken Goss 등 연민중심치료 프로그램을 함께한 동료와 친구들은 물론 이스턴 워싱턴대학교의 동료와 지원은 귀중한 자산이 되었다. 그들은 이 작업을 완벽하게 할 수 있도록 지지와 용기와 우정을 보내주었다. 그들에게 다시 한번 감사를 전한다.

러셀 콜츠

차례

9 증거에 기반해서 중도의 길로 더 깊이

10 깨달음과 사례 개념화

연습 차례

1

불교심리학과 인지행동치료의
기능적 관계에 대한 서론

1 불교심리학과 인지행동치료의 기능적 관계에 대한 서론

과거를 돌아보지 말고 미래를 바라지 말라.
지나간 것은 이미 사라졌고 미래는 아직 오지 않았다.

지금 여기에서 일어나는 일을 통찰하는 자는 누구라도
그 일에 동요하거나 흔들리지 않고 알면서 통찰을 함양하라.

　　　　　　　　　　　　　　　　　　－ 붓다, 『맛지마니까야』 131

당신이 사랑하는 모든 것은 변하고 어떻게든 그것을 잃게 되겠지만
그래서 더욱 소중한 것이다.

　　　－ 브리지스와 글라스맨, 『젊은이와 선사*The Dude and the Zen Master*』

유사 이래로 인간은 고통에서 벗어나는 더 나은 방법을 개발하려고 끊임없이 노력해왔다. 각각의 시대는 그 시대의 패러다임에 따라 마음의 동요를 가라앉히고 정서적·신체적 고통을 치유하기 위한 영적·세속적 기법을 다양하게 이끌어냈다.

영적 존재를 불러서 도움을 청하는 샤머니즘 의식에서 가톨릭의 고해성사까지, 프로이트의 정신분석에서 기능적 자기공명영상법까지 고통에

대한 질문은 계속해서 기술적 혁신과 철학적 질문에 영감을 주었다 (Gilbert, 1989; Moyers, 1993; Woolfolk, 1998). 삶이 아무리 힘들지라도 인류는 삶의 어려움이나 비극 앞에서 더 효과적으로 일하고, 더 행복하고, 더 살 만하게 삶을 만들기 위해 강인한 정신으로 끊임없이 노력한다. 수 세기 동안 선수행Zen meditation과 같은 과학 이전의 방법을 사용한 수많은 사람 은 그러한 방법이 삶의 질을 높이고 삶의 부담을 줄인다고 말한다. 인지 행동치료CBT, Cognitive-Behavioral Therapy와 같이 과학적 연구에 기초한 방법들 은 불과 수십 년 전에 나온 것이지만, 우리에게 특별한 도움을 주고 있다. 과학적 방법은 심리학적 방법을 정교화하고 구체적으로 만들었다. 그 결과 우리는 특정한 과정과 절차가 인간의 행동에 미치는 영향과 그 영향을 예측 하는 것을 시험하고 신뢰할 수 있게 된다(Barnes-Holmes, Hayes, Barnes-Holmes, & Roche, 2002; Hawton, Salkovskis, Kirk, & Clark, 1989; Skinner, 1953). 이런 방식 으로 우리는 인간의 고통에 대해 신뢰할 수 있고 실제적으로 접근 가능한 개입 방법을 사용할 수 있다. 인지행동치료 기법은 경험적으로 철저하게 확증되고 널리 알려진 기법으로, 모든 사람이 마음의 고통에서 벗어날 수 있도록 돕는다. 이 연구가 계속되면서 여러 가지 방법이 정교해지고, 새로운 기법이 나오고, 유용하지 않은 방법은 사라졌다. 이렇게 과학은 우리의 고통에 대한 이해와 그것에 대응하는 방법을 발전시켰다.

나아가 증거 기반 심리치료와 고대의 명상수행에 대한 이해가 깊어짐 에 따라, 인지행동치료 기법과 명상수행을 통합할 가능성이 생겨났다. 고 대의 전통적 지혜와 연구 기반 심리치료를 통합하는 것은 응용심리학의 새로운 방향성을 제시하고 있다.

이 책은 불교심리학을 인지행동치료 전문가들이 심리치료에 포괄적으로 적용할 수 있도록 소개하고자 한다. 우리는 불교심리학과 인지행동치료를 통합하는 데 고려해야 할 점을 명료화하고, 치료사를 위한 새로운 가능성을 도출하고자 한다. 이를 통해서 불교심리학과 인지행동치료에 증거 기반 원리가 더 많이 적용되고 채택되기를 희망한다. 그리고 이러한 토대와 실제를 명료화함으로써 독자와 우리 사회가 이런 발전적 과정에 함께하기를 희망한다.

인지행동치료와 불교심리학의 개념과 실제

이 책은 널리 보급되어 있으며 많은 연구가 진행되고 있는 두 가지 방법, 즉 인지행동치료와 불교심리학에 초점을 맞추고 있다. 인지행동치료는 정신 기능에 대한 단일 모델이라기보다는 경험적으로 검증된 여러 가지 치료법을 말하며, 현재 효과 연구의 측면에서 표준적인 심리치료 접근법으로 인식되고 있다. 이러한 인식은 인지행동치료가 과학적 방법과 증거 기반을 실제로 강조하기 때문으로 보인다(Baker, McFall, & Shoham, 2009). 일반적으로 인지행동치료 접근법은 광범위한 심리적 문제에 대하여 수백 개의 무작위 통제 집단 실험을 통해서 그 효과를 검증했다. 특히 인지치료(Butler, Chapman, Forman, & Beck, 2006)와 불안장애에 대한 인지행동치료의 강력한 근거(Barlow, 2004)는 뛰어난 연구 기록을 남겼다. 또한 인지행동치료에 포함된 과정은 종종 기초 실험연구(Ruiz, 2010; Alford & Beck, 1998)와 치료 과정이 그 결과에 의미 있는 변화를 적극적으로 중재한다는 것을 밝힌 연구와 이어진다. 경험적으로 지지받는 과정과 중재 연구에 대한 이러한 강조는 수용전념치료ACT, Acceptance and Commitment Therapy에서 특히 널리 퍼져 있다(Hayes, Strosahl & Wilson, 2011). 인지행동치료는 언어, 기법, 철학에서 의미 있는 유사점과 차이점을 모두 가진 수많은 치료 모델과 과학적 이론을 주도한다. 이러한 변화는 증거 기반 기법을 사용하는 수많은 치료사와 적극적인 연구 프로그램을 구성하는 세계 학계의 지속적인 연구를 통하여 드러난다. 현재 매우 다양한 인지행동치료 이론과 모델이 마음의 질병을 치료하고 더 건강한 마음이 되는 것을 목표로, 인간의 모든 경험에 적용되고 있다(Herbert & Forman, 2011, p.1).

여기에서 사용하는 불교심리학이라는 용어는 적어도 2,600년 동안 사람들을 고통에서 해방시키기 위하여, 불교에서 사용한 응용심리철학과 심리기법의 전통을 말한다. 불교는 여타 세계적·유신론적·영적 전통의 종교와는 본질적으로 다르다. 비록 붓다의 가르침은 문화적으로 윤회나 다른 영적 현상에 대한 믿음을 지지하지만, 역사적 붓다의 가르침이나 불교심리학은 신의 존재, 사후세계, 영혼의 존재에 관한 것을 주장하지 않는다. 따라서 불교는 서양의 과학과 실험처럼 많은 사상과 학파가 있으며, 여전히 노력하고 있는 종교이다.

때로는 종교의 요소를 과학적 과정에 적용해야 하는지에 대한 의문을 연구자와 치료사에게 제기할 수 있다. 만약 우리가 과학적 분석, 실험과 신뢰성 없이 신비한 가정을 채택할지 여부에 대한 논의는 중요하고 타당할 것이다. 더 나아가 만약 우리가 유신론적 종교의 가정을 채택하거나 유일신, 여러 신 또는 그 존재를 증명할 수 없는 초자연적 실체를 주장한다면 지적·존재론적 근거가 매우 흔들릴 것이다. 그러나 인간 조건의 요구에 가장 적합한 글로벌 심리학의 발전 과정에서 불교심리학을 통합하는 것은 위의 어느 것과도 상관이 없다. 인지행동치료와 불교심리학의 통합을 통해서 고통을 줄이기 위한 증거 기반의 응용심리학 체계를 우리는 보여줄 것이다.

본질적으로 응용 불교심리학은 발견의 과정과 개인적 경험주의로 볼 수 있다. 불교는 그러한 경험주의를 강조하며, 불교의 가르침은 타당성과 신뢰성에서 현재에도 여전히 유효하다(Dalai Lama, 1991). 가장 핵심적인 가르침조차도 그저 진리로 받아들이지 않고 검증한다. 만약 실증적 분석을 통하여 오류가 증명되면, 그 가르침은 바꾸고 발전해야 한다(Dalai Lama, 1991). 불교심리학은 계시나 맹목적 신앙이 아닌 탐구와 분석을 통하여 나온 것이다. 불교는 경험의 관찰, 현실과 의식의 관계, 인과론을 이해함으로써 인간의 경험을 탐색하는 대안적 방법을 제공한다.

전통에 따르면, 기원전 6세기경 히말라야 동쪽 한 부족국가의 왕자였던 석가모니 붓다Shakyamuni Buddha는 인도 아대륙의 명상과 철학 전통을 공부하는 진지한 학생이었다. 역사적으로 이 시기에는 요가, 주의집중 훈련, 행동변화 방법에 대한 수많은 기법이 몇백 년 된 과학 이전의 전통 안에서 종교를 통하여 발전하고 있었다. 붓다는 이 방법들을 익히고 나서, 고통에서 해방되기 위하여 마음을 훈련하는 혁신적인 기법을 발전시켰다. 붓다는 영적, 초자연적 전제를 배제하고 개인적 훈련과 실용적 결과에 의지했다. 이 방법은 붓다가 살아있는 동안 지역적으로 성행하게 되었고 그의 사후에는 광범위하게 퍼져나갔다. 그 후 2,600년 동안 그 방법은 세계적으로 수많은 불교 승려와 학자, 재가신자들의 수행을 통하여 철저하게 연구되고 지속적으로 발전하였다. 그 과정이 서양 학문에서 규정한 순서를 따르지는 않았지만, 불교는 주관적이고 실용적인 경험주의, 논리적 분석, 신경현상학의 형태(Varela, 1996)를 포함하면서 계속 발전해왔다. 20세기와 21세기에 초기불교의 주관적 경험주의는 서양과학의 전통과 융합되기 시작하면서 보다 정교해져서 과학에 토대를 둔 불교심리학의 가능성을 제시하였다.

당신이 있는 곳에서 시작하라

지금 여기에서 당신의 주의를 곧장 신체적 경험으로 가져오는 시간을 가져라. 그렇게 하는 것이 안전하다면, 잠시 눈을 감고 깊고 느리고 완전한 심호흡을 세 번 하면서 호흡과 관련된 신체 감각에 할 수 있는 한 많은 주의를 기울여라. 이제 눈을 뜨고 다음 글을 읽어라.

이 글을 담고 있는 책, 스마트폰, 태블릿을 들고 있을 때 당신의 손은 그 무게를 느낄 수 있을 것이다. 당신은 그것에 의미를 부여하는 흑백 기호의 패턴을 조사한다. 이 모든 것은 동시에 그리고 힘들이지 않고 일어난다. 당신은 그것을 전혀 알아차리지 못하고 단순히 읽는 행동만 자각했을 것이다.

당신은 '머리로' 읽은 단어를 단지 '듣고' 있었을 것이다. 당신의 주의는 이미 책에서 벗어나 내일의 어떤 상상이나 과거의 추억으로 방황했을 수 있다. 이 모든 것은 바로 지금 살아있는 당신이 겪은 인간의 고유한 경험의 일부다. 우리가 알고 있는 한, 다른 어떤 동물도 이 모든 과정을 한 번에 처리하거나 이런 종류의 경험을 할 수 없다.

이러한 깨달음은 우리를 『법구경Dhammapada』으로 알려진 역사적 붓다의 원래의 가르침으로 이끈다(Cleary, 1994; Friedlander, 2009).

- 생명을 유지하기 위한 잠재적 조건이 지구에 나타날 확률이 얼마나 낮은지 안다면, 당신이 바로 지금 여기 있다는 것이 놀랍지 않은가?
- 그리고 생명체가 인간의 의식 수준까지 진화할 가능성이 얼마나 낮은지를 고려하면, 읽기는 고사하고 생각할 수 있는 능력을 갖고 있다는 것은 매우 이상하지 않은가?
- 그리고 지구에서의 삶이 그토록 많은 사람에게 얼마나 힘든지, 상대적으로 평화롭고 번영하는 시대에 사는 것이 얼마나 드문 일인지를 생각할 때, 우리가 이 책을 통해 지금 여기에서 누군가와 함께 소통할 수 있다는 것은 얼마나 행운인가?
- 누군가 지금 당신을 어깨 너머로 지켜보고 있다면, 그 사람은 비교적 안전하고 건강하며 잘 먹고 잘 교육받은 사람, 함께하는 인간의 고통을 덜어주기 위해 더 많이 배우려는 사람을 보게 될 것이다.
- 비록 우리가 알고 있는 우주에서 이 사건이 일어날 가능성이 놀랄 만큼 희귀하다 할지라도, 잠시 그 일을 멈추고 감사할 가치가 있지 않은가?

우리는 인간의 뇌 속에 있는 신경세포들이 하늘의 별보다 해변의 모래알보다 더 조밀하게 연결되어 있음을 안다(Davidson, Jackson, & Kalin, 2000; LeDoux, 2002). 언어, 생각, 패턴 인식, 자극을 비교할 수 있는 인간의 능력은 다른 어떤 동물도 보여줄 수 없다. 환경과 상호작용하고, 적응하고, 문제해결을 위한 도구를 만드는 인간의 능력은 그 효율성과 정밀함에서 경외심을 불러일으킨다. 그 외에도 지혜, 연민, 친절에 대한 우리의 잠재력은 놀라운 것이다. 다른 생물과 달리 우리는 무조건적인 사랑과 관대함의 잠재력을 갖도록 진화했다.

그럼에도 불구하고 당신은 인간이기 때문에, 우리는 또한 당신에게 더 이상 용기를 줄 수 없는 어떤 것이 있음을 알고 있다. 우리는 당신이 투쟁하고 있고 고통스러워하고 있음을 안다.

괴로워하고 투쟁하는 것이 인간 마음의 본성이기 때문에 우리는 그것을 안다. '일상적인' 인간의 관점에서 본다면 삶은 바퀴가 약간 조정되지 않은 느낌처럼 계속해서 균형이 맞지 않는 것처럼 보일 수 있다.

우리는 세계적인 번영의 시대에 살고 있지만 일반인의 50%는 살아가는 동안 주요 심리장애로 고통받고 있다(Kessler et al., 1994; Kessler, Chiu, Demler, & Walters, 2005). 그 외에 그러한 진단을 받지 않은 수많은 사람도 중독이나 기타 자기 파괴적인 행동 문제를 경험한다. 대략 우리 중 반은 삶의 어느 시점에 자살을 심각하게 고민하게 된다(Chiles & Strosahl, 2005). 많은 사람이 비극적 상실, 학대, 방치, 박탈을 경험한다. 우리 모두는 죽는다. 엄청난 부의 그림자 아래에서 극도의 빈곤을 찾을 수 있다. 국가들은 전쟁을 벌이면서 죽음, 부상, 재난, 빈곤, 증오를 퍼뜨린다.

인간 의식이 기적적으로 성장함에도 불구하고, 우리 대부분은 만성적인 '질병dis-ease'을 겪을 것이며, 이를 통해 우리는 어느 정도 만성적인 불행과 불안한 걱정을 경험할 것이다. 이 질병은 "만족스럽고 완전하며 행복하다고 느낄 수 있는 조건과 상태를 항상 추구하는 삶이 가지는 스트레스와 본질적 불만족"이라고 묘사할 수 있다(Kabat-Zinn, 2009, p.xxvii). 어떤 의미에서 인간 경험의 핵심적인 진리는 괴로움의 진리다.

작곡가 로버트 프립Robert Fripp은 이 모든 고통과 투쟁의 한가운데서 "합리적인 사람은 절망할 수도 있지만, 희망은 합리적이지 못한 것이며 사랑은 그보다 더 합리적이지 못한 것이다"라고 말했다. 우리가 관찰한 바와 같이 지난 수천 년 동안 지혜의 전통, 마음의 과학, 명상 분야는 인간이 괴로움의 순환으로부터 벗어날 수 있는 길을 제시하였다. 나중에 더 논의하겠지만, 앞으로 나아가는 이 길에는 연민, 지혜, 유연한 반응 패턴, 용기와 명확한 자각을 가지고 고통을 경험할 수 있는 능력이 필요할 것이다. 우리는 인간인 상태를 피할 수 없고 인간으로 존재할 수밖에 없지만, 그것으로 무엇을 할 것인지에 대한 선택권이 있다. 우리는 재능이자 고통인 인간의 마음을 사용하는 새로운 답, 새로운 방법을 찾을 수 있다. 우리 고통의 원천인 마음이 우리의 구원이 될 수도 있다.

인지행동치료와 불교심리학을 자세히 살펴보면, 다양한 문화적 맥락에서 발전해온 전통을 발견할 수 있다. 그러나 이러한 전통은 공통의 목표, 공통의 기법, 심지어는 공통의 역사적 요소까지 공유하고 있다. 더 중요한 것은 인지행동치료와 불교심리학이 서로의 발달과 관점에 영향을 미치기 시작했다는 것이다. 불교심리학과 인지행동치료는 둘 다 현실에 대한 더 명확한 이해를 제공하고, 인간의 투쟁과 개인적 발달에 대한 새로운 접근법을 계발하기 위한 효과적인 맥락을 만들어서 고통의 경험을 관찰하고, 질문하고, 완화하는 것을 목표로 한다. 불교심리학과 인지행동치료는 공통된 목표와 기능을 추구하는 데 서로 접근하기 쉽고, 서로 강력한 기여를 한다.

이제 최소한 서양 세계에서는 인지행동치료와 불교는 함께 진화하고 있다고 볼 수 있다. 이러한 변화는 인지행동치료의 선구자 가운데 한 명인 미국의 위대한 심리학자 윌리엄 제임스William James에 의해 일 세기 전에 예언되었던 것이다. 제임스(1902/2009)는 불교가 "모든 사람이 지금부터 25년간 연구할 심리학"이라고 말했다. 제임스의 예측은 정확했지만, 100년 정도 빨리 현재의 불교 지식혁명을 서양심리학에 소개했다.

현재와 미래의 통합

수 세기에 걸쳐 불교와 관련된 방법과 개념은 지난 20년 동안 인지행동치료의 연구와 발달의 초점이 되었다. 인지행동치료는 마음챙김, 수용, 연민과 같은 불교 개념에 기초한 방법이 확산되는 것과 관련하여 세 번째 혁신의 물결을 겪고 있다고 할 수 있다(Herbert & Forman, 2011). 인지행동치료와 불교심리학은 사람들을 다양하게 훈련시켜서 현재의 순간에 초점을 맞추는 경험의 자각을 계발하는데, 이는 망상적 신념과 파괴적 정서의 영향을 뚫고 나아가기 위한 것이다(Dalai Lama, 1991; Kwee, Gergen, & Koshikawa, 2006). 더 나아가 두 학파는 심리적 고통을 줄이기 위해 명상적·경험적 기법뿐만 아니라 괴로움을 일으키는 사고의 장점과 신뢰성에 의문을 제기하는 분석적 형태의 추론을 사용한다(Baker et al., 2009; Guenther & Kawamura, 1975). 지식과 직접적 경험에 기초하여 긍정심리로 변화시키는 것은 불교심리학과 인지행동치료 통합의 일차적 특징이다. 따라서 우리는 이 책을 통하여 정보와 실습을 함께 제공할 것이다. 이 책에 나오는 명상 연습은 내담자에게 사용할 수 있다. 또한 이러한 연습을 사용하여 우리가 논의하는 개념에 대한 이해를 심화시킬 수도 있다.

지난 30년 동안 두 학파의 요소들을 조합한 것은 고통의 원인을 찾고 고통을 완화시키는 보다 효율적인 방법을 개발할 수 있게 해주었다. 빠르고 효율적인 여행 기술이 발달하는 것과 정보기술이 기하급수적으로 발전하는 것은, 문화와 철학 체계 전반에 걸쳐 세계적인 사고의 변화를 가져왔다. 지금은 우리의 손끝에 있는 불교와 심리학에 대한 대부분의 정보는 50년 전만 해도 심리학자를 포함한 많은 사람에게 그야말로 이용할수 없었던 것이었다. 1960년대 초의 반문화 운동과 인터넷 기술의 확장을 기점으로 요가와 불교 명상과 같은 수행, 동양 종교의 철학 등이 서양의 의학과 대중문화에 널리 퍼지게 되었다.

그 시기에 불교심리학을 포함한 심리학의 여러 영역은 심리적 문제를 해결하는 방법이 발전하는 것을 경험했다. 예를 들어, 컴퓨터 기술의 발전으로 신경생리학은 훨씬 더 정확한 뇌의 이미지를 볼 수 있게 되었다. 그 결과 신경과학자들은 정서, 주의력, 명상 훈련이 뇌에서 표현되는 방식을 보다 정확하게 설명할 수 있게 되었다(Austin, 1999; LeDoux 1996, 1998, 2002; Treadway & Lazar, 2009). 행동 연구 측면에서 인간 언어에 대한 실험적, 이론적 분석능력이 발전한 것은, 인간이 어떻게 생각하고 소통할 수 있는

지에 대한 새로운 이해를 가져왔다. 이러한 발전을 통해서 효과적이고 새로운 방법으로 심리치료를 할 수 있게 되었다(Hayes, 2004b; Hayes, Villatte, Levin, & Hildebrant, 2011). 진화심리학의 발전은 심리적 투쟁과 고통을 유발하는 많은 것의 기능과 기원을 밝혀왔다(Gilbert, 1998a, 2001; Kurzban & Leary, 2001; Wilson, 2004). 이러한 경향의 뿌리가 서양과학 전통에 깊이 박혀 있음에도 불구하고, 연구자와 치료자들은 불교적 접근법의 기본 요소인 마음챙김, 수용, 연민을 응용 임상심리학의 새로운 방향의 중심에 두었다(Goleman, 1991; Kang & Whittingham, 2010).

과학과 문화에서 일어난 이러한 흐름을 따라 인지행동치료에서 다양하고 새로운 심리치료법이 등장했다. 이 새로운 치료법은 이전의 심리치료법 중 가장 효과적이고 연구에서 입증된 방법을 활용하여 사고, 감정, 행동의 본질에 대한 새로운 이해를 정교화하면서, 인지행동치료의 전통을 확장시켰다. 이러한 최첨단 접근 방식은 수용, 현재의 순간에 대한 마음챙김 자각, 연민의 계발을 통하여 인간이 경험과 새로운 관계를 맺을 수 있는 방법을 강조한다. 수용전념치료ACT(Hayes et al., 2011), 기능 분석적 심리치료FAP(Kohlenberg & Tsai, 1991), 연민중심치료CFT(Gilbert, 2009a, 2010a), 마음챙김에 기반한 스트레스 완화MBSR(Kabat-Zinn, 1990), 마음챙김에 기반한 인지치료MBCT(Segal, Williams, & Teasdale, 2002), 마음챙김에 기반한 재발방지MBRP(Marlatt & Donovan, 2005) 그리고 변증법적 행동치료DBT(Linehan, 1993a)를 포함하는 이 치료들은 인지행동치료의 새로운 방향성을 규정한다. 불교는 이론과 실천의 수준에서 이러한 양식을 직간접적으로 알려준다(Hayes, 2004b; Kang & Whittenham, 2010). 이러한 최첨단 혁신 이전 인지행동치료의 초기 발달에서부터 불교의 요소는 영향을 미쳤다. 예를 들어, 엘리스Albert Ellis에 따르면 "합리적 정서행동치료REBT는 사람들의 독단적이고 광신적이며 경직된 신념에 초점을 맞추면서, 생활양식Modus Vivendi으로서 선불교의 여러 측면을 항상 선호했다"(Kwee & Ellis, 1998, p.5). 인간의 심리에 대한 불교적 모델은 사색, 학문, 명상을 통해 수 세기에 걸쳐 발전해 왔다. 그것은 수백 년 동안 수천 권의 책으로 기록되어 있다. 이 문헌 중 일부는 아직 현대 또는 서양의 언어로 번역되지 않았다. 이 지식과 경험은 현재 서양의 지적 전통에서 가장 훌륭하고 명석한 사람들에 의해 해독되고 있으며, 세계적으로 신경과학의 주도로 해석되고 있다. 우리는 통합적이고 다문화적인 관점에서 마음의 본성을 이해하기 시작했고, 마음을 투쟁에서 해방시키는 방법을 시험하고 이행하기 시작했다.

이 모든 것은 우리 자신과 내담자를 위해서 사용할 수 있다. 바로 지금 서양의 과학적 사고와 불교가 결합하는 것은 개인적 해방, 괴로움의 경감, 지혜의 계발, 연민의 증장이라는 존재 양식의 방향을 가리키고 있다. 일상생활에서 '개인적 자유의 추구'라는 문제를 가지고 치료사인 우리에게 찾아오는 사람은 거의 없을 것이다. 그럼에도 불구하고 우리는 내담자가 과도한 걱정과 되새김의 지배에서 벗어날 수 있는 방법을 찾고자 할 때 내담자가 더 크고 더 의미 있는 삶을 자유롭게 살 수 있도록 돕고 있다. 우리가 자기 방의 네 벽면에 갇힌 기능적 죄수가 되어 외부 세계를 포기한 광장공포증이나 주요 우울장애 내담자를 만났을 때, 지속적인 괴로움을 완화하고 예방하도록 도와서, 두려움과 후회에 직면할 수 있도록, 자기연민을 자유롭게 계발하도록 도움을 주고 있다.

불교 출판물이 광범위하게 확산되고 명상과 심리치료와 관련된 연구가 기하급수적으로 성장함에도 불구하고, 지금까지의 모습은 무수히 다양한 각자의 방향으로 연구가 흘러가는 것처럼 보일 수 있다. 다양한 분야의 학자들이 발견한 사실을 서로 나누지 않는 것은 우리 교육 시스템의 특징이다. 윌슨David Sloan Wilson(2007)이 말한 것처럼 학문의 세계는 상아탑보다 차라리 상아탑 군도群島에 비유하는 것이 더 나을 수 있다. 각 학파는 자신만의 섬에서 기존의 방법론으로 하나의 탐구 영역을 형성하는 데 큰 진전을 이루고 있다. 그럼에도 불구하고 이 섬들은 적응적이고 친사회적으로 협력적인 방식으로 소통하지 않는다. 신경과학자들은 행동주의 연구자들과 대화하지 않는다. 정신과 의사는 경제력이 사회에 미치는 영향을 연구하는 연구자와 단절되어 있다. 소통의 부재로 우리는 이렇게 무언가를 놓치고 있다. 예를 들어, 심리학 안에서도 학문적으로 고립된 집단이 있어서 왼손이 하는 일을 오른손은 모를 수 있다. 매우 많은 사람이 기존의 이론적 접근법, 예를 들어 정신분석에 대해서는 많이 배웠지만, 정신분석의 형제 이론이라고 할 수 있는 응용 행동주의에서 무슨 일이 일어나고 있는지에 대해서는 무지하다. 우리는 과학이 발전하기 위해서는 학자와 연구자가 더 전문적인 탐구를 추구해야 한다는 것을 알고 있다. 그러나 이러한 전문화는 더 넓은 관점에서 보면 그들을 고립시킨다. 어떤 의미에서는, 지적이고 학문적인 군도는 현재 우리 교육 시스템의 부작용이라고 할 수 있다. 그러나 꼭 그래야 하는 것은 아니다.

현재 심리학과 관련된 영역에서 혁명이 일어나는 가운데, 이러한 부작용을 해결하고 다문화적 관점에서 의식과 괴로움을 통합하여 탐구하려는 상당한 노력이 있다. 한 가지 좋은 예는 달라이 라마 성하와 같은 불교철학의 권위자와 서구 물리학자, 심리학자 및 다른 과학자들이 토론하는 마음과 생명 연구소Mind and Life Institute(www.mindandlife.org)의 작업이다 (1991). 맥락적 행동과학 협회Association for Contextual Behavioral Science, 행동 및 인지치료 협회Association for Behavioral and Cognitive Therapies, 자비심 재단Compassionate Mind Foundation과 같은 조직은 모두 인지행동치료와 불교심리학의 개념을 통합할 수 있는 가능성을 제공한다. 그럼에도 불구하고 우리는 불교심리학의 기초에 대해서 인지행동치료사에게 지침을 제공할 정도의 사용자 친화적인 가이드를 아직 개발하지 못했다. 물론 이해하기 어려운 인지행동치료에 대한 엄청나게 많은 출판물이 있지만(CBT, MBCT, DBT 등) 불교심리학에는 지금까지 인지행동치료사에게 제공된 것보다 더 많은 출판물이 있다.

인지행동치료에 불교심리학적 방법을 적용하는 중심에는 마음챙김이 있다(DiDonna, 2009). 마음챙김이 심리치료 문헌의 어디에서 어떻게 언급되는지에 따라 이 개념은 과정, 절차, 결과, 훈련 형태, 심지어는 불교철학 전체를 나타낼 수 있다. 말할 것도 없이 이러한 모호성은 어느 정도의 혼란을 야기할 수 있다. 인지행동치료사를 위하여 불교심리학을 탐구하고 명료화할 때, 우리는 마음챙김의 이러한 측면을 더 자세하게 탐구할 수 있을 것이다. 그러나 우리는 거머 등(Germer, Siegel, Fulton, 2005)이 제시한 "수용으로 현재 경험을 자각하는 것"이라는 마음챙김에 대한 우아하고 단순한 정의에서 시작할 수 있다. '수용'이란 이런 종류의 인식이 존재를 바꾸거나 거스르지 않고 공적, 사적 과정을 허용함을 포함한다는 의미이다. 첫 논의에서 마음챙김에 대해 다룰 때 우리는 이 직접적이고 명확한 개념적 이해에서 시작할 것이다.

임상 심리학자의 현실적 목표는 여러 가지 면에서 경험적 증거에 기초한 기법에 중점을 둔다. 이러한 방식으로 심리학자들은 영적 철학에 의해 영감을 받은 경우에도 자신의 작업이 과학적 근거에 기반을 두고 있다는 확신을 가진다. 그러나 각 요소가 서양식 관용어로 연구되고, 포장되고, 상품화되고, 브랜드화될 때까지 불교철학과 불교심리학 전체에 등을 돌린다면 중요한 것을 잃게 될 것이다. 디미지안과 리네한(Dimidjian & Linehan, 2003, p.167)이 제안했듯이, "마음챙김을 영적 뿌리와 다시 연결하면 임상 결과를 향상시킬 수 있다." 마찬가지로 헤이즈(Hayes, 2002a, p.105)는 "영성과 과학이라는 두 가지 위대한 전통이 결합하는 것은 인간의 고통을 이해하는 데 도약적 발전을 약속한다. 그러나 심리학자들이 단순히 새로운 임상 기법만을 습득하는 것만이 아니라 논리적이고 진보적인 학문의 발전에 주목하는 경우에만 이것은 가능할 것이다"라고 주장했다.

우리가 행동주의자, 인지치료사, 응용심리학 연구자로서 불교심리학을 접할 때 과학적 방법의 관점을 불교에 적용하게 될 것이다. 이 책에서 우리가 인지행동치료와 불교심리학을 결합하기 위한 도구로 불교 자료를 탐색할 때 '영적 깨달음'의 증진보다는 고통을 완화하는 것, 삶의 목적과 의미, 활력을 증진하는 것이 우리의 목표가 될 것이다. 우리는 증거 기반 임상 실습과 호환할 수 있는 불교기법과 인지행동치료의 예를 제공할 것이다. 예를 들어, 제10장에서 우리는 불교의 개념과 의도에서 파생된 연습문제와 사례 개념화 방법을 제공할 것이고, 그것은 인지행동치료가 개입하는 특정 목표를 쉽게 전달한다. 그러나 궁극적으로 우리의 임상 목표는 구체적인 초자연적 가정을 피하는 대신 언제나 괴로움의 경감을 추구하는 불교의 가르침과 완전히 일치한다. 그리고 괴로움의 경감을 추구하는 것은 언제나 현재적이다. '깨달음'이 무엇이든 이 논의에서는 그것을 마음의 틀frame of mind에 대한 묘사로 보는 것이 도움이 된다. 이러한 묘사는 큰 역경 앞에서 고무된 정신훈련을 통해 인간 잠재력을 철저하게 실현하는 과정을 완성했다고 알려진 한 사람이 남겨준 것이다. 깨달음이 당신에게 어떤 의미인지는 당신이 결정할 일이다. 인간의 고통을 완화하고 성장을 촉진한다는 사명은 임상 심리학자와 다른 치료사가 공유하는 것이다. 이러한 일반적인 토대 위에서 우리는 앞으로 나아가고자 한다.

과정을 명료화하기

티베트 금강승Vajrayana 불교 사원에서는 투명한 야크 버터로 만든 '버터 램프'를 사용한다. 이 관행은 아마도 히말라야에서는 왁스보다 야크 버터가 더 구하기 쉽기 때문에 나타났을 것이다. 그러나 놋쇠 촛대에서 빛나는 투명한 금빛 버터에는 상징적 의미가 담겨 있다. 마음의 진정한 본성과 반복적으로 마주하는 불교의 수행과정에서 정신적 환상과의 투쟁이 정화되고 소멸된다고 가르친다. 불교의 가르침은 버터의 정화와 유사한 명상 훈련을 통하여 나타나는 빛나는 '분명한 봄clear seeing'으로 묘사된다. 인지 왜곡, 망상, 감정적으로 흐릿한 인식을 통해서 보는 것에서 버터 램프의 깨끗한 표면을 통하여 반짝이는 빛으로 상징되는 순수한 의식적 자각의 '밝은 빛clear light'으로 점진적으로 나아간다(Baer, 2003).

불교심리학과 인지행동치료를 통합하는 이 시점에서, 이용할 수 있는 정보가 너무 많고 서구화된 마음챙김 기법에 대해 이질적인 관점이 너무 많아서, 불교의 핵심개념과 그 개념이 인지행동치료와 어떤 연관성이 있는지를 명확히 하기 어려울 수 있다. '마음챙김'을 하는 우리 심리치료사에게도 불교심리학에서 파생된 개념, 연구의 중심 및 수행 이면의 의도는 모호한 용어와 문화적 차이로 인해서 혼란스럽고 흐릿하게 보일 수 있다.

중요한 것은 이 책의 모든 내용은 초기 불교심리학과 인지행동치료에서 가져온 것이며, 우리의 목표는 당신이 더 접근하기 쉽고 이해하기 쉬운 새로운 형태로 이것을 제공하는 것이다. 우리가 조사할 개념이 많기 때문에 몇 가지 핵심 개념을 간략하게 설명한 부록을 책 마지막에 포함시켰다. 불교 개념을 임상작업에 쉽게 적용할 수 있도록 돕는 참고자료로 부록을 활용할 수 있다. 그러나 당신은 이 책의 자료를 의미 있는 방식으로 사용하는 데 필요한 모든 것을 이미 가지고 있다. 불교심리학에서 우리 모두는 이미 완전히 해방되었고 끝없는 지혜를 가지고 있다고 하지만, 현 상태에서 우리는 이 지혜를 제대로 사용하지 못하고 있다고 주장한다. 이러한 관점에서 보면 당신은 이미 당신과 당신의 내담자를 묶어 놓고 있는 괴로움의 순환 고리를 끊는데 필요한 모든 것을 소유하고 있다. 이것은 처음에는 조금 이상하게 들릴 수 있지만, 불교의 관점에서 보면 바로 지금, 당신은 이미 말 그대로 '완벽하게 깨달은' 사람이다. 당신은 그것을 아직 깨닫지 못하고 있을 뿐이다. 다음 페이지에서 제시하는 방법은 당신과 당신의 내담자가 괴로움을 경감시킬 수 있도록, 이 본질적인 내적 지혜를 더 잘 깨닫게 하는 것을 목표로 한다.

이 책을 통하여 당신은 많은 경험적 연습과 명상을 접하게 될 것이다. 불교수행과 제3의 물결인 인지행동치료에서 파생된 이러한 수행은 우리가 직면한 개념을 설명하고, 임상 실습과 관련된 수행의 형식을 제공한다. 이러한 수행은 내담자에게 사용할 수 있으며, 기존의 인지행동치료 방식을 통합하여, 마음챙김과 자기연민에 대한 훈련을 강화하고, 치료의 목표를 이루게 할 것이다. 본서에서 제시하는 연습들과는 별도로 경험을 강조하는 연습을 찾을 수 있을 것이다. 역사적으로 불교는 문화와 인간 조건에 잘 적응하면서 성장했다. 이 책은 다양한 출처에서 찾을 수 있는 정통 불교 수행 체계보다는 특별히 불교심리학과 인지행동치료를 통합하는 데 필요한 실천과 특히 관련이 있는 개념, 명상, 연습을 제시한다. 앞서 언급했듯이, 우리는 또한 독자들이 이 책을 읽을 때 이러한 연습을 경험해 볼 것을 권한다. 이러한 목표를 이루기 위해서 www.guilford.com/tirch-materials에서는 이 모든 연습에 대한 녹음을 제공한다. 이 녹음을 연습의 지침으로 삼거나 이 책의 설명을 따라 할 수 있다. 가장 중요한 것은 독자들이 이 자료에 경험적으로 참여하여 자신의 임상적 지혜와 이해를 사용함으로써 우리가 논의하는 경험과 연결될 수 있다는 것이다.

연습 첫 번째 단계의 경험

잠시 전형적인 교재의 틀에서 벗어나 가벼운 훈련을 하나 해보자. 이 훈련을 하는 동안 당신은 자신에게 약간 도발적인 질문을 하게 될 것이다. 당신이 지금 시작하고 있는 이 작업에는 그와 관련된 많은 연습이 있을 것이다. 그러므로 이것을 새로운 단계로 들어가는 하나의 '맛보기'로 생각해 보자. 많은 독자가 이 훈련을 '마음챙김'으로 알려진 불교심리학의 개념이라고 인식할 것이다. 만약 당신이 마음챙김을 경험했다면, 이 수행법과 그에 수반되는 모든 것을 접할 때 여기서 설명하는 마음챙김을 가능한 한 가볍게 생각해도 좋다. 만약 당신이 마음챙김을 경험하지 못했거나 그 용어에 익숙하지 않다면, 지금부터 읽을 이 책의 나머지 부분(뿐만 아니라 인지행동치료학회에서 무심코 마주한 포스터를 통하여 가볍게 보았던 것이)의 마음챙김에 대한 정의와 설명을 지속적으로 제시할 것이다. 지금은 이 수행을 고요하고 편안하며 흥미로운 실험으로 보도록 하자. 도움이 된다면 당신은 이것을 하나의 게임으로 생각할 수도 있다. 일련의 지침과 질문이 따라올 것이다. 질문을 읽은 후에 질문에 대해서 자신이 답변한 것이 '맞는지 틀린지', '참인지 거짓인지'에 대해 걱정하지 마라. 질문은 그저 질문일 뿐이며 순간순간 당신의 반응을 받아들이고 그것에 주목하라.

가능한 한 당신의 반응을 판단하지 말고, 단순히 관찰하고 머물러라. 아마 당신은 그 경험에 대해서 약간의 호기심이 생기고 유연해질 것이다.

안내 지침

마음의 준비가 되었다면, 잠시 시간을 내어 깊고 자연스럽게 숨을 들이쉬고 내쉬어보십시오. 약 60초 동안 내가 하라고 신호를 보내면 눈을 감고 숨이 자연스럽게 몸 안팎으로 들고나게 하세요.

땅 위의 발을 느껴보십시오.

등이 곧게 펴져 있는지를 느껴보십시오. 강하고 안정적인 나무나 산처럼 이 땅에 뿌리를 내리고 있는 당신 자신을 느껴보십시오. 수용과 친절의 느낌으로 호흡하면서 편안한 시간을 가져보십시오. 숨을 들이쉴 때마다 주의와 생명을 당신의 몸속으로 들여보냅니다. 숨을 내쉴 때마다 놓아주십시오. 말 그대로 당신이 더 이상 유지하지 못하는 긴장과 공기를, 숨을 내쉴 때마다 점점 더 많이 놓아주십시오.

그렇게 1~2분 정도 호흡을 한 후에 그냥 무슨 일이 일어나는지를 지켜보

면서 눈을 뜨고 다음 질문을 읽어보십시오. 각 질문을 천천히 읽고, 그 질문에
대하여 어떤 대답이 떠올라도 그것을 위한 공간을 만들 시간을 스스로에게
주십시오. 각 질문 후에 당신이 관찰하기 전에 순간순간 떠오른 생각, 느낌,
감각을 멈춰서 알아차리고 인정하십시오. 각 질문 사이에 10초나 30초 정도의
간격을 두십시오. 숨을 내쉬면서 놓아주고 다음 질문으로 넘어가십시오. 답은
없습니다. 그냥 무슨 일이 일어나는지 지켜보십시오.

준비되었다면 시작해보십시오.

조용히 숨 고를 시간을 가졌다면 아래의 질문으로 넘어가서 계속하십시오.

"당신이 배운 모든 것이 완전히 틀린 것은 아니지만, 그것이 환상에 근거
한 것이라면?"

"누군가의 참된 본성이 당신이 지금까지 배워온 것과 완전히 다르다면?"

"당신이 존재하는 모든 것과 무한하고 불가분하게 연결되어 있으며, 분리
되어 있다고 생각했던 모든 것이 꿈이었음을 알게 된다면?"

"이 책을 읽고 있는 지금 이 순간, 당신의 일부가 이미 이것을 알고 있고,
그 일부가 이 말의 '올바름'과 연결되어 있다면?"

"우리가 알고 있는 모든 것이 무상함을 드러낸다면?"

"그것은 당신에게 무엇을 의미합니까? 그것이 당신의 자유에 대하여 어떤
말을 할 것 같습니까?"

"의식적 경험의 흐름에 자연스럽고 정확하며 여유롭게 의도적으로 주의를
기울일 수 있다면 … 그리고 … 이런 식으로 생각을 생각으로, 감정을
감정으로, 감각을 감각으로 볼 수 있게 된다면 어떨 것 같습니까? 그리고
… 어떤 구체적인 것과 동일시할 수 없는 자아를 경험할 수 있습니까?"

"그러한 관점에서 지금 일어나고 있는 현실을 방어 없이 완전하고 깊이
있게 깨닫고 최선을 다하여 현재의 순간을 경험하면서 당신이 할 수
있는 한, 순간순간 의미 있고 목적이 있는 행동을 선택할 수 있다면

어떨까요?"

"장보기에 어떤 의미가 있습니까? 육아는? 집수리 비용은?"

"당신이 바로 여기에서 함께 만들고 있는 상대적 현실에 주의를 기울이면서,
　　어떻게 절대적 현실에 머물며 완전히 깨어있고 살아있을 수 있습니까?"

"왜 그것이 말이 된다고 생각합니까?"

"왜 그것이 말이 되지 않습니까?"

이제 첫 번째 연습이 완료되었으므로, 깊이 정화하는 날숨으로 연습을 마치겠습니다. 이 책을 다 읽으면 위의 모든 질문은 매우 단순하고 쉬워 보일 것입니다. 그리고 다시 그 질문은 완전한 미스터리로 남을 수 있습니다. 아마두 상황 모두 동일한 사실일 것입니다. 수용전념치료ACT, 변증법적 행동치료 DBT, 선, 마음챙김, 요가 철학을 접한 경험이 있다면 이 중 어떤 것은 이미 매우 친숙할 수 있습니다. 당신의 배경이 무엇이든 이 책의 목적은 추상적인 것을 정확한 것과 영적인 개념을 과학적 방법과 연결하는 것입니다. 불교심리학과 인지행동치료의 통합이 어떻게 적응적인 방식으로 우리의 관점을 변화시키는지 그리고 어떻게 습관적인 인식과 행동 패턴으로부터 우리를 벗어나게 하는지를 배우게 될 것입니다.

이제 잠시 시간을 내어 이 첫 번째 연습에 참여한 자신에게 수고했다고 말하고, 의식적으로 숨을 내쉬면서 질문이나 잠정적 해답을 놓아버리십시오. 서론의 이 간단한 연습은 우리가 훨씬 더 자세하게 설명하고 개관할 많은 것 가운데 첫 번째 연습입니다. 이러한 연습문제는 이 책 전체에 걸쳐서 나올 것입니다. 가능하면 다운로드할 수 있는 안내 사례를 활용하여 이 연습에 실제로 참여하는 것이 좋습니다. 여기에 나오는 개념을 이해하고, 뒤따르는 실제적인 기법을 사용하면 불교심리학이 잠재적으로 가지고 있는 강력한 요소를 최신 기법에 근거하여 인지행동 심리치료에 적용할 수 있을 것입니다.

만일 당신이 실습 기반으로 연구하는 학생, 연구자, 치료사라면, 이 책을 읽으면서 떠오르는 질문에 세심하게 주의를 기울일 것을 권장한다. 그때가 인지행동치료와 불교심리학의 통합에 대한 탐색과 확장의 시간 이다. 그렇게 더 많은 질문과 연구 분야를 확인할수록 더 나아질 것이다. 실제 과학자로서 우리에게 주어진 사명은 검증할 수 있는 과학적 방식으로 그 질문의 틀을 잡는 것이다. 그렇게 할 때, 그리고 우리가 이 질문들을 함께 공유함으로써 우리는 더 많은 연구와 성찰에 박차를 가할 수 있고, 인간의 고통을 경감하는 것에 대한 이론과 실제를 더 발전시킬 수 있다.

달라이 라마 성하의 제안에 따라서 여기 있는 기법이 당신에게 유용하다면 당신 자신과 내담자들에게 그 기법을 사용하라. 만일 유용하지 않다면 내버려두라. 그것에 대해 더 이상 걱정할 필요가 없다. 우리는 당신과 당신의 내담자들의 웰빙, 지혜, 자애, 괴로움으로부터의 해방을 희망한다.

2

불교심리학의 근본 요소: 사성제

2 불교심리학의 근본 요소: 사성제

삶은 고난과 고독과 괴로움으로 가득 차 있지만
너무 빨리 끝이 난다.

– 우디 앨런Woody Allen

지금쯤 많은 인지행동치료사들은 앞에서 언급했던 마음챙김 기반 접근법과 수용 기반 접근법이 인지행동치료에 많은 영향을 끼쳤다는 것을 알았을 것이다. 이 접근법들은 일반적으로 변증법적 행동치료Dialectical Behavior Therapy(Linehan, 1993a) 또는 마음챙김에 기반한 스트레스 완화Mindfulness-Based Stress Reduction(Kabat Zinn, 1990)와 같이 상담 접근법의 한 부분으로 추가되었던 것이다. 이러한 마음챙김, 수용 그리고 연민으로 알려진 심리치료는 불교심리학에서 유래된 개념이지만, 그것이 시작된 철학적 맥락은 구별된다. 따라서 마음챙김 기법을 차용하는 이 흐름을 넘어서 심리치료로 나아가고 싶다면, 그리고 불교심리학과 인지행동치료를 제대로 통합하고 싶다면 불교철학의 가장 근본적 원리들을 이해해야 할 것이다.

다르마

'불교Buddhism'는 붓다라는 역사적 스승에게서 비롯된 것으로, 심리학적 방법론을 위한 19세기의 서양 용어다. 이 일련의 방법들은 원래 다르마Dharma로 알려져 있는데, 그것은 '길', '법' 또는 '신성한 임무sacred duty'로 번역할 수 있다. 불교에서 다르마는 일반적으로 불교의 가르침Buddhist teachings의 본체를 말한다. 그러나 그 용어는 인도 아대륙에서 비롯된 철학적 체계 그리고 거의 모든 건강 기반 체계에서 볼 수 있다(Kalupahana, 1986). 그러한 철학 영역을 전반적으로 살펴보면, 다르마에 대한 보다 보편적인 정의가 드러나는데, 그것은 우주의 자연법을 상징한다(Mosig, 1989; Thurman, 1997). 이 다르마들은 상호작용 과정의 주기를 생성함으로써, 질서와 조화를 삶에 제공하는 것으로 알려져 있다(Kwee, 2011). 이것은 보편적 다르마가 모든 현실을 통합한다는 신비한 가정처럼 보이지만 바로 그러한 전제는 우리의 과학이 설정한 것이다. 우리가 접하는 '중력', '에너지' 또는 '인지'와 같은 자명한 과학적 용어는 우리 시대에 문화적으로 인식된 보편적 다르마라고 할 수 있다. 마찬가지로 수학이나 물리학의 '법law' 또는 진화와 행동의 '원리'들도 세계가 스스로 조직하고 행동하는 방식을 반영하는 것으로 여겨진다.

따라서 다르마는 붓다가 생존했던 때에 우주를 관찰하고 이해했던 것을 붓다의 가르침과 연결시킨 것이다. 이와 마찬가지로 많은 인지행동치료는 자신들의 철학과 접근법을 진화론, 정서신경과학, 행동 실험심리학과 연결시키려고 한다(Atkinson & Wheeler, 2003). 붓다처럼 인지행동치료사들은 우리의 법과 작동 개념을 우주에서 삶이 어떻게 출현하는지 그리고 유기체가 환경 속에서 어떻게 행동하는지에 대하여 우리가 알고 있는 것과 연결시킨다(Hofmann, 2012). 불교의 다르마와 인지행동치료의 다르마가 서로 진화하므로 우리는 기초부터 시작하고자 한다. 붓다의 가장 중요한 가르침은 '사성제'와 '팔정도'다.

역사적 붓다와 사성제

서양 사람들은 종종 역사적 스승 고타마 싯다르타Gotama Siddartha의 전기를 통해서 불교를 처음 접하게 된다. 고타마 싯다르타는 '깨달은 사람' 또는 '붓다'로 알려져 있다. 사실 불교의 창시자에 대한 신화화된 이야기는 불교심리학의 중요한 교재가 된다. 앞으로 보겠지만 역사적 붓다의 생애는 사성제로 알려진 근본적 가르침을 직접 가르친다. 흥미롭게도 우리가 역사적 붓다의 이야기를 살펴볼 때 붓다와 인지행동치료사가 매우 유사한 것을 발견할 것이다. 현재 우리의 문화적·기술적 세계와 붓다의 세계는 많이 다르지만, 오늘날의 인지행동치료사와 고타마 싯다르타는 삶에서 공통적인 동기와 행동방침을 공유한다. 치료사와 붓다는 세상에서 고통받는 사람들에 대하여 깊은 연민을 갖고 인간의 마음이 어떻게 작용하는지, 그리고 어떻게 하면 이성과 지혜와 깊은 탐구를 통하여 세상 사람들을 고통으로부터 해방시킬 수 있는지를 알기 위하여 그들의 삶을 헌신하였다. 따라서 당신은 오늘 아침에 깨어났을 때 붓다와 같은 목적을 갖고 있음을 깨닫든 깨닫지 못하든, 밤에는 당신이 매우 높이 평가받는 사람이라는 것을 기억하면서 잠들 수 있을 것이다.

역사와 전설에서 알 수 있듯이, 고타마 싯다르타는 약 2,600년 전 지금은 네팔 영토인 인도 아대륙의 한 지역의 왕자로 태어났다. 역사적 기록과 신화에 따르면 이 왕자는 위대한 왕으로서 권세를 갖거나 영적인 삶을 추구할 것이라는 예언을 들었다. 결국 그는 영적 깨달음의 삶을 살았다. 고타마 싯다르타의 삶에 대한 이야기에 따르면, 그의 아버지는 아들이 '가업'을 이어받아 수도승이 아닌 군주로 살기를 원했다. 그의 아버지는 아들에게 화려하고 사치스러운 옷을 입혀 아들이 즐겁게 살고, 주변 세계의 고통과 불편함을 느끼지 않도록 아들을 보호하였다. 아들이 개인적 깨달음을 추구하기보다는 현세에서 권력을 가진 삶을 살기를 바랐다 (Goldstein & Kornfield, 1987). 젊었을 때 그는 여가시간을 즐기면서 운동 경기와 쾌락에 빠졌었다고 한다. 그러나 싯다르타는 더 비극적인 삶을 직면하자 호화스러운 삶을 뒤로 하고 떠났다.

왕족이거나 하고 싶은 대로 다 하면서 사는 사람들은 거의 없다. 그러나 싯다르타가 살았던 기원전 600년경의 히말라야의 환경과는 대조적인 우리의 삶을 생각하면 우리는 호화스럽게 살고 있다. 싯다르타는 아이패드와 비행기 여행은 물론 실내 화장실, 에어컨, 항생제가 있는 삶을 살지 않았다. 사실 21세기 선진국에 살고 있는 우리들은 얼마나 큰 행운을 누리는지를 깨닫기 위해 80%의 현대인들이 하루에 10달러 이하로 산다는 사실을 기억할 필요가 있다(Chen & Ravallion, 2008).

고타마 싯다르타의 아버지가 마음을 산란케 하는 사치와 쾌락으로 아들의 주변을 채웠듯이 우리도 주변 세계의 고통과 불행과 불확실성으로부터 우리를 보호하기 위하여 수백 개의 채널이 있는 커다란 화면의 텔레비전 그리고 하루 24시간 오락을 보여주는 인터넷과 같은 것들로 우리의 삶을 채울 수 있을 것이다. 많은 사람의 마음을 즐겁고 산란하게 하는 음식, 술, 섹스, 기분 전환 약물에 탐닉하게 할 것이다. 싯다르타가 그랬듯이 우리도 이렇게 마음을 산란하게 하는 것들은 우리가 가혹한 현실을 직면할 때 적절하지 않다는 것을 발견할 것이다. 우리는 좋은 것의 커튼 뒤에 무엇인가가 있을 것이라는 불안함을 느낄 것이다. 아마도 감각적 쾌락이 피할 수 없는 고통과 불확실성을 더 이상 없앨 수 없고, 영원한 만족과 행복으로 우리를 데려갈 수 없음을 알게 될 것이다. 붓다가 그랬듯이 우리도 행복과 평화를 얻는 비밀을 알 수는 없지만, 그것을 발견하고 계발해야 한다는 것은 알게 될 수도 있을 것이다. 붓다처럼, 우리도 그 세계로 나가서 인간 경험의 더 진지한 면을 발견해야 할 것이다.

원래 싯다르타의 삶에 대한 이야기는 그가 결국 궁 밖으로 나와서 보호막 안에 있는 자신의 주변 사람들은 모두 매일 고통을 경험하고 있다는 것을 목격했을 뿐이라고 말한다. 이런 방식으로 그는 우리가 우리의 삶에서 그리고 내담자들의 삶에서 매일 직면하고 있는 기본적인 진리를 발견했다. 싯다르타는 사람들이 늙고 병들고 죽는 괴로움을 보았다. 다른 사람들의 괴로움을 보자 자신도 괴로움을 경험했다. 이 근원적 공감과 이를 수용하는 것은 세상에서 보았던 괴로움을 없애도록 도우려는 위대한 동기를 유발했다. 우리가 앞으로 보겠지만, 그러한 공감 능력과 삶을 다른 사람의 시각으로 보는 능력은 인지행동치료와 불교심리학에서 추구하는 심리 과정의 중요한 부분이다.

다른 사람을 돕기로 선택한 우리가 경험한 것처럼, 싯다르타도 인간의 괴로움 앞에서 깊이 정서적으로 감동하여, 괴로움을 이해하고 괴로움으로부터 자기 자신과 사람들을 해방시키는데 자신의 삶을 헌신했다. 21세기 선진국에서 마음의 괴로움을 없애려고 노력하고 있는 진실한 젊은 이들은 대학원이나 의과대학에 갈 것이다. 붓다가 지혜에 이르러 괴로움으로부터 해방되는 길은 금욕주의자와 수행자들과 함께 살면서 훈련하는 것이었다. 그들은 물질적 쾌락을 포기하고 명상 수행과 육체적 훈련에 헌신하였다.

구전에 따르면 히말라야와 인도 아대륙의 신비가와 현자들은 수백 년 동안 마음과 몸을 훈련하기 위한 방법을 담고 있는 살아있는 저장고 역할을 했다. 그들의 방법은 매우 금욕적이어서 이 책을 읽는 대부분의 독자에게는 피학적으로까지 느껴질 것이다. 그들은 음식을 자제하고 모든 육체적 쾌락을 부인하는 일들을 실천했다. 그러나 그들은 인간의 괴로움을 없애려는 목표를 이루려는 싯다르타와 같은 맥락에서 지혜와 정서적 치유를 실천하는 사람들이었다. 싯다르타는 인간의 괴로움을 없애는 비밀을 알게 될 것으로 믿고, 자신의 집과 가족의 안락함과 안전을 떠나 개인적 변화를 추구했다.

붓다는 금욕 생활을 수년 동안 한 후에, 육체와 자기를 거부하는 금욕 생활이 필요하지도 않고, 고통으로부터 해방되기 위한 충분한 조건도 되지 못한다는 것을 알게 되었다. 그는 침묵하면서 비판단적으로 의식의 흐름을 바라보는 깊은 명상 수행을 하면서 '중도Middle Path'를 주장하게 되었다. 중도는 자기를 해치는 벌을 주지 않고, 다만 연민, 의지, 지혜, 자기감Selfhood의 초월 경험을 하게 했다. 그것을 통해 그는 마음을 변화시킬 수 있고, 괴로움으로부터 완전히 해방되어 의식을 고양시킬 수 있다고 믿었다. 붓다에 관한 이야기가 말해주듯이, 붓다는 깊은 명상 상태에서 완전히 깨달은 존재가 되기까지 나무 아래에 앉아 있었다. 그리고 모든 사물의 본질을 깨닫고 괴로움을 초월하였다. 그가 앉아 있었을 때 마음의 많은 투사, 걱정, 야망, 염려가 자각 속에서 일어났듯이, 초보 명상가의 마음에도 마음을 산란하게 하는 많은 것들이 일어날 것이다. 그러나 붓다는 이들을 분명하게 보고 자기를 초월하는 느낌이 들 때까지 이 모든 경험이 일어났다가 사라지는 명상적 자각 상태에 있었다.

자기의 본질과 실재를 깊이 자각하여 경이로운 깨달음의 영역에 다다른 붓다의 이야기는 잘 알려져 있다. 우리는 모두 평화롭고 기쁨이 충만한 상태에서 보리수 아래에 홀로 앉은 인도 현자의 이미지를 떠올릴 것이다. 물론 이 세상의 다른 모든 사람이 다른 사람들의 괴로움을 없애도록 돕는 데 이 지혜를 즉각적으로 사용할 수 있다는 말은 아니다. 사실 붓다에 대하여 전해오는 전통적 이야기는, 그가 처음에는 그의 관찰이나 방법을 가르치거나 전파하기를 꺼렸다고 한다. 때가 되자 역사적 붓다는 그의 관찰과 기법을 제자들과 나누게 되었다. 매우 놀랍게도 붓다의 방법은 오늘날 우리에게도 유용하고, 수천 년 동안의 경험적 증거가 이 방법들을 지지하고 있다. 수많은 명상가, 불교 수행자, 수행승은 고통을 없애기 위하여 붓다가 행했던 체계적 프로그램을 따르고 있다. 우리가 앞으로 보겠지만, 현재 심리학의 과정과 결과, 뇌영상 연구는 붓다가 발전시킨 통찰과 기법을 확증하고 있다.

붓다의 방법을 이해하기 위하여 우리는 '사성제Four Noble Truths'라는 그의 근본적 가르침에서 시작하려고 한다. 이 진리는 하나의 관점, 지렛대, 근본적인 가정의 역할을 한다. 그것으로부터 불교심리학이 생겨났다고 볼 수 있다. 인지행동치료 문헌은 보통 그 이론과 방법을 설명하기 위하여 '고귀한Noble'이나 '진리Truth'와 같은 용어를 사용하지 않는다. 사실 불교심리학이 초교파적이고 거대하게 들리는 언어를 포함하고 있는 이유는 서양에서 붓다의 가르침Dharma을 처음 번역한 사람들이 기독교 신학자들인 경우가 많았고, 그들은 그것이 세계의 종교로 전파되기를 원했다. 우리가 보는 이 사성제는 실제로 인간 괴로움의 생멸의 근본적 과정을 심리학적으로 설명한 것이다. 그리고 사성제는 종교적 가정이 아닌, 현실을 관찰한 것에 기초한 마음의 이론에 근거하여 괴로움을 설명한 첫 번째 방법이다. 사실 인지행동치료의 개념은 사성제의 이론적 가정들과 매우 흡사하다. 그것은 불교심리학과 인지행동치료가 기법적으로 통합할 수 있는 여지가 많은 이유를 설명해줄 것이다.

연습   호흡의 리듬 가다듬기

사성제를 설명하기 전에 실제로 호흡의 리듬에 주의를 기울이는 것부터 시작하는 것이 유용하다. 불교 전통에서 명상은 수행자들이 따르는 길과 경험이 많은 부분을 차지하고 있다. 명상이 계발하는 몸과 마음의 상태는 종교적 의식에서만 행해지는 심원한 경험일 필요가 없다. 사실 불교심리학에서 훈련하는 마음의 특성은 일상적 상태와 행동에서 지속되는 속성들을 의미한다.

연민중심치료Compassion Focused Therapy, CFT(Gilbert, 2010a)에서 볼 수 있는 기초적인 호흡 명상에서 가져온 아래의 연습은 '호흡의 리듬 가다듬기'다. 이 연습은 불교의 정신집중과 마음챙김 명상의 요소들에서 따온 것으로, 심리치료에서 유용하게 사용할 수 있도록 간단하고 명확하게 이해할 수 있게 하였다. 이것은 처음부터 끝까지 불교심리학과 인지행동치료가 통합된 것을 잘 보여 준다. 명상은 호흡을 통해서 우리를 고요한 지점으로 초대한다. 거기서부터 우리는 우리의 마음에 오고 가는 것을 관찰하게 된다. 이 고요함은 부교감신경 체계, 침착함, 편안함을 활성화시키고, 이 모든 것들은 '정돈된 호흡'으로부터 시작한다(Brown & Gerbarg, 2012). 비슷한 연습이 '고전적 마음챙김'(Rapgay & Bystrisky, 2009)의 일부인 티베트의 사마타 명상 그리고 선불교의 명상에 도 있다.

연민중심치료를 연습할 때, 호흡의 리듬을 가다듬는 것은 다양한 심리적 어려움을 호소하는 많은 내담자에게 적용할 수 있다. 따라서 불안이나 기분 장애를 가진 내담자들과 작업하는 치료사들 그리고 마음챙김, 수용, 연민에 기초한 치료를 하는 치료사들은 치료 초기에 호흡의 리듬을 가다듬는 것을 기초로, 내담자를 훈련하는 것이 유용하다. 이러한 기초로부터 시작하여 더 발달된 다양한 연습을 할 수 있다.

호흡의 리듬을 가다듬는 연습을 하기 위하여, 연습을 안내하고 구조화하도록 마련된 다음의 지침을 활용해보자. 자신의 말 속도에 맞추어 자신의 경험을 허용해보자. 이 연습은 보통 등을 곧게 세우고 앉은 자세에서 유연하게 시작한다. 마음을 산란하게 하거나 방해하는 것이 없는 장소와 시간에 편안하게 하는 것이 이상적이다.

안내 지침

연습을 시작하기 전에, 편안한 장소를 찾으세요. 그곳에서 두 발을 바닥에 두고 편안하게 앉아서 등을 곧게 세우고 유연한 자세를 취하세요. 할 수 있는 한 안정적이고 편안하게 경험할 수 있도록 하세요. 그렇게 되었다고 느끼면, 눈을 감고 살짝 미소 지으면서 친절하고 편안한 얼굴표정을 지으세요. 숨이 몸으로 들어가고 나오는 부드러운 흐름에 주의를 기울이세요. 들숨과 날숨의 호흡과 당신이 연결되어 있음을 느껴보세요. 할 수 있는 한 부드럽게 호흡하는 것에 초점을 맞추면서, 어떤 것도 바꾸거나 고치려 하지 말고 온전히 호흡에 머무르세요.

호흡의 흐름을 깊이 자각하면서 호흡이 뱃 속으로 들어가는 것을 느낄 때 배와 가슴이 오르내리는 것을 알아차리세요. 할 수 있는 한 공기가 가슴 속 깊숙이 들어가게 하세요. 숨을 내쉴 때 배가 부드럽게 꺼지면서 줄어드는 것을 알아차리세요. 숨을 들이쉴 때마다 가슴 근육을 느껴보세요. 배가 올랐다가 내려가는 것을 알아차릴 때 당신의 호흡의 리듬과 속도에 맞추어서 단순히 호흡 자체를 호흡하면서 순간순간 호흡의 리듬에 맞춰보세요. 숨을 들이쉴 때마다 몸 안으로 주의를 기울이고 내쉴 때마다 주의를 놓으세요.

이제 숨을 더 길게 하면서 호흡의 리듬을 천천히 가다듬어보세요. 들숨에 3초를 세고, 잠깐 멈췄다가 날숨에 3초를 세면서 호흡하십시오. 이것을 할 수 있으면 들숨과 날숨의 리듬을 4, 5초로 늘려보세요. 안내와 맥박을 활용하여 이 시간을 가볍게 유지해보세요. 당신의 마음이 생각, 이미지와 같이 마음을 산란하게 하는 것들로 흐트러질 때마다 이것을 부드럽게 기억하세요.

할 수 있는 한 오랫동안 호흡의 리듬을 가라앉히는 것에 주의를 기울이면서 호흡이 폐 아래로 내려가는 것을 느껴보세요. 그리고 배가 오르내리는 것을 알아차리면서 날숨에 배가 꺼지는 것을 느껴보세요.

몇 분 동안 이 호흡의 리듬을 가라앉히는 연습을 한 후에 이 연습을 마칠 준비가 되어 있음을 알아차리세요. 그런 다음 숨을 내쉬고 이 연습을 완전히 내려놓으세요. 자신의 속도에 맞춰 주변을 자각하고 눈을 뜨세요. 그리고 바로 자신의 경험으로 돌아오세요.

---

* 이 연습은 출판사의 동의하에 길버트(Gilbert, 2010a)의 연습에 기초하여 터치(Tirch, 2012)의 각색을 적용한 것이다.

첫 번째 고귀한 진리: 괴로움

첫 번째 고귀한 진리는 붓다가 해결하고자 했던 문제에서 시작된다. 그것은 빨리어로 종종 '괴로움Dukkha'을 의미한다. 첫 번째 고귀한 진리는 삶의 모든 측면이 불만족, 불균형, 어느 정도의 고통을 포함하고 있다는 것이다. '둑카Dukkha'를 '괴로움'으로 번역한 것이 정확하지 않을 수 있지만 완벽하게 번역할 수도 없다(Rahula, 1959/1974). 그 단어의 어원은 사륜마차를 타고 가는데 바퀴 중 하나가 균형을 이루지 못하는 것에서 나온 것이다. '둑카'를 '괴로움'으로 번역한 것은 종종 붓다가 모든 삶은 괴로움일 뿐이라고 가르쳤던 것에서 유래한다. 심리학적 치유는 고사하고 얼마나 부정적인 접근법인가! 사실 티베트 불교의 승려이면서 작가인 둡텐 최덴Thubten Chodron은 이 책의 저자 가운데 한 명인 콜트와 이야기하면서 다음과 같은 제안을 하였다. "당신이 무슨 말을 하든, 불교가 삶을 괴롭게만 생각한다고는 말하지 마세요!"

둡텐 최덴은 붓다의 첫 번째 고귀한 진리가 잘못 해석되고 있다고 말하는 유일한 승려는 아닐 것이다. 수많은 사람이 이 생각 때문에 불교가 삶을 비관적으로 본다고 믿었다. 몇몇 불교 스승들이 괴로움에 대한 이런 가르침을 전하기 때문에 이런 오해가 생겨났다는 것을 쉽게 알 수 있을 것이다. 만일 붓다의 첫 번째 가르침이 이것이라면, 우리는 아마 머리를 흔들면서 너무 비관적이지 않은 다른 무엇인가를 찾아갔을 것이다.

둑카에 대한 완벽한 정의는 더 광범위하게 '불완전한', '영원하지 않은', '좌절되는', 때로는 '근본적으로 그리고 궁극적으로 만족스럽지 않은'과 같은 묘사어가 포함되어야 한다(Das, 1997; Rahula, 1959/1974). 역사적으로 많은 심리학이 괴로움에 초점을 맞추고 있는 것처럼 첫 번째 고귀한 진리도 괴로움에 초점을 맞추고 있지만, 붓다는 또한 수많은 곳에서 행복을 발견하는 것의 중요성을 가르치고 있다(Nhat Hanh, 1998).

첫 번째 고귀한 진리의 핵심은 삶이 몇 가지 점에서 힘들다는 것이다. 붓다는 세 가지 유형의 둑카를 설명하고 있다(Rahula, 1959/1974). 먼저 인간의 삶에는 우리 모두 늙고, 병들고, 죽는다는 괴로움이 있다는 것이다. 우리 모두는 사랑하는 사람을 잃고, 대부분의 우리는 사는 동안 마음의 상처를 입고, 최선을 다하지만 실패하고, 조롱을 당하거나 모욕을 당하고, 고통, 어려움, 불편, 실망을 수없이 경험할 것이다. 우리는 짧으면 2만 5천일, 운이 좋으면 3만 일을 산다. 우리의 몸은 갖가지 질병에 걸리고 상처를 입기 쉽다. 쾌락에 빠져서 만족스러워하고 육체적 건강을 자랑하지만, 나이가 들어가면서 그것은 어쩔 수 없이 사라진다. 이 모든 것이 고고苦苦, Dukkha-dukkha를 만든다. 우리는 그것을 '삶의 기본적인 괴로움The basic suffering of living'이라고 부른다. 다시 한번 말하지만 그것은 모든 삶이 고통이라는 말이 아니다. 그것은 단지 어느 정도의 고통과 어려움이 인간의 삶과 육체에 있다는 것이고, 이는 피할 수 없는 것이어서 이러한 현실과 타협하는 것이 중요하다는 것이다.

둑카의 두 번째 유형은 괴고壞苦, Viparinama-dukkha다. 우리는 그것을 '변화의 괴로움The suffering of change'이라고 부른다. 우리는 모든 방법을 동원해서 쾌락과 행복을 추구하지만, 우리가 원하는 것을 얻었을 때 어떠한가? 결국 그 일들은 변화한다. 우리는 직업을 갖고 기뻐하지만 주변의 모든 것에 영향을 미치는 새로운 사장이 부임한다. 완벽한 저녁은 지나가고, 새로운 관계의 열기는 사라지고, 멋진 재킷은 구닥다리가 된다. 이러한 현상은 세상에서 변화한 환경의 결과로 일어날 뿐만 아니라 우리의 마음속에서도 일어난다. 우리의 마음은 새롭고 신기한 것에 흥분하지만, 곧 익숙해져서 자극은 여전할지라도 우리의 흥분은 사라진다. 우리가 행복할 수 있는 모든 것을 가졌다고 생각할 때도 게임은 계속되고 우리는 다시 무엇인가를 구하고 있다.

세 번째 가장 심오하고 규정하기 힘든 형태의 둑카는 행고行苦. Samkhara-dukkha다. 이것은 실존의 항상하지 않음을 말한다. 우리는 그것을 '연기하는 실재의 괴로움The suffering of conditioned reality'이라고 부른다. 이러한 형태의 둑카는 서양 전통에서 교육받은 사람들에게는 가장 이해하기 어렵지만, 불교에서 실재를 이해하는 철학적 기초의 핵심이다. 가장 기본적인 수준에서 이러한 형태의 괴로움은 사물이 쇠퇴해간다는 사실이다. 어떤 것도 영원하지 않고 변화하지 않는 존재는 없다. 그리고 궁극적으로 모든 것은 다른 형태의 존재가 될 것이다(Nhat Hanh, 1998). 특정 관점에서 보면 아원자 수준에서부터 가장 복잡한 생명체까지, 우주와 별의 체계까지 모든 것은 절대적으로 사라져가는 과정에 있고, 다른 무엇인가로 변형되어 궁극적으로 현 상태의 존재를 유지하지 못한다.

임상 사례

다음의 임상 사례는 인간의 괴로움이 보편적이라는 것을 인정하는 것이 불교심리학에 기반한 인지행동치료적 접근법에 어떤 도움을 줄 수 있는지를 잘 보여준다. 다음은 인지행동치료사와 외상 후 스트레스 장애

^{PTSD} 치료를 받고 있는 내담자의 상호작용을 보여준다. 내담자 리타^{Rita}는 35세의 여성으로 어린 시절의 의학적 외상^{Medical trauma}을 반복적으로 경험하고 있다. 외상 후 스트레스 장애의 결과로 인간관계, 직업, 새로운 환경에 도전하는 것에 괴로움을 겪고 있고, 정서적 기억에 압도당하면서 그 장면이 자꾸 떠올랐다. 최근의 상담 회기에서 리타와 치료사는 리타가 대기실의 형광등이 그녀의 의학적 외상과 연관된 위협적인 정서를 어떻게 재경험하게 했는가에 대해 이야기했다. 그들이 함께 작업했던 연민에 초점을 둔 인지 재구조화 개입이 도움이 되었다고는 하지만, 리타는 그 회기가 끝난 후에 수치심을 많이 느꼈다. 현재 이 순간의 안전에 관한 자동적 사고를 탐색하는 과제를 충실히 이행했지만, 그녀는 여전히 수치심을 느꼈고 플래시백을 경험하고 있었다. 치료사와 내담자는 리타의 경험을 첫 번째 고귀한 진리에 비추어서 논의했다. 이것은 명백하게는 불교적 방식이 아니었지만, 인지치료와 연민중심치료에서 가져온 소크라테스식 질문기법, 고정행위패턴^{FAP}과 수용전념치료^{ACT}에서 가져온 정서적 자기노출 그리고 우리 자신의 괴로움과 세계에 대해서 관심을 가지고 있는 모든 심리치료가 공유하는 인간에 대한 기본적인 공감을 사용한 것이었다.

내담자: 지난주에 대기실의 불빛이 얼마나 나를 불안하게 했는지에 대하여 우리가 이야기하고 나서 너무 창피했어요. 그것에 대해 이야기하는 것조차 힘들어요. (울먹이면서 두려워하는 모습)

치료사: 리타, 오늘은 그 작업에서 조금 더 나아갈 수 있기를 원해요. 당신의 모습이 슬퍼 보이고 두려워하고 있는 것 같아요. 지

난 회기에서 어린 시절 떠올랐던 경험에 대해 이야기한 것은 매우 중요하다고 생각했어요. 당신은 매우 용기 있게 했어요.

내담자: (가볍게 울면서 미소 짓는 모습) 그렇게 이야기해주셔서 고마워요. 내가 위협적인 정서로 힘들어했을 때 중요한 것을 가르쳐주셔서 정말 감사했어요. 우리는 그동안 탐색하지 않았던 그 감정을 탐색하면서 회피하지 않았죠. 한 주간 동안 새롭게 반응하는 과제를 활용했어요. 우리가 이야기한 후에 … 그랬어요. 내가 굉장히 애처롭게 느껴졌어요. 선생님의 사무실에 앉아있는 것만으로도 위협감이 들었어요. 너무 창피해요.

치료사: 수치심은 우리가 어떻게 할 수 있는 일이 아무것도 없는데도 우리에게 너무 빨리, 너무 자연스럽게 드러날 수 있어요. 이것을 오늘 상담에서 다루기엔 좀 어려울 것 같아요.

내담자: 그렇죠. 그러나 할 만했어요. 나는 아주 약하고 무기력해요.

치료사: 그 경험에 대해 몇 가지 질문해도 될까요?

내담자: 네. 물론이죠.

치료사: 리타, 당신은 이 시간에 이곳에서 태어나기로 선택했나요? (미소)

내담자: (부드럽게 웃으면서) 아니요. 그건 불가능하죠.

치료사: 당신은 우리 모두처럼, 문제를 일으키기 쉬운 당신의 부모와 당신의 몸을 선택했나요?

내담자: 물론 아니죠. 나는 그런 것들을 요청하지 않았어요.

치료사: 맞아요. 그렇죠? 와! 당신은 이 모든 것을 요청하지 않았군요.

누구도 그것을 요청하지 않죠. 우리는 그런 문제를 가질 수 있는 속임수를 잘 쓰는 뇌와 몸을 가지고 태어났어요. 우리는 늙고 병들죠. 결국 우리는 죽어요. 우리는 부모, 학교, 친구를 선택하지 않았어요. 삶의 많은 것은 우리가 선택한 것이 아니기 때문에 정말로 우리의 잘못이 아니에요.

내담자: 맞아요. 정말 그래요. 나에게 일어난 모든 일이 다 나 때문이라고 생각한 것이 너무 화가 나요. 너무 슬프고 너무 화가 나요. 끔찍해요.

치료사: 당신의 삶에 이런 고통스러운 일들이 있었다니 정말 슬퍼요. 당신이 이런 방식으로 고통을 겪어야 했다는 것이 슬프고 화가 나요. 정말로 당신의 잘못이 아니라는 것을 알았으면 좋겠어요. 우리가 정서적 고통을 느끼고 삶의 문제들로 어려움을 겪을지라도 우리 안의 어떤 것도 꺾이지 않아요. 우리 모두는 어느 정도 수치심을 느끼죠. 우리 모두는 고통을 느껴요. 당신의 고통은, 지금 여기에서, 나에게도 고통이 됩니다. 우리는 당신이 그것을 요청하지 않았다는 것을 알아요. 당신의 잘못이 아니라는 것도 알아요.

내담자: (오랜 시간 침묵) 나는 혼자가 아니에요. 그렇죠? 이런 일들이 익숙해지는 데 좀 시간이 필요할 거예요. 그것은 나의 잘못이 아니란 걸 받아들여요. 그것이 없어지지는 않지만, 어쨌거나 그것이 누구에게나 삶의 한 부분이란 것을 아는 것은 도움이 돼요. 우, 그래도 그것은 정말 형편없어요. (미소)

이 첫 번째 이야기는 첫 번째 고귀한 진리가 암시하는 것을 잘 설명해 준다. 우리가 공유하는 괴로움을 연민의 마음으로 수용하는 그곳에서, 부드럽게, 우리는 시작한다. 많은 책에 나오는 임상 사례와 달리 이 사례는 문제 해결로 종결되지 않는다. 왜냐하면 그런 방식으로 끝날 경우 사실 삶의 변화는 거의 없기 때문이다. 우리의 접근법은 괴로움을 마음챙김, 용기, 연민으로 변화시키는 것이다. 우리는 지금 이 순간에 가져올 수 있을 만큼의 개방성과 지혜로 내담자의 괴로움에 접근한다. 그리고 이런 방식으로 우리는 불교심리학에 기반한 인지행동치료를 시작한다.

연기적 실재, 자기 그리고 고통

좀 더 자세히 살펴보면 '연기하는 실재의 괴로움'은 실재 자체의 본성을 불교의 관점에서 이해할 수 있는 틀을 제공한다. 다르마Dharma의 관점에서 보면 몇몇 물리학파가 말하듯이, 모든 것은 밀접하게 서로 연결되어 있고, 그 근원은 시공간상의 물질의 극미한 파동에 있다. 이러한 관점에서 보면, 분리되어 있다고 보이는 모든 것은 궁극적으로 환상이고, 인지하는 사람의 마음 안에 있는 것이다. 이 추상적 개념들은 인지행동치료사의 실제적인 작업에 직접적이고 분명한 관련성이 없을 수도 있다. 그러나 이러한 개념에 기초한 가정은 우리의 개입이 유의미하다는 것을 보여준다.

심리학적 구성 요소들을 다루기 위하여 우리는 심리학계에서 신뢰할 만한 치료법을 고안하고 발전시킨다. 그것에 대하여 가정을 세우고 탐구하고 논의하는 데 많은 시간을 소비한다. 이 구성 요소들, 예를 들어 '우울증', '인지 도식', '애착 관계', '자존감' 등은 모두 흥미롭지만 다루기 힘들다. 그러나 우리는 이것들에 대하여 거의 그것들 자체로 이야기하고, 추상적 개념을 구체화한다. 우리는 이러한 개념들을 발전시키고, 조종하거나 변화시킨다. 심지어는 그것들을 인과적 동인Causal agents으로 (아마 잘못) 말할 수도 있다. 그러나 우리는 그것들이 개별적으로 존재하지 않고, 물리적 독립체로 존재하지 않는다는 것을 알고 있다. 우리는 그것들의 위치를 알 수 없고, 가리킬 수 없으며, 그것만을 직접적으로 잴 수 없다. 이 모든 구성 요소들은 언어에 기반한 맥락 안에서 인간의 행동과 경험을 묘사한 것이다. 어떤 것도 자체로 존재하지 않는다.

이 구성 요소들은 설명력을 가지고 있기 때문에 우리는 이들을 추론할 수 있다. 이 구성 요소들은 다른 사람들에게 우리의 경험을 효율적으로 전달하고 명명하는 데 도움을 준다. 심리학적 구성 요소들은 인지, 정서, 경험을 이해할 수 있게 한다. 또한 아직 가정으로만 남아있는 원인과 결과 사이를 연결하도록 도와서, 어린 시절의 학대 경험이 어른이 되었을 때 관계가 기능하는 데 어려움을 발생시킨다는 것을 설명할 수 있게 한다. 방정식을 풀 때 암흑 물질을 넣지 않으면 방정식이 풀리지 않기 때문에 방정식에 암흑 물질을 포함시키는 물리학자들처럼, 우리도 이 구성 요소들을 활용하여 인간 행동을 이해하고 설명하며 괴로움을 없애려는 시도를 한다. 그러나 이러한 것들은 고유한 실재가 아니고, 대개 우리의 마음 안에 있다.

예를 들어, 사랑을 볼 때 우리는 사랑을 알고 있는 것 같다. 그러나 실제로 정서나 행동으로서 사랑은 그 순간에 관찰하거나 정의하기 어렵다. 이 때문에 심리학자들은 평가 도구를 만들고 이를 출판하는 데 많은 시간을 보낸다. 우리가 관심을 가지고 있는 많은 것들은 직접 측정할 수 없다. 그것들은 실체가 없고, 영구적이지 않아서 그것들의 실재는 알려지기보다는 추론된다고 할 수 있다. 불교는 우리의 경험을 연기적 실재의 괴로움을 포함하고 있는 것으로 특징짓는다. 이것은 우리가 이 구성 요소들을 성찰하지 않을 때 그것들의 임시성과 비실체성이 우리를 불안하게 할 수 있음을 상기시킨다. 이런 의미에서 우리의 심리학적 개념은 어떤 것도 손에 잡히지 않는다. 그러나 두 번째 고귀한 진리에서 보듯이, 우리는 손에 잡힐 무엇인가를 간절히 원하고 확실성과 안정성을 찾기를 원한다.

우리의 경험의 한계로 인한 불편함은 강력한 동기가 될 수 있다. 예를 들어, 심리학에서 행동주의 혁명을 낳게 된다. 이는 인간의 행동을 정확하고, 깊이 있고, 폭넓게, 심리적 구성 요소들로 사물화하는 것에 의존하지 않고, 가장 적절하게 예언하고 영향을 미치는 영역을 찾는 것이다 (Fletcher, Schoendorff, & Hayes, 2010; Hayes, Luoma, Bond, Masuda, & Lillis, 2006). 이러한 행동주의 혁명은 심리적 괴로움을 없애기 위하여 가장 효율적인 방법을 찾도록 이끈다. 그러나 끝까지 심리적 구성 요소들을 사용하지 않으려 할지라도 우리는 한계를 발견한다. 행동주의자에게 모든 정신적 사건들은 맥락 속에 있고, 본질적으로 종속 변수이다. 그러므로 자동적 사고는 괴로움의 원인이 아니라, 우리가 맥락 안에서 반응할 때 보여지는 내적 행동으로 여겨진다. 우리의 모든 말은 행동주의 자체의 언어조차도 궁극적으로 상징이고, 단어의 적절성과 의미는 인간의 마음에 의존한다.

따라서 연기하는 실재의 괴로움Samkhara-dukkha은 더 큰 우주 전체의 모든 개별적 측면에 본질적인 존재가 없음無我을 보여준다(Malalasekera, 1966).

모든 현상은 너무 상호의존적이고 상호 연결되어 있어서, 관찰 가능한 세계를 분리된 부분으로 쪼개거나 나누는 것은 비록 실용적으로는 유용할지라도 원래의 실재가 아니다. 이를 특별히 자아Self에 적용해보면, 본질적 존재가 없다無我는 이 개념은 생각하는 것조차 불안하게 할 수 있고, 대답이 불가능해 보이는 질문을 하게 한다. '나는 누구인가?', '무엇을 믿을 수 있는가?', '자아Self는 무엇인가? 그리고 나는 그것을 어떻게 알 수 있는가?'

우리는 '나'라는 단어를 하루에도 수없이 말한다. 그러나 그 의미를 정말로 알고 있는가? '나는 누구인가?', '나는 무엇인가?', '나는 어디에서 발견할 수 있는가?' 불교적 관점에서 보면 발견할 수 있는 구체적인 '자아Self'는 없다. 오히려 자아는 영원히 변화하는 육체적 그리고 정신적 과정을 관찰해서 추론한 구성 요소로 보인다. 그것은 다섯 가지 주요한 구성 요소, 즉 물질色, 감각受, 인지想, 정신적 형성行, 의식識으로 묘사된다 (Rahula, 1959/1974). 이 구성 요소들 자체는 실체성과 독립성이 없다.

불교심리학은 우리가 자아를 직접 관찰할 수 없다고 말한다. 우리는 우리의 사고 행동을 관찰하여 자아가 있음을 추론한다. 이 개념은 행동분석적 관점에서 본 자아의 핵심 개념과 많은 공통점이 있다. 그 점에서 자아의 경험은 우리 자신의 반응에 대하여 반응하는 것에서 생겨난다 (Stewart, Villatte, & McHugh, 2012). 불교적 관점에서는 사고 자체조차도 본질적 존재가 아니라고 본다. 이것을 불교에서는 '조건화된 존재'라고 부른다. 그 점에서 자아는 전적으로 그것을 만들어내는 조건과 원인에 의존하여 존재하고, 그러한 조건 없이는 존재하지 않는 것이다. '조건화된'이라는 용어는 불교와 행동주의가 철학적으로 공명하고 있다는 것을 나타낸다. 불교와 행동주의 둘 다 맥락 안에서 상호작용하면서 변화하는 것을, 존재를 분명하게 경험하는 조건으로 본다. 스키너 자신은 불교의 자아 형성을 인정했다. 그는 다음과 같이 말했다. "인간은 독자적인 존재가 아니다. 인간은 유전적이고 환경적인 많은 조건이 함께 영향을 미치는 하나의 지점이고 중심지이다."(B.F. Skinner, 1974, p.168)

불교심리학은 우리가 '실재Reality'라고 부르는 경험에 대해서 유사한 논리를 적용한다. 우리의 순간순간의 경험을 궁극적으로 정신적 '스냅샷'으로 환원한다. 실재는 원인, 조건, 힘, 에너지가 계속해서 변화시키는 상호작용을 굳어지게 하는 것 같다. 우리가 이 순간에 경험하는 것을 형성하기 위해 사물들은 결합한다. 나중에 그 사물들은 소멸하고 흩어져서 원인과 조건이라는 영원히 변화하는 고리 안에서 다른 무엇인가로 된다.

행동분석이나 변증법적 행동치료에서 가장 기초적인 배경인 '행동적 고리' 또는 '행동적 고리 분석'을 상기해보면, 이러한 유사한 종류의 사고를 발견할 수 있을 것이다(Linehan, 1993a). 우리가 하나의 행동을 이해하고자 할 때 종종 그 행동만 별개로 이해할 수 없다. 우리는 그 행동을 유지하는 조건과 원인을 생각할 필요가 있다. 그 일이 일어날 것을 말해주는 선행사건 그리고 그 행동을 유지하는 결과가 있다. 비자살적 자해나 손목 긋기와 같은 특정 행동을 살펴보면, 그것은 처음에는 이해하기 어려워 보인다. 그것은 그 행동을 양산했던 원인과 조건(극단적 정서적 고통) 그리고 그것을 강화하는 결과를(그 고통이 줄어듦) 생각해볼 때만 지금 우리가 보고 있는 것을 제대로 이해할 수 있다.

불교심리학의 관점에서 보면, 손목 긋기는 고통을 없애기 위한 동기와 고통을 별개로 보지도 않고, 그럴 수도 없다. 이것은 마치 이 예에서 고통의 완화라는 결과와 그 원인이 별개가 아닌 것과 마찬가지이다. 원인과 조건을 성찰하는 연습을 하게 되면, 인간의 삶을 행동과 경험의 지속적인 연속으로 볼 수 있게 된다. 각각의 행동이나 경험은 그것에 선행했던 것들의 결과로 작용하고, 이어서 그 다음 행동이나 경험의 선행사건으로 작용한다. 물론 우리의 경험과 행동은 유전적 요인에 따른 정서적 반응, 인지적 과정, 다른 사람들의 행동과 환경에서 일어나는 일들, 우리의 행동에 따르는 외적 결과를 포함하여, 다른 많은 요인의 영향을 받는다. 시간이 흐르면서 우리의 행동과 상호작용에는 패턴이 생기고, 우리는 거기에 익숙해져서 우리의 마음을 정신적 형성行으로, 즉 '나'와 관계를 맺는 생각과 도식으로 조직한다. 불교적 관점에서 볼 때 '나'는 영원하지 않고 덧없는 것이어서 전적으로 그것을 형성했던 원인과 조건에 의존한다.

궁극적으로 첫 번째 고귀한 진리는 매우 심각한 결과를 유발하는 메시지가 아니라, 순간순간 우리에게 역동적으로 드러나는 분명한 현실의 근원적 본성을 수용하는 것이다. 어떤 문화에서는 우리가 항상 행복해야 하고, 결코 고통스러워서는 안 된다고 너무 자주 말하는 것 같다. 우리의 뇌와 몸은 자연스럽게 그리고 반사적으로 고통에 움찔한다. 붓다는 고통과 괴로움이 삶의 단순한 사실이라고 말한다. 우리가 살아있다면 그 괴로움, 즉 병, 고통, 상실, 죽음을 맞닥뜨리게 될 것이다. 역설적이게도 우리가 이 현실을 회피하려 하면 할수록 더 많은 괴로움을 불러온다.

이러한 관점은 인지행동치료사에게는 새로운 것이 아니다. 많은 치료적 전통은 물질 남용, 외상 반응, 불안장애를 포함하여 다양한 심리장애와 부적응적 행동이 원인이 되어 발생하는 고통스러운 경험과 정서를 피하는 것이 중요하다는 것을 인정하고 있다(Chawla & Ostafin, 2007; Salters-Pedneault, Tull, & Roemer, 2004). 더 나아가 경험 회피가 수많은 행동장애의 기저에 있다는 것을 근본적이고 초진단적 차원에서(Hayes, Wilson, Gifford, Follette, & Strosahl, 1996) 제안한다. 그리고 이를 수용-전념치료의 핵심 이론(Hayes Strosahl, & Wilson, 2011)으로 제안한다. 인지행동치료의 제3의 물결에서 일어나는 많은 것들은 고통을 수용하고, 정신적 구성 요소에 집착하는 것을 유보하며, 자기연민을 내고 확장하는 것을 포함한다. 불교심리학은 이 모든 개념의 선행개념을 가지고 있다.

연습   생명의 흐름을 명상하기

명상을 통한 치유전통은 역사적 붓다가 태어나기 전 수 세기 동안 정서적으로 긍정적 경험을 촉진하기 위해 '상상imagination'을 사용해왔다. 잘 알려진 대로 티베트 전통과 몇몇 일본 전통에서는 마음을 안내하고 특정한 정신적 경험을 자극하기 위하여 시각화를 사용한다. 상상적 사건들은 실제 사건이 일어날 때 활동하는 뇌의 영역과 같은 영역을 자극하고, 심지어는 실제 사건과 같은 행동을 유발할 수도 있다(Dymond, Roche, & Bennett, 2013). 예를 들어, 배가 고플 때 내가 좋아하는 음식을 상상하면, 침을 흘리고 위에서는 소화액이 분비될 것이다. 상상이 어떻게 마음을 안내하고 뇌를 자극하는지에 대해 지침을 따라 이 연습을 해보라. 그리고 불교심리학의 많은 이론서에서 설명했듯이, 이 연습의 경험을 활용하여 상호연결에 대한 감각을 접촉할 수 있는지를 보라.

이 연습은 우주의 생명이 진화하는 흐름 속에서 우리가 어디에 위치하는

지를 보여주는 데 사용할 수 있다. 이 연습의 시사점은 우리가 삶에서 경험하는 많은 것들이 우리의 선택이 아니라는 것과 우리의 잘못이 아니라는 것을 깨닫고 자기연민을 계발하도록 돕는다는 것이다. 이 연습은 상상과 유연한 자기감을 사용하여 내담자를 훈련시키는 제3세대 인지행동치료 프로토콜과 양립할 수 있다. 해리 증상과 외상 경험이 있는 내담자들에게는 특히 치료 초기에 깊이 있는 상상 또는 장기간 상상을 사용하는 것이 가장 좋다. 따라서 마음챙김, 연민, 이미지 형성 기술의 과정을 밟고 있는 많은 내담자는 이 연습을 통해서 자기가 상호 연결되어 있고 유연하다는 경험을 함으로써 많은 유익을 얻을 것이다.

안내 지침

편안하고 조용한 장소에 앉아서 지금 여기에서 자신에게 드러나는 육체적 감각을 단순히 알아차리세요. 눈을 감고 주변의 소리를 알아차리세요. 바닥 위에 있는 발의 느낌, 의자에 앉아 있는 당신의 무게, 꼿꼿하게 받쳐주고 있는 당신의 등을 관찰하세요. 호흡의 흐름에 주의를 기울이고 마음을 집중하여 호흡의 리듬을 가다듬어 보세요. 1~2분 동안 호흡을 따라가면서 당신의 자세에서 그리고 호흡의 흐름에서 단단하게 자리 잡은 고요함을 찾아보세요. 마음이 흔들릴 때마다 그것을 경험하고 현재 이 순간으로 돌아오세요. 그리고 숨을 들이쉬면서 이 순간을 수용하고 자각하세요. 이 순간 편안하게 그리고 호흡의 흐름에 그냥 있어보세요.

이제 마음속에 이미지를 만들기 시작할 것입니다. 이 이미지가 어떻게 나오든, 명료하든 또는 자꾸 바뀌든, 그것은 완벽하게 괜찮은 것입니다. 당신은 바로 이 순간에 존재하는 그대로 좋습니다. 거대한 바다 앞 모래사장에 맨발로 서 있다고 상상해보세요. 마음으로 맑고 깨끗한 파란 물 그리고 모래와 바위에 부딪히는 파도를 보고 있습니다. 출렁이는 파도를 보고 있습니다. 멀리 하늘과 바다가 맞닿는 지점을 보고 있습니다. 이 이미지를 가볍게 가지고 있으면,

그것이 변화하거나 다양해질 것입니다. 당신이 할 수 있는 만큼 해변에 서 있는 당신 자신을 그릴 수 있고 해변의 얕은 물을 그릴 수 있습니다. 당신의 발과 발목을 부드럽게 적셔오는 따뜻한 물을 느껴보세요. 물결이 해변으로 밀려왔다 쓸려갈 때 발바닥 아래와 발가락 사이의 모래의 느낌을 상상해보세요. 태양으로 뜨거워진 몸과 피부를 시원하게 해주는 바람을 느껴보세요. 마음으로 이 경험을 만들어내는 당신의 모든 감각을 활용하여 물 위에서 반짝이며 빛나는 햇빛을 보세요. 바다에서 불어오는 시원한 공기의 냄새를 맡고 느껴보세요.

수평선을 자각해보세요. 수천만 년 동안 존재해왔던 바다, 거대한 바다를 알아차려보세요. 우주의 모든 생명은 물에서, 어떤 의미에서는 당신 앞에 있는 바로 이 바다에서 시작됩니다. 바다는 이 우주가 변화하는 수많은 시간 동안 많은 생명체가 탄생하고 죽는 것, 지구의 기후가 변화하는 것, 산과 강과 숲과 사막과 빙하가 형성되는 것, 지각 표층이 움직이는 것을 지켜보았습니다. 우리가 이해할 수 있는 시간보다 더 오랜 시간 동안 이 물은 변화했고, 우리의 지구에 생명의 흐름을 낳았고 우리를 낳았습니다. 우리는 그 세계로 들어간 것이 아니라 그 세계에서 나왔습니다. 우리는 생명의 이 흐름으로부터, 고대의 생명으로부터 나왔습니다. 이제 이렇게 오래되고 거대한 바다가 당신을 있는 그대로 지금 여기에서 완벽하게 받아들이고 있음을 상상해보세요. 이 바다는 당신의 역사를 알고 있고, 당신의 투쟁을 알고 있고, 당신의 고통을 알고 있고, 상호 연결된 생명의 흐름 속에서 당신을 사랑스럽고 의미 있는 존재로 보고 있습니다. 이렇게 지혜롭고 오랜 바다, 우리 모두의 존재의 원천인 바다는 당신이 깨어있고 살아있음을 알고 있습니다. 당신은 주변의 모든 것이 변화하는 과정과 연결됨을 알아차리는 존재입니다. 이 순간 이 바다와 침묵하는 바다의 지혜와 바다의 힘과 바다의 수용과 연결됨을 느끼도록 당신 자신을 허용하세요. 우리는 모두 우리 주변의 모든 것과 친밀하게 그리고 물리적으로 연결된 이 우주로부터 진화한 생명의 한 부분임을 인지합니다. 현재 이 순간의 지혜

안에 있도록 당신 자신을 허용하세요. 이제 준비가 되었다면 이 이미지를 보내고, 이 방의 이 의자에 앉아 있는 당신에게로 주의를 되돌리세요. 깊은 날숨으로 모든 연습을 내려놓고, 당신의 주의를 지금 여기로 오게 하여 일상으로 돌아오세요.

* 이 연습은 길버트(Gilbert, 2009a)에 기초한 것이다.

두 번째 고귀한 진리: 괴로움의 기원

두 번째 고귀한 진리는 괴로움, 불만족, 좌절이 어떻게 일어나는지와 연관된다. 이러한 주제들을 성찰할 때 우리는 붓다를 위대한 심리학자로 볼 것이다. 붓다의 관점에서 보면 우리의 고통의 원인은 삶의 고통이 아니다. 사물은 변화하고, 모든 것은 영원하지 않으며 소멸한다는 사실도 아니다. 붓다의 관점에 따르면 삶 자체의 내용과 근원적 요소가 괴로움을 만들어내는 것이 아니다. 두 번째 고귀한 진리에 따르면 이 사건들과 그 조건에 대한 우리의 반응이 지속적인 괴로움을 만드는 일차적인 핵심 원인이다. 불교심리학은 고통의 원천을 땅하Tanha라고 표현한다. 그것은 글자 그대로 '갈증Thirst'을 의미한다. 땅하는 갈증, 갈망, 집착을 끝없이 강력하게 경험하는 것이다(Das, 1997; Rahula, 1959/1974). 두 번째 고귀한 진리에 따르면, 우리의 괴로움은 우리가 갖지 못한 것들 또는 우리가 충분히 갖고 있지 않다고 생각하는 것들을 갈망하고, 우리가 원하지 않는 것을 피하거나 없애려고 투쟁하기 때문에 생긴다. 우리는 현재 이 순간을 있는 그대로 기꺼이, 침착하고 편안하게, 받아들이려 하지 않거나 받아들일 수 없을 만큼 고통스럽다.

우리가 혐오스럽다고 여기는 사건들을 피하고, 식욕을 돋우는 쪽으로 기우는 우리의 반응은 환경에 대해서 진화론적으로 자연스럽고도 필요한 반응이다(Ramnero & Torneke, 2008). 이것은 살아있다는 것의 가장 기본적인 역동의 한 부분이다. 그러나 인간이라는 동물은 매우 복잡한 정신 능력을 가지고 있기 때문에 욕망을 크게 가질 수도 있고, 가상적 상황을 정신적으로 구성할 수도 있다. 거기에서 더 행복하고 더 건강하며 더 많은 쾌락을 경험한다. 그렇게 우리는 우리가 원하는 것들을 강력하게 갈망하는 데 쉽게 사로잡힌다. 우리가 다양하게 갈망할 수 있는 것들은 거의 끝이 없다. 우리는 물질적 소유, 돈, 재산, 사치품, 감각적 쾌락을 갈망한다.

우리는 관계, 존중, 권력, 지위를 갈망한다. 집착하려는 경향성과 이 강력한 욕망은 생각, 관점, 의견, 이론에도 적용된다. 인간의 뇌, 마음, 몸에서 일어나는 다양한 정서 조절 시스템에 대하여 논의할 것이지만, 최근 들어 정서신경과학이 발달하면서 자원, 쾌락, 성취 목표를 추구하는 특별한 동기 체계를 따로 연구하고 있다(Pani, Porcella, & Gessa, 2000; Panksepp, 1998). 특별히 도파민과 같은 신경전달물질을 포함하여, 획득에 기반한 체계는 우리를 하나의 종으로 유지하게 하는 강력한 진화 도구이다. 그리고 이 정서 체계는 개별적 존재인 우리의 행동에 다양하게 영향을 미치고 행동을 지배한다. 두 번째 고귀한 진리는 갈망과 욕망을 지나치게 강조하면 있는 그대로의 사물을 경험하는 것과 투쟁하고, 점점 더 괴로움을 경험하게 된다고 말한다.

목표 추구와 관련해서 좀 더 나아간 집착은 불교심리학에서 '신경증적 갈망Neurotic craving'이라고 말할 수 있다. 갈망의 대상이 추상적일 때도 그렇다. 그러한 조건에서는 개념과 사소한 증거 자료를 지나치게 동일시하게 되고, 지금 이 순간에 반응하지 못하고 공통적인 인간성을 잃게 된다. 정치인들이 이념적 차이에 따라 감정이 폭발하는 사례를 쉽게 볼 수 있지만 심리학에서도 그러한 사례는 매우 많다. 교양 있는 심리학자들이 공식적인 회의에서 사소하게 보이는 이론적 차이에 대하여 열띤 토론을 하는 것을 볼 수 있다. 우리 모두는 갈망, 집착, 욕망에 끌리고, 심지어는 이 문제를 치료하려는 사람들도 욕망의 노예가 됨을 발견할 수 있다. 또 다른 예로 종교 전쟁에서는 한쪽이 다른 한쪽을 흠집 내고, 둘 다 서로 대량 학살을 하게 되고, 자신의 평화, 사랑, 이해가 최고가 될 것이라고 한다. 이 모든 것이 단순화시킨 것이긴 하지만 두 번째 고귀한 진리가 함축하는 바를 포함하고 있다는 것을 인식하는 것이 중요하다.

괴로움의 근원, 학습 이론, 경험 회피

한편 우리의 행동은 욕망이 주도하는 열정적 경험과 신경증적 갈망의 지배를 받을 수 있다. 다른 한편 인간의 둑카, 즉 괴로움의 두 번째 주요 원천으로 혐오Aversion가 강력한 영향을 끼치는 것을 볼 수 있다. 우리는 원하는 것을 추구하려는 강력한 욕망으로 인해서 그것에 집착할 뿐만 아니라, 우리가 좋아하지 않는 상황, 경험, 생각에 직면하면 강력한 부정적 반응을 경험할 수 있다.

이러한 관점은 분명히 인지행동치료 계열의 다양한 이론들과 일치한다. 기초 학습 이론에서 보면, 고전적 조건화와 조작적 조건화의 핵심은 어떤 결과를 추구하고 다른 것들은 회피하려는 강력한 경향성에 기초하고 있다. 환경과 결부된 자극의 기초 위에서 학습하거나(고전적 조건화) 또는 행동의 결과를 통하여 학습하든(조작적 조건화) 쾌락과 불쾌, 욕망과 혐오의 경험이 우리의 많은 학습을 주도한다(Domjan, 1998; Zajonc, 1984).

우리의 뇌는 바람직한 또는 바람직하지 않은 정서적 또는 신체적 경험을 만들어내는 환경적 사건들 그리고 이전에는 중립적인 자극이었으나 지금은 이 사건들을 시사하는 것 같은 자극들 사이에서 고전적 조건화의 강력한 결합을 형성한다(Ramnero & Torneke, 2008). 어떤 결과는 추구하고 다른 것은 회피하는 경향성은 조작적 학습의 기초가 된다. 우리는 예상대로 원하는 결과를 내는 행동을 반복하고, 또는 부정적 강화일 때는 바람직하지 않은 경험이나 상황을 끝내고자 한다. 그리고 원하는 결과를 내지 못하는 또는 반대 결과를 내는 행동을 삼가려 한다. 행동을 기능적으로 분석해보면, 우리가 하나의 행동을 시작하게 되는 요소들 그리고 그 행동을 유지하는 행동들을 면밀하게 검토할 때 어떤 의미에서 우리는 땅하, 즉 갈망의 역동을 탐색하고 있는 것이다. 아마도 '이 사람이 추구하고 있는 것은 무엇인가?' 또는 '이 사람이 피하려는 것은 무엇인가?'와 같은 질문에 답을 하려는 것이다. 우리가 그렇게 할 때 우리의 내담자와 우리 자신에게서 두 번째 고귀한 진리가 매우 분명하게 드러나는 것을 보게 된다.

로드니Rodney의 사례는 이것을 잘 보여준다. 36세 남자인 그는 아내와 이혼한 후 몇 년 동안 양육권을 빼앗긴 것에 화가 나 있었다. 그의 자녀들은 전 아내와 그녀의 새 남편이 양육하고 있었다. 연민중심치료의 '다중 자아Multiple selves' 개입법을 사용하여 내담자는 다양한 정서와 주의, 감정, 생각, 동기, 그것들에 따른 행동 패턴을 탐색하면서, 로드니는 자신의 '분노 자아Angry self'를 깊이 탐색할 수 있었다. "나의 분노가 강력하게 느껴져요. 그것은 일을 복잡하게 하고 사람들을 떠나게 해요. 그들이야 어찌 되든 말든, 그들은 나를 이해하지 못해요!" 로드니가 자신의 삶에서 만성적인 짜증과 분노를 드러냈던 방식은 자신의 아이들, 친구들, 동료들을 불행하게도 더 멀어지게 했고, 다른 사람들과 적극적으로 상호작용할 것을 요구하는 그의 직업에서도 심각한 문제를 일으켰다. 불안과 슬픔 등 다른 정서를 탐색하게 되자, 상황은 매우 다르게 나타났다. "거기에 가지 않을래요. 그런 일은 싫어요. 참을 수가 없어요. 그것을 밀어놓을래요." 처음에는 그러한 정서를 탐색하는 것에 대하여 저항했으나 마지막으로 "불안을 느끼게 내버려두면 무슨 일이 일어나나요?" "그것이 무엇인 것 같은가요?" "당신의 불안한 자아는 어떤 생각을 하고 있나요?"라는 질문을 했다. 로드니는 다음과 같이 말했다. "나는 무섭고 약하게 느껴져요. 나보다 그놈이 나의 아이들을 더 사랑하면 어떻게 하나? 내가 그들을 전혀 만나지 못하게 되면 어떻게 하나? 나는 그런 일에 대하여 생각할 수조차 없어요. 내가 완전히 무너져내릴까봐 두려워요." 의자에 쪼그리고 앉은 로드니는 슬픔을 탐색하는 것이 더 어렵다는 것을 알게 되었다. "내가 슬픔에게로 가도록 내버려둘 수가 없어요. 나의 슬픔이 말을 한다면 나의 삶이 망가졌다고 말할 것 같아요. 그것은 나의 잘못이에요. 내가 사랑하는 모든 사람의 삶을 파괴했어요. 다 내려놓고 죽고 싶어요." 로드니는 자발적으로 그 말들을 통합했다. "그것은 나의 분노였어요. 내가 분노를 느낄 때마다, 미칠 것 같았어요. 모든 일은 나의 아내가 나쁜 여자이기 때문에 일어났고, 나의 아내와 결혼한 얼간이를 얼마나 미워하는지 몰라요. 화내고 싶어요. 그 느낌이 강력해요. 마치 내가 통제되고 있는 것 같아요. 다른 것은 받아들일 수 없어요. 내가 분노를 하면 다시는 돌아오지 못할 것 같아 두려워요."

우리가 바라는 것을 추구하고 불편함을 피하려는 많은 방법은 많은 괴로움을 양산한다. 욕구 자극을 갈망하고 혐오를 피하려는 것, 그 자체는 나쁜 것이 아니다. 불교심리학도 행동치료처럼 행동의 기능을 맥락 속에서 보고 있다.

땅하의 진실은 우리의 괴로움이 종종 갈망과 혐오에 기초한 행동의 지배를 받고 있음을 보여준다. 행동치료사처럼 붓다도 그런 행동과 그 기능을 검토하고 개입의 틀을 짰다.

역사적 붓다의 깨달음이 그러했던 것처럼, 현대 인지행동치료도 연구를 통하여 인지적 억압 또는 원하지 않는 정신적 사건을 과도하게 회피하려는 시도는 종종 그러한 사건의 빈도를 증가시키고, 고통의 경험을 강화할 것이라는 사실을 밝혔다(Hayes, Follette, & Linehan, 2004; Wenzlaff & Wegner, 2000). 정서 표현을 억압하는 것에 대한 연구는 적응적이고 유연한 패턴의 정서 반응이 유용하다는 것을 보여준다. 예를 들어, 자신의 정서를 표현할지 말지를 선택하는 것이 얼마나 유용한지는, 개별적인 상황에 달려있다(Bonanno et al., 2004; Wilson & DuFrene, 2008). 그러나 경험 회피는 비효율적이고 낮은 규제 전략이 될 수 있고, 정신병리가 발생하고, 유지되고 악화되는 데 어떤 역할을 할 것이다(Campbell-Sills, Barlow, Brown, & Hofmann, 2006; Chapman, Gratz, & Brown, 2006; Hayes, Strosahl, & Wilson, 2011; Hayes et al., 2004; Kashdan, Breen, & Julian, 2010).

경험 회피는 개인이 특별한 경험을 있는 그대로 받아들이지 않으려 할 때 그리고 그 경험의 형태, 빈도, 상황을 바꾸기 위한 조치를 취할 때 나오는 결과다(Hayes et al., 1996). 따라서 경험 회피는 개인적 사건을 회피하거나 억압함으로써, 고통스러운 내적 경험을 줄이거나 끝내려는 전략이나 반응 경향성이 된다. 그리고 경험 회피는 조건화를 회피하는 과정을 통하여 유지된다(Chapman et al., 2006). 이러한 반응 경향성은 특별한 개인적 사건 또는 환경적 사건을 회피하거나 수정하려는 다양한 형태를 취할 수 있다(Champman et al., 2006). 경험 회피를 자주 사용하는 사람들은 종종 회피, 억압, 통제 전략을 사용하여 생각, 감정, 신체 감각 등의 고통스러운 경험이나 원하지 않는 경험을 관리하거나 제거하려 한다(Campbell-Sills et al., 2006). 그리고 이 사람들은 자신의 정서를 조절하기 위하여 더 많은 말을 하는 전략을 쓰는 것으로 밝혀졌다(Cochrane, Barnes-Holmes, Barnes-Holmes, Stewart, & Luciano, 2007).

그러한 회피는 잠깐 동안의 위안은 주지만, 장기적으로 볼 때 기능면에서 손상을 입게 될 수 있다(Hayes et al., 1996). 비효율적이고 자기 영속적으로 순환하는 역설적인 회피 행동 자체가 이 경험 회피라는 부정적 영향을 낳는다(Hayes et al., 2004). 예를 들어, 생각을 억압하고 정서를 회피하는 것은 원하지 않는 경험을 소멸시키지 못하거나 그 경험을 증가시킬 수 있다. 그리고 정서 과정을 방해하고, 정서 반응과 회피 행동을 무심코 강화시킬 수 있다(Abramowitz, Tolin & Street, 2001; Campbell-Sills et al., 2006; Wenzlaff & Wegner, 2000). 정서 경험에 반응할 때 억압이나 회피를 습관적으로 사용하는 것은 부정적 정서의 수준은 높이고, 긍정적 정서의 수준은 낮춘다. 그리고 부정적 정서로부터 회복이 안 되면 안 될수록 사회 적응은 안 될 것이고 행복은 감소할 것이다(Campbell-Sills et al., 2006; Gross & John, 2003). 경험 회피는 물질 남용(Forsyth, Parker, & Finlay, 2003), 범불안장애(Roemer, Orsillo, & Salters-Pedneault, 2008), 공황장애(White, Brown, Somers, & Barlow, 2006), 외상 후 스트레스 장애(Kashdan et al., 2010; Marx & Sloan, 2005), 고의적 자해 행동(Chapman et al., 2006) 등과 같은 여러 가지 심리장애의 원인으로 기능한다고 가정되고 있다.

경험 회피가 가지는 부정적 영향에 대해서는 불교심리학과 행동 연구 사이에 분명한 공통점이 있다. 그러나 인지행동치료와 불교심리학 사이의 공명은 인지행동치료 계열의 인지주의자 또는 정보처리 작업의 측면에서 볼 수 있다. 아론 벡Aaron T. Beck(1976)과 같은 선구적인 인지치료사는 붓다의 두 번째 고귀한 진리에 나타난 통찰과 유사한 관찰에 그 이론적 토대를 두고 있다. 즉, 우리의 괴로움이나 정신적 질병의 원인은 단순히 우리에게 일어나는 일이 아니라, 우리의 마음에서 그 일을 다르게 만드는 것이다(Epstein, 1995). 예를 들어, 앨버트 엘리스Albert Ellis(2006)는 우리가 일을 어떻게 생각하는지에 대한 사고에 집착하는 경향성이 어떻게 우리에게 고통과 실망을 주는 비합리적 사고로 나타나는지를 강조했다. 그는 특정한 방식으로 일이 되어야Must 한다는 생각, 또는 특정한 일을 해야 Should 한다는 생각에서 우리의 고통이 생겨난다고 보았다. 그것은 긍정적 상황과 성공을 평가절하고 일들이 되어야 한다고 생각했던 방식대로 되지 않을 때 또는 우리가 해야 하는 일을 사람들이 하지 않을 때, 문제의 원인이 된다고 한다. 고전적 엘리스는 '자동적 사고Musturbatory thinking' 또는 '당위적 사고Shoulding on yourself'를 강조하고, 그리고 아론 벡 계열의 인지치료사는 비합리적 조건화 가정에 대한 반응을 강조하는데, 이것은 땅하의 진실에 대한 분명한 이해를 보여준다.

이러한 강조는 인지부조화 이론에 직접적으로 반영된 것으로(Festinger, 1957), 우리 자신과 세계가 우리의 신념과 맞지 않는 것을 보게 될 때, 우리가 자신의 가치와 갈등하는 방식으로 행동하는 것을 보게 될 때, 고통을 경험하는 경향성을 설명해준다.

두 번째 고귀한 진리에 대한 통찰은 수천 년 동안 인간의 괴로움을 다루고 없애는 불교의 방법을 발달시키는 데 영향을 미쳤다. 지난 20여 년 동안 수용전념치료와 같은 제3의 행동치료는 경험 회피와 심리적 경직성이라는 구성 요소들을 다루기 위하여 경험적으로 타당화된 방법을 발달시켰다. 그리고 둑카Dukkha와 땅하Taṇhā로부터 해방되는 것에 포함된 핵심적이고 측정 가능한 심리 과정을 확인하였다. 다르마의 확장과 실험의 발전으로 인하여 우리는 이 자유의 학문을 함께 탐색할 것이다.

두 번째 고귀한 진리는 괴로움의 경험이 원인에 의해 만들어진 결과라는 것을 밝힌다. 세 번째 고귀한 진리는 논리적 도약을 해서, 원인이 확인되면 그리고 원인을 변화시킬 수 있다면 결과를 바꿀 수 있다는 것이다. 세 번째 고귀한 진리는 고통으로부터 해방됨의 진리이다.

세 번째 고귀한 진리: 고통으로부터 해방

세 번째 고귀한 진리는 우리가 둑카로부터 해방될 수 있고, 인간 존재가 괴로움으로부터 해방될 수 있음을 말한다. 우리는 '어원적으로 갈증과 괴로움의 멸절과 소멸을 의미하는' 니르바나Nirvana라는 말을 들었다(Das, 1997, p.85). 세 번째 고귀한 진리는 우리의 많은 괴로움의 원인인 갈망과 집착을 줄이고, 궁극적으로 이를 극복하여 평화를 얻을 수 있다고 말한다. 니르바나의 상태는 종종 다음과 같은 것이 없는 특징을 갖는다. 욕망에 대한 집착, 비합리적인 방식으로 우리를 몰아가는 강력한 갈망, 불쾌하게 보이는 경험을 회피하기 위한 반사적이고 강박적인 추동이 없는 특징을 갖는다(Rahula, 1959/1974). 세 번째 고귀한 진리는 평화가 가능하다고 말한다. 갈망으로부터 해방된 이 상태는 수동적인 중립 상태가 아니다. 그것은 좋아하는 것이 없거나 부당함을 그냥 넘어가는 것이 아니다(Das, 1997). 우리가 갈망으로부터 해방될 수 있다고 말하는 세 번째 고귀한 진리는 갈망과 집착 때문에 생긴 괴로움과 산란한 마음으로부터 자유로워지는 것이다. 상담사는 끊임없이 자신을 감시하고 자신을 평가하는 자기 자신을 자유롭게 하는 법을 배우는 만큼, 내담자를 효율적으로 치료할 수 있게 된다.

평화를 찾는 것이 가능하다는 이 희망의 메시지가 너무 중요하다. 붓다는 네 가지 고귀한 진리들 가운데 하나로 이를 포함시켰다. 성공적인 심리치료 전체에 울려 퍼지는 하나의 가르침을 여기에서 볼 수 있다. 비록 새로운 치료의 효과성을 확고히 하기 위하여 통제할 것으로, '특별하지 않은 치료 효과'의 상태로 종종 격하되는 때가 있지만, 치료 결과에 대해서 긍정적 기대를 가진 내담자들은 오랫동안 심리치료에서 중요한 변수로 인식되어왔다(Kazdin, 1979). 최근에는 (목표를 향하여 움직이기 시작하고 유지할 수 있는 신념) 작용과 (이 목표를 성취하기 위하여 실행 가능한 방법이라는 신념) 경로가 결합하는 것이, 변화를 위한 긍정적 동기의 역할을 한다는 것에 특별히 관심을 기울이고 있다(Snyder et al., 2000). 치료 단계마다 희망이 이중으로 작용하는 것이 심리치료 결과를 더 좋게 할 것이라는 것을 보여주는 연구가 나왔다(Irving et al., 2004). 붓다처럼 우리도 내담자들이 믿을 수 있는 향상의 경로를 그리고 우리의 도움으로 내담자들이 할 수 있는 것이 이것이라는 느낌, 내담자들에게 주는 방법을 발견할 필요가 있다.

인지행동치료사들은 치료 목표를 설명할 때 '니르바나'와 '깨달음'과 같은 용어를 피할 것이지만, 우리는 내담자를 우울과 불안의 순환구조 속에 있게 하는 습관적 행동 경향성과 강박적 사고의 억압으로부터 분명히 자유롭게 하고자 한다(Dowd & McCleary, 2007; Dunn, Hartigan, & Mikulas, 1999; Hayes, Orsillo, & Roemer, 2010).

수용전념치료와 같은 맥락적 인지행동치료는 심리적 유연성 모델에 기초하고 있다(Hayes et al., 2006). 이 모델은 내담자의 적응적 유연성과 현재 이 사건에 반응할 수 있는 능력을 효율적으로 증가시킬 수 있는 몇 가지 핵심 능력을 계발할 것을 강조한다. 심리적 유연성은 정서와 경험의 전 영역을 경험하려는 의지를 갖고, 지금 이 순간에 있는 모든 것과 함께, 지금 이 순간을 접촉할 수 있는 능력을 나타낸다. 그것은 우리의 이야기를 가볍게 유지할 수 있는 능력, 유연하고 연민적인 관점으로 세계와 우리 자신을 볼 수 있는 능력을 포함한다. 이때 우리는 삶이 주는 도전에 직면하여 가치 있는 방향으로 나아가는 데 헌신함, 활력, 의미, 목적을 우리 삶의 행동 패턴으로 명료화한다(Hayes et al., 2011). 이러한 목표는 불교의 형태를 가지고 있지 않지만, 있는 그대로의 현실에 깨어 있고, 보편적인 가치를 깊이 간직하고 있는 삶을 사는 이러한 해방감은 불교심리학의 목표와 완전히 조화를 이룬다.

수용전념치료와 인지행동치료에서 발견되는 많은 기법은 괴로움을 없애기 위한 붓다의 방법과 일치한다. 예를 들어, 적응적 행동 반응의 활성화, 부적응적 사고 패턴을 벗어나도록 돕는 것, 적응적 대안을 배우는 것, 내담자들이 그러한 사고에 도전하도록 도와서 더 이상 그런 사고가 진실이 아님을 받아들이게 하는 것이다. 최근의 인지행동치료 모델의 목표는 괴로움으로부터 해방되는 불교의 관점에 더 가까워지고 있는 것 같다.

예를 들어, 연민중심치료(Gilbert, 2010a)는 집착과 혐오의 강력한 경향성을 정서 조절 체계의 활동을 성찰함으로써 다루고, 특별한 행동, 정서, 인지, 이미지 기반 전략을 활용하여 내담자를 돕는다. 평화와 고요함의 감각 느낌을 주는 정서 조절 체계를 활성화시킴으로써 집착과 혐오의 과정을 바꿀 수 있고, 정서 반응이 균형을 이루도록 도울 수 있는 능력과 우리의 주의 능력을 확장하여, 인지적 유연성을 향상시킬 수 있는 능력을 발달시킨다(Gilbert, 2010c). 붓다가 그랬듯이, 우리가 괴로움으로부터 해방되는 것은 우리 자신을 사치로 에워싸고, 주변 세계를 완벽하게 만들고, 삶의 불가피한 괴로움과 불편함을 회피함으로써 간단하게 얻을 수 있는 것이 아님을 깨닫는다. 그렇게 하는 것은 불가능하고, 비록 성공할지라도, 괴로움의 근본적 원인을 다루지 못할 것이다. 오히려 우리에게 주어진 자유의 정도, 즉 행동, 생각, 추론과 상호작용 능력으로 우리 자신을 자유롭게 하기 위해 노력할 수 있으며, 이는 붓다의 네 번째 고귀한 진리, 즉 괴로움이 끝나는 곳에 이르는 길(Succito, 2010) 또는 '중도Middle Path'로 나아가게 한다.

임상 사례

앞에서 말한 리타의 이야기를 다시 해보자. 우리가 앞에서 이야기한 세 가지 진리가 어떻게 타인과 우리 자신의 괴로움을 경감하고 예방하도록 도울 수 있는지를 살펴보자. 앞서 말한 세 가지 진리를 상기해보자.

- 삶에는 괴로움이 있다.
- 괴로움은 우리가 가질 수 없는 것을 가지려 하거나 회피할 수 없는 것을 없애려는 갈망에서 생겨난다.
- 회피하고자 하는 욕망과 갈망의 지배를 벗어나도록 우리의 마음을 훈련시킬 수 있다. 이러한 마음의 상태는 괴로움으로부터 우리를 해방시킬 수 있다.

우리는 리타의 초기 상담 회기를 살펴볼 것이다. 그녀의 치료사는 불교에 기반한 인지행동치료를 사용하여 변화를 위한 맥락을 만들도록 도왔다. 많은 인지행동치료사들은 그들의 상담 방식의 요소를 인지할 것이다. 예를 들어, 인지치료사들은 인지치료 안에 포함된 소크라테스식 문답법을 알고 있을 것이다. 그리고 치료사와 내담자가 자동적 사고의 목적을 함께 살펴볼 것이다. 수용전념치료사들은 치료사와 내담자가 '창조적 무기력'이라는 기법을 활용하고 있음을 알아차릴 것이다. 창조적 무기력 기법에서 치료사는 내담자가 원하지 않는 내적 경험을 과도하게 통제하거나 회피하려는 시도가 소용없음을 점진적으로 알아차리도록 돕는다. 연민중심치료사들은 '공감적 다리놓기Empathic bridging' 그리고 '비난하지 않음의 지혜Wisdom of no blame' 기법을 알게 될 것이다. 이때 치료사는 내담자의 정서에 대해 적극적으로 관심을 가지고, 내담자가 할 수 있는 만큼 내담자의 눈을 통하여 세상을 경험하고, 내담자가 견디고 있는 괴로움이 자신이 자유롭게 선택한 것이 아님을 반영해준다. 또한 자기에 대한 연민적 견해를 시각화하는 연습을 할 것이다. 변증법적 행동치료사들은 힘든 마음을 변증법적 방식으로 받아들이고, 변화의 동기를 변증법적 방식으로 발견하는 두 부분이 있음을 알아차릴 것이다. 모든 인지행동치료사들은 안내를 받아 발견한 것을 알아차리고, 어젠다가 협력적으로 작동하고 있음을 알아차릴 것이다. 중요한 것은 사려 깊은 연민의 맥락 속에서 회기가 진행될 때 치료사는 천천히 유연하게 내담자를 참여시켜 고통을 경감하고 예방하도록 돕는 일에 주의를 기울이고 헌신한다는 것이다.

리타는 어릴 때부터 겪었던 만성적 질병을 치료하면서 수년 동안 의학적 트라우마를 견뎌왔고, 그것으로 인해서 지속적으로 침투적 사고, 공황장애, 플래시백, 악몽을 경험하고 있다. 그녀의 부모는 그녀의 불안장애와 중독과 평생 씨름을 했지만 부모가 그녀에게 적절한 위로나 관심을 주었다는 기억이 거의 없다. 그녀는 치료사를 만나 자신의 역사를 이야기하고 외상 후 스트레스 장애 치료를 위해 맥락적이고 연민적인 인지행동치료 모델의 기초를 배웠다. 그들이 작업을 시작했을 때 리타는 치료사에게 그녀의 염려를 말했다. 만일 이러한 개입방법이 우리가 지금 하고 있는 치료와 같다면, 그것은 아마 어떤 면에서 이 내담자처럼 우리의 방법을 현대 인지행동치료의 접근법으로 개선하고 있기 때문일 것이다.

내담자: 그러니까 나는 오늘 당황스러웠던 어떤 것에 대하여 이야기하고 싶어요.

치료사: 그것이 무엇인가요?

내담자: 나는 이 모든 것이 '증거 기반' 치료라고 알고 있어요. 내 말은 그래서 내가 당신을 만나러 여기에 와 있다는 말입니다. 그러나 내가 더 나아질 거라는 믿음은 없어요. 이것이 효과를 낼 것이라고는 생각하지 않아요.

치료사: 네, 아시다시피 거기에는 많은 지혜가 있죠.

내담자: 네?

치료사: 내 생각에는 당신의 한 부분이 '이것은 효과를 내지 못할 것이다'라고 말하고 있는 것 같아요. 그러나 거기엔 지혜가 있죠.

내담자: 당신은 그렇게 말해야겠죠?

치료사: 좋은 질문이에요. 내가 그런 말을 하는 것도 괜찮다고 생각해요. 어떻게 생각하세요?

내담자: 저도 괜찮아요. (쉼) 사실 좀 안도감이 들긴 하지만 '지혜'가

무슨 뜻이죠? 모든 것이 다 효과를 낼 것이라고는 생각하지 않아요.

치료사: 네 맞아요. 물론 당신에게 그럴 거예요. 그것이 당신에게 어떻게 느껴지나요?

내담자: 모르겠어요.

치료사: 그 감정에 이름을 붙여볼 수 있어요?

내담자: 할 수 없어요. 안 돼요.

치료사: 당신의 몸 어디에서 그 감정과 연관된 어떤 것이 느껴지나요?

내담자: 목인 것 같아요. 목이 메이는 것 같아요. 그리고 눈에서 눈물이 날 것 같아요.

치료사: 그 감정을 뭐라고 부를까요?

내담자: 스-ㄹ-ㅍ-ㅁ요. 그것이 정말 슬퍼요. 뭔가를 정말 하고 싶고 무서운 기억이 너무 많아요. 그리고 그것들을 버리고 싶어요.

치료사: 그래도 괜찮아요. 나도 그것들이 사라지길 원해요. 내가 당신 입장에 있었다면 정말 무서웠을 거예요. 이 고통스러운 감정을 갖고 나에게 오세요. 내가 그것들을 모두 사라지게 만들 거예요. 기분이 아주 좋아질 거예요. 효과가 있기를 바라요.

내담자: (웃음) 그렇지만, … 그것은 사라지지 않아요.

치료사: 지금까지 당신은 이 감정과 기억을 없애기 위해 무엇을 했나요?

내담자: 오랫동안 분석을 했고, 재미있었어요. 그러나 상황은 더 나빠지기만 했어요. 하던 대로 술집에 가서 술을 많이 마셨죠. 도움이 되지 않았어요.

치료사: 전혀요?

내담자: 네, 재미있었고 친구들을 만났지만 (웃음) 그렇게 떠오르는 기억과 두려움을 멈출 수가 없었어요.

치료사: 그 외에 또 어떤 일을 하셨나요?

내담자: 강박적으로 운동을 했고 자아실현 집단에 들어갔죠. 일종의 종교집단이었는데, 실제로 효과가 없었어요.

치료사: 당신이 말하는 그런 것이 뭔지 알 것 같아요.

내담자: 그것 중 어떤 것도 조금도 도움이 되지 않았어요. 정말로 도움이 하나도 안 됐어요.

치료사: 지금까지 실제로 효과가 있었던 게 있었나요?

내담자: 아뇨! 내가 지금 이야기하고 있잖아요. (갑자기 화를 낸다) 나는 그런 감정이 올라오는 것을 멈출 수가 없어요. 섬광처럼 떠오르는 기억과 악몽은 모두 나를 엉망으로 만들어요. 내가 아무리 노력해도 그 고통이 떠오르는 것을 멈출 수가 없어요. 공황발작을 제어할 수가 없어요. 프로작(우울증 치료제)도 그것을 멈출 수 없었어요. 약은 먹기 싫어요. 어떤 것도 이 감정이 올라오는 것을 멈출 수가 없고, 이제는 형편없는 작은 아파트에서 나올 수도 없어요. 친구도 만나지 않아요. 그러니까 나는 당신이 나를 도울 수 있을 거라고 생각하지 않아요. 미안하지만 믿을 수가 없어요.

치료사: 내가 아까 말했던 지혜가 거기에 있어요. 아마 당신의 마음은 여기에서 중요한 무엇인가를 말하고 있는 것 같아요. 당신을

고통스럽게 하고 두렵게 하는 것이 너무 많아서 그리고 그것을 없애려는 노력을 너무 많이 해서 어떤 것도 효과를 낼 수 없었던 것 같아요. 그러니까 당신이 이 감정들을 피하고 없애버리려고 했던 모든 노력이 허사였던 거죠. 당신이 피하고 통제하고 투쟁하려고 하면 할수록, 당신이 처음에 시작했던 그곳으로 돌아가게 되죠. 당신의 마음이 어떤 면에서는 맞아요. 아마 우리는 당신의 감정을 멈출 수 없겠죠. 당신이 그렇게 되어도 그것은 당신의 잘못이 아니에요. 우리는 아무리 해도 당신이 느꼈던 것을 없앨 수는 없을 거예요.

내담자: 그래요. 그것 참 이상하군요. 그렇지만 나는 그 생각에 놀라지 않아요.

치료사: 무슨 말이에요?

내담자: 당신은 우리가 나의 공황상태에 빠진 느낌을 멈추게 할 수는 없을 거라고 말하고 있어요. 나는 공황상태가 나를 놀라게 할 것이라고 생각해왔지만 그런데 지금은 그런 게 아니에요. 그게 이상하죠?

치료사: 나도 놀랍지 않아요. 사실 그것은 완벽한 느낌이에요. 내 생각에 당신은 요 몇 년 동안 잘못된 싸움을 해왔던 것 같아요. 이 문제를 성공적으로 다루는 방법에 대해 당신이 생각해왔던 것을 봐요. 불안과 외상적 기억에 접근하는 방법을 정리해보면 그것은 무엇인 것 같은가요?

내담자: 알았어요. 그것은 내가 인지치료 책에서 읽었던 '자동사고'

또는 '신념들' 중 하나죠. 내가 PTSD에 대해서 가지고 있었던 생각은 '나는 PTSD 증상을 없애야 해. 그렇지 않으면 그것이 나의 삶을 망칠 거야' 그런 거죠.

치료사: 와, 아주 빨리 알아차렸네요. 리타, 정말 잘했어요. 자, '나는 PTSD 증상을 없애지 않으면 그것이 나의 삶을 망칠 거야'라는 생각을 가질 때 당신의 손해와 이익에 대해 생각해봅시다. 이익은 무엇일까요?

내담자: 음… 아무 생각도 할 수 없네요. 미안해요. 더 좋아지고 싶은 것 같아요. 사실 그것 말고 다른 것은 없어요.

치료사: 그러니까 당신이 이 장애 증상을 없애야 한다고 믿으면서, 그렇게 되고 싶은 마음에 기름을 붓고 있군요. 다른 것은 없는 거죠? 전혀 없는 거죠?

내담자: 내가 이 상담 저 상담, 약 처방에서 지나친 음주까지 하다가 결국 아무도 만나지 않게 되었다고 말한 것 같아요. 그 어떤 것도 효과가 없었어요.

치료사: 그러면 우리는 이 지혜에서 더 많은 것을 볼 수 있지 않을까요? 당신의 삶이 시작되기 전에 PTSD를 없앨 필요가 있다고 믿으면 그 대가는 무엇인가요? 이 생각을 믿으면서 당신이 치러야 할 대가는 무엇인가요?

내담자: 글쎄요, 나는 친구와 가족을 피해왔죠. 공황발작이 일어나면 어디에도 갈 수 없어요. 지금도 그래요. 그것은 내가 사랑하는 모든 것을 잃어버리는 대가를 치르게 하죠. 나는 혼자 남

게 될 거예요.

치료사: 맞아요. 리타, 그 말을 들으니 매우 슬퍼요. 알겠어요. 이것이 당신에게 무엇과 같은지에 대해 훨씬 더 자세하게 말해줘서 정말 감사해요. 당신의 삶의 범위는 훨씬 더 줄어들겠죠. 당신의 삶이 회복되도록 돕는 것은 나에겐 의미 있는 일이에요.

내담자: 네. 나도 내 삶이 회복되었으면 좋겠어요.

치료사: 나도 그렇게 되기를 원해요. 정말 그래요. 당신의 삶이 회복되도록 돕기 위해 매우 다른 무엇인가를 할 수 있다면 기꺼이 해보시겠어요?

내담자: 잘할 수 있을지 모르겠어요.

치료사: 그것은 매우 정직한 거예요. 관점 연습을 좀 해볼 거예요. 괜찮죠?

내담자: 네.

치료사: 감사해요. 지금부터 60년 전이라고 상상해보세요. 당신은 PTSD를 없애려고 계속 노력하고 있었어요. 몇 번 성공한 적도 있어요. 그러나 당신도 말했다시피 대부분은 효과가 없었죠. 그럼에도 불구하고 당신은 매우 좋은 사람으로 계속 성장해갔어요. 당신은 엄마 아빠에게 매우 좋은 아이였어요. 그들이 당신을 실망시켜도 당신은 많이 사랑하는 조카에게 아주 좋은 숙모였죠. 당신은 언제나 친구들을 위하여 거기에 있었죠. 사람들은 당신이 정말 친절하고 베풀기 좋아하는 사람이라고 생각했어요. 그러나 당신은 그 세계로 들어가는 것

이 너무 두려워서, 문제의 도화선이 되는 것이 두려워서, 대부분 그 세계를 피해왔었죠. 그러다가 이제 95세가 되어 점점 더 죽음이 가까이 오고 있음을 느끼고 있어요. 한 옛 친구가 찾아와서 놀라운 스마트폰 앱이나 시계 또는 슈퍼컴퓨터 칩이 당신의 머리에 있다고 말해요. (당신도 알다시피 이것은 먼 미래의 일이에요.) 그것은 타임머신을 갖고 있어요. 이 친구가 바퀴를 돌리자 인정 많고 현명하며 친절한 미래의 자기가 과거로 돌아옵니다. 바로 여기에 있는 저 의자에 바로 지금 우리와 함께 당신 자신의 사랑스러운 미래의 모습이 거기에 앉아 있어요. 그녀는 당신의 눈에서 모든 고통을 보고 있어요. 그녀는 당신이 두려워하고 삶을 직면하지 않고 계속 회피한다면, 어떻게 될지를 알고 있어요.

이 의자에 앉아보세요. (내담자가 의자로 옮겨간다) 지금 리타가 앉아 있는 그 의자를 바라보세요. (쉼) 그렇게 하기 전에 숨을 천천히 들이쉬고 내쉬어보세요. (쉼) 호흡하면서 몸을 이완시켜보세요. (쉼) 이제 눈을 뜨고 지혜와 능력과 헌신의 목소리로 리타가 풍요로운 삶을 살기 위해 알아야 할 것이 무엇인지를 말해보세요. 당신은 할 수 있어요. … 그녀에게 말해보세요.

내담자: (잠시 후 깊은 호흡을 한 후에 빈 의자를 바라본다) 리타, 가엾은 소녀야, 네가 지나왔던 삶에 대하여 정말 미안하다. 그러나 이것은 너의 유일한 삶이야. 이것이 너의 삶이야. 삶이 다하

면 우리도 끝날 거야. 제발 삶이 사라지지 않게 하렴. 이런 방식으로 계속 싸우지 말고 도움이 필요하면 도움을 받아. 너는 너의 삶을 살 수 있어. 삶은 살 만한 가치가 있어. 너는 너의 삶을 살 수 있어.

치료사: 아주 잘했어요. 고통 안에 쌓여 있었던 지혜가 보이나요? 와!

내담자: 그것이 어디에서 왔는지는 모르겠어요. (자신의 의자로 옮겨 앉는다)

치료사: 다음 주에도 고통이 있을지라도 당신의 삶에서 앞으로 나아가는 방법을 찾아볼 수 있다고 생각하죠? 우리가 함께 그 목표를 이루어갈 수 있다고 생각하죠?

내담자: 네. 할 수 있다고 생각해요. 무슨 일이 일어날지는 모르겠지만 … 괜찮아요. 나의 삶을 회복시키려는 … 그 목표를 이루기에 … 충분히 편안한 느낌이 들어요. 그렇죠? 이거 굉장한 일 아니에요? 우리는 할 수 있어요.

치료사: 당신은 그 어떤 것도 요구하지 않았는데 당신과 함께 앞으로 나아가다니 정말 훌륭해요. 그것은 많은 변화를 가져올 거예요. 실제로 굉장할 거예요. 이것을 이루기 위해 기꺼이 함께 할 거죠?

내담자: 네. 그럼요. 할 거예요.

네 번째 고귀한 진리: 중도 개입법

불교심리학에서 앞의 세 가지 근본적인 원리들이 자기와 세계에서 작업하는 과정을 보여주었다면, 네 번째 고귀한 진리는 개입 전략을 제공한다. 중도는 앞에서 역사적 붓다가 고통을 줄이는 구체적인 단계를 직접적으로 말한 가르침보다 훨씬 더 멀리 나아간다. 이 길은 종종 '팔정도'라고 부르는데, 불자들이 개발해야 할 여덟 가지 능력을 포함하고 있다. 이제 이 길을 개관할 것이다. 그러면 역사적 붓다가 체계적으로 반복할 수 있는 인지행동 개입법을 설명하고 있음이 분명해질 것이다. 그것은 사람들의 괴로움을 없애도록 돕기 위한 분명한 목표를 가지고 있다. 이 책은 불교적 관점을 일반적이고 임상적인 인지행동치료 맥락에 놓으려는 목표를 가지고 있기 때문에 네 번째 고귀한 진리를 '중도 개입법Middle Path intervention'이라고 부를 것이다. 이 책은 팔정도의 각 차원을 다루면서, 네 번째 고귀한 진리의 측면과 연관이 있는 성찰적이고 임상적인 적용 사례를 다룰 것이다. 이 기법들은 불교심리학과 인지행동치료로부터 도입할 것이다. 또한 중도 개입법의 다양한 능력으로 마음을 훈련하기 위한 새로운 기법을 어떻게 만들고 계발하고 채택하는지를 성찰하도록 당신을 초대할 것이다.

3

중도와 적응적 행동

3 중도와 적응적 행동

당신은 세상의 고통으로부터 자신을 지킬 수 있어요.
그것은 당신이 자유롭게 할 수 있는 것이고
당신의 본성과 부합하기도 하죠.
그러나 당신이 피하고자 했던 그 고통이
아마 당신을 지키고 있는 바로 그것이죠.

- 프란츠 카프카

고타마 싯다르타가 살던 당시에는 과학적 방법이 발달하지 않았지만, 불교심리학에는 영향력 있고 선구자적인 응용심리학이 포함된다. 그것은 심리학의 뿌리일 뿐만 아니라 인지행동치료의 이론, 기술, 전통으로 뻗어나갈 수 있는 여러 이론을 포함하고 있다. 네 번째 고귀한 진리, 즉 팔정도八正道, The Eightfold Path는 누구라도 자신의 학문 분야에서 경험적으로 탐색할 수 있는 단계별 연습 시리즈다. 따라서 불교 수행에서 팔정도는 종교적 가정에 기초한 행동 제약, 법칙, 계명이라기보다는 삶의 도전에 적절하고 유연하게 반응하는 로드맵이다. 이제 우리는 중도 개입법이라는 모습으로 그것들을 보여줄 것이다.

중도 개입법

　중도적으로 개입하는 방법은 행복과 평화의 삶을 살도록 고안된 특수한 능력을 발달시키도록 불교 수행자를 안내한다. 그것은 괴로움으로부터 궁극적 해방으로 나가길 촉진할 것이다. 팔정도의 구성 요소는 말, 행동, 행동에 관한 특수한 규정을 제시한다. 이 규정들은 특정 행동 방식이 해로움과 어려움의 원인이 되기 쉽고 기능을 방해하기 쉽다는 주장에 기초하고 있다. 문제는 관습적 의미에서 윤리라는 단어의 '윤리적'인 것이라기보다는 괴로움을 없애는 것을 목표로 할 때 무엇이 활용 가능한가다. 따라서 우리는 인지행동치료사들을 위해 중도 개입법을 설명할 때 '윤리적'이라는 용어보다는 '적응적'이라는 용어를 사용할 것이고, '바른'이라는 용어보다는 '건강한'이라는 용어를 사용할 것이다. 불교학자들과 언어전문가들은 이 용어들이 앞의 번역과 맞지 않다는 것을 발견할 것이지만, 우리의 접근법은 우리가 추구하고 있는 목적을 위하여 유연하고 살아있는 전통을 실행 가능하게끔 각색하는 것을 목표로 한다.

　불교심리학의 접근법에서 8단계는 종종 세 가지 일반적인 범주三學로 설명된다(Rahula, 1959/1974). 이러한 분류체계는 우리가 팔정도를 적용하기 시작할 때 이 요소들의 실천 순서를 더 분명하게 할 수 있다. 세 가지 범주, 즉 적응적 행위戒, 정신적 훈련定, 지혜慧는 괴로움으로부터 해방되는 세 가지 측면이라고 할 수 있다. 이번 장과 다음 장은 이 세 가지 분류를 소개하고 팔정도의 요소들을 구체화하는 경험적 연습을 할 것이다. 이 연습은 중도 개입의 요소들을 실천하는 유일한 방법은 결코 아니다. 그것은 공식적인 불교수행 전통의 전부가 아니다. 중도의 8가지 요소들 각각

은 인간 행동과 사실상 무한하게 결합하면서 실현될 수 있다. 그러한 다
양성 모두는 괴로움의 완화라는 한 가지 의도로 집약된다. 이번 장은 적
응적 행동의 요소들, 즉 건강한 말, 건강한 행동, 건강한 생계를 소개한다.

건강한 말

불교심리학에서 '건강한 말Healthy speech'은 진실하고 친절하며 의미 있
고 도움이 되는 말이며, 일반적으로 그렇지 않은 말은 삼가는 것이다. 우
리는 건강한 말을 사용하여 우리의 언어행동을 분명하고 진실하게 전한
다. 거짓말하지 않고, 혼란스럽게 하거나 호도하지 않는다. 우리가 다른
사람들에게 직접 말을 하든 아니면 자신과 속으로 말을 하든, 건강한 말
은 연민적 관점에서 말하는 것이고, 잔인함, 험담, 직간접적으로 위협하
는 말, 고통과 불편함을 주는 말, 응어리를 주는 말은 삼가는 것이다. 건강
한 말은 도움이 되고, 긍정적 결과를 촉진한다. 좋은 심리치료가 그러하
듯이, 도움이 되는 비판은 하지만 비난하지는 않는다. 그것은 길버트Paul
Gilbert.(2010a)가 수치스러운 공격보다는 연민적 교정이라고 말한 것과 같
다. 불교에서 건강한 말은 '쓸데없는 말', 농담이나 험담이라고 지칭하는
것을 삼가는 것이다. 그런 것들은 목적이 없고, 마음을 산란하게 하여,
의미 없이 부적응하게 한다.

전통적으로 건강한 말은 명백한 언어 행동을 의미하고, 다른 사람들에
게 소리 내어 말할 때 사용하는 실제적인 언어를 의미한다. 우리가 건강
한 말을 개발할 때 유용한 인지행동치료 기술과 방향을 생각할 수 있다.

그것은 변증법적 행동치료의 효율적 대인관계 기술(Linehan, 1993a/1993b), 부부치료에서 존 가트맨John Gotman의 효율적 의사소통 원리(1999) 그리고 자기주장 의사소통 훈련 등이다. 이 모든 기술은 불교심리학적 관점에서 보면 건강한 말을 계발하는 데 유용하다. 그러나 말의 개념은 종종 인지 행동치료의 목표가 되는 인지 형태인 '자기 이야기Self-talk'까지 확장된다. 우리가 팔정도의 원리를 인지행동치료에 맞춰서 확장할 때, 자기를 향한 말을 건강하게 하는 것이 어떻게 치료 목표로서 유용할 수 있는지를 탐색할 수 있다.

인지행동치료 연구자들은 자기비판적이고 자기비하적으로 자기에 대해서 이야기하는 것이, 부정적인 심리적 결과와 연관됨을 계속해서 발견한다(Dunkley, Zurof, & Blankstein, 2003/2006; Rector Bagby, Segal, Joffe, & Levitt, 2000; Sachs-Ericsson, Verona, Joiner, & Preacher, 2006). 실제로 아론 벡의 인지치료의 핵심은 심리적으로 해로운 자기 이야기를 확인하여 보다 합리적이고 조화로우며 도움이 되는 말로 내적 언어 반응을 의도적으로 재구성하는 것이다(Dobson, 2009; Hoffman, 2012). 인지치료가 인지의 내용에 초점을 맞추듯이, 수용전념치료도 종종 정서적으로 고통을 주는 내적 언어행동의 기능을 이해할 수 있도록 내담자와 치료사가 함께 작업한다. 수용전념치료는 내담자의 인지와 부정적 자기 이야기가 어떻게 내담자의 마음 상태와 행동에 강력하고 지배적인 영향을 미치는지를 깨닫도록 도움을 줄 수 있는 경험적이고 관계적인 기법을 사용한다. 수용전념치료는 구체적인 변화를 위한 내용을 다루기보다는 내담자들이 자신들에게 다가올 정신적 사건들을 붙잡지 말고 내려놓도록 격려한다. 그리고 생각이 마치 문자 그대로의 사건이었던 것처럼 반응하기보다는 있는 그대로의 생각을 보게 한다. 비구니이신 둡텐 최덴Thubten Chodron은 최근에 출판된 책에서 "당신이 생각하는 모든 것을 믿지 마라"라고 말한다(2012). 불교심리학과 인지행동치료에서도 그렇게 주장한다. 그런 것처럼 건강한 말은 우리가 스스로 그리고 타인들과 하는 말이 우리의 행동과 정서에 강한 영향을 미친다는 것을 이해하는 것이다. 마음챙김, 수용, 연민을 우리의 말에 적용함으로써 팔정도를 따르게 되고, 불교심리학과 인지행동치료 용어로 괴로움으로부터 해방되는 것이다.

연습 연민의 마음으로 편지 쓰기

건강한 말은 당신의 행복에 직접적으로 영향을 미치는 당신 자신과 연결된다. 다른 정서 상태와 경험도 우리의 생각과 말에 영향을 미칠 것이다. 예를 들어, 당신이 정말로 직업을 가져야 할 필요가 있을 때, 적대적이고 성급해 보이는 고용주와 입사 인터뷰를 하게 되었다고 상상하면서 자기 이야기를 한다면, 그것을 어떻게 경험할 것인가? 어떤 말을 할 것인가? 이번에는 당신의 첫 아이를 안고 그 아이를 사랑스럽게 바라보고 있다고 상상하면, 무슨 생각을 하고 무슨 말을 할 것인가? 인지행동치료에서 연민중심 접근법들, 예를 들어 연민중심치료CFT(Gilbert, 2010c)는 긍정적이고 친밀한 정서를 유발하는 정서 체계를 자극하여 적응적인 자기 이야기와 행동을 할 수 있게 한다. 치료사가 상상을 익숙하게 사용하여 다른 관점에서 말할 수 있듯이, 다음의 연민중심치료 연습을 통하여 당신은 당신을 가장 지지하는 부분과 연결되어서 말하는 훈련을 하게 될 것이다. 이 연습에는 마음속 깊이 연민을 가지고, 지혜로우면서 무조건적으로 수용하는 목소리로 당신 자신에게 편지를 쓰는 것이 포함된다. 이 목소리는 우리 모두가 기본적으로 인간성의 한 부분으로 가지고 있는 직관적 지혜, 사랑과 친절, 힘을 표현한다.

자기연민을 계발하도록 돕는 연습은 특별히 수치심과 자기비판의 문제를 갖고 있는 내담자들에게 유용하다. 인지행동치료를 연습하는 많은 사람은 내담자들이 자신의 내적 비판에 '이성적으로' 대응하는 방법은 알고 있으나, 자기에게 친절하고 따뜻하게 접근하지 못한다는 것을 알게 된다. 편지 쓰기와 이미지 연습은 내담자들이 자기용서와 연민의 경험을 의도적으로 자극하는 방법을 제공하고, 정서와 행동의 변화를 위한 맥락을 만들어 간다.

안내 지침

이 연습을 알아차리면서 할 수 있는 시간을 가지세요. 편안하고 안전한 장소에서 쓸 종이, 펜, 받칠 것을 준비하십시오.

눈을 감고, 방 안의 소리에 천천히 주의를 기울이세요. 준비가 되면 몇 초가 지난 후에 방 바깥의 소리에 주의를 기울이십시오. 그리고 더 먼 곳에서 들려오는 소리에 주의를 기울이십시오. 숨을 들이쉬면서 신체에 천천히 주의를 모으세요. 준비가 되었다면 배에서 일어나는 호흡의 움직임을 자각하세요. 배에서 일어나는 모든 감각을 관찰하고 들숨에 주의를 기울이세요. 그리고 숨을 내쉴 때 특별한 감각의 자각을 내려놓으십시오. 이 호흡이 자연스럽게 리듬을 타도록 허용하고, 이 자각을 계속하면서 그냥 관찰하는 상태에 머무르십시오. 판단과 평가, 설명을 유보하십시오. 호흡을 떠나 방황하며 떠도는 것이 마음의 원래 모습입니다. 이렇게 주의가 방황하는 것을 알아차리면, 자기자각의 순간을 가졌던 것에 대하여 잠깐 감사하고, 다시 부드럽게 자신의 주의가 호흡의 흐름으로 돌아오게 하십시오.

알아차리면서 호흡하는 시간을 가진 후에 숨을 들이쉬면서 생각의 흐름에 주의를 기울이십시오. 호흡에 주의를 기울였던 것을 내려놓고 현재 삶의 상황으로 마음을 가져오십시오. 어떤 갈등, 문제, 자기비판이 마음에 떠오릅니까? 당신의 주의는 어디로 끌립니까? 당신의 마음은 당신에게 무슨 말을 하기 시작합니까? 당신의 몸에 어떤 변화가 일어나고 있나요? 당신 안에 어떤 감정이 일어납니까? 당신의 마음에 어떤 이미지가 나타납니까?

의도적으로 숨을 내쉬십시오. 다음 들숨에서 연민적이고 현명한 존재인 당신의 이미지에 주의를 기울여보세요. 친절한 당신, 정서적으로 강하고 회복 탄력성이 있는 당신, 사랑하고 수용하는 당신을 상상해보세요. 연민적인 마음 안에서 당신은 지혜와 정서적 강함을 소유하고 있습니다. 당신은 지금 이 순간 있는 그대로의 당신을 전혀 비난하지 않고, 무조건적으로 수용하고 있습니다. 연민적인 당신은 정서적 따뜻함과 지혜를 내뿜습니다. 이것은 오늘 당신이 쓸 편지에 담을 목소리입니다. 당신은 이해와 자기 수용의 관점, 넓은 관점에 서 편지를 쓸 것입니다. 이런 방식으로 당신과 함께 태어난 지혜를 만나, 그것에 목소리를 줄 것입니다. 잠시 당신이 가지고 있는 지혜와 고요함을 알아차리 십시오. 연민적인 마음과 함께 따라오는 신체 감각을 잠시 느껴보세요. 크고 깊은 친절함의 치유력과 힘을 알아차리십시오. 이 사랑의 친절함, 이 강력한 연민이 풍부한 힘의 저장소인 당신의 내면에 있음을 알아차리십시오. 잠시 한발 물러서서 순간순간 일어나는 생각과 감정의 흐름을 관찰하세요. 당신 앞에서 마음의 사건들이 펼쳐지는 과정을 살피세요.

이 연민적인 자기를 만날 때 자기타당성이 있는 단순한 행동을 기억하십 시오. 당신이 현재 경험하고 있는 고통에는 많은 이유가 있습니다. 당신의 뇌와 마음은 이 우주에서 수백만 년 동안 살아오면서 진화하였습니다. 당신은 현대사회의 환경이 주는 특별한 압력과 복잡함을 다루도록 만들어지지 않았 습니다. 당신은 이제 강력한 도전, 그리고 당신에게 고통을 유발하는 상황을 맞이하였습니다. 당신은 자신을 개방하여 당신의 투쟁이 삶의 자연스러운 부분 이고 그것은 당신의 잘못이 아니라는 것을 이해하여 연민을 가질 수 있습니까?

사랑하는 친구에게 줄 수 있는 근원적인 친절과 돌봄을 당신이 가지고 있는 한, 많이 연결시키십시오. 진심으로 사랑하는 친구, 많이 사랑하는 사람 에게 이 편지를 쓰고 있다면, 무슨 말을 하고 싶습니까? 당신의 편지에 무엇을 쓰고 싶은가요? 친구의 괴로움을 인정하지 않겠습니까? 친구가 무엇을 했든 친구는 여전히 사랑과 관심을 받을 만한 가치가 있다고 알려주고 싶지 않습니까? 친구가 더 큰 행복과 의미 있는 삶을 살도록, 조치를 취할 방법을 찾도록 돕지 않겠습니까?

이제 날숨을 쉬면서 천천히 눈을 뜨고 쓸 준비를 하십시오. 잠시 당신의 가장 연민스러운 부분에 말을 걸어 연민의 편지를 써 보십시오. 편지를 쓰면서, 어떤 연민적인 행동을 취하는 것이 당신의 현재 상황을 더 잘 도울지에 대하여 생각해보십시오. 바로 지금 당신의 삶에 어떤 연민적 주의를 기울일 수 있을까요? 당신 자신과 함께 있으면서 어떻게 이해하고 인내할 수 있을까요? 만약 치료사와 함께 작업하고 있다면, 치료사와 다시 만날 때, 마음이 내킨다면, 상담 회기에 이 편지를 가져가십시오. 당신이 표현한 말과 감정을 치료사와 함께 읽고 성찰할 수 있습니다. 혼자 개별적으로 작업하고 있다면, 천천히 마음을 다하여 당신 자신에게 이 편지를 다시 읽어주는 시간을 가져보십시오. 당신이 썼던 글을 소리 내어 읽으면서 연민의 정서적 느낌을 느껴보십시오. 이 편지를 몇 차례 더 쓸 필요를 느끼면, 자유롭게 그렇게 하도록 하십시오.

---

* 길버트(Gilbert, 2009a), 터치(Trich, 2012), 네프(Neff, 2011)가 계발한 연민의 마음으로 편지 쓰기 연습에서 인용한 것이다.

건강한 행동

'행동Behavior'이라는 용어에 대한 일반적인 이해에 따르면 '건강한 행동Healthy action'의 개념은 적응적이고 명시적인 행동을 말한다. 근본적으로 건강한 행동은 자기와 타인의 행복을 촉진하는 방식으로 행동하는 것이고, 기본적으로 친절하고 도움이 되는 방식으로 행동하는 것이다. 그리고 해를 끼치는 행동은 삼가는 것이다. 건강한 행동은 살해, 위해, 절도, 착취, 술에 취함, 강박적 행동, 마음을 훼손하는 성적 행동을 삼가는 것이다(Rahula, 1959/1974). 건강한 행동은 책임감 있는 행동이고, 모든 사람의 행복을 촉진하는 행동이다. 예를 들어, 건강한 행동은 너그럽게 배려하는 행동, 사회적 불의에 맞설 용기, 우리 자신을 포함하여 연약한 사람들을 보호하는 일이다(Nhat Hanh, 1998). 틱낫한에 따르면 건강한 행동은 지금 이 순간에 수용하고 주의를 기울이는 마음챙김과 불가분의 연관이 있다(Germer, 2009). 인간은 '바른' 일이 무엇인지에 대하여 너무 쉽게 기만당한다. 지금 이 순간의 결과에 대해서 유연한 가치에 기초한 반응이 아닌, 규제 중심의 행동을 고수하는 것은 수많은 부정적인 심리적 결과와 연관됨을 맥락적 행동주의 문헌에서 볼 수 있다(Hayes, Zettle, & Rosenfarb, 1989). 행동의 속성에 대한 융합된 관점과 정당한 노력을 통해(Cerutti, 1989; Hayes, 2004a) 인간은 자기 행동의 도덕적 정당성을 확신할 것이다. 그러나 이러한 행동은 타인과 우리 자신을 돕기 위한 행동이라기보다는 회피와 중독적 갈망의 습관적 패턴의 영향과 훨씬 더 많은 연관성이 있을 것이다.

행동치료에서 노출의 예를 들자면, 소박한 관점에서 노출 치료가 고문처럼 보인다는 것을 관찰할 수 있다. 치료사는 의도적으로 내담자에게 큰 불안과 고통을 준 어떤 것에 직접 머무를 것을 격려할 것이다. 그러나 인간의 두려움 반응이 어떻게 움직이는지를 안다면, 심신을 약화시키는 불안을 극복하도록 내담자를 돕고자 할 때 노출이 잔인하다는 것을 알게 된다(Barlow, 2004). 그럴 때 건강한 행동은 욕구와 갈망을 단기간에 만족시키려는 것도 아니고, 놀랍고 혐오스러운 일을 숨기려는 것도 아니다. 사실 건강한 행동은 불안의 원천을 탐색하여, 궁극적으로 그 경험을 길들이고 더 큰 두려움을 견디는 것이다. 그리고 불안을 일으키는 자극이 있어도 더 광범위하고 유연한 적응적 행동을 계발하는 것이다. 건강한 행동은 마음챙김과 유연한 관점을 갖는 것 그리고 주어진 상황에서 '건강한'이라는 말이 의미하는 것을 확인하여, 힘든 경험이 있음에도 불구하고 이 건강한 행동을 추구하는 것이다. 맥락적 행동주의와 맥락적 인지행동치료는 이 모든 특성들을 의도적으로 계발할 수 있다고 주장한다. 이런 방식으로 인지행동치료와 불교심리학은 또 다른 목표를 공유하면서, 적응적 행동과 건강한 행동을 추구하는 방법을 제공하고 있다. 그러나 그러한 행동들은 분명하게 직접적으로 나타나지 않을 수도 있다.

연습 즐거운 일을 하면서 건강한 행동을 고양하기

건강한 행동은 우리가 파괴적인 정서나 부정적으로 편향된 생각으로 인하여 행동하지 않는 것이 더 낫다고 말할 때조차도 우리의 행복에 기여할 행동 단계를 밟는다. 우울하여 즐거움이 없는 것 그리고 즐겁고 주도적인 경험이 감소하는 것으로 인하여, 삶의 보상은 충분하지 않게 되고 행동 반경은 제한될 수 있다(Beck, 1976). 소외와 비활동으로 나아가면서 더 우울하게 되는 우울한 기분의 패턴은, 인지행동치료사와 우울한 내담자에게 너무 익숙한 것 같다. 불교의 팔정도가 말하듯이, 건강한 행동은 우리가 우울증과 제한된 삶이 가지는 하향곡선에서 벗어나도록 도울 수 있다.

행동 활성화BA, Behavioral Activation는 우울증과 다른 기분장애를 치료할 때 다년간의 증거를 기반으로 한 인지행동치료 기법을 자주 사용한다(Martell, Addis, & Jacobson, 2001). 특별히 행동 활성화는 급성 우울증 치료의 중요한 기법으로, 몇몇 중요한 통제집단 실험에서 인지치료나 의학보다 더 뛰어난 결과를 보여주는 것으로 나타났다(Jacobson et al., 1996; Jacobson, Martell, & Dimidjian, 2001).

행동 활성화는 기본적으로 내담자가 즐거움과 주도적인 경험을 점점 더 많이 하도록 할 수 있다. 이러한 변화를 촉진하기 위하여 인지행동치료사들은 종종 내담자들에게 계획표를 제공한다. 그 계획표에 자신의 행동을 매일 기록하여 각각의 행동이 어떤 보상을 주었는지를 평가할 수 있게 한다. 내담자들이 어떤 활동이 즐겁고 주도적인지를 더 잘 알게 될 때 우울한 마음이 예상되더라도 그들은 활동에 더 많이 참여하여 보상받는 경험을 할 것이고, 우울증의 나선형 순환은 바뀔 것이다.

행동 활성화에 포함된 과정은 마음을 모아 유연하고 집중적인 주의를 현재 이 순간의 경험에 가져오는 데 도움이 될 것이다. 따라서 마음챙김에 기반한 인지치료MBCT(Segal, Williams, & Teasdale, 2012) 그리고 경험적으로 지지를 받는 우울증 재발 방지를 위한 마음챙김에 기반한 개입은, 중도의 방식에서 건강한 행동의 특성을 구체화하는 특별한 형태의 행동을 활성화시킨다.

'즐거운 사건 달력'(그림 3.1)은 마음챙김에 기반한 인지치료에서 내담자들이 자신의 삶의 활동과 연결된 정서적 경험과 긍정적 사건에 주의를 기울이는 연습을 하는 데 사용한다(Crane, 2009). 마음챙김에 기반한 인지치료의 즐거운 사건 달력은 매일 즐거운 사건들에 마음챙김을 적용하고, 즐거움과 주도력의 수준을 단순히 숫자로 평가하는 것이 아니라, 그 순간의 경험을 심화시키는 데 사용할 수 있다. 달력에 기록된 경험들은 즐거운 사건을 경험하는 동안 그리고 그 후의 정서, 신체 감각과 생각을 포함한다. 즐거운 사건 달력을 구조화한 예시는 다음과 같다.

이 연습은 내담자가 건강한 행동의 경험을 충분히 자각하고 그것에 주의를 기울이도록 도울 수 있다. 인지행동치료사는 실제 상담에서 이 즐거운 사건 달력을 사용하기 전에 마음챙김 연습을 소개할 수 있다. 그러나 상담사는 내담자와 함께 달력에 있는 질문들을 자세하게 설명함으로써 마음챙김의 특성을 소개하고, 내담자가 이 달력을 숙제로 사용할 수 있게 해야 한다. 그런 방식으로 행동 활성화, 마음챙김, 증거에 기반한 공감적으로 조율된 심리치료는 모두 활성화될 수 있다. 다음은 이 접근법의 사례이다.

"당신의 삶에서 일어나는 긍정적 사건과 활동에 신중하고 수용적인 주의를 기울이도록 연습할 수 있는 새로운 방법을 소개하겠습니다. 우리가 우울할 때 우리의 마음은 까다로워져서 과거에 우리에게 즐거움과 행복을 주었던 일들을 즐기지 못하고 낙담할 수 있어요. 이제 의도적으로 주의를 기울이는 것이 건강한 행동을 더 잘하도록 어떻게 도울 수 있는지 연습해봅시다. 아무리 작은 일이라도 즐거운 사건 하나를 생각해보세요. 우리는 함께 이 달력에 있는 질문을 풀어갈 거예요. 자, 시작할까요?"

이번 주의 즐거운 사건, 활동, 매일 일어나고 있는 일 하나를 떠올려라. 이 사건이나 활동을 마음챙기고 자각하면서 다음의 질문에 대답하라. 자각이 점점 더 커지고 참여가 점점 더 많아질수록 건강한 행동을 더 많이 하게 되고, 일상적 삶에서 기쁨, 의미, 목적의식을 더 많이 경험하는 삶을 자유롭게 선택할 수 있다.

그림 3.1 즐거운 사건 달력

날짜	구체적 사건	신체 감각	감정이나 정서	감정의 자각 시기 (경험 도중? 그 후?)	사건이 일어난 때의 생각이나 이미지	경험을 기록하는 지금 당신의 생각

* 시걸 등(Segal, William, Teasdale, 2012)의 자료를 인용한 것이다.

임상 사례

건강한 말과 행동을 포함하는 임상 사례를 위해 제2장에서 보았던 로드니Rodney의 사례를 다시 보자. 그의 성급함과 화나는 생각과 행동이 불안과 슬픔과 같은 더 힘들고 취약한 감정을 피하는 작용을 했음을 확인한 후에, 로드니는 치료사와 함께 문제가 되는 분노 사건의 선행사건을 알아보는 다른 방법을 찾아보았다. 치료사는 로드니가 불안과 슬픔에 저항하고, 그의 분노 행동이 그의 가정과 직장에서 문제를 일으킨 것에 대하여 수치스러워하고 자기비판을 했으며, 아이들로부터 소외되었다는 생각과 느낌 등 중요한 선행 사건들을 확인하였다. 로드니와 치료사가 함께 작업했던 연민중심치료 과정에서, 로드니는 연민적인 자기 작업을 많이 했다. 그것은 도움이 되는 말과 행동을 포함하여 구체적인 연민적 자질을 계발하는 것이다. 이것들은 내담자 마가렛Margaret과 함께 작업했던 연습과 유사한 관점수용 연습에서 탐색한 것이다.

치료사: 당신의 연민적 자아가 친절하고 현명하며 확신하는 관점에서 이 상황과 당신의 아이들을 함께 본다면, 당신이 분노, 불안, 슬픔을 느낄 수 있다는 것이 이해되나요?

로드니: 물론 이해가 되요. 아이들을 잃는 것보다 더 나쁜 일은 상상할 수 없어요. 내 말은 나는 아이들을 잃지 않았지만 그렇게 느껴져요. 정말 무서워요.

치료사: 그러면 그 분노하고 불안해하며 슬퍼하는 자아가 어디에서 오고 있는지를 이해할 수 있나요?

로드니: 그럼요. 이 일을 생각하니 많은 감정이 느껴져요. 그것은 압도적일 수 있어요.

치료사: 그럼 지혜롭고 친절하며 확신하는 연민적 자아의 관점에서 이 모든 분노, 두려움, 슬픔을 느낄 수 있나요? 이 상황이 당신과 다른 사람들에게 얼마나 힘든지를 인식하는 사람은 누구인가요? 그렇게 아프게 상처를 주고 있는 당신의 그 부분에게 무슨 말을 하고 싶은가요? 이 상황에 대하여 그렇게 심하게 상처를 주고 있고, 이렇게 무서운 감정을 느끼고 있는 당신의 부분과 은밀한 이야기를 할 수 있다고 상상해보세요. 우리가 지금 함께 이야기하고 있듯이, 당신은 연민하고 인내하면서 당신의 그 부분에게 말을 건네고 있어요. 당신의 그 부분이 얼마나 큰 고통을 겪고 있는지를 보도록 허용하고, 그 사람 편에서 느껴보세요. 그 사람에게 무슨 말을 하고 싶은가요? 그 사람이 어떻게 느끼는지에 대하여 그가 무엇을 이해받기를 원하나요? 우리가 앞에서 했듯이, 그에게 직접 말해보세요.

로드니: 그에게 잘못된 것은 없다고 말해주고 싶어요. 물론 너는 그 모든 일을 느끼지 못하겠지. 그것은 너를 미치게 하지 않아. 너는 약간 잘못을 했지만 정말 노력하고 있잖아. 네가 겪고 있는 이것은 정말 힘든 일이야. 그러나 일은 더 좋아질 거야. 그리고 너는 그것을 돕기 위한 일을 할 수 있어.

치료사: 그는 어떤 일을 할 수 있나요, 로드니? 그를 돕기 위하여 무엇

을 할 수 있나요?

로드니: 글쎄요, 그는 아이들에게 더 자주 전화할 수 있어요. 그는 아이들에게 전화를 더 많이 하고 싶지만, 그렇게 하지 못할 것이라는 느낌이 올라와요. (울먹이면서 치료사를 바라본다) 나는 아이들을 정말 사랑해요. 그 애들이 그것을 알았으면 해요. 이 일이 나를 방해하지 않도록 해서 그들에게 전화를 해야겠어요. 내가 아이들의 집으로 아이들을 데리러 가고 싶지 않더라도 아이들하고 내가 계획했던 것을 이룰 수 있는지 확인해야겠어요. 아이들은 내가 얼마나 보고 싶어 하는지, 그것을 알고 있는지 확인해야겠어요.

치료사: 당신은 아이들과 만나서 함께 보내고 싶지만 그것을 가로막고 있는 무엇인가가 있다고 느끼는 것 같아요. 그것에 대하여 좀 더 이야기해주시겠어요?

로드니: 아이들한테 전화하고 싶지만 통화가 되지 않을까 봐 너무 두려워서 그만두게 돼요. 아이들하고 같이 일하고 싶지만, 아이들을 데리러 거기에 가는 것이 너무 두려워요. 그 아이의 엄마와 드렉Derek(새 남편) 그리고 그들이 살고 있는 큰 집을 보게 될 거예요. 나는 혼자 아파트에서 살고 있어요. 아이들이 나에게 오려고 하지 않을까 봐 그리고 나를 보고 어색해할까 봐 걱정돼요.

치료사: 그러니까 당신은 아이들과 만나고 싶지만 그렇게 하려 할 때 이 모든 생각과 감정들이 올라와서 정말로 위협적으로 느끼

고, 그래서 뒤로 물러서게 되는군요.

로드니: 그들은 당장 나를 멈추게 하겠죠.

치료사: 다시 한번 지혜와 연민의 관점에서, 어떻게 하면 당신이 계획대로 계속할 용기를 갖고 스스로 확신할 수 있을까요?

로드니: 생각해볼게요. 나 스스로에게 말해볼게요. 아이들은 너를 정말 사랑하고 너와 함께 즐거운 시간을 갖고 싶어 해. 젠장, 아이들의 엄마도 그것을 허락할 거예요. 그러니까 너는 좋은 아빠가 될 수 있어. 네가 어디에 살든 상관없어. 아이들은 너를 필요로 하고 너는 아이들을 필요로 하잖아. 너는 아이들에게 가는 것이 힘들어도 가야 해. 너는 전에도 그것을 했잖아. 너는 다시 그것을 할 수 있어. (치료사를 똑바로 바라본다) 하느님 맙소사, 나는 아이들을 사랑해요.

치료사: 당신은 오늘 무엇을 할 수 있을까요?

로드니: 상담을 마치고 바로 아이들에게 전화를 해서 이번 주말 계획을 정해야겠어요. 그게 바로 나의 주말이고 우리는 아직 계획조차 세우지 않았어요. 우리는 야구 보러 가자고 이야기하고 있었어요. 그들은 야구 게임을 정말 좋아해요. 아이들에게 전화해서 아이들과 함께 가야겠어요.

치료사: 멋진 계획을 세웠어요. 잘했어요. 로드니.

건강한 생계

건강한 생계Healthy livelihood는 특별히 우리가 우리 자신에게 물질적 지원을 어떻게 하는지를 강조하는 데까지 건강한 행동의 개념을 확장시킨 것이다. 건강한 생계에 초점을 맞춤으로써 역사적 붓다는 직업, 일, 기술, 사업이 우리의 마음 상태에 미칠 수 있는 강력한 영향을 상기시킨다. 다른 사람들에게 의도적으로 해를 끼치는 방식으로 생활하지 않는 것은 건강한 생계의 근본적 원리이다. 물론 괴로움의 경감이 불교심리학의 분명한 목표이기 때문에 불교 수행자들은 타인에게 해를 끼치는 방식으로 생활하려 하지는 않을 것이다. 역사적으로 건강한 생계는 노예 매매, 무기 거래, 돈을 벌기 위해 폭력에 가담하는 것 등 타인들에게 분명히 해가 되는 일을 피하는 것이다. 이렇게 삼가는 것은 포르노물 거래, 알코올이나 마약 거래까지 확대된다. 불교 수행승들은 사냥, 낚시, 군인 활동 등 어떤 종류의 살인 행위도 하지 않을 것이다. 그러나 수 세기 동안 불교 경찰, 군인, 전사도 많이 있었다. 궁극적으로 착취, 성을 이용하는 것, 이익 추구를 위해 속이는 것, 우리를 둔감하게 하여 해를 끼치는 것 등은 건강한 생계에 반대되는 것으로 볼 수 있다.

중요한 것은 팔정도가 타인들의 행동을 평가하기 위한 기준이 아니라 긍정적 실천을 위한 지침으로 만들어졌다는 것이다. 우리는 어떤 직업을 가지고 있든지, 그 직업까지 건강한 생계의 개념을 확장시킬 수 있다. 그런 경우에 질문해야 할 것은 일이 어느 정도로 괴로움을 경감시키는지, 그리고 무익하게 해를 끼치지 않는지에 대한 것이다. 심리치료사가 된다는 것은 분명히 건강한 생계의 길로 가는 것 같지만, 그 사람이 행하는 것 이상으로 건강한 생계를 구성하는 것을 어떻게 행하느냐에 대한 것이다. 따라서 우리가 어느 정도로 건강한 행동을 하는지 탐색할 때, 다음과 같은 질문을 통해서 스스로 철저하게 질문해야 할 것이다.

- 개인 상담을 하는 상담사로서 우리는 연민의 마음으로 타인을 대하고 있는가? 내담자의 요구가 충분히 채워지도록 성공적인 상담을 하는가?
- 진실성이 있는 상담을 하고 있는가?
- 연구조교와 박사 후 과정 동료가 전문가로서 훈련과 잠재력을 향상시킬 경험을 하도록 마음을 쓰고 있는가?
- 우리의 심리치료가 증거 기반의 원리와 절차에 근거하고 있는가? 연구문헌을 지속적으로 리뷰하고 있는가?
- 상담 영역에서 인지행동치료 공동체, 다른 전문가들과 관계를 어떻게 맺고 있는가?
- 자신을 돌보고 있는가? 내담자, 가족, 우리 자신에 대하여 책임 있는 방식으로 상담에 접근하고 있는가?

이 질문에 대해 적절하게 답하기 위해서는 주의, 연민, 지혜를 요구한다. 그러나 우리가 목표에만 너무 매달리면 이러한 훈련이 우리의 가치를 반영하지 못 할 수 있다는 것을 간과해서는 안 된다.

연습 　 내면에서 중요한 질문하기

현대 티베트 명상가인 밍규르 린포체(Yongey Mingyur Rinpoche)는 마음챙김을 "생각과 감정이 일어날 때 그것들을 순수하게 자각하여 그 안에 단순히 머물기를 배우는 불교 수행의 핵심적인 방법"(2007, p.43)이라고 한다. 이 말은 공식적인 마음챙김 명상 연습 외에도 삶이 우리에게 보여주는 많은 도전에 직면할 때, 우리는 마음챙김과 자각을 활성화시킬 수 있다는 의미이다. 이렇듯이 삶의 많은 문제에 적용할 수 있는 마음챙김은 21세기에 다중 작업화되고 세계화된 사회에 사는 우리의 많은 문제에 접근하는 방법을 확장시킬 수 있다.

중도(中道, Middle Path)에서 묘사한 건강한 생계를 생각해보면, 그 개념을 우리의 직업이나 생계를 어떻게 유지할 것인가에만 제한시킬 수도 있다. 그러나 이 시대의 삶의 측면들은 본질적으로 생계의 한 부분이다. 이는 마치 2,600년 전 히말라야에 사는 한 농부가 기본적으로 아침부터 저녁까지 일을 해야만 하는 것과 같을 것이다. 수용전념치료의 개척자 윌슨(Wilson & Dufrene, 2009)은 우리가 일상적 삶의 가치에 목표를 두고 의식적으로 마음챙김과 자각을 연습할 것을 제안한다. '의미 있는 질문에 침잠하기'로 알려진 이 연습은 우리가 어떻게 살고 싶은지 그리고 어떤 사람이 되고 싶은지에 대한 질문에 답하기 위하여 마음챙김에 집중하게 한다. 이 연습은 우리를 불확실성과 모호함에 직면하게 하여 의미와 목적과 활력이 있는 삶의 설계자가 되는 과정 속으로 천천히 들어가게 한다. 중도 연습의 한 부분으로 아래에서 이 연습을 할 것이다. 이 연습을 다 하려면 약간의 시간이 걸릴 수 있다. 이 책의 다른 연습들처럼 명상을 곁들이고 싶으면 www.guilford.com/tirch-materials로 들어가서 오디오로 안내를 받으면서 연습할 수 있다.

매우 많은 사람이 자신의 삶과 일에서 어떻게 의미를 발견하는지에 대해 알고 싶어서 우리에게 온다. 다음의 연습은 불교심리학과 인지행동치료에서 계발한 것으로, 당신이 내담자들과 함께 건강한 생계와 웰빙을 향하여 가도록 도울 것이다.

　의미 있고 목적이 있는 방향으로 나아가고자 하는 동기를 발견한다는 것은 인지행동치료의 중요한 부분으로 심리적 문제를 해결하기 위한 것이다. 그리고 보상과 자기 확신의 경험이 증가하는 것 또한 인지행동치료의 중요한 부분이다. 앞에서도 말했듯이 기쁨과 주도력을 추구하는 경험은 인지행동치료의 우울증 치료에서 핵심적인 부분이다. 상황에 노출되고자 하는 동기를 얻는 것이 광장공포증 치료의 핵심이다. 고통을 인내하면서 의미 있는 행동을 하는 것은 변증법적 행동치료에서처럼, 인지행동치료에서도 정서 조절 문제를 치료할 때 핵심적인 역할을 한다. 불안, 우울, 트라우마, 섭식장애 등의 문제를 다루기 위한 수용전념치료의 치료계획은 모두 가치 있는 목표에 대한 작업을 하는 것이다. 다음 연습은 이 모든 치료에 적합한 것이고, 불교에서 건강한 생계를 위하여 마음챙김을 강조하는 것을 반영한 것이다.

안내 지침

준비가 되었다면 당신의 삶에서 가장 중요한 부분에 초점을 맞추는 연습을 안내할 것입니다. 이 연습을 하는 동안 일련의 질문을 할 것이지만 모든 질문에 답을 할 필요는 없습니다. 사실은 질문에 답하기를 주저하도록 자신을 허용할 수 있는지를 보고, 답을 모를 때 실망하거나 답을 하려고 서두르지 않으면서 질문을 들을 때의 경험을 성찰해보십시오. 단순히 질문 속에, 불확실함에 머무르는 것을 목표로 하십시오.

　눈을 감고, 천천히 호흡의 감각에 주의를 기울여보세요. 호흡이 몸 안으로 들어오는 것을 알아차리십시오. 호흡이 자연스럽게 리듬을 타고 흐르도록 허용하고, 이 자각 속으로 들어가서 판단과 평가와 묘사를 유보하고, 순수하게 관찰하는 상태에 머무르십시오.

　당신의 삶에 대해 몇 가지 질문을 할 것입니다. 질문을 귀 기울여 듣고 각각의 질문을 위한 공간을 만드십시오. 할 수 있는 한 호기심을 갖고 열린 자각을 하면서 모든 생각, 감정, 기억, 감각을 알아차리세요. 그러고 나서 당신의 삶에서 자꾸 생각나는 특별한 영역을 자각해보십시오. 가만히 앉아서 이 질문을 그냥 질문으로 받아들이고 각각의 질문에 답을 하려 하지 말고 그냥 질문이 되게 하세요. 마음에 답이나 반응이 오고 있다면, 천천히 이 생각을 놓아주고 아직 남아있는 질문으로 돌아오십시오.

- **가족:** 숨을 다시 들이쉬는 동안 가족에 대한 질문을 할 것입니다. 식구들은 당신에게 어떤 의미가 있습니까? 어떤 가족 구성원이 되고 싶습니까? 가족 안에 변화는 당신에게 어떤 의미가 있습니까? 이 질문들이 당신에게 중요하게 느껴지지 않더라도 그 질문들에 머물러 있도록 하십시오. 그리고 당신의 자각을 확장시켜 그 질문으로부터 나올 수 있도록 하세요. 숨을 내쉬면서 가족에 대한 질문을 놓아주고 당신의 주의가 호흡으로 돌아오게 하십시오.

- **부부 또는 친밀한 관계:** 친밀한 관계에 초점을 맞춘 질문을 할 것입니다. 낭만과 친밀함에서 당신에게 중요한 것은 무엇입니까? 낭만적인 또는 친밀한 파트너가 된다는 것은 당신에게 어떤 의미가 있습니까? 어떤 파트너, 아내, 연인이 되기를 원합니까? 이러한 관계에서 무슨 일이 생겼다면 그것은 당신에게 어떤 의미가 있습니까? 이러한 질문이 아무리 중요하게 느껴지더라도 각각의 질문에 단순히 머물러 있도록 당신 자신을 허용하고, 각각의 질문에 머물면서 그것을 받아들이십시오. 숨을 내쉬면서 이 질문들을 놓아주고 당신의 주의가 천천히 호흡을 알아차리는 것으로 돌아오게 하십시오.

- **부모되기:** 숨을 들이쉬면서 부모가 된다는 것은 당신에게 어떤 의미가 있는지 질문해보십시오. 당신은 어떤 부모가 되고 싶습니까? 부모되기에서 어떤 변화가 있다면 그것은 무엇입니까? 만일 부모가 아니라면 부모가 되는 과정이 당신에게 무엇인지를 상상하면서 질문을 할 수 있습니다. 각각의 질문에 머물러 있도록 허용하십시오. 숨을 내쉬면서 이 질문을 놓아주고 천천히 당신의 주의를 호흡으로 돌아오게 하십시오. 숨을 들이쉬고 내쉽니다.

- **친구와 사회적 관계:** 이제 이 호흡을 하는 동안 사회적 삶에 대한 질문을 할 것입니다. 우정은 당신에게 어떤 의미가 있습니까? 당신은 어떤 친구가 되고 싶습니까? 새로운 친구와 옛 친구들에게서 당신에게 의미 있는 변화는 무엇입니까? 모든 질문과 그 의미에 머물러보세요. 이제 숨을 내쉬면서 그 질문들이 가게 두고 당신의 주의를 호흡의 감각으로 돌아오게 하세요.

- **일:** 숨을 들이쉬세요. 일은 당신에게 어떤 의미가 있습니까? 당신은 어떤 고용인 또는 고용주가 되고 싶습니까? 어떻게 의미 있는 방식으로 일하기를 원합니까? 당신의 일에서 의미 있는 변화는 무엇입니까? 단순히 이 질문에 머물면서 당신의 자각을 그 질문 주변으로 그리고 가능하다면 더 멀리 확장시켜보세요. 각 질문의 의미에 머물러보세요. 숨을 내쉬면서 이 질문을 내보내고, 숨을 들이쉬면서 당신의 주의를 호흡으로 천천히 가져오세요.

- **교육과 훈련:** 숨을 들이쉬면서 의미 있는 학습에 대한 질문을 할 것입니다. 교육과 훈련은 당신에게 어떤 의미가 있습니까? 어떤 학습법이 당신에게 의미 있게 느껴집니까? 지식이나 기술을 확장시키는 것은 당신에게 어떤 의미가 있습니까? 당신의 자각이 이 질문으로 들어갔다가 나오게 하면서 그 질문의 의미와 물음 자체에 머무르십시오. 숨을 내쉬면서 천천히 질문들을 내보내고 당신의 주의를 호흡으로 돌아오게 하십시오.

- **오락, 놀이, 재미:** 숨을 들이쉬면서, 오락에 대한 것을 생각해보세요. 의미 있는 재미와 놀이는 무엇입니까? 중요한 오락과 휴식은 무엇입니까? 놀이의 영역에서 의미 있는 일이 일어났다면 그것은 무엇입니까? 당신의 자각을 각각의 질문과 미지의 가능성 안팎으로 확장시켜보세요. 숨을 내쉬면서 이 질문들을 내보내고 당신의 초점을 호흡으로 가져오세요.

- **공동체 삶:** 숨을 들이쉬면서 공동체와의 연결에 대하여 생각해보세요. 공동체는 당신에게 어떤 의미가 있습니까? 어떤 유형의 공동체 구성원이 되고 싶습니까? 공동체 안에서 무슨 일이 일어났다면 그 의미는 무엇입니까? 다시 한번 당신의 자각을 이 질문들 안으로 그리고 밖으로 확장시키면서 그

의미와 탐구의 본성 안에 머무르세요. 숨을 내쉬면서 이 질문들을 내보내고 당신의 주의를 호흡에 머무르게 허용하세요.

- **영성:** 천천히 당신의 자각을 영성의 영역으로 가져오세요. 영성은 당신에게 어떤 의미가 있습니까? 당신의 삶에서 영성의 영역에 무슨 일이 일어난다면 그것은 무엇을 의미합니까? 이러한 질문들이 당신에게 중요하게 느껴지지 않더라도 또는 전에는 이런 식의 생각을 해본 적이 없더라도, 단순히 이 질문에 머무르도록 허용해보세요. 숨을 내쉬면서 이 질문들을 내보내고 천천히 당신의 자각이 호흡으로 돌아오게 하세요.
- **신체의 건강과 자기돌봄:** 건강과 행복에 대하여 생각해보세요. 자기돌봄은 당신에게 어떤 의미가 있습니까? 건강의 영역에서 당신에게 의미 있는 변화는 무엇입니까? 의미 있는 행복은 무엇입니까? 그 질문의 의미와 불확실함에 머무르면서 당신의 자각을 이 질문들 안팎으로 확장시켜보세요. 숨을 내쉬면서 이 질문들을 내보내고 숨을 들이쉬면서 당신의 주의를 호흡에 머무르도록 허용해보세요.

---

* 윌슨 등(Wilson & DuFrene, 2009)의 자료에 기반하고 있다.

호흡을 계속하면서 당신의 자각을 삶의 영역들에 대한 이 모든 질문으로, 즉 가족, 우정, 부모되기, 결혼과 로맨스, 영성, 공동체, 일, 학습, 건강, 놀이와 미학으로 확장시켜보세요. 이것을 다 한 후에 천천히 당신의 호흡과 주의가 복부의 신체 감각으로 돌아오도록 허용하세요. 이제 숨을 들이쉬면서 당신의 주의가 방 안에서 들리는 소리에 집중하도록 허용하세요. 주의를 방 밖의 소리로 가져가세요. 그렇게 하면서 그것보다 더 멀리에서 들리는 소리에 천천히 머물러보세요. 잠시 당신의 주의와

방향성을 매트 위 당신의 현존으로 집중해보세요. 준비가 되었다면 눈을 뜨세요.

이 연습을 다 마친 후에 당신이 알아차렸던 것을 기록하면 도움이 될 것입니다. 삶의 영역들을 기억하면서 당신에게 일어난 것에 대하여 써보세요. 당신이 머물렀던 질문과 영역에서 가장 중요한 것은 무엇인가요? 십여 분 동안 의미 있는 일들 그리고 그것들이 중요하게 여겨지는 이유를 기록해보세요. 이 의미 있는 영역들에 나타난 것 중에서 가장 깊은 생각, 느낌, 이미지들을 쓸 수 있는지 보세요. 형식에 대해서는 걱정하지 말고, 중요하다고 생각되는 것은 무엇이나 10분 동안 종이 위에 그냥 적어보세요. 종이 위에 쓰면서 10분을 모두 채우는지 보세요. 무엇을 써야 할지 모르겠다면 마지막 생각을 계속해서 쓰고 새로운 것이 떠오를 때까지 계속해보세요.

적절한 행동, 윤리, 가치

건강한 말, 건강한 행동, 건강한 생계는 모두 생각, 행동, 소명을 검토하여 그것들이 우리 자신과 타인들 안에서 행복과 평화를 증진시키는 동기를 반영하는지를 결정해야 한다. 내담자를 도울 때 이 연습을 활용하는 방식을 성찰하기 위하여, 인지행동치료사들은 가치와 윤리에 대한 질문을 심사숙고해야 한다. 불교심리학의 팔정도 그리고 특별히 방금 전에 적절한 행동을 다루기 위해 논의했던 세 가지 측면들은 가장 효과적이고 적절한 생각과 행동이 전혀 가치중립적이지 않다고 말한다. 고통으로부터의 해방과 행복은 덕의 길, 즉 우리 자신뿐만 아니라 다른 모든 사람을 돕기 위한 동기, 친절함, 연민으로 정의되는 길을 따름으로써 얻어질 수 있을 것이다.

내담자가 윤리적 행동을 하도록 훈련하는 것은 인지행동치료에서는 어떤 의미에서 약간 새로운 영역이다. 그러나 가치 지향적 행동과 윤리적 요소들은 인지행동치료 체계에서도 볼 수 있다. 예를 들어, 아론 벡의 인지치료와 합리적 정서행동치료에서 합리성, 긍정적 자기 이야기, 현실적 관점 채택하기는 분명히 합리적인 개입 목표이다(Beck, 1976; Ellis, 1962; Laird & Metalsky, 2009). 더 나아가 기쁨과 주도력의 경험을 추구하는 것은 행동 활성화의 한 부분이고(Ekers, Richards, & Gilbody, 2008; Jackobson et al., 2001), '분노 다루기'는 인지행동치료 매뉴얼에서 가르치는 기술이다(Donohue, Tracy, & Gorney, 2009). 인지행동치료사들이 의식적으로 비판단적 또는 윤리 중립적 자세를 추구할지라도 윤리와 가치는 인지행동치료 안에 자리를 잡고 있다. 여러 가지 면에서 치료사들이 구현하는 비판단은 한 인간의 기본적인 인간성을 비난하지 않는 것과 훨씬 더 많은 연관성을 가지고 있다. 성인과 성인의 관계에서 문제를 발견하고 해결할 때 인지행동치료사와 내담자 모두 대부분의 경우에 더 건강한 행동을 하도록 종종 그들의 판단을 사용하고 있다.

가치는 "가치 있는 행동 패턴 자체에 내재되어 있으면서, 지속적이고 역동적이며 발전하는 행동 패턴을 자유롭게 선택하고 언어적으로 구성한 결과"로 정의된다(Wilson & DuFrene, 2008, p.66). 이 정의는 가치 주도적 치료가 내담자에게 가치를 부여하지 말 것을 제안한다. 그 대신 내담자가 기존의 학습에 의해서 지배당한 것으로부터 해방되도록 돕고, 목적과 활력과 의미를 증대하는 삶을 살게 하는 행동 패턴을 본질적으로 강화하여 자기 영속화시키는 것을 목표로 한다. 이러한 맥락에서 가치는 목표나 도덕적 규범이 아니라 행동 패턴이다.

불교의 윤리적 목표들과 인지행동치료의 다양한 주제들 사이에서 보다 직접적인 관계가 무엇인지를 설명할 때, 연민중심치료(Gilbert, 2010b)는 연민의 특성을 계발하고 강화하는 것을 치료의 핵심적인 특성으로 기술한다. 이론과 방법에서 연민의 우선성을 확립함으로써 연민중심치료는 상담사와 내담자에게 윤리적 의무를 직접적으로 제안하는 대담한 조치를 취한다. 이러한 입장을 취할 수 있는 경험적 근거는 점점 더 많아지고 있다. 밝혀진 증거는 자기 자신과 타인들이 행복해지기를 바라는 자비(Frederickson & Cohn 2008), 감사(Emmons & McCullough, 2003), 그리고 자기와 타인들에 대한 연민(Barnard & Curry, 2011; Gilbert & Procter, 2006; Hofmann, Grossman, & Hinton, 2011)과 같은 자질을 계발하는 것이, 행복을 증진시키고 정신병리 증상을 줄이며 웰빙을 향상시킨다고 말한다. 더 나아가 더 많은 문헌은 자기연민이 긍정심리학적 결과와 광범위하게 많은 연관성이 있고, 우울, 불안, 심리적 고통과 부적 연관성이 있다고 말한다(Neff, 2003a/2003b; Neff, Hseih, & Dejitthirat, 2005; Neff, Rude, & Kirkpatrick, 2007).

팔정도, 행동치료의 프로토콜과 패키지는 인간 행동에 대한 윤리적 의무를 제안하는 것 같다. 그러나 불교심리학과 인지행동치료가 실제로 공유하는 공통 근거는 특별히 적응적인 행동 발달을 제안하고 확립하는 것에 있으며, 그것은 인간의 괴로움을 없애게 할 수 있다. 한 세트의 규칙이라기보다는 이러한 양상들은 효율적인 삶을 위한 가이드를 우리에게 제공한다. 그것은 심리학자들이 한 세기에 걸쳐 과학적 연구를 한 것과 불교 수행자들이 2,500년 동안 주관적으로 탐구한 것에 기초하고 있다.

4

중도, 마음 훈련
그리고 지혜

4 중도, 마음 훈련 그리고 지혜

지식은 말하지만 지혜는 듣는다.

– 지미 헨드릭스Jimi Hendrix

　　팔정도가 제시하는 적절한 반응 패턴 중 두 번째 그룹은 특별히 주의의 방향과 특성을 조절하는 데 지혜와 수행을 계발시킴으로써 마음을 훈련시키는 것이다. 이제 수행을 어떻게 계발하는지를 탐색해보고자 한다. "수행은 우리가 신뢰와 보증과 확실함으로 나아가는 것에 대한 어떤 의심도 없이 훌륭하게 이행하고 헌신할 수 있음을 알고 있는" 그런 것이다(R. Fripp, www.dgmlive.com). 이런 방식으로 마음을 계발하는 것은 주의를 순간순간의 경험에 배치하여, 의도적으로 마음의 자원을 괴로움을 완화하는 방향으로 향하도록 배우는 것이다. 서양철학에서 인지행동치료로 도입된 것들 가운데 많은 것은 분명히 팔정도의 이 부분에서 기인한 것이다. 예를 들어, 압도적인 정서에 대하여 스스로를 단절시키는 경계선 성격장애자를 살펴볼 수 있다. 정서적 고통이 있을 때 자해는 그가 습관적으로 하는 행동이다. 그는 습관적인 패턴으로부터 벗어나는 방법을 알아야 하는데, 이를 위해서 그는 주의를 이용하고 주의를 이끌어 갈 수 있어야 한다. 주의를 통해서 작업한다는 것은 스포트라이트와 같아서, 몇 가지 일들은 빛으로 들어가지만 나머지 일들은 어두움에 있게 되는 것이다. 따라서 정서 조절 문제를 가진 사람이 마음챙김 연습을 하고, 정서에 이름을 붙이고, 순간을 보다 충분히 느끼도록 오감을 사용하도록 마음을 훈련하면, 그것은 건강한 집중, 건강한 마음챙김, 건강한 노력을 할 수 있게 되는 좋은 예가 된다. 중도 개입법을 활용하는 다음의 단계들은 많은 내담자가 자극받을 수 있는 효율적인 행동의 토대가 될 것이다.

건강한 노력

다른 좋은 심리치료와 팔정도의 단계들과 마찬가지로, 우리가 무엇을 하는지 그리고 어떻게 하는지, 그 내용과 과정에서 건강한 노력Healthy effort 을 볼 수 있다. '어떻게How'로 먼저 시작해보자. 건강한 노력의 과정은 근면과 영감의 결합, 또는 다스Lama Surya Das가 말한 것처럼 '인내, 에너지, 열정, 은혜, 위엄의 아름다운 조화'(1997, p.269)로 나타난다. 불교적 접근법에서 의미 있는 삶의 변화는 끊임없이 지속적으로 노력하는 연민과 돕고자 하는 마음의 동기에 의해 영감을 받는다고 한다. 이러한 지속성은 명상수행에 오랫동안 한결같이 헌신하는 것 또는 특별한 암송이나 만트라를 수만 번 반복하는 것과 같은 불교 수행법에서 구체화된다. 불교심리학은 붙잡고 집착하려는 마음의 경향성을 강력하게 성찰하는 것은 시간과 노력 둘 다를 요구한다는 것을 알고 있다. 이러한 경향성에 대항하기 위해서는 강력한 동기, 즉 자기 자신과 타인을 괴로움으로부터 해방시키려는 긍정적 동기의 도움을 받아야 한다.

그러한 노력이 나아가야 할 방향성에 대하여 붓다는 구체적으로 네 가지를 제시하고 있다(Das, 1997; Nhat Hanh, 1998; Rahula, 1959/1974).

1. 해롭거나 도움이 되지 않는 새로운 생각이나 행동은 어떤 것이라도 피하라.
2. 해롭거나 도움이 되지 않는 생각이나 행동이 있거든 그것을 다루어 극복해라.
3. 긍정적이고 건전한 마음 상태와 행동을 계발하라.
4. 건전하고 도움이 되는 생각이나 행동이 있거든 그것을 유지하고 강화하여 발전시켜라.

불교 수행자들은 건강한 노력을 유지하기 위하여, 해롭고 문제가 되는 마음상태와 행동을 지속적으로 삼가고 그것을 다루어 보다 건전하고 적응적인 생각과 행동을 계발하는 것을 목표로 한다. 분명히 이러한 노력은 인지행동치료의 전통적 목표, 즉 부적응적 생각과 행동(과 사건, 이것을 불교에서는 '원인과 조건'이라고 한다)을 확인하여, 그것을 적응적인 생각과 행동으로 바꾸는 것과 잘 연결된다. 이러한 노력이 인내와 성실을 요구한다는 것을 알고서, 우리도 붓다처럼 내담자와 우리 자신이 이러한 노력을 계속할 수 있도록 동기부여를 해야 한다.

연습   추도사 상상해보기

추도사를 상상해보는 것은 다양하게 많이 사용되는 연습 방법이고, 12단계 작업, 현대 인지행동치료, 맥락적 인지행동치료(Hayes, Strosahl, & Wilson, 1999, 2011)에서 활용되고 있다. 이 연습은 내담자가 자신의 장례식에 참여하여 자신의 추도사를 듣는 것이 어떠할지를 상상해보는 것이다. 건강한 노력을 추구할 때, 목표를 분명하게 정의하고 상상하는 것이 중요하다. 마음으로 죽음을 그려볼 때 우리의 동기는 보상을 생생하게 묘사함으로써 향상될 수 있고, 그것은 건강한 노력이 가져올 매우 소중한 결과를 보여준다. 다음의 상상 연습에서 두 가지 형태의 추도사를 상상하게 될 것이다. 먼저 우리의 행동에서 어떤 변화도 주지 않고 평상시대로 계속해서 일하며 살았을 때 어떤 말이 들릴까에 대한 것이고, 두 번째는 가장 진실한 가치에 따라 의도적으로 살았을 때 어떤 말이 들릴까를 보여준다. 이 연습은 내담자가 스스로 다음과 같은 질문을 하게 한다. '나의 삶이 어떻게 대표되기를 원하는가?', '나의 유산이 무엇이기를 원하는가?' 연습은 이것을 안내할 것이다. 마음챙김을 하거나 간단한 중심잡기 연습을 하면서 시작할 것이다. 그것은 내담자가 상상하도록 안내하여 또 다른 간단한 중심잡기 연습으로 끝을 낼 것이다. 이 연습을 마치면서 내담자가 관찰한 것 몇 가지를 기록하면 도움이 될 것이다.

전통적인 불교수행에서는 우리가 죽은 후에 몸이 어떻게 되는지를 시각화하는 등 생생한 상상을 활용하는 죽음명상이 많이 있다. 잠정적으로 충격적인, 심지어는 외상적인 상상이 될지라도, 이는 현재 이 순간의 가치가 영원하지 않음을 보다 친절하게 알려주고자 한다.

안내 지침

시작하면서 눈을 감고 호흡에 집중하세요. 당신의 자각을 신체 감각 수준에 놓고 호흡에 주의가 집중되도록 허용하세요. 들숨과 날숨이 리듬을 타게 하세요. 그리고 이 자각에 머물면서 순수하게 관찰만 하고 판단이나 평가나 묘사조차도 하지 마세요. 당신의 마음은 호흡을 놓치거나 이 연습을 놓칠 수 있습니다. 그런 일이 일어나면 방황하는 마음을 단순히 알아차려 당신의 주의를 이 연습으로 천천히 가져오세요.

숨을 들이쉬면서 지금으로부터 10년 후에 당신이 먼 열대 지역에 매우 비싼 여행을 하게 되었다고 상상해보세요. 가는 도중에 비행기가 긴급 불시착하여 당신은 오도 가도 못 하게 되었습니다. 당신과 승객들은 모두 안전하지만 문명으로부터 고립되었습니다. 당신의 친구들과 가족은 이 사고 소식을 듣고 당신이 죽었다고 믿고 있습니다. 그들은 당신이 살아있다는 것을 모른 채 당신의 장례식을 준비하고 있습니다. 그동안 무인도에서 일주일이 지나고 지나가는 고깃배에 의해 구출되었지만 불행하게도 그 배에는 라디오가 없었습니다. 당신이 집으로 돌아온 날이 바로 당신의 장례식이 있는 날입니다. 그들이 추도사를 읽기 전에 당신이 장례식에 도착합니다. 당신은 사람들 뒤에 서서 당신을 알리지 않은 채 당신의 삶에 대하여, 당신에게 의미 있었던 것에 대하여, 당신에 대하여 기억하고 있는 것을 사랑하는 사람들의 말을 통하여 듣고 있습니다. 그들의 말을 듣고 당신에게 소중한 사람들을 바라봅니다. 거기에 누가 있습니까? 누가 말하고 있습니까? 그들은 무엇이라 말합니까?

잠시 이 경험에 머물면서 만일 당신이 지난 10년을 포함하여 당신의 삶을 자동조종장치에 따라서 살면서 옛 습관에 사로잡히고 생각과 감정과 계속 투쟁하고 있다면, 그래서 당신에게 가장 중요했던 것을 밀어냈다면, 당신이 사랑하는 사람들은 어떤 말을 했을까를 생각해보세요.

이 연습을 한 후에 숨을 내쉬면서 연습한 것 중 이 부분을 내보내고, 숨을 들이쉬면서 당신의 주의가 호흡을 알아차리면서 천천히 돌아오게 합니다. 숨을 들이쉬고 내쉬면서 복부가 오르고 내리는 것을 알아차리세요.

이제는 숨을 들이마시면서 당신이 삶을 다 산 이후에 특별히 삶의 의미와 목적에 따라서 가장 소중했던 가치를 실현하며 살았던 10년이 지난 후에 이 장례식에 왔다고 상상해보세요. 다시 한번 아무도 모르게 당신의 장례식 뒤에 서서 사랑하는 사람들이 당신에 대하여, 당신의 삶에 대하여 말하는 것을 듣고 있다고 상상해보세요. 당신의 장례식에 참석한 사람들은 누구입니까? 당신의 추도사를 듣고 있는 그들을 바라보고 있는 당신을 상상해보세요. 누가 말하고 있습니까? 그들은 당신이 말하고 행동했던 것들에 대하여 어떻게 말합니까? 그들은 당신을 어떻게 기억합니까?

이 경험에 잠시 머물면서 당신이 삶에 변화를 주었고 삶을 목적과 활력으로 가득 채운 선택을 했다면, 사랑하는 사람들이 어떻게 말했을까를 생각해보세요. 당신은 가치 있는 삶의 여정을 살았고, 당신에게 가장 의미 있는 장소에서 의미 있는 활동을 하며 의미 있는 사람들과 살았습니다.

이 경험 이후에 준비가 되었다면 숨을 내쉬면서 이 상상을 내보내세요. 그리고 숨을 들이마시면서 천천히 호흡을 알아차리면서 주의를 돌아오게 하세요. 숨을 들이쉬고 내쉴 때 당신의 복부가 오르고 내리는 것을 알아차리세요. 이제 숨을 들이마시면서 당신의 주의가 방 안에서 들리는 소리에 집중하도록 해보세요. 다음에는 방 밖에서 들리는 소리로 주의를 가져가세요. 이렇게 하면서 당신의 주의가 훨씬 더 멀리에서 들리는 소리에 천천히 머무르도록 허용해보세요. 지금 의자에 앉은 당신의 모습에 잠시 당신의 주의와 방향을 집중하고, 준비가 되었다면 눈을 뜨세요.

* 헤이즈(Hayes, 2005)에 있는 유사한 연습을 기반으로 하고 있다.

건강한 마음챙김

건강한 마음챙김Healthy mindfulness은 21세기 인지행동치료사들 사이에서 가장 광범위하게 지지받고 있는 팔정도의 한 측면이다. 종종 마음챙김은 현재 이 순간에 삶의 목적과 수용에 주의를 기울이는 것에서 비롯된다고 정의되며(Kabat-Zinn, 1990), 이것은 유연하고 집중된 주의로(Wilson & DuFrene, 2009), 마음의 사건들이 우리의 행동 패턴에 가져올 수 있는 습관적인 영향으로부터 우리를 자유롭게 한다. 현재 인지행동치료에서 '마음챙김'이라는 용어를 널리 사용하게 된 이유는 인지행동치료에서 다양한 형태들로 마음챙김 연습을 대중화했기 때문이다. 몇몇 경우에 마음챙김은 변증법적 행동치료(Linehan, 1993a), 수용-전념치료(Hayes, Strosahl, & Wilson, 2011), 연민중심치료(Gilbert, 2009a)와 같은 현대의 중요한 치료 모델에서 활용되고 있다. 다른 인지행동치료 접근법은 마음챙김을 치료에서 가장 중요하게 보고 있으며, 이는 마음챙김에 기반한 스트레스 완화MBSR(Kabat-Zinn, 1990), 마음챙김에 기반한 인지치료MBCT(Segal, Williams, & Teasdale, 2003), 마음챙김에 기반한 재발 예방치료MBRP(Bowen, Chawla, & Marlatt, 2011)에서 활용하고 있다. 팔정도의 맥락에서 보면 마음챙김은 (1) 몸의 활동 (2) 감각이나 감정 (3) 마음의 활동 (4) 개념, 생각, 사물에 대하여 성실하게 자각하고 마음을 집중하여 주의를 기울이는 것을 말한다(Rahula, 1959/1974, p.48). 마음챙김은 현재 이 순간에 일어나고 있는 것은 무엇이든지 비판단적으로 자각하고, 각각의 경험을 있는 그대로 자각하는 것이다. 이는 신체적인 활동은 신체적인 활동으로 알아차리고, 감정은 감정으로 관찰하고, 생각과 동기는 생각과 동기로 인식하는 것이다.

현재 이 순간에 마음챙기면서 자각하는 것은 생각과 정서를 마음의 활동으로 인식할 수 있게 하는 것으로, 내담자들이 사는 현실 경험과는 다르다. 분명히 많은 내담자가 침범적이고 고통스러운 상상과 반추의 지배를 받는 현실 경험 그리고 자기와 세계와 미래에 대하여 냉혹하지만 종종 부정확한 생각과 판단으로 인하여 생기는 부정적 정서 때문에 치료를 받으러 온다(Beck, Rush, Shaw, & Emery, 1979). 심리학적 연구 결과가 점점 더 많이 나오면서, 마음챙김 훈련은 여러 가지 면에서 유익하고, 이는 또 우울증과 불안 증상을 완화시키고(Hofmann, Sawyer, Witt, & Oh, 2010), 정서적 직면을 향상시키는 것(Williams, 2010)을 포함하여, 심리적 증후를 향상시키는 것과도 연관성이 있다. 더 나아가 마음챙김에 관한 연구는 지난 20년 동안 많은 신경 이미지 촬영연구를 할 수 있게 했다. 이 책에서 더 자세하게 논의할 것이지만, 마음챙김이 향상되는 것은 신경생리학적 기능과 신경 구조에서 생기는 다양한 변화와 연관성이 있음을 보여준다. 예를 들어, 마음챙김은 긍정적 정서를 포함된 뇌의 활성화(Greeson, 2009) 그리고 면역체계의 기능 증가(Davidson et al., 2003)와 연관성이 있다. 몇몇 연구자들은 특정 주제에 대해서 마음챙김을 훈련하는 것이 학습과 기억, 정서 규제, 자서전적 정보처리, 자기 수용경험과 조망 수용경험과 연관해서 뇌의 회백질 밀도가 의미 있게 증가하는 것과 연관성이 있음을 밝혔다 (Carmody, 2009; Hölzel et al., 2011).

　　불교심리학의 관점에서 보면 마음챙김은 단지 마음의 훈련의 한 형태도, 주의의 한 양식도 또는 그 자체로 목적도 아니다. 불교 용어로 말하자면, 마음챙김은 괴로움을 없애기 위하여 심리적 변화와 행동 변화를 촉진하는 전인적이고 포괄적인 체계의 필수적인 구성요소이다.

연습   호흡을 마음챙김

다양한 형태의 마음 훈련과 명상 수행은 호흡을 자각의 기준점 그리고 주의의 초점으로 사용한다. 전통적으로 불교심리학에서 호흡을 알아차리는 것은 개방적이고 특이한 방식으로 항상 현존하는 호흡의 흐름에 초점을 맞추도록 한다. 수행과 지침이 다양해서 종종 긴 호흡과 짧은 호흡을 구별하는 것으로 시작하여, 호흡을 세고, 호흡의 경험과 연관해서 호흡의 신체 감각에 주의를 기울이고, 호흡이 몸에 미치는 영향을 알아차려서, 마지막으로 몸의 생리학적 상태를 변화시키고 몸을 이완시키기 위하여 호흡을 이용한다. 주의는 호흡의 감각과 연관된 신체영역에 둔다. 예를 들어, 주의의 초점은 호흡이 들어오는 지점이나 나가는 지점일 것이다. 그것은 콧구멍이나 목 안쪽, 복부나 횡경막의 오르내림 등일 것이다. 어떤 지침은 '안In' 그리고 '밖Out'과 같은 명칭을 사용하고, 어떤 지침은 단순히 움직임, 온도, 속도와 같이 호흡의 감각에 직접 주의를 기울이고 자각하라고 한다. 수행하는 사람이 생각이나 경쟁하는 감각이 일어나는 것을 알게 될 때 무엇이 일어나는지 그리고 그의 주의가 어디로 가는지를 마음 챙겨서 자각하고, 천천히 호흡의 경험에 주의가 돌아오도록 한다.

호흡에 대한 마음챙김은 제3의 물결인 인지행동치료 접근법들 중에서 핵심적인 구성요소이다. 변증법적 행동치료사들이 호흡에 대한 마음챙김 개입법을 사용하여 경계선 성격장애를 가진 사람들을 훈련하여 정서를 더 잘 조절하도록 돕듯이, 마음챙김에 기반한 인지치료사들도 그와 유사한 접근법을 사용하여 만성 우울증 환자들의 우울증이 재발하거나 악화되는 것을 예방한다. 여러 가지 면에서 호흡을 마음챙기는 수행은 제3의 물결인 인지행동치료에서 혁신의 원천과 토대가 된다. 이는 마치 호흡 명상이 불교 수행의 기반인 것과 같다.

아래의 호흡을 알아차리는 수행에서 치료사는 훈련을 구성하고 지도하는 것을 돕기 위하여 글로 쓰인 지침을 사용하도록 권고 받지만, 적절한 때가 되면 자신의 경험에 의하여 자신의 말을 사용한다. 이 연습은 보통 눕거나 등을 곧추 세워서 앉은 자세로 하지만 융통성 있게 한다. 환경은 적절한 온도와 산만해지거나 방해받지 않을 장소와 시간이면 된다. www.guilford.com/tirchmaterials에서 지도하는 오디오 연습이 유용하다는 것을 알게 될 것이다. 마음챙김 수행을 규칙적으로 시작하고자 할 때 이 연습을 약 10분 내지 15분 동안 한다.

안내 지침

눈을 감고, 천천히 방안의 소리에 주의를 기울이세요. 조용하다면, 소리가 없을지라도, 그냥 소리 없음을 알아차리고 주변의 공간을 느껴보세요. 몇 초가 지나고 준비가 되면 주의를 방 밖의 소리로 가져가세요. 그리고 그보다 훨씬 더 멀리에서 들리는 소리에 주의를 기울여보세요. 이제 숨을 들이쉬면서 주의를 내면으로 가져옵니다. 그리고 편안한 자세로 앉아 있음을 경험하는 신체 감각에 주의를 기울여보세요. 몸에 대한 마음챙김 연습을 한 것처럼, 숨을 들이쉴 때 당신의 주의에 집중하여 자각이 일어나는 감각은 무엇이든 그것을 관찰해보세요. 숨을 내쉬면서 호흡이 몸을 떠날 때 단순히 그 자각을 내려놓으세요.

　당신의 주의를 복부 아래로 가져오세요. 들숨과 날숨을 계속 반복하면서 일어나는 감각은 무엇이든 그것을 알아차리세요. 호흡의 리듬을 따라 배의 근육이 확장되고 수축될 때 배 근육의 감각을 느껴보세요. 호흡할 때 특별한 리듬이나 방법은 없습니다. 호흡이 자신만의 길을 찾도록 특별히 '호흡 자체'에 그것을 허용하세요. 호흡이 주기적으로 계속될 때, 편안하게 그러나 주의를 기울여 일어나는 감각의 변화를 알아차리세요. 이 경험을 어떤 방법으로도 바꿀 필요가 없음을 자각하세요.

　또는 특별히 이완되거나 초월적 상태를 만드는 데 목표를 두지 않습니다. 순간순간 일어나는 판단을 유보하고 기꺼이 한다는 태도로, 이 근원적 수준에서 우리의 경험과 함께 단순히 존재하도록 우리 자신을 허용하세요. 어떨 땐 마음이 방황할 것입니다. 이런 일이 일어나면 이것이 마음의 본래 모습임을 기억하세요. 사실 그것은 마음챙김 수행의 한 부분입니다. 호흡을 마음챙기는 연습은 우리의 주의를 천천히 주기적으로 호흡으로 돌아오게 하는 경험입니다. 어떻든 그것은 투쟁하는 경험이 아닙니다. 생각과 이미지와 감정이나 기억이 일어나면, 단순히 그곳에 그냥 있게 허용하세요. 우리의 자각 안에 그것들을 위한 공간을 만들어 주세요. 이 정신적 사건과 싸워 이기거나, 그것들에 집착할 필요가 없습니다. 우리의 마음이 방황하고 있음을 알아차릴 때, 단순히 우리의 주의가 호흡의 흐름으로 천천히 돌아오도록 허용하세요.

이 전 과정을 연습하는 동안 우리는 의식 안에서 일어나는 사건들의 흐름에 대하여 친절하고 연민적으로 바라보는 것을 의도적으로 채택하고 있습니다. 우리는 비판단적이고 수용적인 관찰자로서 내담자가 마음의 활동이 흐르는 강을 지켜보게 합니다. 때로는 당신이 현재 이 순간에 스스로 머물면서, 지금 경험하고 있는 신체 감각을 느끼는 것도 도움이 될 것입니다. 그렇게 할 때 땅을 밟고 있는 발이나 무릎, 앉아 있는 의자나 쿠션, 당신을 똑바로 받쳐주고 있는 척추, 몸에 들어왔다 나가는 호흡의 흐름에 대한 감각과 연결될 것입니다. 약 20분간 이 연습을 한 후 마쳐도 됩니다. 연습을 내려놓기 위해 다시 방 안의 소리, 방 밖의 소리, 그것보다 훨씬 더 멀리에서 들려오는 소리에 주의를 기울일 수 있습니다. 준비가 되면 눈을 뜨고 천천히 일어나 일상의 활동을 계속하세요.

---

* 이 연습은 몇 가지 문헌에 기초하고 있다. 특히 카밧진(Kabat-Zinn, 1990)의 명상 안내에 기초한 것이고, 일부 아이디어와 인용문은 틱낫한(Thich Nat Hanh, 1975)과 다른 임상적 명상 자료에서 채택한 것이다.

건강한 집중

마음 훈련을 위한 팔정도의 마지막 구성요소는 건강한 집중Healthy concentration이다. 건강한 집중은 주의를 하나의 지점에 집중하여 고정할 수 있는 것이고, 이렇게 지향적이고 의도적으로 집중된 주의를 유지할 수 있는 것이다. 건강한 집중은 단지 주의 집중을 유지하는 것만을 말하는 것이 아니다. 건강한 집중은 정신 능력을 완전히 주의의 대상에 두어, 마음을 산만하게 하거나 관계가 없는 생각으로부터 해방될 수 있는 것을 말한다. 티베트 불교는 건강한 집중을 계발하는 과정이 다양한 단계를 거친다고 말한다. 이러한 일련의 단계를 거치는 동안 괴롭고 고통스러운 일이 생겨도, 그것이 수행자의 평정과 고요함을 방해하지 않을 때까지, 주의가 분명하고 집중적으로 유지되는 상태를 유지할 수 있다. 불교심리학과 불교우주론은 그러한 의식 상태를 묘사하고 공식화하는 것에 대하여 의견을 같이 하고, 깊은 집중 경험을 하는 동안 수행자는 실재의 궁극적 본성과 직접적으로 연결된다고 말한다(Nhat Hanh, 1998; Rahula, 1959/1974).

서양심리학의 전통이 객관적으로 관찰 가능한 현상에 일차적인 관심을 갖는 반면, 불교심리학은 깊은 집중과 명상의 현상학적 상태를 주관적으로 설명하는 정보가 매우 많다. 이 단계들을 상세하게 설명한 것과 그 과정에 대한 지침은, 수 세기를 거쳐 명상 전문가들이 설명하고 기록하고 있다. 현재 불교심리학의 핵심적인 많은 교재들은 영어로 번역된다. 서양심리학의 많은 것들, 그러한 설명들, 방법들은 대부분 무시되고 있지만, 현재 서양의 과학과 불교심리학의 통합 물결은 건강한 집중에 대한 이론과 수행을 매우 진지하게 받아들이고 있다. 널리 알려진 마음과생명연구소

Mind and Life Institute의 창시자인 고 바렐라Francisco Varela는 주관적인 불교심리학의 방법을 '신경현상학Neurophenomenology'의 한 형태로 언급하였다(1997).

건강한 노력, 건강한 마음챙김, 건강한 집중이 팔정도의 개별적인 요소들로 설명되고 있지만, 그것들이 불가분하게 연결된다고도 할 수 있다. 예를 들어, 선사 틱낫한Thich Nhat Hanh은 마음챙김의 자각이 팔정도의 다른 모든 측면들을 위한 토대를 제공한다고 설명하면서, 마음챙김 자체가 성실한 노력과 집중을 요구한다고 말한다(Nhat Hanh, 1998). 수행자들은 구체적이고 개별적인 수행의 맥락 안에서 이 모든 능력을 훈련할 수 있다. 개별적인 수행에서 팔정도의 한 요소를 강조할 수 있지만, 다른 측면들이 동시에 계발된다. 예를 들어, 마음챙김 수행을 포함하면서 규칙적으로 부드럽지만 지속적으로 자기 수행이 이루어진다면, 성실하고 개방적이며 경계하는 자각을 계발하여 우리의 주의를 점점 더 통제할 수 있게 한다.

호흡을 마음챙기는 수행을 포함하여 겉으로 보기에 단순해 보이는 수행이 매우 많다는 것을 우리는 알 수 있다. 명상하는 사람은 단순히 등을 곧게 펴고 바른 자세로 앉아서, 호흡의 흐름에 유연하면서도 집중된 주의를 기울인다. 마음이 방황하면 수용과 자기연민의 태도로 호흡에 집중한다. 이런 일은 잠깐 앉아 있는 동안에도 매우 많이 일어난다. 호흡은 우리의 주의를 계발하기 위한 훌륭한 지지대의 역할을 한다. 주의는 언제나 현재에 있고 쉽게 발견할 수 있지만, 우리의 주의가 거기에 있을 것이라고 기대하는 것보다 더 많은 노력을 요구할 만큼 미묘하다. 사실 호흡을 마음챙기는 수행은 모두 '돌아오는 행동Act of returning'으로 설명할 수 있다. 생각이나 집중을 방해하는 것들 때문에 우리의 마음이 종종 흩어진다는 사실은 마음챙김을 자각하는 수행을 할 수 있는 좋은 기회가 되며, 마음의 움직임을 알아차리도록 배울 수 있게 한다.

호흡을 마음챙기는 수행을 계속해가면서 우리는 감정이 우리의 자각 속으로 처음에 들어오기 시작할 때의 생각과 감정을 알아차릴 수 있게 된다. 이것은 마음챙김이 인지행동치료 접근법과 통합될 때 특별히 주의를 기울여야 할 부분이다. 어떤 내담자들은 그 부분에 가자마자 마음이 호흡을 떠나는 것을 관찰하고서는 사기가 저하된다. 우리는 인지행동치료사로서 이러한 관찰을 통해서 일련의 부적응적 인지가 어떻게 작동하는지를 알게 된다. 부적응적 인지는 호흡을 마음챙기는 것을 포기하게 할 뿐만 아니라, 자신의 정서 문제를 더 부추기는 결핍감과 자기비판의 패턴 속으로 몰입하게 한다. 그렇기 때문에 이러한 불가피한 일탈을 마음챙김 자각을 계발하기 위한 중요한 기회로 삼는 것이 중요하다.

신체 단련을 위해 웨이트 트레이닝을 할 때 힘겨운 저항에 부딪히다가 무게가 빠지면 긴장이 풀리는 일이 반복된다. 그러한 일들 없이 근육을 만들 수 없을 것이다. 저항과 운동은 훈련에서 본질적이다. 이와 마찬가지로 마음챙김을 훈련하는 사람도 산만하고 말이 많은 마음에 부딪힐 때 각각의 산만함은 하나의 '훈련'과 같다. 건강한 노력, 건강한 마음챙김, 건강한 집중을 실천함으로써 마음의 '산만함'은 잠깐일지라도 고요한 지점으로 천천히 돌아올 기회를 가지게 된다. 이 모든 능력은 연습을 통해서 강화된다. 불교심리학은 우리의 주의가 강력한 외적 자극에 사로잡혀 있을 때 이러한 경험이 일어나지 않는다 할지라도, 마음속에서 일어나는 생각과 정서를 알아차리는 기회를 가질 수 없다고 말한다. 마음챙김 수행은 우리가 우리를 괴롭히는 생각에 어떻게 참여할지에 대하여 선택할 수 있는 그곳까지 가게 한다. 그곳에서부터 행동의 변화, 자기돌봄, 정서 조절, 인지 반응의 변화를 위한 인지행동치료 전략들을 사용할 수 있다.

연습   집중 명상 – 호흡 세기

불교 명상에서 지속적인 훈련을 통하여 집중을 발달시키고 심화하는 것은 매우 중요하다. 집중을 강조하는 명상은 선불교의 기본적인 명상인 좌선Zazen의 중요한 특성이다. 호흡 세기는 집중 명상에 입문하는 좋은 예이다. 호흡을 세는 행동은 마음의 초점, 즉 마음이 분명하게 집중할 수 있는 대상을 제공한다. 몇몇 명상 수행에서 보아왔듯이, 호흡을 세는 것은 말하기는 쉬워도 행동하기는 어렵다. 숙련된 행동은 반복되는 훈련의 결과이다. 마찬가지로 호흡을 세는 것은 공식적인 수행을 확립하는 데 유용할 수 있다. 의도를 가지고 규칙적으로 훈련할 것을 권장한다.

집중 명상을 행할 때 한 번에 하나씩 1부터 10까지 세고, 다시 1부터 10까지 세는 것을 반복하면서 각자의 호흡을 센다. 집중 지점을 지키고 습관적으로 세는 것을 방지하기 위하여, 호흡을 10까지 세는 것으로 제한된다. 이 수행을 할 때 불가피하게 마음이 방황하여 세기를 잊거나 이런저런 산만한 생각에 빠져 들어가는 것을 발견할 것이다. 마음챙김 명상에서처럼 그러한 산만함을 수용하고 그 공간을 만들어주는 것이 이 연습의 중요한 부분이다. 마음이 방황할 때마다 주의를 들숨으로 가져와서 거기서부터 다시 세기를 시작한다. 10까지 세면 단순히 다시 시작한다. 세기는 마음속으로 하고 가장 단순한 지침은 마음속으로 숫자 세기를 들숨과 날숨 전체에서 유지하는 것이다. 예를 들어, 들숨과 날숨에서 '하나'에 주의를 기울이고, 그 다음 들숨과 날숨에서 '둘'에 초점을 맞춘다. 10을 셀 때까지 하고 다시 '하나'에 주의를 기울여 세기 시작한다. 세는 것을 잃어버리고 마음이 방황하면 그런 일이 일어났다는 것을 알아차리고, 다시 숫자 세기로 돌아와 하나부터 다시 시작한다. 개방적이고 공간이 넓은 마음챙김 명상을 광학렌즈와 연결시켜본다면, 집중 명상은 초점이 마음대로 조절되는 줌렌즈로 묘사할 수 있을 것이다.

선 명상은 1960년대 이후 많은 사람들에 의해 서양 심리치료와 통합되면서, 그 적용 범위가 마음챙김만큼 넓어졌지만, 서양 심리치료처럼 연구되거나 성문화되거나 널리 알려져 있지는 않다. 이 책의 저자 중 한 사람인 터치Dennis Tirch는 참전 용사들의 심각한 외상 후 스트레스 장애PTSD 증상 치료를 위하여 지속적인 자각 훈련으로 알려진 집중과 마음챙김 명상 접근법을 계발하였다(Tirch & Amodio, 2005). 이 집단의 참여자들은 감정에 압도당하는 동안 주의를 재배치할 수 있는 능력을 발달시키도록 집중 명상에 포함된 집중된 주의를 사용했다. 마음챙김과 개방적이고 수용적인 정서는 감정 상태에 대한 수용성을 향상시키는 한편, 집중 명상은 고통에 대한 내성을 계발하는 데 사용되었다. 몇몇 참여자들은 그들의 주의를 조절할 수 있는 이 능력이 도전적인 상황에서 또는 노출된 정서에 압도되는 것을 성공적으로 다룰 수 있는 능력을 촉진시켰다고 말했다.

다른 수행과 마찬가지로, 집중 명상도 전형적으로 등을 곧게 펴고 편안하게 앉은 자세에서 한다. 이 명상은 보통 침묵 속에서 끝내기 때문에 일단 그 명상의 요령을 잘 터득할 만큼 충분히 안내를 받았다면, 소리를 없애고 당신 스스로 수행할 수 있다. 그러한 명상은 5분에서 45분까지 할 수 있다. 명상이 끝나는 시간을 알려주는 타이머를 설정해놓으면 좋다. 대략 15분 내지 20분간의 집중 명상을 위하여, 실행 가능한 연습을 매일 철저히 해야 한다. 물론 지혜가 당신을 안내하도록 하고, 조심스럽게 인내하면서 당신의 한계로 나아가도록 하라.

안내 지침

눈을 감고 고요하게 머무세요. 주의가 현재 이 순간에 경험하는 신체 감각으로 향하도록 허용하세요. 주의를 몸으로 가져오세요. 호흡이 몸 안으로 들어오고 몸 밖으로 나가는 이 순간, 호흡의 흐름에 주의를 기울이세요. 특별한 방식으로 호흡할 필요는 없습니다. 호흡의 리듬을 찾으세요. 공기가 배로 들어갈 때, 호흡이 몸 안 깊숙이 들어가는 것을 상상할 수 있습니다. 중력이 머무는 배꼽 아래의 그 지점을 알아차릴 수 있는지 보세요. 호흡이 일정하게 천천히 리듬을 타고 고요함 속에 있음을 느껴보세요. 준비가 되었다면 숨을 들이쉬면서 숫자를 세는 것에 집중해보세요. 마음속으로 '하나'를 세면서 숨을 들이쉬고 내쉽니다. '둘'을 세면서 숨을 들이쉬고 내쉽니다.

이런 방식으로 세는 것을 계속하다가 마음이 산만해지면, 자각을 단순히 그리고 천천히 호흡으로 가져와서 '하나'부터 다시 시작합니다. 마음이 산만해지면 숨을 들이쉬면서 '하나'를 다시 셉니다. 숨을 들이쉬고 내쉽니다. 다시 숨을 들이쉬고 내쉬면서 '둘'을 셉니다. 마음속으로 셀 때 이완하면서 자각을 조율하고, 각 호흡 전체에서 한 곳에 집중을 유지합니다.

약 15분 정도 주의를 기울여 호흡을 알아차리면서 자각하고 호흡 세는 것에 집중한 이후, 호흡 세기를 천천히 내려놓고 호흡과 몸의 미묘한 신체 감각에 주의를 기울이도록 허용하세요. 잠시 동안 당신의 주의를 의자나 쿠션에 앉아 있는 당신의 현존으로 향하게 하세요. 이제 눈을 뜨고 원한다면 이 연습을 마친 당신 자신에게 감사해보세요.

중도: 지혜

팔정도의 두 가지 구성요소, 건강한 이해Healthy understanding와 건강한 의도Healthy intention는 지혜의 핵심 요소들이다. 종종 불교 체계의 첫 번째 측면과 두 번째 측면으로 나타난다. 다르마Dharma의 연구라는 포괄적인 맥락에서 보면, 이 두 가지 요소들은 논리적 연속성을 지닌다. 두 가지 요소들 모두 불교 철학의 광범위한 지식을 심화시키는 것과 직접 연관된다. 불교심리학과 인지행동치료의 통합이라는 맥락에서 보면, 건강한 이해와 건강한 의도는 겉으로 드러났거나 드러나지 않은 실제적인 행동 차원의 중도 개입을 설명하는 것과 논리적으로 연결된다. 인지행동치료가 심리학을 임상에 적용하는 것을 목표로 하는 것처럼, 불교심리학도 철학적 또는 존재론적 주장보다 현실에 실용적으로 적용하는 것에 더 직접적인 관심을 가진다. 마음챙김, 수용, 연민은 주류 인지행동치료의 실제에 지속적으로 통합되는 반면, 불교 우주론, 자아에 대한 철학, 모든 현상의 상호의존성의 근본 요소들은 전형적인 서양 모델과는 매우 다르다. 그러나 지혜, 우주의 본성을 이해하는 불교적 모델은 인지행동치료사에게 새로운 기회를 제공한다. 그렇기 때문에 새로운 불교심리학 모델을 이처럼 보다 익숙한 형태로 소개하고 있는 것이다. 우리는 이러한 개념들을 공리적 가르침이나 영적 주장으로 설명하는 것이 아니라, 현재 이 순간의 경험에서 성찰 훈련, 마음챙김, 수용, 연민에 참여함으로써 존재의 본성을 알게 하는 통찰적 관점으로 본다. 이 모든 것은 괴로움을 없애기 위한 것이다.

건강한 의도

가장 기본적인 수준에서 건강한 의도Healthy intention는 우리의 생각을 적응적 관계로 계발하도록 선택하는 것이다. 이는 괴로움으로부터 해방시키려는 불교의 목표를 위한 것이다. 따라서 적응적 관계는 이 책에서 자세하게 설명한 불교 철학의 미묘한 여러 측면들과 잘 맞을 것이다. 다르마Dharma의 가르침에 따라 보다 적응적인 방식으로 생각하고 정신적 사건들을 현명하고 이성적으로 생각하면, 이는 개념화된 자아에 집착하는 것을 줄일 수 있고, 모든 존재에 대한 사랑, 연민, 비폭력의 태도를 강화할 수 있다(Rahula, 1959/1974). 또한 건강한 의도는 우리 자신을 향상시키도록 격려하는 생각을 성실하게 계발하는 것이다. 그리고 신경증적 갈망과 강박적 회피에 집착하는 의식을 변화시키는 것이다. 불교심리학에서 건강한 의도를 이렇게 개념화한 것은 본질적으로, 정서적으로 타당하다. 다만 불교심리학이 인정하는 것은 행동과 인지 패턴을 바꾸는 것이 어려울 수 있다는 점인데, 특히 삶이 우리에게 불가피하게 부여하는 도전적인 환경을 감안하면 그렇다는 것이다. 건강한 의도를 계발하려면, 마음속 깊이 자리 잡은 습관을 수정하기 위한 지속적인 노력, 때로는 매우 긴 시간을 투자해야 한다. 이와 관련하여 불교 수행은 특별히 계속 수행하려는 동기와 성실을 강화하는 수많은 수행을 포함하고 있다. 그것은 종종 특별한 사고 패턴을 계발함으로써 가능하다. 이런 방식으로 건강한 의도는 건강한 노력과 연관된다.

예를 들어, 티베트 불교의 여러 학파들은 예비 수행에 참여할 것을 권장한다. 그것은 더 깊은 불교 수행과 공부의 경지에 들어가려면 어떻게 해야 하는가를, 학생들에게 가르치기 위하여 만들어진 것이다. 예비 수행은 수행자들의 동기를 강화시키는 것이고, 앞으로의 수행을 위해 마음을 준비시키는 것이다. 이 예비 수행 중 어떤 것은 수행자들이 구체적이고 반복적인 활동을 하는 것이다. 예를 들어, 수행하는 동안 만트라를 십만 번 암송하는 것이다. 그러한 암송은 호흡 연습, 마음챙김, 때로는 상상이나 신체적 수행도 포함한다. 그와 같이 광범위하고 엄격한 수행은 많은 목적을 가진다. 자기 조절과 개인적 수행, 행동 강화, 정서 노출 계발은 모두 인지행동치료 과정으로 그러한 활동을 통하여 활성화시킬 수 있다. 행동주의 관점에서 보면, 만트라를 십만 번 암송하는 것처럼, 특별한 목표를 가지려면 기술의 연마가 특별히 잘 되어야 한다. 왜냐하면 그것은 목표를 이루어가는 과정에서 측정 단위를 제공하여, 그 방법을 따라 동기를 증가시키고, 본질적으로 형태가 없는 마음의 변화 과정을 측정할 수 있도록 돕기 때문이다. 그리고 이러한 수행은 수행자가 그 과정에 계속해서 참여할 수 있는 방법으로 여겨진다. 왜냐하면 그러한 수행은 수행자가 단순히 아무 생각 없이 그 행동을 해도 마음에 충격을 주지 않을 것이기 때문이다.

연습　흐름을 따르다

이 경험 연습은 생각과 정서의 흐름에 의해 또는 우리의 마음에 작동하는 충동에 의해 지배를 받거나 지나치게 집착하지 않으면서, 생각과 감정을 더 많이 자각하는 상상 연습이다(Hayes, 2006; Hayes, Strosahl, & Wilson, 1999). 이런 방식으로 신경증적 갈망과 혐오감 또는 왜곡되고 너무 자기에게 집중된 생각에 직면할 때 갖게 되는 습관적이고 협소한 행동으로부터 보다 잘 해방될 수 있다. 이 수행은 생각들이 떠다닐 때 드러나지 않은 생각이나, 거품처럼 일어나고 있는 생각을 상상하는 것이다. 목표는 이 상상을 활용하여 의식적 경험이 개방적이고 수용적인 방식으로 드러날 때 그 경험에 대한 흐름을 단순히 알아차리는 것이다. 이것은 상담 회기에서 안내를 받거나, 따로 연습할 수 있는 상상 연습이다. 먼저 마음챙김을 하거나 간단하게 중심화 연습으로 시작해서, 상상 연습을 하고, 또 다른 간단한 중심화 연습으로 끝을 맺는다.

연습은 수용전념치료에서 채택한 것이지만(Hayes, Strosahl, & Wilson, 2012) 그 전에 수 백 가지의 붓다의 가르침과 시각화에서 시작된 것이다. 그런 문화적인 배경을 가진 연습이기 때문에, 불교상담사들은 다양한 방식으로 자기 개념이나 생각을 시각화할 것이다. 예를 들어, 의식을 하나의 이슬방울로 시각화해보자. 이슬은 바다로 들어가면 자신의 개별적 망상은 사라진다. 이슬방울이 바다로 들어가듯이 바다 또한 이슬방울로 들어간다. 흐름에 따르는 연습은 마음챙김을 응용하여, 건강한 의도를 촉진하고, 인지와 정서의 흐름과 탈동일시할 수 있다. 다른 많은 연습들처럼, 이 연습도 진단과 상관없이 어떤 내담자에게도 사용할 수 있다. 그러면 내담자들은 탈중심, 탈융합, 마음챙김에 대한 능력을 증가시키는 것을 통해서 유익을 얻을 것이다. 이 연습을 하지 말아야 하는 특별한 사람들에 대한 특별한 충고나 경고는 없다. 그러나 임상가들은 이 연습을 어떻게, 어떤 내담자에게 적용해야 하는지에 대하여 그들의 판단과 사례 개념화를 통해서 지도를 받아야 한다.

안내 지침
의자나 쿠션에 편안하게 앉아서 등을 곧게 펴고 양손을 무릎 위에 올려놓으세요. 눈을 감고 고요히 머무세요. 천천히 당신의 주의를 지금 이 순간의 신체 감각이나 호흡으로 향하게 하세요. 호흡의 흐름을 단순하게 있는 그대로 바라보세요.

준비가 되었다면 천천히 흐르는 개울이나 시내를 상상해보세요. 이 개울 주변의 환경을 알아차려보세요. 풀이 많은 언덕 아래로 나 있는 구불구불한 길을 따라 야생화가 피어있을 것이고, 커다란 풀과 버드나무가 있는 고요한 숲속에 시내물이 흐르고 있을 것입니다. 이 시내를 상상할 때 이끼 낀 바위와 나무뿌리 주변을 흐르는 물을 알아차려보세요. 이 시내물 위에 거품과 나뭇잎과 야생화 꽃잎이 시내물의 흐름을 따라 천천히 아래로 흘러가고 있습니다.

이제 나뭇잎과 거품이 흐르는 것을 지켜보면서 따뜻한 햇볕을 받으며 피어있는 야생화들 가운데 앉아 있거나, 이 시내 기슭의 나무 아래에 앉아 있는 당신을 상상해보세요. 이 시내 기슭에 앉아 있는 동안 당신의 마음에 이런 저런 생각들이 돌아다니고 있는 것을 알아차려보세요. 그런 일이 일어나면 시냇물에 떠내려가는 나뭇잎이나 꽃잎에 그 생각들이 써 있다고 상상해보세요. 그것이 말로 되었다면 말로, 이미지라면 이미지로 상상해보세요. 시냇가에 앉아서 그 나뭇잎들이 시냇물의 흐름을 따라 내려가게 그냥 내버려두세요. 생각이 흐름에 휩쓸려간다면 그런 일을 그냥 알아차리고, 시냇가에 앉아 있는 당신 자신에게로 주의를 돌아오게 하고, 흐르고 있는 물과 나뭇잎을 바라보세요. 다른 생각에도 똑같이 하세요. 산만한 생각, 감정, 감각이 일어나면 그것을 물 위를 흐르는 나뭇잎 위에 올려놓고, 그 나뭇잎이 아래로 떠내려가고 있는 모습을 그려보세요. 그런 일이 또 생기면 단순하게 반복해서 그려보세요. 나뭇잎이 있고 그것이 떠내려가고 있음을 알아차리세요.

이 연습을 다 하고 준비가 되었다면, 호흡과 주의를 천천히 복부의 신체 감각으로 가져오세요. 이제 숨을 들이쉬면서 당신의 주의를 방 주변의 소리에 집중해보세요. 그리고 주의를 방 밖의 소리로 가져가세요. 이렇게 하면서 당신의 주의를 훨씬 더 멀리에서 들려오는 소리에 기울여보세요. 당신의 주의를 당신의 현존으로 가져와 눈을 뜨고 일상의 활동으로 돌아오세요.

* 이 연습은 출판사의 허락을 받아 헤이스와 스미스(Hayes, & Smith, 2005)에게서 인용한 것이다.

건강한 이해

건강한 이해Healthy understanding는 정견Right view이라고도 불리며 불교 이론의 원리를 깊이 이해하여, 붓다의 가르침에서 설명하는 근본적인 심리과정을 더 잘 통찰하는 것을 말한다(Nhat Hanh, 1998). 그것은 우리의 환상과 편견과 망상적 사고에 인해서 흐려지지 않고, 사물을 있는 그대로 정확하게 보는 것이며, 세계와 직접적이고 객관적으로 관계 맺기를 배우는 것이다(Das, 1997; Nhat Hanh, 1998).

건강한 이해의 관점에서 보면, 정서 장애의 역동을 다룰 때 불교심리학과 인지행동치료 사이에 많은 공통점이 있다는 것은 주목할 만하다. 두 전통이 취하는 관점은 우리의 주변 세계에서 실제로 사건이 일어나는 것처럼, 정신적 사건이 일어나는 것으로 반응하기 때문에 많은 어려움이 발생한다는 것이다. 인지행동치료와 불교심리학은 경험적 회피 또는 중독적·강박적 행동의 부적응적 패턴을 극복하는 방법을 배우는 과정에서 개인은 더 행복할 수 있다는 것을 강조한다는 점에서 의견을 같이한다. 그러한 행동 패턴은 내외적 자극에 의하여 생긴 주로 '갈망'의 자극기능에 기초하고 있다. 말하자면 불교심리학과 인지행동치료는 마음과 몸이 희열 속에 있거나 해리되어 느긋한 상태에 있는 것처럼, 도달할 수 없거나 지속적으로 유지될 수 없는 것을 얻으려 하거나, 피할 수 없는 것을 피하려 할 때 고통이 커진다는 사실에 동의한다. 우리가 받아들여야 할 것은 받아들이고, 변화시킬 수 있는 것은 변화시켜 마음챙김, 수용, 연민의 방향으로 나아간다면, 그것이 두 학파가 공유하는 행복의 지름길이다.

불교심리학과 인지행동치료는 역기능적이라고 여겨지는 반추사고 때문에 괴로움이 생긴다는 관점을 공유한다. 그 말은 그러한 사고가 개인이나 집단의 행복을 유지하는 데 도움이 되지 않는다는 의미이다. 불교와 인지행동치료에 있는 많은 방법들은 형태나 기능면에서 부정적인 자동 사고를 다룬다. 두 학파는 우리 자신과 타인과 세계에 대한 잘못된 개념화로 인하여 생기는 부정적 영향이 많은 문제의 기저에 있다고 말한다.

예를 들어, 인지치료사는 부적응적이고 부정적 사고를 확인하여 수정하도록 돕기 위한 방법을 발견하는 과정을 활용할 것이다. 이와 관련하여 수용전념치료사는 조망을 수용하는Perspective-taking 연습을 활용하여, 내담자로 하여금 침범적 사고가 그들의 의미 있고 보람 있는 삶을 추구하는 데 좋지 않은 영향을 미치는 것에 변화를 주도록 도울 것이다. 불교는 살아있는 인간 존재에게 의미 있는 것 그리고 실재의 본성 자체에 대한 가장 근본적인 가정에 대해서까지 부적응적인 사고의 형태와 기능을 없애는 것으로 확장시킨다.

불교 수행자와 불교학자들은 사물이 보이는 그대로가 아니라고 말한다. 그리고 실재에 대한 우리의 인지를 견고하고, 영원하고, 객관적으로 실존하는 상황으로 가득 채우는 것에서 우리의 많은 문제들이 생긴다고 본다. 그러나 우주 자체는 우리가 경험하는 것처럼 이러한 것들을 본질적으로 소유하고 있지 않다. 영원하지 않음無常의 맥락에서 보면, 우리가 인지하는 모든 것은, 객관적으로 실존한다고 할지라도, 그것은 정신적 거울에 비친 것임을 알게 된다. 그리고 우리는 신경증적 갈망과 절망적인 두려움 때문에 계속해서 사물이 존재하는 방법을 사물화시키고 구체화시킨다. 불교도에게 이것은 문제의 핵심이다. 즉, 우리가 행복이라는 망상적 형태를 얻으려고 추구하는 바로 그 대상이, 사실은 지속적인 행복을 줄 수 없다는 것이다. 옛말에도 있듯이 "그림의 떡은 배고픔을 해결하지 못한다." 삶에서 투쟁하고 불만족스러운 이유는 무상한 표상적 세계를, 정신적 사건을 있지도 않은 견고한 것으로 받아들이기 때문이다. 이것을 인지하고 이해하며 궁극적으로 깨닫는 것이 건강한 이해다.

사성제와 팔정도로부터 개인적 변화까지

사성제와 팔정도는 불교심리학의 토대 그 이상을 말해준다. 이들은 그 자체로, 종교적 가정이나 존재론적 주장 또는 신에게 드리는 의례적 기도 없이, 철학적 관찰과 실제적 지침에 의해서 인간 괴로움의 문제를 다루는 경험적으로 검증된 프로그램을 제공한다(Dalai Lama, 1991). 마음과 정신적 행복을 다문화적으로 다루는 가운데 불교심리학과 인지행동치료의 통합은 급속도로 발전하고 있다(Keng, Smoski, & Robins, 2011; Ost, 2008; Wallace, 2003). 이 목표를 향하여 나아갈 때, 불교와 인지행동치료의 철학적이고 실제적이며 역사적인 근원을 탐구할 필요가 있다. 인간의 괴로움과 그 괴로움을 잠정적으로 완화하는 것에 대한 탐구는 그러한 요소들에 대한 탐구에서 접근할 수 있을 것이다.

5

불교심리학과 인지행동치료의
토대로서 마음챙김

5 불교심리학과 인지행동치료의 토대로서 마음챙김

항상 현재에 굳건히 서 있어라.
모든 상황, 실제로 모든 순간은 무한한 가치가 있다.
왜냐하면 그것은 영원의 표상이기 때문이다.

— 괴테Johann Wolfgang Von Goethe

　　　　　　인지행동치료 연구자나 실제 전문가가 아니더라도,
마음챙김과 수용을 기반으로 하는 임상실제가 지난 20년간 인지행동치료
의 발달에 엄청난 영향을 미쳤음을 알 수 있을 것이다(Roemer & Orsillo,
2009). 심리학, 신경과학, 의학연구에 관한 출판물이 기하급수적으로 늘어
나고 있음에도 불구하고, '마음챙김'에 대한 개념은 종종 그 사용법과 적
용에서 분명하지 않다(Kabat-Zinn, 2009). 지난 수십 년 동안 인지행동치료
의 다양한 실제에서 사용되고 있는 '마음챙김'이라는 용어는 비어있는 자
리 역할을 해왔다. 사실 그 비어있는 자리 역할의 대부분은 불교의 다르
마에서 유래한 것이다(Tirch, 2010).

마음챙김: 개념화와 정의

일이 이쯤 되면 '마음챙김Mindfulness'이라는 용어가 무슨 의미인지를 불교로부터 정확하고 명료화하게 배우는 것은 인지행동치료사들에게 유용할 것이다. '마음챙김'은 빨리어 사띠Sati의 번역어이다. 초기 불교경전에 따르면 사띠는 현재 이 순간에 주의를 기울이는 것, 자각을 수용함, 의도를 기억하는 것이 혼합된 마음의 상태다(Kabat-Zinn, 2009; Siegel, Germer, & Olendzki, 2009). 정념正念, Samma-sati을 '건강한 마음챙김Healthy mindfulness'으로 번역하는데, 팔정도에서 말하는 마음을 집중하는 주의의 형태를 띤다. 사띠는 역사적 붓다의 가르침에서 기본적인 요소로, 직접적인 마음수행으로 번역된다.

불교적 접근법을 가진 많은 마음수행 프로그램들은 특별히 상좌부 전통 안에는, 마음챙김을 계발하도록 만들어진 명상과 수행을 포함하고 있다. 영향력 있는 티베트 스승 트룽파Chogyam Trungpa(2005, p.24)는 마음챙김을 '붓다가 가르쳤던 마음과 직접 관계를 맺기 위한 방법'으로 설명하였다. 그 후의 불교 가르침은 연민의 마음을 계발하도록 만들어진 철학적 관점, 윤리적 처방, 기법들을 강조한다. 이 수행들은 사띠를 계발한 토대 위에서 비롯된 것이다.

사띠가 '마음챙김'으로 번역된 것은 지난 수십 년 동안 불교계에서 논쟁거리였다고 보는 학자들이 있다(Dryden & Still, 2006; Kabat-Zinn, 2009; Siegel et al., 2009). 사띠는 '집중', '온전한 주의', '침착함Self-possession'으로 번역되기도 한다(Dryden & Still, 2006). 또한 사띠는 기억, 즉 현재 이 순간의 자각을 기억함이라는 의미를 내포하기도 한다(Kabat-Zinn, 2009). 고대 그리스어 아남네시스Anamnesis는 '잊지 않음Un-forgetting' 또는 '스스로 기억하기Self-remembering'를 뜻하는데, 이것은 마음챙김의 정의와 관련이 있다 (Allen, 1959). 아남네시스라는 용어는 19세기부터 정신과 면접에서 사용되었기 때문에 이 용어는 몇몇 정신 건강 전문가들에게 익숙하다. 그리고 아남네시스는 중앙아시아의 신비주의 종교인 오르피즘Orphism에서 사용한 명상법이기도 하다(Voegelin, 1978). 오늘날 잘 알려져 있지 않은 오르피즘은 기원전 8세기에서 기원전 5세기까지 그리스와 히말라야 지역에서 널리 사용된 물활론과 명상에 기초한 영성 수련이었다. 아마 오르피즘으로 가장 잘 알려진 사람은 소크라테스일 것이다(Reale, 1987).

인지행동치료의 제2의 물결에서 가장 중요한 기법은 소크라테스식 대화법을 강조하는 것이고, 제3의 물결은 마음챙김이라는 명상 수행을 강조하는 것으로 알려져 있다. 마음챙김으로 알려져 있는 주의의 특징은 이성, 균형 잡힌 관점, 지혜, 연민을 통합적으로 계발하는 측면을 가지고 있다. 유럽과 아시아와 아프리카 대륙 전체에서 수 세기 동안 문명과 공감과 협력이 특징이 되었다(Wilson, 2007). 처음엔 낯설었던 마음챙김, 인지 재구조화, 연민의 마음 훈련, 논리적 분석이 서양 심리학 또는 동양 심리학의 산물로 보였지만, 그동안 다양한 문화에서 마음에 대한 다양한 관점을 논의한 것은 인간성의 공통적인 측면이라고 볼 수 있다.

이렇게 다양한 관점에 대한 인식은 다양한 측면들에서 마음챙김 수행의 현상학을 조명할 수 있다. 그럼에도 불구하고 사띠를 영어로 '마음챙김Mindfulness'으로 설명하여 사용하는 것은 결정적인 견인차 역할을 하여 견고하게 확립되고 있다. 게다가 마음챙김의 함의가 무엇인지에 대한 심리학적으로 어느 정도 표준화된 정의가 등장하고 있다.

인지행동치료에서 사용하는 마음챙김에 대한 정의

'마음챙김Mindfulness'이라는 용어가 서양 심리학에 들어온 것은 분명히 카밧진Jon Kabat-Zinn이 마음챙김을 두 가지 방식으로 사용하는 것을 대중화 시킨 후였다. 먼저 그는 마음챙김에 기반한 스트레스 완화MBSR 프로그램 에서(2009) '마음챙김'을 자신의 접근법에 대한 포괄적 용어로 사용했다. 이것은 불교 수행에서 유용하다고 보았던 명상과 마음 수행법을 대중적 으로 활용하기 위한 노력의 한 부분이었다. 마음챙김 수행에 대한 학문적 연구는 효과 연구와 기초 경험심리학 연구로 확장되고, 몇몇 학문 분야로 확장되었다. 이로 인해서 '마음챙김'이라는 용어가 불교심리학 개념을 모 두 끌어들이는 잡동사니로 사용되는 것은, 서양 의학의 맥락에서는 일반 적이지 않고 중요하지도 않다.

카밧진(1990)은 마음챙김에 대한 조작적 정의를 공식화한 사람으로 잘 알려져 있다. 이는 심리학 이론과 실제에서 기준이 되고 있다. 마음챙김 은 '의도적으로 현재 이 순간에 비판단적으로 주의를 기울이면서 생기는 자각'을 말한다. 이 정의와는 약간 다르지만 대중적으로 사용되는 다른 정의는 '현재의 경험을 수용하면서 자각하는 것'이다(Germer et al., 2005, p.198). 또 다르게는 단순히 '유연하고 집중된 주의'로 설명할 수 있다 (Wilson & DuFene, 2009). 마음챙김은 인간 존재가 일상적인 삶에서 전형적 으로 나타나는 양식과는 다른, 주의 기울이기 양식을 포함하는 것이다.

마음챙김은 의도적 자각 양식을 계발하고 그것에 접근하는 것, 즉 우 리의 의식적 마음의 내용들로부터 역설적으로 탈동일시하여, 천천히 현 재 이 순간을 비판단적으로 완전히 경험할 수 있도록 허용하는 것이다

(Segal et al., 2012). 수행 과정에서 마음챙김 명상은 '정형화된 인식 돌파하기'를 촉구하며(Goleman, 1988, p.20), 보다 적응적이고 기꺼이 현재 이 순간을 완전히 경험하는 것이다.

제3의 물결의 행동치료와 불교수행에서 이러한 마음챙김은 일반적으로 명상과 움직임과 요가를 포함한 다양한 체계적 방법을 통하여 계발된다. 이러한 수행법들이 마음챙김 훈련에서 중요하긴 하지만, 마음챙김의 개념은 존재의 방식, 마음과 몸의 작동 방식을 말하고, 그것은 연습을 통하여 배우는 기술 그 이상이다(Hayes, 2002a; Kwee, 1990; Tirch & Amodio, 2006). 마음챙김을 구별되는 경험양식으로 이해할 때, 마음챙김은 괴로움을 완화하는 근본적 과정으로 이해될 수 있다(Corrigan, 2004; Fulton & Siegel, 2005; Martin, 1997; Wilson & DuFrene, 2008). 기대했던 대로, 단순한 명상 이상으로, 인지행동치료사들은 마음챙김으로 알려진 주의를 촉진하거나 도입할 방법들을 발전시켰다. 그것들 가운데 많은 것은 전통적인 명상 개념과 어떤 유사함도 없다.

연습 바디 스캔

다양한 명상 전통에서 그리고 마음챙김에 기반한 스트레스 완화 프로그램과 같은 마음챙김 기반 치료에서(Kabat-Zinn, 1990), 일반적으로 '바디 스캔'이라고 알려진 이 연습을 한다. 많은 마음챙김 전통들에서, 처음에 이 연습을 배운다. 요가에서도 유사한 연습인 요가 니드라Yoga-nidra 또는 수면요가Yogic sleeping는 기본적인 것이다. 마음챙김을 계발하기 위하여 신체 감각의 특징과 즉각성에 초점을 맞추는 것은 매우 가치가 있다. 바디 스캔은 몸 전체를 천천히 알아차리면서 자각하는 것이다. 몸의 각 부분을 차례차례 안내 받으면서, 느껴지는 모든 것을 알아차리면서 주의를 기울인다. 몸의 상태를 어떤 방식으로 바꾸거나 변화시킬 의도 없이 몸에 대한 자각을 계발하여, 단순히 알아차리면서 몸과 함께 있는 것이다. 세계에 대한 경험은 종종 신체 감각과 변화에서 발견된다. 예를 들어, 강렬한 정서는 종종 다양한 생리적 감각의 변화를 수반한다. 바디 스캔과 같은 기법을 연습하고 몸에 대한 마음챙김 훈련을 하는 것은 이러한 신체 감각을 새로운 방식으로 관찰할 수 있게 한다.

　　호흡을 마음챙기는 것에서처럼, 바디 스캔도 다양한 사람들의 많은 증상에 사용된다. 그것은 종종 정서 조절을 돕고, 불안에 대한 적응적인 반응을 발달시키고, 중독과 기분 장애가 있는 내담자들을 돕는 데 사용된다. 이 연습이 가지고 있는 이완의 구성요소는, 불안장애에서 볼 수 있듯이 만성적인 과도 각성을 조절하는 데 유용할 것이다. 그러나 불안장애를 가진 어떤 내담자는, 특히 공황 장애를 가진 내담자들은 내부감각 수용경험에 대한 주의가 점점 더 활성화되는 것을 발견할 것이다. 따라서 숙련된 상담사는 바디 스캔을 세심하게 가르칠 것이다. 내담자의 어떤 단계에서 이러한 유형의 기술들을 사용하는 것이 가장 유용할지를 선택할 수 있어야 한다. 연습은 상담 중에 할 수 있고, 내담자는 집에서 반복 연습을 함으로써 회기 중에 배운 것을 일반화할 수 있다.

안내 지침

이 연습은 보통 누워서 하거나 등을 곧게 펴고 앉아서 하지만 편하게 하면 됩니다. 편안한 장소에서 요가 매트나 깔개나 담요 위에 누워서 하는 것이 가장 좋습니다. 환경은 마음을 산만하게 하거나 방해하는 것이 없고, 적절한 온도를 유지하는 장소와 시간이어야 합니다. 시작하면서 눈을 감고 고요한 상태를 유지합니다. 지금 현재 당신이 경험하고 있는 신체 감각에 천천히 당신의 주의를 향하게 하고, 몸 안의 생명에 주의를 가져옵니다. 잠시 당신의 주의가 방 안의 소리를 향하게 하고, 이 감각 경험을 방 밖의 소리로 확장시켜봅니다. 그보다 훨씬 더 멀리서 들리는 소리를 들어봅니다. 숨을 들이쉬면서 주의를 몸으로 가져와 호흡을 경험합니다. 호흡의 흐름이 몸 안과 밖으로 천천히 움직이는 것을 관찰해봅니다. 호흡을 특별한 방식으로 할 필요는 없습니다. 그냥 자연스럽게 호흡하세요. 숨을 들이쉴 때의 신체 감각을 알아차리세요. 숨을 내쉴 때 주의가 그 흐름을 따라가게 하세요. 들숨은 주의를 모을 것이고, 날숨은 그 자각을 놓을 것입니다. 이때 당신의 주의가 천천히 지금 이 순간 몸 전체에서 경험되는 신체 감각으로 향하게 하세요. 숨을 들이쉴 때마다 당신의 주의가 당신을 지지하고 있는 쿠션이나 의자나 매트에 닿아있는 당신의 몸에 집중하게 하세요. 숨을 내쉴 때 당신의 몸을 지지하고 있는 땅의 중력의 느낌을 알아차리세요.

이 연습을 하는 동안 어떤 특별한 상태에 이르도록 할 필요는 없습니다. 몸을 이완시키거나 어떤 것을 하려고 노력할 필요가 없습니다. 이 연습의 목표는 순간순간 당신이 경험하는 것을 단순히 관찰하는 것입니다. 판단이나 분석하지 않고, 당신의 경험을 묘사하지도 않고, 당신의 주의를 몸의 여러 부분들로 가져올 것입니다. 신체 감각 수준에 주의를 집중하면서, 어떤 평가도 유보하고 당신이 관찰하는 것은 무엇이든지 단순히 그것에 주의를 기울이세요. 숨을 들이쉬면서 당신의 주의를 복부의 신체 감각으로 가져오세요. 들숨과 날숨에 수반되는 다양한 감각들을 알아차리세요. 이 경험에 잠깐 머무른 후에 당신의 주의를 복부의 위로 가게 하여 왼쪽 팔과 왼쪽 손으로 가져옵니다. 당신의 주의가 마치 팔에 따뜻한 빛을 비추는 것처럼 하면서 이때 몸 안의 생명을 알아차려보세요. 손의 감각을 단순히 관찰해보세요. 숨을 들이쉴 때마다 호흡이 가슴과 배 속으로 들어가고 왼쪽 팔부터 손까지 빛을 비추고 있다고 상상해보세요. 마치 당신이 손의 신체 감각을 자각하는 '들숨'인 것처럼 당신의 주의가 이 들숨과 동행합니다. 손의 어떤 것도 의도적으로 바꾸려 하지 않고 호흡이 잠시 몇 초 동안 손의 각 부분의 감각 속으로 들어가게 하세요. 이때 엄지손가락 … 검지 … 장지 … 약지 … 새끼손가락을 알아차려보세요. 다음으로 손등 … 손바닥 … 손 전체의 감각을 자각하면서 호흡해보세요. 왼손의 감각을 다 관찰했다고 느끼면, 당신의 주의를 왼쪽 팔로 향하게 하여 팔

아래쪽, 이두박근, 삼두박근, 팔의 모든 부분들 속 생명을 알아차려보세요.

다시 숨을 들이쉬면서 당신의 주의를 복부로 가져오세요. 이번에는 왼쪽 팔과 손에 사용했던 방식과 똑같이, 이 주의를 오른 팔과 오른 손의 감각으로 가져옵니다. 적당한 속도로, 부드럽고 비판단적인 호기심을 가지고 당신의 주의가 몸의 각 부분들로 향하게 하세요. 호흡을 하면서 두 발과 발가락, 아래쪽 다리와 정강이, 종아리, 골반, 등과 배의 아래 부분, 등과 어깨, 목, 머리와 척추 사이, 얼굴 근육, 이마, 두피에 주의를 가져옵니다.

내담자와 함께 이 연습을 천천히 하면서 호기심을 가지고 받아들이세요. 몸의 어떤 부분에서라도 긴장이나 불편함이 느껴지면, 그 감각 속으로 호흡을 하도록 하세요. 할 수 있는 한 각각의 감각에 머물면서 단순히 관찰하고 그때마다 거기에 머무르세요. 마음의 본성은 움직이는 것이고, 마음이 그렇게 하는 것은 아주 자연스러운 일입니다. 이 연습을 할 때 당신의 마음이 신체 감각에 초점을 맞추지 못하고 방황하고 있음을 알아차리면, 이런 일이 일어날 수 있음을 수용하여 이 경험을 자각하고, 숨을 들이쉬면서 당신의 주의를 신체 감각으로 다시 가져옵니다. 몇 분 동안(이 연습은 15분에서 45분 정도 걸릴 수 있습니다) 자각을 알아차리면서 몸으로 가져오는 이 연습을 한 후에, 천천히 당신의 호흡과 주의가 복부의 신체 감각으로 돌아오게 하세요. 다시 숨을 들이쉬면서 방 안에서 들리는 소리에 당신의 주의를 가져오세요. 이번에는 방 밖의 소리에 그리고 그보다 훨씬 더 멀리에서 들려오는 소리에 천천히 주의를 가져옵니다. 잠시 당신의 주의가 매트 위에 있는 당신의 현존을 향하게 합니다. 이제 눈을 뜨고 일상으로 돌아오세요.

* 이 자료는 레히 등(Leahy, Tirch, & Napolitano, 2011)과 카밧진(Kabat-Zinn, 1990)의 명상 안내에 기초한 것으로 일부 아이디어와 구절들은 틱낫한 스님의 글과 다른 명상 자료들에서 인용한 것이다.

불교심리학과 인지행동치료에서 마음챙김 훈련의 목표

불교학자 월리스B. Allan Wallace가 말했듯이, 불교사를 통해서 보면 마음챙김 수행은 그 자체가 목표가 아니었다. 마음챙김 수행은 불교심리학 기법에서 더 넓은 영역의 한 부분이었고 '더 건강한 마음 상태'를 계발하는 선구적 역할을 한다(Wallace, 2011). 불교 사상과 현대의 연구에 따르면, 마음챙김 수행은 마음의 특정한 능력을 계발한다. 예를 들어, 주의 자각, 의도, 객관성 등이다. 그것들은 건강한 행동을 위한 지혜, 연민, 변화로 이어지는 것을 계발하는 데 유용하다(Mosig, 1989).

지금까지 살펴봤던 정의 이외에도, 마음챙김은 '통찰 있게 보기To see with discernment'로 번역할 수 있다(Shapiro, Astin, Bishop, & Cordova, 2005, p.165). 이 마음챙김은 마음으로 관찰할 수 있는 모든 것들, 내적 또는 외적 일들에 적용된다. 우리 자신과 세계의 원래의 특성을 이해하고 통찰하기 위하여, 마음챙김을 경험하고 훈련하는 것이다. 이것은 지혜, 연민, 의미 있는 변화를 계발하기 위한 토대를 세울 수 있게 한다(Dalai Lama & Ekman, 2008). 불교심리학은 우리 자신, 세계, 타인에 대한 습관적인 인식이 이기적인 왜곡과 망상에 연루된 만큼, 수용을 못하고 괴로움을 겪는 것 같다고 말한다(Germer, 2005a; Olendzki, 2005). 불교심리학은 사람들의 의식에 있는 집착, 자기와 타인에 대한 견해, 현실에 대한 인식이 인간의 괴로움에 책임이 있다고 말한다(DelMonte, 1995; Hirst, 2003).

물론 왜곡되고 역기능적인 자동사고와 신념이 심리적 고통을 유발한다는 개념은 인지행동치료사들에게는 익숙하게 들릴 것이다. 이 핵심 가정은 아론 벡의 인지치료의 가정과 같다. 그는 부정적인 정보를 처리하는 과정에서 나온 편견이 우울증을 유발한다고 본다(Beck & Clark, 1988; Lim & Kim, 2005; Mogg, Bradley, Williams, & Mathews, 1993). 아론 벡의 거리두기와 인지 재구조화의 인지 과정처럼, 마음챙김 수행도 역기능적 신념에 집착하지 않는 기법을 제공한다. 불교심리학은 괴로움의 원인이 되는 왜곡된 마음을 멀리하거나 탐색하는 것을 목표로 하여, 마음챙김을 활용하여 현실을 더 명확하게 이해하도록 한다(Fulton & Siegel, 2005; Kabat-Zinn, 2003; Nhat Hanh, 1975; Tirch, 2010).

존재의 세 가지 특징

인지행동치료사에겐 과장되어 보이지만, 불교심리학의 관점에서 보면, 마음챙김 수행은 인간의 잠재력을 실현하기 위한 핵심이다(Didonna, 2009a; Kabat-Zinn, 2009). 보다 구체적으로 말하자면, 마음챙김 명상은 인간 존재의 원래의 특징에 대한 이해를 심화시킨다(Das, 1997). 불교심리학은 존재의 세 가지 측면을 다루는데, 그것들은 마음챙김 수행을 통하여 명료화하게 다룰 수 있다. 인간 존재의 세 가지 특징 또는 삼법인(Nhat Hanh, 1973)은 항상하지 않음과 자아 없음과 괴로움이다.

항상하지 않음

존재의 첫 번째 특징인 항상하지 않음無常, Anicca, Impermanence은 우리가 경험하는 모든 현상은 유동적이고 끝없이 변화하는 상태에서 결국 끝이 난다는 것을 자각하는 것이다. 우리가 인식하는 실재의 구조는 에너지의 파동으로 구성되어서, 아주 미세하게 움직이고 변화하는 상태에 있다고 서양과학은 말한다(Dalai Lama, 2011). 말하자면 모든 것들은 시간과 공간 안에서 움직이고 있다는 것이다. 우리 모두는 결국 죽을 것이고, 그 사실 은 모든 살아있는 것들, 심지어는 우주와 별들에게도 해당된다. 궁극적으 로 감정, 분별, 인식, 욕구, 의도, 의식을 포함하여 우리가 알 수 있는 모든 것은 상호 연관되고, 영원히 스스로 존재하거나 스스로 규정할 수 없다 (Kabat-Zinn, 2005). 만일 사물에 대한 이해가 고정되었다면, 우리는 자각의 대상이 분명해져서, 그것이 영원하고, 처음에 그것을 인식하고 만들었던 마음 없이 존재할 수 있다고 믿는다(Hirst, 2003). 불교심리학은 실재를 이 렇게 잘못 알고 있는 데서 괴로움이 비롯된다고 본다. 그러면 우리는 끊 임없이 쉬지 않고 변화하면서 만들어지는 일정한 패턴의 진행을 지속적 인 실체로 잘못 알게 된다(Olendzki, 2005). 이렇게 잘못 알고 있는 관점들은 우리가 이 세계에서의 경험과 존재를 해석하고 형성해가는 핵심적인 방 법이 된다(Kabat-Zinn, 2005; Olendski, 2005). 이러한 망상은 또 다른 역기능적 이고 습관적인 행동을 낳을 수 있는데, 그것 또한 괴로움을 피하고 오직 쾌락만을 추구하려는 탐욕과 증오와 같은 고통의 원인이 될 수 있다 (Epstein, 1995; Surrey, 2005).

마음챙김의 대상이 되는 항상하지 않음, 즉 무상은 개념적 이해를 넘 어서 경험되는 것이고, 실재를 분명하게 이해하기 위한 연습으로 여겨진 다(Nhat Hanh, 1973). 이것의 목표는 어떤 것도 고정되었거나 영원하거나 지속적인 것이 없음을 이해하는 것이다. 자기를 포함하여 우리 주변의 모든 것은 계속해서 움직이고 발전해가고 변화하며 그리고/또는 진화해간다(Olendzki, 2005). 항상하지 않음에 대한 마음챙김은 순간의 소중함과 고유성에 감사하고, 바로 지금 우리에게 있는 모든 것에 감사할 수 있게 한다. 마음챙김의 렌즈로 본 항상하지 않음은 그 가치를 보여주면서, 고정된 개념과 대상과 감정에 집착하던 것을 놓을 수 있게 한다.

이것은 인지행동치료에서 오랫동안 강조해왔던 것이다. 생각, 감정, 기분은 왔다가 간다. 일들이 '어떠해야 한다Should be' 또는 '분명히 어떠하다Definitely are'와 같은 잘못된 신념에 집착할수록, 일들이 어쩔 수 없이 변화하거나 우리의 규범이 깨질 때, 더 많이 실망하게 될 것이다(Hofmann, 2012). 살아있는 모든 것은 죽는다는 것을 알아야 한다. 젊고 새로운 모든 것은 늙어가고 따분해진다. 이러한 현실을 자각하지 못할수록 더 고통스럽고 기쁨이나 즐거움을 부인하게 된다. 즐거움은 본질적으로 금방 지나간다. 그것은 영원히 지속될 수 없고, 그것은 우리를 궁핍함과 불안함과 분리와 욕망과 긴장의 상태로 돌아가게 한다(Epstein, 1995, p.26). 이런 관점에서 보면 마음챙김은 우리의 인식을 넘어서 볼 수 있게 하고, 불필요한 갈망, 집착, 절망 없이 삶을 경험하게 하고, 공적, 사적 사건들에 집착하지 않게 할 수 있다(Germer, 2005a; Nhat Hanh, 1973). 현재에 존재하고 항상하지 않음을 경험하는 것은 또한 모든 실재의 상호의존적 본성을 통찰하게 한다.

연습 항상하지 않음을 마음챙김

유일하게 지속적인 것은 변화뿐이다.

- 헤라클레이토스Heraclitus

항상하지 않음은 개념을 넘어선 것이고, 우리가 실재와 접촉하도록 돕는다.

- 틱낫한Thich Naht Hanh(1998, p.131)

영원의 망상 그리고 우리의 세계와 경험에 집착하고 융합하려는 시도는 괴로움과 불만족의 원천이 된다. 불교에서 항상하지 않음無常은 끊임없이 변화하거나 일시적인 것을 의미한다. 항상하지 않음의 지혜는 이해를 통해서 얻어질 뿐만 아니라 감각 경험을 통해서도 얻어진다(Sears, Tirch, & Denton, 2011). 항상하지 않음에 대한 명상은 그러한 경험을 계발하여, 모든 것들이 상호 의존되고 일시적이라는 것을 더 깊이 이해하게 한다. 그 외에도 항상하지 않음에 대한 명상은 괴로움의 원천인 집착의 문제를 다룬다. 모든 것이 덧없다는 것을 통찰하는 지혜를 갖는다면, 우리가 만나는 사람들과 장소와 일들 그리고 신체적 경험이나 심리적 경험에 덜 집착하게 될 것이다(Bien, 2010). 그것들이 잘못된 분별分別, Vikalpa의 먹이가 되지 않고 또 갑자기 그것들 사이에 장벽이 만들어지지 않는다(Nhat Hanh, 1998, p.154). 항상하지 않음에 대한 경험적 학습과 통찰은 심리적 유연성을 증가시키고, 가치 있는 목표를 향한 행동을 할 수 있게 한다.

항상하지 않음에 대한 명상은 거시적인 것에서부터 미시적인 것까지, 총체적인 것에서부터 미세한 것까지 그 대상이 다양하다. 항상하지 않음은 눈으로 보고 손으로 만질 수 있는 수준에서부터 미세하여 볼 수 없는 수준까지, 내적인 것에서부터 외적 환경까지 존재한다(McDonald & Courtin, 2005). 이렇게 다양한 수준을 성찰하는 것이 중요하다. 그것들은 상호 연관되고 다양한 명상 수행에서 다루어진다. 가장 거시적인 수준에서 보면, 모든 것은 쇠퇴하고 끝이 나며 죽는다. 살아있는 모든 존재는 변화하고 자라나며 쇠퇴하는 과정에 있고, 궁극적으로는 죽는다. 반대로 가장 미시적인 수준에서 보면, 모든 분자와 모든 원자가 움직이는 모든 순간은 언제나 다르고 시간이 흐르면서 변화한다. 우리의 모든 경험은 순간으로 이루어져 있고 모두 다르다.

안내 지침

눈을 감으세요. 천천히 방 안의 소리에 주의를 기울여보세요. 이제 준비가 되었다면 방 밖의 소리에 주의를 가져가세요. 이번에는 그보다 훨씬 더 멀리에서 들려오는 소리에 주의를 기울여보세요. 숨을 들이마시면서 천천히 신체 감각에 주의를 기울여보세요. 준비가 되었다면 배에서 호흡의 움직임을 자각해보세요. 배에서 느껴지는 모든 감각을 관찰하고, 주의를 들숨에 집중해보세요. 그리고 숨을 내쉴 때 특별한 감각에 대한 자각은 그냥 흘려보내세요. 이런 호흡이 리듬을 타게 하세요. 이제는 이 자각 속에서 판단과 평가와 묘사까지도 유보한 채 순수하게 관찰만 하세요. 호흡으로부터 나와 방황하는 것이 우리 마음의 특징입니다. 주의가 이렇게 떠다니는 것을 알아차리면, 즉시 자기 자각의 순간을 스스로 인정하면서 천천히 호흡의 흐름으로 주의를 돌립니다. 날숨에 주의를 기울여서, 호흡이 중지와 침묵으로 바뀌고 있는 그 지점을 알아차리세요. 호흡은 덧없습니다. 더 많이 지속될 수 없습니다.

천천히 호흡의 특성을 자각해보세요. 호기심을 갖고 호흡에 초점을 맞춰보세요. 긴 호흡인가? 짧은 호흡인가? 호흡이 시작될 때 어떻게 느껴지나요? 그 중간에는? 끝에는? 다음 호흡이 시작될 때 어떻게 느껴지나요? 이런 방식으로 호흡의 변화를 계속해서 탐색해보세요. 그리고 단순히 각각의 호흡이 변화하는 특성을 알아차려보세요. 호흡으로부터 나와 방황하는 것이 우리 마음의 특징입니다. 이런 일이 일어나면 마음이 어디로 다니는지를 알아차려서 마음의 산만함의 특징을 인정하며, 주의가 호흡의 감각으로 돌아오게 하세요.

숨을 들이쉬면서 점차 주변 환경으로 자각을 확장시켜보세요. 의자나 쿠션에 앉아 있는 자신, 마룻바닥, 당신 주변의 공간과 물체, 가구, 벽의 그림, 벽, 천정을 상상해보세요. 이것들의 물리적 본성을 생각해보세요. 그것이 견고해보일지라도, 이 모든 것들은 변하지 않을 것이라는 망상을 일으키는 움직이는 작은 입자, 에너지로 구성되었습니다. 모든 것은 움직이는 상태에 있고 변화하고 있고, 완성되어 가고, 시작되고 있습니다. 당신의 자각과 호기심이 이 경험에 머물면서 삶의 미묘한 항상하지 않음, 환경의 본성을 단순히 알아차려보세요.

이제 항상하지 않음의 자각에 주의를 기울여서 이 주의를 당신이 지금 있는 건물 전체, 식물, 콘크리트, 동물, 이웃들로 확장시켜보세요. 이 자각을 나라, 대륙, 지구로 확장시켜서, 당신이 원하는 만큼 멀리 가보세요. 이 자각 속에 있는 대상, 각각의 요소, 존재는 지금 바로 이 순간에도 변화하고 있고, 지나가는 순간마다 다르다는 것을 생각해보세요.

모든 것들 안에 내재하는 지속적인 변화의 느낌을 자각하면서 머무르고, 할 수 있는 한, 이 경험에 주의를 기울여보세요. 그리고 그 느껴진 것 속으로 들어갔다 나와보세요. 이 느낌이 희미해지면 다시 시작하여 호흡, 생각, 몸, 마음, 또는 자각 속의 다른 것들의 덧없는 본성을 생각해보세요.

인간 존재로서 우리는 사물들이 마치 견고하고 지속적인 것처럼 사물에 집착하기 시작하는 어쩔 수 없는 경향성이 있음을 성찰해보고 이 명상을 내려놓습니다.

이 연습을 한 후에 숨을 내쉬면서 이 자각을 내려놓으세요. 그리고 숨을 내쉴 때 배의 움직임에 주의를 기울여보세요. 배에서 느껴지는 어떤 감각이든 그것을 관찰하여, 들숨에 주의를 집중해보세요. 숨을 내쉬면서 특별한 감각의 자각을 내려놓으세요. 이 호흡이 리듬을 타게 허용하세요. 이 연습을 시작할 때 호흡을 알아차렸던 경험을 기억해보세요. 지금은 무엇이 다릅니까? 어떤 변화가 있었나요? 이전에는 없었던 감각이 있었나요? 변화되었거나 사라진

감각이 있었나요? 이 순간에 호흡과 몸의 고유한 특성을 알아차려보세요. 잠시 동안 이 주의를 연습한 후에 이 연습을 마칠 준비가 되었는지를 알아차려보세요. 그러면 숨을 내쉬고 이 연습을 완전히 놓아주세요. 당신의 속도대로 주변 환경으로 자각이 돌아오게 하고 눈을 뜹니다. 지금 이곳의 경험으로 돌아오세요.

* 이 연습은 시어스 등(Sears, Tirch, & Denton, 2011), 맥도날드 등(McDonald & Courtin, 2005)과 다른 자료에서 인용한 것이다.

자아 없음(No-Self)

불교심리학에서 자아의 개념은 서양에서 말하는 자아 개념과 다르다. 불교심리학은 자아를 하나의 경험으로 본다. 자아는 인간이 조건화된 존재의 요소들의 결과로 갖게 되는 것이다. 이 자아는 고정된 실체가 아니고, 지각하는 존재와 환경의 상호작용으로부터 비롯되는 유동적 과정이다. 마음챙김 훈련은 이러한 존재의 측면들에서 전경으로 드러나는 자아의 경험을 촉진하기 위한 것이다. 본질적으로 마음챙김은 자아의 경험을 자아에 대한 서술적 의미와 동일시하는 것으로부터, 현재의 순간에 초점을 맞춘 경험의 지속적인 과정으로 옮겨가도록 촉진하기 위한 것이다. 이러한 자아감의 변화는 마음챙김 연습의 현상학적 특징이다(Mosig, 1989; Nhat Hanh, 1975). 내면에 초점을 맞출 때, 마음챙김을 자각하는 상태에서 일어나는 항상하지 않음을 지각하는 것은 빨리어로 아낫따無我, Anatta의 경험을 직접적으로 그리고 본질적으로 드러낸다고 볼 수 있다. 자아 없음을 마음챙기는 연습을 할 때 항상하지 않음이 드러날 것이다(Nhat Hanh, 1973). 무아의 원리는 어떤 것도 분리된 '자아Self'를 갖고 있지 않다는 의미를 함축하고 있다. 왜냐하면 모든 존재는 다른 모든 것과 연결되었기 때문이다. 불교심리학은 모든 현상들이 살아있는 우주와 직접적으로 연결됨으로부터 나온 것임을 관찰하는 것에 근거하고 있다. 모든 현상은 살아있는 우주의 한 부분이다(Yeshe & Ribush, 2000). 이 말은 당신이 당신이라고 생각하는 그 이상이라는 의미이고, 당신은 문자 그대로 당신 아닌 요소들로 구성되었다는 것이다(Nhat Hanh, 1973).

인지행동치료의 많은 형태들은 학문적 초점과 주장을 인간의 인식과 행동으로 제한한다. 존재 자체의 신비를 꿰뚫어보려는 과학 이전의 철학으로서, 다르마Dharma는 분석과 탐구의 영역에서 그러한 한계에 매이지 않는다. 그럼에도 불구하고 무아無我, Anatta는 원칙적으로 인지행동치료 개념과 유사하다. 즉, 우리는 우리의 생각도, 우리의 행동도, 우리의 감정도 아니다(Leahy & Rego, 2012). 이 책 전체를 통하여 더 살펴보겠지만, 우리의 자아는 우리가 종종 그럴 것이라고 인식하는 것과 같은 구체적인 모습이 아니다. 불교심리학자 엡스타인(Mark Epstein, 1995)은 다음과 같이 말한다. "관찰자가 어쩔 수 없이 관찰 대상을 왜곡한다고 현대 물리학자들이 말했던 것처럼, 경험하는 주체로서의 우리도 우리 자신을 대상으로서 결코 만족스럽게 알 수 없다. 우리는 우리 자신을 나눌 수 없는 것으로 경험할 수 없고, 주체나 대상으로 경험할 수밖에 없다. 우리는 아는 자가 되거나, 앎의 대상이 될 수밖에 없다"(p.55).

무아에 대한 마음챙김은 실재의 본성과 접촉하도록 돕기 위한 연습이다. 우리의 마음이 우리 자신에 대하여, 우리가 어디에 있었는지 그리고 우리가 어디로 가고 있는지에 대하여 말하는 왜곡된 이야기와 왜곡된 꼬리표를 놓아버리기 위한 연습이다.

괴로움

앞에서 첫 번째 고귀한 진리에 관하여 둑카Dukkha의 여러 차원들을 설명한 것은, 단지 괴로움을 마음챙기는 것은 인간의 본성에 대한 설명의 시작일 뿐이다. 마음챙김 수행을 할 때 우리는 고통을 피하는 것이 아니라 오히려 정서적 고통, 갈망, 불확실함의 경험을 더 가까이 가서 보고 접촉하려 한다. 지금까지 보아왔듯이 불교심리학에서 둑카 또는 괴로움의 개념은 신체적 정신적 괴로움(늙어감, 병, 죽음), 욕구, 욕망, 집착, 자기 불만족(Teasdale & Chaskalson, 2011)에서 비롯되는 '만연하는 불만족'으로 번역하는 것이 좋다. 본질적으로 실재의 세 번째 특징은 큰 괴로움에 대하여 분명히 알고 수용할 수 있는 인간의 능력으로, 그것은 행동의 위축으로부터 그리고 자극에 대하여 협소한 반응을 보이는 기능으로부터 해방되는 경험으로 인해서 해결될 수 있다. 아마 그것은 '참된 깨달음'의 의미를 갖고 있을 것이다. 역설적이게도 불교심리학에서는 고통의 원인이 해방의 원인이 된다고 본다(Epstein, 1995, p.16). 즉, 인간의 마음은 괴로움의 원인이 되기도 하고 해결책이 되기도 한다. 본질적으로 당신은 인간 존재고, 우리 모두는 의미 있는 변화를 이루어야 하고, 괴로움을 변화시키는데 필요한 바로 그것을 가지고 있다. 우리의 삶에서 도전적으로 일어나는 외적 변화를 바꿀 수는 없지만, 자비와 지혜와 마음챙김의 자각으로 내적 삶을 다룰 수 있는 능력을 훈련할 수는 있다.

불교심리학은 괴로움으로부터 해방되는 경험, 즉 열반은 개념 이상이고, 다르마 이상이지만, 이는 인간 능력 안에 있다고 주장한다. 그것은 마음챙김을 통해서 계발할 수 있다. 이 말은 우리가 습관적 사고의 한계와 위축으로부터 해방되는 행동을 인식할 수 있다면, 마음챙김이 그 양식을 일관되게 계발할 수 있게 한다는 의미이다. 이처럼 마음챙김은 불교심리학에서 인간의 괴로움을 해결하기 위해 제안하는 핵심적인 부분으로, 깨달음의 일곱 가지 요소들 중의 하나이다(Cleary, 1994). 심리학의 다양한 문화사적 관점에서 보면, 깨달음의 가능성을 신앙의 한 방편으로 주장하는 것을 수용하거나 무시할 필요가 없다. 그보다는 마음챙김을 계발하고 그리고 마음챙김을 꾸준히 훈련함으로 인해서 따라오는 효과와 결과뿐만 아니라 그 과정에 관하여 학문적인 질문을 할 수 있다.

오래전 연구가 밝힌 것은 마음챙김 훈련의 효과가 세 가지 존재의 특징과 부분적으로 관련이 있다는 것이다. 현상의 항상하지 않음을 자각하는 것無常, 우리의 관점과 자아감의 변화無我, 정신적 괴로움의 경험苦에 대한 변화이다(Davis & Hayes, 2011; Hölzel, Lazar, et al., 2011). 불교심리학과 인지행동치료는 자신의 행동에 대한 역기능적 사고 패턴, 그러한 패턴에 집착하고 그것을 사물화하는 것 그리고 우리의 행동과 정서에 영향을 미치는 정신적 사건을, 마치 외적 세계에서 일어나는 것처럼 문자적으로 받아들여 경험하는 고집스러운 경향성으로부터, 인간의 괴로움이 비롯된 것이라고 말한다(Beck, 1970; Clark, 1996; Dalai Lama, 1991; DeRubeis, Tang, & Beck, 2001). 따라서 불교심리학과 인지행동치료는 의미 있는 변화를 이루고 괴로움으로부터 해방되기 위하여, 자기와 세계와 미래에 관한 생각을 새로운 방식으로 그리고 심리학적으로 유연한 방식으로 보도록 안내한다. 존재의 세 가지 특징을 알아차리면서 자각함으로써 우리의 마음이 어떻게 기능하는지를 이해하고 새로운 관점을 갖게 된다. 이러한 통찰을 통해서 깊어진 지혜가 의미 있는 변화를 돕도록 안내하는 경험을 할 것이다.

마음챙김의 네 가지 토대

불교심리학에서 마음챙김 훈련은 네 가지 근원적 요소를 갖고 있는데, 처음에는 빨리어 사띠빳타나Satipatthana로 알려진 것이다. 그것은 「사띠빳타나 경Satipatthana Sutta」에서 자세하게 설명하고 있고, 본질적으로 '마음챙김의 토대에 관한 가르침'으로 번역된다. 이 가르침은 인간 경험을 네 가지 영역으로 설명하면서 마음챙김을 계발하기 위한 맥락과 초점을 보여준다.

- 몸에 대한 마음챙김Kaya-sati
- 느낌에 대한 마음챙김Vedana-sati
- 마음이나 의식에 대한 마음챙김Citta-sati
- 정신적 현상에 대한 마음챙김Dhamma-sati

마음의 본성에 관하여 방대하고 정교하게 만들어진 불교 문헌에서 이 근원적 요소들이 아주 자세하게 설명되고, 경험이 정교하고 매끄럽게 묘사되었다. 인지행동치료사는 이러한 것들을 자세히 연구하는 데 특별히 시간을 소비할 필요는 없을 것이다. 이 근원적 요소들을 경험적으로 습득하는 것은 이후에 훈련받을 수도 있는 마음챙김의 요소들을 통찰할 수 있게 한다. 그 외에 네 가지 토대에 대한 묘사는 서양 심리학과 문헌에서는 직접적으로 나타나지 않는 인간의 의식적 경험의 미묘한 측면들을, 불교적 관점에서 어떻게 강조할 수 있는지를 우리에게 말해준다.

마음챙김의 첫 번째 토대는 '몸에 대한 마음챙김'으로 번역되는 것 또는 '몸에서 몸을 관찰하는 것'이다(Thera Soma, 1998). 불교심리학 전통에서 몸의 모든 과정과 측면들은 마음챙김을 계발하는 데 활용할 수 있다. 고전적으로 몸에 대한 마음챙김은 신체적 형태와 기능에서 만져질 수 있고, 볼 수 있는 자기 자신과의 직접적이고 의식적인 접촉에 대한 것이다. 즉, 몸에 대한 마음챙김은 순수하게 신체적 또는 생리학적인 경험에 집중한다. 거기에서부터 마음챙김은 시작된다.

"내담자가 있는 그곳에서 내담자를 만나라"라는 이 말은 많은 치료사들이 배우는 첫 번째 원칙들 중의 하나일 것이다. 어떤 의미에서 몸은 가장 직접적인 방식으로 우리가 있는 그곳이고, 우리의 내담자들이 있는 그곳이다. 몸은 언제나 지금 여기에 있고, 어느 곳에나 지금 여기에 있을 것이다. 그 외에도 몸은 언제나 변화한다. 몸은 지속적으로 변화하는 상태에서 존재의 세 가지 특징들의 총체적이고도 미묘한 측면들을 보여준다.

수많은 일들처럼 몸도 괴로움의 중요한 원천이기도 하고, 괴로움 완화의 원천이기도 하다. 예를 들어, 공황장애는 자신이 죽어가고 있다고 믿을 만큼, 극단적인 두려움과 흥분 속으로 빠져 들어가게 하는 신체적 불안 증상을 강하고 반복적으로 경험하는 것이다. 그러한 상태에서 사람들은 불안 경험을 피하거나 억압하려 할 것이다. 그러나 그것은 공황 장애를 더 증폭시키고 영속화시킬 뿐이다. 인지행동치료에서 가장 성공적으로 공황장애를 치료하는 방법은 불안의 흥분을 직면하여 불필요한 방어를 버리고, 직접적으로 불안의 흥분을 경험하여 그것을 습관화하는 것이다(Craske et al., 2010). 불교심리학이 몸에 대한 마음챙김을 효과적으로 사용하기 위한 지침도 그와 비슷한 함의를 가지고 있다. 불교심리학자는 신체적 경험에 주의를 기울이면서 판단은 유보한다.

몸에 대한 마음챙김은 역사적인 측면들이 많이 있다. 이 측면들 중에서 인지행동치료사는 내담자 각각의 필요에 적용할 수 있는 새로운 가능성과 새로운 개입 방법을 발견하여, 내담자가 있는 그곳에서 내담자를 진심으로 만날 것이다. 예를 들어, 많은 인지행동치료사들은 내담자들이 실제로 정서를 말하는 단어로 자신의 감정을 말하기 어려워 한다는 것을 보게 된다. 이러한 실감정증Alexithymia의 경향성은 불안장애, 경계선 성격장애, 그 외 다른 문제를 가진 사람들에게서도 발견할 수 있다. 종종 신체적 상태에 비판단적 주의를 기울이는 것은, 정서적 과정을 향상시키는 시발점이 될 수 있다. 다음에 나오는 내담자 리타Rita의 예를 보자.

내담자: 직장 면접인터뷰를 하려고 사무실로 들어가려던 참이었는데, 그 문을 통과해서 걸어 들어갈 수 없을 것 같았어요.

치료사: 정말 얼어붙는 것 같았군요. 그때 당신이 느꼈던 감정은 무엇이었나요?

내담자: 모르겠어요. 말로 표현할 수가 없어요. 거기에서 나오고만 싶었어요.

치료사: 그 충동을 알아차리는 건 대단한 일이죠. 신체적으로 어떻게 느껴졌나요? 당신의 몸 어디에서 그것이 나타났나요?

내담자: 어깨가 긴장되었고 마음이 편치 않았어요.

치료사: 그것에 어떤 감정 단어를 붙이면 좋을까요?

내담자: 두려웠어요.

몸의 경험으로부터 정서적 자각으로 이행하는 것은 불교심리학의 내용과 잘 맞다. 이것은 마음챙김의 두 번째 토대가 '느낌에 대한 마음챙김'이라는 것을 뒷받침해준다. 여기에서 느낌은 보다 단순한 것으로는, 자극에 대한 감각적 반응이라고 볼 수 있다. 이것은 감정이나 정서처럼 더 복잡하고 다중적인 경험과는 사뭇 다르다. 전통적으로 이 수행은 긍정적이거나 즐겁게("나는 좋아"), 부정적이거나 불쾌하게("나는 좋지 않아") 또는 중립적("다른 의견은 없어")으로 경험에 반응할 때, 그 마음을 알아차리는 것이다. 행동주의 용어로 말하자면 이 느낌은 좋아하는 통제나 싫어하는 통제가 있을 때의 경험을 말한다. 느낌에 대한 마음챙김은 단순하고 궁금한 마음을 가지고, 바로 지금 일어나고 있는 일을 경험하는 방식에 주의를 기울이는 것이다. 이것은 직접적인 감각을 인식하는 것이다. 이것을 연습할 때 경험의 느낌 톤에 순수한 주의를 기울여서, 그 경험이 일어나고 사라질 때 느낌에 집착하거나 회피하려는 욕구를 물리쳐야 한다.

느낌에 대한 마음챙김을 연습하는 방법은 많다. 종종 오감을 활용하는 것이, 특히 미각이나 후각으로 시작하는 것이 좋다. 음식과 특정한 냄새에 대한 느낌은 매우 분명할 수 있다. 예를 들어, 갓 구운 쿠키 냄새나 상한 우유 냄새는 '좋다' 또는 '좋지 않다' 반응을 강하게 불러일으킨다. 느낌에 대한 마음챙김을 계발하는 핵심은, 마음챙김의 다른 목적들처럼, 우리가 지금까지 배워온 틀에 박힌 습관적인 반응 패턴에서 벗어나게 하는 것이다. 그것은 우리가 느낌과 맺어온 관계에 변화를 주는 것이라고 설명할 수 있지만, 사실 우리는 더 광범위한 자유에 대하여 말하고 있다. 그것은 우리의 경험을 증언할 자유이고, 행동을 선택할 자유다.

세 번째 마음챙김의 토대는 '마음에 대한 마음챙김'으로, 그것은 의식 자체에 대한 마음챙김을 논의하는 것이다. 의식의 빨리어는 찟따Citta로, 그것은 때때로 정신적 사건 또는 마음 자체를 말한다. 그러나 그 용어가 실제로 말하는 것은 의식이고, 내적 외적 사건들과 맥락의 변화를 지속적으로 자각하는 것을 말한다. 종종 이 사건이나 변화는 하나의 대상으로 언급된다. 그러나 '자극'이 실제로 환경 자체에 있는 대상이라기보다는 우리가 인식하는 환경에서의 변화를 말하듯이, 의식의 대상은 실제적인 의미에서 환경과의 관계에서 일어나는 변화를 말한다. 이와 마찬가지로 찟따는 대상을 자각하는 것이다. 찟따 또는 의식으로 언급되는 자각은 마음챙김에서 보이는 의도적이고 계발된 자각이 아니다. 찟따는 매일매일 의도하지 않은 자각을 말한다. 예를 들어, 나는 책상 위의 물건 또는 창 밖에서 걸어 다니는 사람들의 소리에 대하여, 의도적인 주의를 기울이지 않아도 지나가는 자각을 할 것이다. 논장Abhidhamma Pitaka, 3세기에 기초적인 불교 사상을 체계화하고 나열한 매우 중요한 이 책들은 마음이 우리가 '의식'으로 묘사한 것 이상의 것으로 구성되었다고 말한다(Bodhi, 2000b). 이 자료에 따르면, 우리의 마음은 접촉, 인식, 주의, 좋아함, 그 외의 많은 정신적 요소들 그리고 많은 기본 구성요소들이 결합되었다. 아비담마Abhidhamma 체계는 52가지 정신적 요소들을 자세하게 설명하고 있는데, 그것을 세 영역 즉 느낌受, 인식想, 정신적 구조行로 정리하고 있다. 그것은 당신에게 와 닿지 않을 수 있지만, 고대 불교심리학은 종종 더 작은 구성요소들로 체계화하기도 한다. 만일 핸드폰 안에 슈퍼컴퓨터가 들어 있다면, 핵심 내용들에 일련의 기호를 매기려는 것은 어리석게 보일 것이다. 인터넷이 나오기 전 시대에(아마 그 시대를 인터넷 이전 시대BI라고 불러야 할 것이다) 대학원이나 의과대학을 나온 사람들은 복잡한 정보를 기억할 만한 리스트를 묶는 것이 핵심 정보를 보유하는 데 얼마나 도움이 되는지를 인정한다. 그러나 정신적 활동의 요소들과 층을 아무리 분류하고 설명해도(인지행동치료는 그들만의 분류체계를 가지고 있지만), 마음챙김의 세 번째 토대에서 핵심적인 것은 성찰적인 마음챙김을 우리의 자각 자체로 가져올 수 있음을 인식하는 것이다.

마음챙김의 네 번째 토대는 '담마Dhamma 또는 정신적 사건에 대한 마음챙김'을 말한다. 이것은 의식의 과정을 관찰하기보다는 의식 자체의 내용을 마음챙김하는 것이다. 예를 들어, 생각의 경험을 마음챙기는 것은 마음챙김의 네 번째 토대를 연습하고 있는 것이다. 비유적으로 말해서 마음챙김의 세 번째 토대가 맑고 푸른 하늘을 자각하는 것이라면, 네 번째 토대는 이 하늘에서 움직이는 구름, 새, 색깔을 자각하는 것이다.

응용 불교심리학과 인지행동치료의 관점에서 보면, 네 번째 토대는 효율적인 마음챙김 자각을 위하여 연속적으로 초점을 맞추는 것으로, 그리고 마음챙김에 포함된 핵심적인 상호작용의 과정으로 볼 수 있다. 마음챙김의 네 번째 토대를 작업하는 불교심리학에서 우리는 바로 이 순간에 우리의 신체적 현존에 주의를 가져올 수 있음을 배운다. 그런 다음 이러한 신체적인 인간의 구체화된 지성을 통하여, 움직이는 욕구와 구체화된 정서적 감각을 마음챙김을 통해서 접촉하게 된다. 우리가 마음챙김을 연습하는 동안, 의지와 호기심을 가지고 정서적 감정과 감각에 어떻게 접근하는지를 배운다. 그러한 점에서 자각은 의식적 자각의 넓고 내적인 풍경에 비판단적으로 머무를 수 있다. 이러한 자각의 영역을 알아차리면서 관찰하는 것에 근거하여, 우리는 정신적 사건에 마음챙김을 두고, 그 사건을 있는 그대로 경험할 수 있다. 그 지점에서부터 우리는 우리의 행동 과정을 포기하지 않은 채, 부적절한 방식으로 우리의 행동을 지배하고 습관적으로 안내하는 내적 촉발 요인과 정신적 사건을 경험할 수 있다. 그렇기 때문에 불교심리학에서 개관한 네 가지 과정은 바르게 보고 바르게 행동하며 그리고 건강한 마음 상태를 계발하도록 상호작용한다.

마음챙김의 네 번째 토대는 몇몇 인지행동치료 모델에서 인지행동치료와 유사한 과정을 시사한다. 예를 들어, 심리적 유연성 모델에서, 마음챙김은 네 가지 핵심 구성요소들로 나뉘는데, 그것들은 보다 적응적이고 심리적으로 유연한 기능을 하기 위하여 상호작용하는 행동 과정을 나타낸다(Hayes, Strosahl, & Wilson, 2012). 이 마음챙김의 행동적 구성요소들은 현재의 순간과 접촉하여, 이 순간의 경험을 수용하고자 하는 의지를 갖는다. 그리고 정신적 사건에 대하여 맥락으로서의 자기 또는 관찰하는 자기 그리고 탈융합의 관점에 있거나, 또는 우리의 생각과 정서를 보다 가볍게 유지하여, 정신적 현상을 문자적으로 해석하여 경험하는 습관적 영향으로부터 해방될 수 있다. 마음챙김에 포함된 모든 심리적 유연성의 과정은 몸, 느낌, 의식, 정신적 사건에 집중될 수 있다. 더 나아가 이 네 가지 과정은 마음챙김의 네 가지 토대와 정확히 똑같지는 않다. 그러나 이 개념들 사이의 관계를 활용하여 불교심리학과 인지행동치료에서 몇 가지 마음챙김의 역동을 이해할 수 있다.

우리의 상상 그리고 기억을 활용하여 마음 안에 시나리오 하나를 만들어보자. 한 사람이 일상적 삶에서 스트레스와 문제를 갖고 있는데, 새 날이 시작되고 있다. 아마 그 사람은 불안과 씨름하면서 인지행동치료 프로그램의 한 부분으로 마음챙김을 연습할 것이다. 그 사람은 개인적으로 명상 의자에 앉아서 마음챙김 연습을 시작한다. 그것은 아마 단순히 호흡을 마음챙기는 연습일 것이다. 심리적 유연성을 통하여 '현재의 순간과 접촉하는' 핵심 과정을 거치고 있다고 상상해보자. 그 사람은 자각을 현재의 순간으로 가져와서 신체 감각에 자기 자신을 놓고 몸의 마음챙김을 연습하고 있을 것이다. 아침 연습을 심화시키기 위하여 그 사람은 감각과 정서의 흐름을 알아차리고 '좋아하고 싫어함'의 느낌 또는 강한 정서조차도 흘려보내고 있다. 마음챙김을 연습하는 그 사람은 주의를 호흡으로 다시 가져와서 느낌에 대한 마음챙김을 진행한다. 그리고 수용과 의지를 연습하여 경험의 흐름과 접촉한다. 이 연습을 하면서 마음의 기저 상태가 일어날 것이고, 이미지, 생각, 상상이 마음 안에 일어날 것이다. 의식을 마음챙기는 연습을 하면, 이 모든 것이 자각의 광범위한 영역을 통하여 일어나는 사건의 흐름이라는 것을 인식할 수 있다. 마음의 내면성과 공간성을 알아차린다는 것은 맥락으로서의 자기의 경험을 자각으로 가져와서, 유연한 관점을 갖게 되는 것이라고 설명할 수 있다. 새로운 정신적 사건과 상상이 자각을 잡고 습관적인 것에 영향을 미칠 때 마음챙김은 그 사람으로 하여금 탈융합하게 하고, 생각을 있는 그대로 알아차려서 사건을 문자적으로 해석하듯이 생각에 반응하지 않게 한다. 다행스럽게도 마음챙김에 포함된 핵심 과정은, 불교심리학과 행동치료에서 설명했듯이, 이 내담자가 갈망과 회피의 마음이 영향을 미칠 수 있는 제약과 고통을 놓아버리도록 돕는다. 내담자들이 불필요한 고통으로부터 해방되어 의미 있는 삶을 살기 위한 방법을 계발하는 토대로 마음챙김을 활용할 수 있다는 것은 참 다행이다. 이러한 바람은 우리 모두에게 적용된다. 그리고 그 바람은 연민을 계발하고 고통으로부터 해방되는 맥락으로서 마음챙김 연습으로 자연스럽게 나아가는 것을 가리킨다.

6

연민을 계발하기 위한
맥락으로서 마음챙김

6 연민을 계발하기 위한 맥락으로서 마음챙김

모든 것에서 하나를,
하나에서 모든 것을 본다는 것은
현실에 대한 인식을 좁히는 큰 장벽을 허무는 것이다.

— 틱낫한Thich Naht Hanh

우리가 살펴본 바와 같이, 지난 20년 동안 인지행동치료는 연구와 상담 실제에 많은 영향을 미칠 만큼 학문적, 문화적 영역을 크게 확장시켰다. 인지행동치료는 발전해가면서 불교철학, 새로운 행동주의로 언어와 인지를 설명한 것, 정서신경과학 등 광범위한 영역으로부터 개념과 기법을 도입했다(Hayes et al., 2004; Kwee, 1990; Mansell, 2008). 마음챙김과 수용 기반 접근법은 현대 인지행동치료의 혁신적인 모습을 점차 드러내었다. 더 나아가 인지행동치료 연구와 개발에서 최근의 흐름은 연민중심치료CFT(Gilbert, 2005a), 마음챙김에 기반한 자기연민 프로그램(MSC, Neff & Germer, 2013)처럼 연민에 초점을 둔 접근법까지 확장되고 있다. 이처럼 인지행동치료에서 연민을 강조하는 것은 일반적으로 심리치료 안에서 불교의 영향과 연민에 초점을 둔 방법이 잘 통합되고 있음을 반영한다(Germer et al., 2005).

과학 이전의 불교 전통에서, 마음챙김 수행은 초보 수행승이나 평신도의 출발점이었다(Mingyur, 2007). 이러한 맥락에서 이 수행은 몇 가지 목적을 가진 것으로 보인다. 첫째 주의의 힘을 훈련하기 위한 수단으로 사용함으로써, 수행자가 궁극적으로 수행에 정진하여 계속해서 마음이 방황하거나 산만해지지 않으면서 다른 자질을 계발할 수 있게 한다. 이것을 토대로 하여, 불교 신자는 더 발달된 방법을 배우고 연습하여, 다양한 마음 상태를 계발해갈 것이다. 불교 수행자들이 계발하고자 하는 마음 상태 중에서 가장 중요한 것은 자기, 타인, 궁극적으로는 모든 존재에 대한 연민이다(Thurman, 1997). 이것은 상좌부불교, 선불교, 티베트 불교를 포함하여 많은 불교 학파에서 인정하는 것이다. 이처럼 마음 훈련의 순서는 마음챙김의 경험과 연민의 경험 사이에 어떤 관계가 있음을 시사한다. 여기에서 마음챙김은 연민에 초점을 둔 접근법의 맥락으로 작용할 수 있다.

마음챙김은 진화하고 있는 수많은 치료 접근법들 사이에서 화제가 되고 있지만, 자신과 타인들을 향한 연민을 의도적으로 계발하는 것은 최근에서야 치료적 개입을 위한 토대로서 탐색되기 시작한 영역이다. 이러한 발전은 이론적 형태와 경험적 형태에서 모두 이루어지고 있다. 이번 장의 목적은 감정적 경험이나 찰나의 마음 상태 이상의 연민을 성공적으로 계발하기 위한 중요하고도 필수적인 단계로서 마음챙김의 잠재적 역할을 탐구하는 것이다. 연민과 관련된 이론적, 임상적, 신경영상 연구를 검토한 결과, 마음챙김의 자각과 연민의 느낌은 인간의 기능이 서로 연관된 차원으로, 그 진화의 뿌리는 인간의 관계적 행동에 있음을 보여준다. 불교 수행자가 마음챙김 훈련을 활용하여 연민을 계발하기 위한 마음을 준비하듯이, 인지행동치료도 적극적인 심리치료 과정으로 연민을 사용하기 위한 토대를 다지기 위해 마음챙김 기반의 개입을 충분히 통합하고 발달시켰다. 이후의 장에서는 불교심리학과 인지행동치료에서 연민에 대한 이해를 더 깊이 다룰 것이다. 그러나 우선 마음챙김이 어떻게 마음 훈련과 신경과학에서 연민의 토대와 맥락을 제공할 수 있는지를 탐구하기 위하여, 우리는 '연민Compassion'의 기본적인 의미에 익숙해질 필요가 있다.

연민의 현대적 개념화

연민중심치료

많은 심리치료가 치료 관계에서 따뜻함과 공감의 가치를 논의한다 (Gilbert & Leahy, 2007). 그러나 연민중심치료 및 기타 연민중심 접근법은 내담자가 특별한 훈련을 하는 것을 강조한다. 그것은 자기와 타인에 대한 연민의 느낌을 계발하는 데 중점을 두는 것이다. 연민에 초점을 둔 접근법은 연민의 계발이 정서 조절과 성공적인 치료에서 핵심적인 과정이 될 것이라고 가정한다. 특히 수치심 때문에 힘들어 하는 내담자들 그리고 자기 비판적 사고를 하는 내담자들을 치료할 때 효과적이다(Gilbert & Irons, 2005).

연민중심치료Compassion-focused therapy의 창시자 길버트Paul Gilbert(2007)는 연민을 부모의 보살핌과 자녀 양육에서 보이는 '돌보는 자의 마음'에서 진화한 '다면적 과정'으로 설명한다. 길버트(2009a)는 연민을 "자신과 타인의 고통에 민감하여, 그러한 고통을 완화하고 예방하려는 노력"이라고 간략하게 정의한다. 이 정의는 연민의 두 가지 기본적인 측면을 나타낸다. 연민중심치료사들은 이것을 연민의 '두 심리학'이라고도 말한다. 첫 번째 측면은 참여Engagement로, 고통에 마음을 열고 기꺼이 함께 하고자 하는 의지를 말한다. 두 번째 측면은 완화Alleviation 또는 예방Prevention으로, 고통을 완화하거나 예방할 때 필요한 지혜와 기술을 발달시키는 작업이다. 연민을 두 측면으로 개념화하는 것은 연민에 대한 불교의 정의와 일맥상통한다. 그것은 고통에 대한 민감성과 고통을 줄이려는 동기의 결합을 강조한다.

참여의 심리학은 '자질Attributes'이라고 표현할 수 있는 특정 능력을 확인하여 계발하는 것을 포함하고 있다. 이 자질은 돌봄, 스트레스에 대한 민감성, 동정심, 괴로움 인내, 공감, 판단하지 않는 것을 포함한다. 참여의 심리학의 이러한 특성은 돌봄 행동과 이타적 행동에 대한 연구에서 도출된 것으로, 이는 연민 지향의 기본적 요소로 보인다(Gilbert, 2010a). 고통을 완화 또는 예방하는 심리학은 연민의 관점에서 '기법Skills'으로 설명되는 적절한 반성과 행동에 대한 추가적 역량을 다룬다. 연민중심치료는 연민을 계발하기 위하여 이러한 능력과 기법을 훈련하고 육성하는 체계적 접근법을 활용한다.

연민중심치료의 토대가 되는 이론은 '진화한 심리 시스템, 특히 사회적 행동과 관련된 심리 치료과정'과 연결된다(Gilbert, 2007, p.109). 길버트는 진화심리학과 정서신경과학을 인용하면서 인간 존재 안에서 작동하는 여러 가지 정서 조절 체계를 구별한다. 특히 길버트의 모델은 세 개의 체계를 말한다. 위협에 초점을 맞춘 정서 체계, 즐거움과 획득의 역동에 기초한 정서 체계, 위로와 안전에 대한 느낌인 친화적 정서에 초점을 맞춘 체계를 대조하면서 설명한다(Gilbert, 2005a/2007/2009a). 위협 중심 체계는 편도체와 변연계와 같은 뇌의 오래된 진화 구조에서 비롯된 것이다. 그것은 '싸우고, 도주하고, 얼어붙는' 전형적인 방어 행동처럼 찰나에 최대한 효과적인 방어 행동을 활성화하는 것을 선호하도록 진화했다고 개념화할 수 있다. 이와는 대조적으로 친화 중심 행동은 인간이 '안전함'을 느끼고, 타인과 안정적이고 따뜻하고 공감적으로 상호작용할 수 있을 때 위안을 느끼도록 진화된 능력을 포함한다(Gilbert, 2009a). 이 친화 중심의 '안전 체계'는 적극적이고 효율적인 부모가 자녀와 함께 구축할 수 있는 돌봄, 안정의 맥락과 유사한 비언어적 행동을 포함한다. 연민중심치료의 목표 가운데 하나는 내담자가 연민의 느낌을 경험함으로써 자기 위로 체계에 접근하고 활용하도록 훈련하는 것이다.

왕(Wang, 2005)은 연민을 그와 유사하게 개념화하면서, 인간의 연민이 진화론적으로 결정된 '종족 보존'의 신경생리학적 체계에서 비롯된 것이라고 가정한다. 이 체계는 오래된 '자기 보존' 체계와 비교해보면, 비교적 최근에 진화했을 것이라고 가정된다. 이 '종족 보존' 체계는 자기의식을 기반으로 타인과 상호 연결됐다는 인식을 촉진한다(Wang, 2005, p.75). 일부 다른 동물들과는 달리, 인간은 유아기나 어린 시절에 자신을 스스로 지킬 수 없어서 많은 돌봄과 보호를 필요로 한다. 따라서 특정 뇌의 구조와 신경계, 호르몬 체계의 요소들이 타인을 보호하고 돌보는 양육 행동을 촉진하도록 진화하였다. 이러한 진화 과정의 기본적인 예는 파충류와 양서류의 양육 행동과 포유류의 양육 행동을 비교해보면 알 수 있다. 파충류와 양서류는 새끼들에 대한 기본적인 양육행동도 보이지 않지만, 포유류는 다양한 양육 행동을 보이는 것을 관찰할 수 있다. 왕(2005)은 이와 관련된 문헌을 검토하면서, 진화의 더 높은 단계로 올라가면서, 인간의 전전두엽 피질, 대상 피질, 복부 미주신경 복합체가 이 '종족 보존' 체계의 활동화와 연관된다고 말한다. 이러한 구조는 모두 건강한 애착 관계의 발달과 관련되며, 마음챙김의 계발과도 관련될 수 있다(Siegel, 2007b).

자기연민

이와 관련된 접근 방식으로 네프Kristin Neff는 서양 사회심리학에 불교심리학의 기초 요소들을 결합시켜서 '자존감'과 타인에 대한 연민과는 다른 '자기연민' 이론을 계발하였다(Neff et al., 2007). 네프에 따르면, 자기연민은 자기 친절, 공통된 인간성에 대한 자각, 마음챙김의 자각이라는 세 가지 기본 요소를 포함한다. 네프는 자기연민과 관련된 자기연민척도 Self Compassion Scale를 개발하였다(Neff, 2003a). 자기연민의 수준이 높아질수록 우울과 불안의 수준은 낮아지는 것으로 밝혀졌다(Neff, 2003a; Neff et al., 2005; Neff, Kirkpatrick, & Rude, 2007). 이러한 관계는 자기비판의 영향을 통제한 후에도 지속적으로 드러났다. 네프와 그의 동료들의 연구는 자기연민과 긍정 심리가 긍정적인 비례에 있음을 밝혔다(Neff, Rude, & Kirkpatrick, 2007). 이러한 요인은 삶의 만족도, 사회적으로 연결되었다는 느낌, 개인적 주도성 및 긍정적 영향이 포함되지만 여기에 국한되지는 않는다(Neff,

Rude, & Kirkpatrick, 2007). 연민에 대한 네프의 개념화는 불교의 마음챙김 자각에 대한 개념을 명확하게 포함하고 있기 때문에, 관찰 연구와 실험 연구 프로그램에서 동양 사상과 서양 사상을 연결하는 교두보라고 할 수 있다.

불교심리학에 나오는 연민

대부분의 불교 전통에서 연민의 중요성은 아무리 강조해도 지나치지 않다. 우리가 보았듯이 '붓다'라고 알려진 역사적 스승 고타마 싯다르타는 다른 사람들의 엄청난 고통을 마주하자 부족함 없는 특권과 보호받는 삶을 버린 왕자라고 역사적 기록은 말한다. 이 이야기를 통해서 연민이 불교에서 어떻게 그토록 숭상받는 위치를 차지하는지에 대한 맥락을 이해할 수 있다. 붓다는 타인의 (그리고 미래에는 자기 자신의) 괴로움에 대한 강한 연민의 반응을 경험함으로써, 괴로움의 본질에 대해서 이해하고, 그 괴로움으로부터 타인과 자기 자신이 어떻게 자유로울 수 있는지를 배우는 데 여생을 바쳤다. 이런 방식으로 불교의 기초는 연민의 경험에서 나온 것일 수 있다.

더 나아가 연민은 불교 전체 분파의 개념적 기초를 마련해주었고, 대승불교는 자신을 위한 깨달음의 성취라는 불교의 목표를 모든 생명 있는 존재를 위한 깨달음으로 확장시켰다. 이러한 관점은 보살菩薩, Bodhisattva의 이상에서 명백하게 드러난다. 그것은 나중에 더 자세하게 다룰 것이다. 보살은 산스크리트어로 '완전한 앎이 본질인 사람'으로 번역된다. 보살 또는 '깨달은 존재'라는 용어의 사용은 시간과 전통에 따라서 변화했다.

원래 그 용어는 깨달음을 얻기 전 역사적 붓다를 가리키는 데 사용되었다. 나중에 이 단어는 큰 연민을 동기로 하여 괴로움을 없애는 효과적인 방법을 배우고 가르치는 데 전념하는 모든 개인을 가리키게 되었다. 중국과 일본의 불교 신화에서, 연민의 보살은 관음觀音 또는 '세상의 울부짖음을 듣는 자'로 알려져 있다(Collier, 2011). 보살은 모든 사람을 고통으로부터 해방시키는 데 전적으로 헌신하며, 심지어 일부 전통에서 보살은 자기 자신의 깨달음은 뒤로 한 채 모든 사람을 고통으로부터 해방시키기 위해서 계속 윤회하고 환생하면서 일을 한다고 생각한다. 이러한 이상은 티베트 불교에서 가장 소중히 여기는 경전 가운데 하나인 산티데바Shantideva의 『입보리행론A Guide to the Bodhisattva's Way of Life』(Shantideva, 1997)에서 자세하게 설명하고 있다.

불교심리학의 몇 가지 개념들은 인지행동치료에서 사용되는 '연민'이라는 용어와 관련이 있다. 첫 번째, 가장 직접적으로 연관이 있는 용어는 '연민'으로 번역되는 빠알리어 단어 까루나Karuna다(Rahula, 1959/1974). 특히 까루나는 타인과 자신에게 해로움과 고통이 일어나지 않기를 바라는 마음을 포함한다. 그것은 서구적인 개념으로는 타인의 고통을 방지하기 위한 관심을 포함하는 연민이라고 쉽게 해석할 수 있는 일반적인 용어이지만, 불교의 핵심적인 가르침이라고 할 수 있는 특징이다.

두 번째로 연민에 대한 불교 개념인 멧따Metta는 보통 '자애 또는 사랑과 친절Loving-Kindness'로 번역된다. 멧따는 타인, 자기, 궁극적으로는 모든 생명 있는 존재들에게 긍정적인 감정과 행복을 가져오려는 열망을 포함한다(Rahula, 1959/1974). 자애명상은 아마도 현대 서양의 불교 수행에서 가장 일반적으로 사용되는 연민의 마음을 훈련하는 형태 중 하나일 것이다. 이 명상을 하는 동안 수행자는 자신을 순수한 존재로 시각화하고 연민의 물리적, 개념적, 상상적 측면이 자기를 향하도록 훈련한다(Kornfield, 1993). 이 수행은 상좌부 전통에서 온 것으로, 어떤 점에서 명상 훈련은 마음챙김으로 시작하여 자애Metta와 같은 특성을 계발하는 보다 향상된 연습으로 나아간다. 이 전통에서 마음챙김은 연민을 더 잘 계발시키기 위한 맥락으로 작용한다.

세 번째로 연민의 계발과 관련된 불교 개념은 보리심菩提心, Bodhicitta이다. 보리심은 불교의 자아 개념화를 포함하기 때문에 대부분의 서양 사람들이 이해하기에는 다소 복잡한 개념이다. 자아에 대한 불교의 개념은 존재의 상호의존적 본성을 강조하여, 모든 현상이 불가분하게 서로 연결되었음을 시사한다. 이 거대한 연결의 감각을 관조적으로 경험하는 것은 결국 모든 존재의 고통 완화를 위해 일하고자 하는 이타적 열망을 불러일으킨다고 주장한다. 이 동기부여의 필요성을 야기하는 보리심(깨어있는 마음)(Chödrön, 2003)은 불교 수행에서 중요한 기초가 된다.

마음챙김, 사회 신경생리학, 연민

인간의 정서, 인지, 자각, 메타의식은 진화의 결과로 나타나서 유전적으로 전달된 신경생리학과, 환경적 도전에 의하여 학습된 행동 반응의 상호작용을 통하여 생겨난다(Panksepp, 1994). 지난 20년 동안 마음챙김에 대한 연구는 애착, 연민, 사회적 기능과 관련된 진화론적 신경생리학의 모델을 확립하는 방향으로 나아갔다. 그것은 사회적 기능과 연관된 뇌의 영역, 애착, 연민과 관련성이 있다. 사실 진화한다는 것은 마음챙김 연습과 연민의 계발과 연관된 (그리고 영향을 받을 가능성이 있는) 특정 뇌 영역의 일이다. 이 연구는 특별히 뇌섬엽, 전대상피질ACC, Anterior Cingulate Cortex, 중앙 전전두피질Middle prefrontal cortex의 역할을 강조하였다. 신경생리학 모델을 탐구하는 것은 연민을 더 잘 계발하기 위한 맥락으로서 마음챙김의 역할을 더 잘 이해할 수 있게 해준다.

시걸Daniel Siegel(2007b)은 대인관계 신경생물학에 관한 연구와 개인적으로 마음챙김 훈련을 경험한 것을 바탕으로 하여, 마음챙김 자각을 자기와의 특별한 관계로 보는 마음챙김 이론을 발달시켰다. 이때 마음챙김 자각은 뇌의 사회적 장치를 활용하여 신경 통합을 촉진하는 내적인 정신 과정을 조율하는 자각을 계발한다. 이러한 관점의 핵심 개념은 양육자가 자녀와 건강한 애착 관계를 형성할 때 자녀에게 주는 집중된 주의의 특징인 '조율Attunement'이, 마음챙김 훈련을 통하여 자기에게 주어진다는 것이다. 시걸은 마음챙김 자각 훈련에서 주의의 특징이 '호기심, 개방성, 수용, 사랑COAL'이라고 말한다. 시걸은 다른 연구자들의 연구를 통합한 자신의 책 『마인드풀 브레인The Mindful Brain』(2007b)에서 뇌의 사회적 회로망의 중심 부분이, 마음챙김 훈련과 연관되는 방법과 또 그 훈련에 의해서 활성화되는 방법을 개관한다. 이러한 관점은 연민중심 접근법에 대한 현대의 연구와 전적으로 일치한다. 그리고 그것은 둘 사이의 유사한 과정과 유사한 신경 구조를 구체적으로 설명한다(Gilbert, 2005b, 2007, 2009b; Neff, 2009; Wang, 2005).

또한 연구는 마음챙김 훈련이 뇌가 활동하는 그 부분을 넘어서까지 영향을 미치고, 실제로 뇌 자체의 구조적 변화와도 연관되었음을 제시한다. 사라 레이저Sara Lazar(2005)와 그의 동료들은 뇌신경영상 연구를 통해서 뇌의 중앙 전전두피질과 오른쪽 뇌섬엽의 두께가 증가한 것을 밝혔다. 오랜 기간 동안 마음챙김 명상을 할수록 그 두께는 더 두꺼워진다고 보고되었다. 알려진 대로, 중앙 전전두피질 부분은 종종 돌보는 행동과 연관되었고, 연민의 경험을 포함하고 있다고 전해진다(Wang, 2005). 뇌섬엽는 변연계 체계와 중앙 전전두엽 사이를 잇는 의사소통 채널의 기능을 한다. 몸의 감각과 정서에 대한 정보, 타인의 표상은 뇌섬엽의 활동에 의해서 연결되고 통합되는 것으로 가정된다(Critchley, 2005; Siegel, 2007a/2007b). 뇌섬엽의 기능은 연민의 경험과 관련이 있고, 뇌섬엽의 활동 수준과 자기보고식의 자애-연민 명상의 강도 사이의 관계를 밝히는 연구(Lutz, Brefczynski-Lewis, Johnstone, & Davidson, 2008)와 관련이 있다. 그리고 단 2주 동안 자애명상에 참여했던 사람들에게서 고통 이미지에 대한 뇌섬엽의 활동이 증가된 것으로 나타난 것과 관련이 있다. 또한 뇌섬엽 활동의 증가는 네프 박사의 자기연민 척도 점수와 이타적 행동 둘 다와 긍정적 연관성이 있다(Davidson, 2007; Germer, 2009). 이 연구는 명상 수행과 연관해서 '대뇌피질의 경험 의존적 가소성'의 구조적 증거를 보여준다는 점에서 획기적이다.

명상에 대한 뇌파기록EEG과 기능적 자기공명영상법fMRI을 포괄적으로 검토한 연구에서, 칸과 폴리히(Cahn & Polich, 2006)는 명상을 하는 동안 특정 영역에 혈류가 증가하는 것을 발견했다. 칸과 폴리히는 그들의 연구를 마음챙김 명상 수행에만 제한하지 않았음에도 불구하고, 그들이 연구했던 모든 명상 수행이 마음챙김과 집중의 요소들을 포함하고 있었고, 다양한 강조점을 갖고 있었다. 명상하는 동안 뇌 활동에 관해서 그들이 관찰한 것은 결과적으로 매우 적절한 것이었다. 전반적으로 명상은 전대상피질ACC과 뇌의 배외측전전두피질에서 변화를 보여주었다. 칸과 폴리히는 명상 영상 연구에서 발견되는 대상회와 전전두엽과 안와전두피질의 증가를 주의 초점의 증가 때문이라고 본다. 그리고 그들은 바르텔스와 제키(Bartels & Zeki, 2004)가 전대상피질의 기능이 사랑 경험과 관련이 있다고 본 것에 주목한다. 실제로 연구자들은 중앙 전전두피질과 전대상피질이 애착과 돌봄 그리고 주의와 결정 과정과 관련되었다고 주장하였다(Siegel, 2007a). 따라서 여기에서 우리는 명상의 주의 능력 계발과 따뜻함과 공감의 출현 사이에 연관성이 있다고 본다. 연민중심치료는 힘든 정서적 기억이나 정서를 처리하는 새로운 방법을 촉진하기 위하여, 공감과 연결된 특별한 뇌 체계를 (예를 들어, 뇌섬엽, 전대상피질) 활성화하는 마음 상태가 되기를 추구한다. 명상과 마음챙김은 위협을 다루고 조절하며, 마음을 조직하는 새로운 방법을 촉진하는 중요한 뇌 체계를 발달시키고 자극하며 활성화한다.

마음챙김 수행을 할 때 전대상피질의 역할에 대한 연구에서, 기능적 자기공명영상법 연구는 호흡을 능숙하게 마음챙기는 명상가들이 호흡을 마음챙기는 동안 통제 집단에 비하여 등쪽 내측 전전두엽과 앞쪽 전대상피질에서 양방향으로 더 강한 활동이 확인된다는 주장을 하였다(Hölzel et al., 2007). 두 집단 간 차이는 마음을 산만하게 하는 사건을 더 효과적으로 처리하고 정서를 더 효과적으로 처리한다는 것에 기인한다는 가정을 확인해주었다. 앞에서도 말했지만 전대상피질은 주의 통제와 연관되었다고 가정되지만, 갈등 해결, 정서 조절, 변화 조건에 대한 적응적 반응과도 연관되었다고 가정된다(Allman, Hakeem, Erwin, Nimchinsky, & Hof, 2001). 특별히 마음챙김 수행을 하는 동안 앞쪽 전대상피질은 정서 조절에 관여한다고 말한다(Allman et al., 2001).

보다 구체적으로 말하자면, 전대상피질은 고통에 대한 반응을 조절하는 신경 항상성 기제에서 역할을 한다는 것이다(Corrigan, 2004). 이러한 항상성에 기초하여, 마음챙김 훈련을 하는 동안 계발된 마음 상태는 다양한 심리치료를 통하여 고통을 완화하는 작용을 하는 핵심 기제로 볼 수 있다(Corrigan, 2004). 더 나아가 전대상피질은 주의, 정서 경험, 결정하기가 결합되는 구조를 활성화하는 데 관여하는 것으로 나타난다. 앞에서도 살펴봤듯이, 오랜 기간 불교 명상을 한 사람들의 주관적 진술에 의하면, 마음챙김 훈련이 향상될수록 연민을 자각하게 하고 자기인식 경험을 강조하는 방향으로 변화를 촉진한다고 한다. 이 분야에서 신경생리학 연구는 그러한 경험과 신경의 상호 연관성을 확인하기 시작하고 있다.

신경영상 연구는 자신의 그러한 변화 경험을 포함할 수도 있는 신경생리학적 변화를 더 많이 탐색했다. 기능적 자기공명영상 기술을 활용한 연구는 '서술적' 양식과 '경험적' 양식의 자기 참조에 포함된 신경의 상호 연관성을 대조시켰다(Farb et al., 2007). '서술적' 자기인식은 대략 자기에 대한 전통적 서양 개념과 상응하며, 그것은 시간과 상황을 모두 견디면서 형성된 널리 퍼져있고 지속적이며 분리된 개인의 정체성을 말한다. 서술적 양식의 자기 참조는 내측 전전두엽mPFC과 연관되었으며, 그것은 타인의 특성과 자신의 특성을 비교하여 시간이 지나도 자기감을 유지하여 자아를 인식하는 것이다(Farb et al., 2007). '경험적 양식'의 자기 참조는 마음챙김 명상에서 드러나며, 현재의 순간에 초점을 맞춘 자각과 상응하며, '관찰하는 자기'로 설명되는 존재 양식을 나타낸다(Deikman, 1982). 그리고 이 경험적 양식은 관계 틀 이론의 개념과 유사하여 '맥락으로서의 자기' 경험을 말한다. 즉, '나-그것', '여기-저기', '그때-지금'과 같은 언어적 관계의 틀을 넘어선 자기 경험을 말한다. 본질적으로 이것은 시간과 공간으로 분리되었음을 경험하는 과정과 상관이 없는 자기 경험이다.

파브와 그의 동료들은(Farb et al., 2007) 숙련된 명상가들과 초보 명상가들이 8주간의 마음챙김 훈련에서 보여주는 자기 참조의 양식에 포함된 신경학적 활동을 검토하였다. 초보 명상가들은 경험에 초점을 맞추는 동안, 내측 전전두엽의 활동이 축소된 모습을 보여주었는데, 이는 서술적 의미의 자기 참조에서 전전두엽의 활동이 축소된 것을 반영한 것이다. 보다 숙련한 마음챙김 수행자들은 내측 전전두엽 활동이 더 강력하게 축소된 것을 보여주었다. 더 나아가 훈련받은 참여자들도 측면 전전두엽 피질, 신체의 내장 영역, 하두정엽을 포함하여, 대뇌 피질의 활동에서 우뇌 연결망이 더 많은 것을 보여주었다. 이러한 연결망은 '관찰하는 자기'의 현상학과 상호 연관성이 있고, 마음챙김의 태도에서 정서적 기억을 처리하는 것이 보다 효율적인 양식임을 나타낼 것이다. 그리고 초보 명상가들은 서술적 자기 참조와 연관된 내측 전전두엽을 포함된 전두엽PFC 영역과 본능적 정서 상태가 의식적 감정으로 이행한 것과 연관될 수 있는 영역(예를 들어, 우뇌섬엽) 사이에 강한 결합이 있었음을 입증하였다

(Damasio & Dolan, 1999). 보다 숙련된 명상가들은 이 영역 사이에 약한 결합을 보여주었는데, 이는 오랫동안 동일시된 자기감과 정서적 기억 사이에 있었던 습관적인 연결을 분리시킬 수 있는 능력이 계발되었음을 나타낸다. 그 능력은 앞에서 설명한 마음챙김 경험의 유익한 측면들을 산출하고, 연민의 경험이 꽃을 피울 수 있는 공간을 창조한다. 중요한 것은 연구된 현상과 연관해서 연민이 단지 유연한 관점을 취하는 것도 아니고, 광범위한 의미의 관찰하는 자기를 포함하는 것도 아니라는 것이다. 나중에 살펴보겠지만, 연민은 진화적으로 새롭게 출현한 인간 능력이며, 돌봄 행동과 위에서 논의된 메타 자각의 특성이 결합된 것이다. 연민은 경험을 조직하고 고통을 변형시킬 수 있는 마음의 자질이다.

마음과 삶의 두 가지 진리

파브와 그의 동료들이(Farb et al., 2007) 설명한 것처럼, 존재의 다른 두 상태에 대한 경험은 중관불교 철학이 제시한 '두 가지 진리二諦, Two Truths'와 현상학적 상호 연관성을 볼 수 있다(Tirch & Amodio, 2006). 2세기 나가르주나Nagarjuna의 중관불교Madhyamika의 가르침에 따르면, 현실은 두 가지 관점에서 볼 수 있다. 하나는 조건화된 현실의 표상으로, 개인의 마음에 주관적으로 구성된 것이다. 본질적으로 이것은 우리의 마음이 말해주는 이야기와 동일한 것을 보여준다. 아마 이러한 현실의 의미와 자기의 의미는 마음과 뇌에서 일어나는 자기 보존 과정을 강조할 것이다. 이러한 관점은 '상대적 진리俗諦, Relative truth'를 말한다. 두 번째 관점은 인식 과정과 인지적 해석 없이 사물을 있는 그대로 보는 것이다. 그것은 객관적인 것도 주관적인 것도 아니다. 이러한 관점에서 보면 자기의 의미는 존재의 직적접인 경험과 연결되었고, 우리가 환경과 공존하고 그 안에 존재하면서 환경과 연결되었음을 나타낸다. 그러한 관점은 인간 종 자체가 가지고 있는 정신, 신경과 더 많은 연관성을 가지고 있다. 이 관점은 중관불교 철학에서 말하는 '절대적 진리眞諦, Absolute truth'다. 우리가 우리 자신을 지속적인 자기감을 가지고 분리된 존재로 경험할 수 있지만, 불교 철학은 이것이 망상이라고 주장한다. '연기 사상'과 업Karma(원인과 결과)을 불교적 관점에서 보면, 모든 현상은 수많은 원인과 결과의 관계가 상호작용한 결과로 일어난다. 세상의 모든 것들은 상호 연관되었을 뿐만 아니라 영원하지 않으며, 항상 변화 속에 있다. 모든 것들은 본래적 존재Inherent existence가 아니다. 즉, 불교 철학자들은 궁극적인 실재의 본성을 검토하면서, 모든 것들은 본래적 존재를 갖고 있지 않으며, 스스로를 정의하거나 스스로를 입증하는 특성을 가지고 있지 않다는 결론을 내렸다. 그 이유는 어떤 대상이든 그것의 본질을 탐구하면, 그 본질을 발견할 수 없음을 발견할 것이기 때문이다(Dalai Lama, Benson, Thurman, Gardner, & Goleman, 1991).

이 관점을 쉽게 설명하기 위하여 양자물리학의 끈이론의 가정을 생각해볼 수 있다. 거기에서 물질은 궁극적으로 에너지와 운동으로 환원될 수 있다(Dalai Lama, 2005; Greene, 1999). 이와 유사하게 '두 가지 진리'도 신경망과 신경과학의 패러다임을 통하여 볼 수 있다. 그것은 인간의 모든 현상이 거대하고 복잡한 망을 통하여 퍼져나가는 활동에서 일어나는 것을 설명해준다(LeDoux, 2002). 인지과학자이면서 생물학자인 바렐라Francisco

Varela(2000)는 마음챙김 훈련, 그리고 연민을 일으키는 정서 현상이 '신경 현상학'의 형태를 나타낸다는 제안을 하였다. 그것은 조건화된 인식의 사슬을 끊을 수 있게 하여, 체화된 인지의 의식적 경험을 거대하고 무한한 '사이 존재Interbeing'의 망에서 볼 수 있는 자기지시의 한 측면으로 나타낸다. 바렐라에 따르면 인간의 마음은 체화된 인지의 복잡한 조직화로부터 생겨나는 특성을 갖고 있으며, 전적으로 공동-결정의 요소들의 망으로서의 유기체가 마음을 만든다. 이 때문에 우리의 마음은 말 그대로 외적 환경으로부터도, 우리의 몸으로부터도 분리될 수 없다. 베르나르Claude Bernard는 그것을 내적 환경Milieu interieur이라고 말했는데, 그것은 우리가 뇌일 뿐만 아니라 몸 전체라는 사실을 말한다(Varela, 2000, p.73).

이론, 신경과학, 마음챙김 수행, 연민중심 수행이 제시하는 광범위하고 상호 연관된 관점은 임상적 함의에 지대한 영향을 미치고 있다. 마음챙김 훈련을 활용하는 상담사는, 연민의 마음 훈련, 부정적 인지의 내용으로부터 벗어나기를 목표로 하는 개입 등 실제로 내담자의 자각이 자기 자신에 대한 경험을 보다 기능적이고 유용하게 하여, 그 경험이 순간순간 삶의 과정에서 상호작용하게 한다. 마음챙김과 연민의 마음을 닦는 수행자들은 인간 종 자체가 가지고 있는 신경 활동망을 활성화시키고, 내적 조율과 신경 통합을 촉진하는 방식으로 그들의 주의를 활용하고 있다. 그렇게 할 때 그들은 근원적이고 자유로우며 경이롭게 드러나는 존재의 핵심적인 양식과 접촉한다. 실제로 마음챙김을 학문적으로 검토하는 것은 임상 신경현상학의 관점에서 새로운 정신 건강 모델을 계발하는 것이 될 것이다. 자기와 타인에 대한 연민을 계발하기 위한 맥락으로서 마음챙김을 훈련할 때 근원적으로 온전한 정신은 자기의 의미를 초월적으로 접근하기 시작할 것이고, 현재 이 순간과 접촉할 것이다. 그리고 이 두 가지는 모두 심리적 유연성과 웰빙에 기여하는 심리적 과정으로 확립될 것이다(Hayes et al., 1999). 불교의 역사를 철학적으로 기술하는 서적은 이 수행에서 불가피하게 나타나는 정서적 특징을 말하고 있는데, 그것은 모든 존재의 고통을 없애고 싶어 하는 이타적 열망인 보리심Bodhicitta을 불러일으키는 것이다. 이 열망은 모든 현상이 긴밀하게 상호 연결되었음을 지적으로, 경험적으로 아는 데서 비롯된 큰 연민으로 이해될 수 있다. 연민과 마음챙김은 이런 방식으로 서로서로 공동 창조하는 것이라고 볼 수 있다. 마음챙김 수행은 유연하게 집중하는 주의와 메타 자각을 창조하고, 그것은 연민의 용기를 통하여 연민의 계발을 촉진하여 세계에 참여할 수 있다.

연습 자각의 영역 확장하기

다음에 나오는 연습은 시각화와 명상이다. 그것은 두 가지 진리의 개념과 모든 사물들은 연결되었다고 직접적으로 경험하는 것을 연결시킨다. 이 시각화 연습은 일본의 밀교 수행, 중앙아시아의 명상 수행 그리고 기독교에서 비밀리에 전수되는 수련의 형태에서 볼 수 있다. 그것은 우리의 본성을 상기시키는 연습으로 전 세계에서 행해지고 있다. 이 연습은 일본 천태밀교와 다른 고급 불교 수행에서 일상적으로 이루어지고 있지만, 임상에서는 거의 활용하지 않는 명상이다. 그것은 관점 수용을 촉진하고, 우리의 서술적 자기에 대한 선입견으로부터 벗어나도록 도와, 모든 것들과 우리는 연결되었음을 상기시킨다. 임상 실습과 교육에서 이 명상은 처음의 치료 목표들 가운데 많은 것을 이룬 상급 학생들과 내담자들에게 활용되고 있으며, 그들은 계속해서 기량을 연마하고 개인적으로 연습을 심화시킨다.

시각화는 '자기에 대한 잘못되고 파괴적인 개념화 또는 작은 자기 상태를 놓아버리도록' 돕는 것이다(Hayes, 1992, p.51). 이런 방식으로 내담자는 유연한 관점을 갖도록 연습하여, 자신을 자기 이야기와 동일시하지 않고, 경험적 자기와 자신이 연결되었다는 것을 인식할 수 있다. 유연한 관점을 갖는 것이 심리적 유연성의 본질적인 구성요소이고, 웰빙과 높은 연관성이 있기 때문에 (Hayes et al., 2006), 그러한 명상은 임상적으로 그리고 철학적으로 잠재적 유익을 줄 수 있다. 우리는 이 연습을 통하여 우리 자신을 살아있고 역동적인 우주의 연장으로 경험하며, 시간과 공간에 고정된 자기감을 놓아버리고 그것을 넘어선다(Hayes, 1992).

안내 지침

마음을 산만하게 하거나 방해하지 않는 비교적 편안하고 조용한 장소를 찾으세요. 이것은 일반적으로 앉은 자세로 하는 명상입니다. 의자에 앉아 등을 곧게 펴고 다리는 가지런히 놓거나, 명상 쿠션이나 베개 위에 앉습니다. 여기에서 주요 목표는 편안한 자세로 등을 곧게 펴는 것입니다. 그래야 호흡이 깊고 충분해져 허파 아래까지 가게 할 수 있습니다. 당신의 척추를 포커칩 무더기로 상상해도 좋고, 가느다란 실이 당신의 머리끝을 천천히 끌어당겨, 목의 긴장을 풀고 위엄 있는 자세로 앉아 있는 모습을 상상해도 좋습니다. 의자에 앉아 있을 때 발을 마루 위에 놓는 것이 좋습니다. 쿠션 위에 앉아 있다면 무릎을 마루 위에 놓아 당신을 지지하는 것과 연결되었고 당신이 땅에 닿아 있음을 느껴보세요.

깊고, 차분하며 리듬이 있는 호흡, 깊고 고르게 호흡하면서 시작하세요. 천천히 몸 가운데에서 나오는 따뜻함을 알아차려보세요. 그 따뜻함의 원천을 깊은 내면에서 바라보고 있음을 상상해보세요. 당신의 핵심, 가슴의 중앙을 바라보면서, 몸의 따뜻함, 활력, 힘의 상징적 원천인 빛과 에너지의 미세한 점들이 있음을 마음으로 상상해보세요.

계속해서 이 빛, 당신의 가슴 중앙에 있는 에너지와 빛의 이 작은 황금 점에 집중하세요. 깊이 호흡하면서, 당신의 몸을 산소로 채우도록 공기를 들이마시고, 당신의 주의와 자각을 증가시켜보세요. 숨을 깊고 충분하게 들이마시면서, 크기와 밝기와 조도에서 점점 커지는 황금─백색 빛의 점을 상상해보세요. 숨을 내쉬면서 몸이 더 이상 필요하지 않는 요소들을 풀어주고 있다고 상상해보세요. 숨을 내쉴 때마다 과도한 긴장을 내려놓고, 당신 자신에게 집중하여 확장된 빛의 점에 초점을 맞추세요.

계속해서 이 빛이 당신의 가슴과 몸의 중심에서 빛나고, 그곳이 따뜻한 에너지의 영역으로 되어가는 것을 관찰해보세요. 호흡하면서 이 빛이 계속해서 빛나고 커지게 하세요. 그 빛이 가슴을, 그 다음엔 온 몸을 따뜻하게 할 때 그 감각을 즐길 수 있는지, 그렇다면 이제는 위 아래로 움직이면서 황금─백색 빛과 부드러움으로 몸 전체를 감싸보세요. 아마 당신은 이 빛이 주는 유익을 생각하면서 살며시 미소를 짓고 싶을 것입니다. 그때 빛은 회복되고, 활력을 주며, 몸의 기능과 과정의 균형을 맞춥니다.

이 따뜻함과 빛의 원이 몸으로부터 확장되게 하여, 당신의 피부로부터 외부로 향하여 당신 주변에 에너지의 장을 형성하게 하세요. 이 황금─백색 빛은 당신의 중심으로부터, 머리와 어깨로부터 천천히 당신의 발아래 땅을 비춥니다. 계속해서 당신 주변에서 반짝이는 따뜻함에 초점을 맞추고, 당신이 연습하기로 선택한 이 공간에서 세계로 확장시켜 현존하고 있음을 상상해보세요. 숨을 들이쉬면서 이 개인적 현존이 외부로 뻗어 나아가, 당신의 진동, 따뜻함, 친절함, 안정의 힘으로 방 안을 가득 채워보세요. 할 수 있는 한 자각이 확장된 영역 안에 있는 모든 것들이 풍요로워지고, 위로 받으며, 당신의 현존과 본성이 연합되었음을 상상해보세요. 이러한 돌봄을 확장시켜, 이 영역 안에 있는 모든 것이 연결되었음을 상상해보세요. 이 모든 것들과 존재가 마치 당신의 가슴 한가운데에서 확장된 하나의 에너지의 일부분인 것처럼 말입니다.

다음으로 숨을 들이쉬면서 이 현존과 빛의 세계가 점점 커져서 벽을 넘어 외부로, 이 빌딩을 넘어 거리 전체와 이웃과 지역 공동체를 감싸고 있음을 시각화해보세요. 확장되는 돌봄, 따뜻함, 격려에서 기쁨을 발견해보세요. 그 기쁨은 모든 존재, 동물, 식물, 사건, 사람들, 오늘과 다른 날들에 이곳에 있는 당신에게 온 모든 것들을 감싸고 있을 것입니다. 풍요로운 에너지, 빛, 공간의 감각과 확장을 느껴보세요. 당신의 현존과 밝음의 영향 안에서 지지받고 있으며 밝아지고 치유받고 발전된 이 공동체 전체를 시각화해보세요. 이 영역 안에 있는 모든 것들을 깊이 돌보면서, 기쁨을 느끼고 공감하며 모든 불행에 관심을 가져보세요.

계속 호흡하면서 당신의 현존을 점점 더 확장시켜 확장된 자각이 도시 전체와 나라까지 포함하여, 당신에게서 발산되는 의식과 빛의 돌봄과 보호 안에 있는 모든 것과 당신이 연결되었음을 상상해보세요. 당신의 공간에서 연민의 현존과 연합된 세계의 모든 것들을 보세요.

당신의 의식 세계가 점점 커져서 전 대륙을 감싸고, 대륙 위와 아래에 있는 모든 것을 밝히고 있다고 상상해보세요. 땅, 식물, 물, 동물, 사람들은 모두 이렇게 출현하는 자각과 에너지와 연결되었고, 그것에 의해 향상됩니다. 당신이 원하는 힘, 사랑, 에너지, 용기, 따뜻함 모두를 상상해보세요. 그것들은 모두 당신에게 그리고 당신이 있는 곳에 제공되고 있습니다. 모든 것들은 건강, 평화, 조화의 방향으로 나아갑니다. 당신의 현존이 온 세계를 감싸고 밝히도록 확장시켜보세요. 이렇게 연결되고 확장된 자각과 의도가 전 세계를 포함하고 있음을 보세요. 돌봄의 빛이 전 세계, 대기, 달까지 감싸도록 확장시켜보세요. 이 세계의 모든 것들이 돌봄을 받고, 이 의도와 에너지의 한 부분이 되게 하세요.

당신의 현존이 태양계 모두와 그 힘, 물체, 공간을 받아들이도록 허용하세요. 당신의 영역이 태양계 안에 있는 모든 것과 '하나 됨'으로 연결되었음을 상상해보세요.

숨을 들이쉬면서 은하계를 포함하는 데까지 확장시켜보세요. 당신의 자각과 현존이 우주 전체를 포함할 만큼, 큰 빛과 따뜻함의 영역 속으로 들어가고 있음을 상상해보세요.

이 현존과 자각의 크기가 은하계와 그 다음 은하계를 포함할 만큼 커진 것을 느껴보세요. 그러면 당신은 온 우주를 감쌀 것입니다. 당신이 이 우주에 존재하는 모든 것들의 한 부분이면서 그것들을 돌보고 있음을 상상해보세요. 이 빛과 따뜻함의 영역은 우주의 모든 것들, 과거, 현재, 미래에서 발견되고, 그것과 연결되었습니다. 이 자각은 모든 공간과 모든 시간의 자각입니다. 이 현존은 있을 수 있는 모든 것의 현존입니다. 이렇게 확장된 자각과 연결됨을 즐겨보세요. 아마 존재하는 모든 것, 당신의 일부인 모든 것을 깊이 돌보고, 그것과 연합된 이미지를 즐기는 동안 미소가 지어질 것입니다.

우주의 모든 존재에 대한 연민의 보호자가 되는 이미지와 경험으로부터, 숨을 깊이 들이마시면서 천천히 시각화의 방향을 바꿉니다. 천천히 우주의 끝에서 당신의 자각과 현존으로 돌아오기 시작합니다. 이 자각의 영역을 좁히는 상상을 하면서 부드럽게 호흡하세요. 그리고 천천히 외부 공간의 상상을 좁혀서 당신의 자각이 중심을 향하도록 하세요.

숨을 들이마시고 내쉬면서 계속해서 당신의 자각을 내면으로 가져와 강한 빛을 내는 빛과 따뜻함의 영역을 줄이는 상상을 해보세요. 은하계와 태양계를 지나 지구에 초점을 맞춰보세요. 이제 지구의 대기가 감싸고 있는 당신의 현존과 빛을 발견해보세요. 호흡을 계속 하면서 자각의 범위를 대륙, 나라, 도시, 이웃, 집으로 줄이는 상상을 해보세요. 당신의 빛과 의식을 당신이 있는 방의 벽으로 그리고 당신이 있는 바로 그곳으로 가져오세요. 이제 그 영역이 당신의 몸을 감싸게 하세요.

당신을 감싸며 지지하고 있는 이 따뜻함과 빛을 즐기면서, 당신의 자각이 점점 더 중심을 향하도록 조여보세요. 당신의 내면에 응축된 에너지 영역을 느껴보고, 그것이 점점 더 작아져서 당신의 가슴과 중심, 이번에는 마음에만 채워져 있음을 느껴보세요.

할 수 있는 한 당신의 현존의 빛이 아주 작아져서 당신의 존재의 핵심, 중심 깊은 곳으로 사라지는 것 같은 모습을 지켜보세요. 그것을 찾을 수는 없지만, 자각이 외부로 향할 수 있는 잠재력은 언제나 거기에 있으면서, 무한하고 살아있고 다이아몬드 같은 우주를 자기로 자각하는 당신과 한 개인으로서의 당신 사이를 연결해주고 있습니다. 당신은 연결되고 책임을 질 수 있는 만큼, 당신의 자각과 의식을 멀리 가져갈 수도 있고, 가까이 가져올 수도 있습니다.

이 이미지 작업을 한 후에 그 이미지를 모두 놓아주세요. 천천히 그리고 깊이 호흡하면서 당신의 호흡과 주의가 배에 있는 신체 감각으로 돌아오게 하세요. 이제 숨을 들이쉬면서 방 안의 소리에 주의를 기울여보세요. 그 다음 방 밖의 소리에 주의를 기울이고, 이어서 그보다 더 멀리에서 들리는 소리에 주의를 기울여보세요. 당신의 주의가 매트에 앉아 있는 당신의 현존에 있게 하며, 눈을 뜨고 일상의 활동으로 돌아옵니다.

7

불교심리학과 인지행동치료에서
연민의 마음 계발하기

7 불교심리학과 인지행동치료에서 연민의 마음 계발하기

『수행의 단계』에서 말합니다. "오 붓다여, 보살은 많은 훈련을 하지 말아야 합니다. 보살은 하나의 다르마를 적절히 가지고 있으면서 그것을 완전히 배운다면 그는 그의 손바닥 안에 붓다의 모든 자질을 가지고 있습니다. 하나의 다르마가 무엇이냐고 묻는다면, 그것은 위대한 연민입니다."

— 까말라실라Kamalashila(Dalai Lama, 2001, p.43)

연민에 대한 이해 심화시키기

'연민Compassion'이라는 단어는 두 개의 라틴어 어원이 결합된 것이다. '함께'를 의미하는 'com' 그리고 '고통'을 의미하는 '빠띠Pati'다. 연민은 '다른 사람의 고통을 슬퍼하여 도움을 주고 싶은 욕구를 갖는 것'으로 정의된다(Webster's New World Dictionary, 1988, p.284). 이 정의는 서양의 맥락과 불교의 맥락에서 일치한다. '두 심리학'은 연민에 대하여 상응하는 두 가지 핵심적인 구성요소를 가지고 있다.

첫째, 연민은 고통에 대한 민감성을 요구한다. 민감성이란 우리가 연민을 경험할 때, 우리 자신이나 타인의 고통에 대하여 현재 이 순간의 자각에 예리하게 집중한다는 것을 의미한다. 둘째, 이 민감성은 행동이 수반되어야 한다. 특별히 연민을 경험할 때, 우리가 만나는 고통을 완화하거나 예방하기 위하여 무엇인가를 하고 싶은 동기를 갖게 된다.

연민의 경험을 통하여, 우리가 목격하는 고통이 우리를 고통스럽게 한다. 정서적 의미와 공감적 의미에서 그리고 우리가 목격하는 고통을 느낀다는 것을 공감적으로 그리고 인지적으로 이해한다는 의미에서, 다른 사람의 고통을 경험한다는 것은 우리의 고통의 원인이 될 것이다. 더 깊은 의미에서 우리의 관점을 바꿀 수 있는 능력은 우리가 다른 사람을 보듯이 우리 자신을 볼 수 있게 한다. 그때 우리는 외부에서 우리 자신의 고통을 보는 것 같은 상상을 한다. 그때 자기연민을 가질 수 있고 내면의 고통에 참여할 수 있게 된다. 고전적 인지치료에서 '이중 잣대' 기법을 사용하는 것처럼, 고통을 느낄 때 우리 자신에게 다음과 같이 질문할 것이다. "이 문제와 씨름하는 이 좋은 친구에게 나는 무슨 말을 할 것인가? 내가 사랑과 친절을 느꼈던 누군가가 이 문제에 직면하면, 이 고통을 이겨내도록 그를 돕기 위하여 나는 무슨 말을 하고 싶은가? 이렇게 말할 것이다."

불교심리학에서 말하는 연민

불교에서는 연민을 타인들이 고통으로부터 해방되기를 바라는 하나의 열망, 마음의 상태라고 한다. 그것은 수동적이지 않고 공감만도 아닌, 타인이 고통으로부터 해방되도록 적극적으로 노력하는 공감적 이타주의이다. 순수한 연민은 지혜와 자비가 있어야 한다. 즉, 타인을 고통으로부터 해방시키고 싶다면, 그 고통의 본성이 무엇인지를 이해해야 한다(그것이 지혜다). 그리고 다른 지각 있는 존재들과 깊은 친밀함과 공감을 경험해야 한다(그것이 자비다).

- 달라이 라마(2005, p.49)

불교심리학에서 가장 핵심적인 단 하나의 덕을 확인할 수 있다면, 그것은 연민일 것이다. 붓다는 연민을 불교 수행의 한 부분이 아니라, 불교 수행의 모든 것으로 여겼다고 한다(Makransky, 2012). 연민은 역사적 붓다의 여정 전체를 통하여 필수적으로 나타나는 것으로 묘사된다. 붓다는 자신이 보았던 사람들의 고통으로 인하여, 고통으로부터 해방되는 방법을 발견하기 위하여 특권층의 삶을 버렸다. 붓다는 연민으로 인하여 수년 동안 고행을 하였고, 다른 스승과 전통을 구했다. 마침내 붓다는 그 답을 찾았고, 남은 생애 동안 연민에 이끌리어 다른 사람들을 가르치면서 보냈다.

역사적 사실임에도 불구하고, 붓다에 대한 이 이야기는 문명화된 인간 존재가 이 생애에서 인간 고통의 실제적인 문제를 다루는 개인적 여정을 어떻게 이해할 수 있을지에 대하여, 신화적이고 원형적이며 심오하고 보편적인 의미를 보여준다. 연민은 역사적 붓다의 원형적 여정의 핵심에 있는 것처럼 이 책을 읽는 사람들의 개인적 여정의 핵심에 있을 것이다. 따라서 우리에게 주어진 임무는 연민을 연약하거나 모호하고 희미한 용어로 보기보다는, 연민을 실천할 때의 역동적이고 적극적인 과정을 이해하여, 모든 사람들의 일상적인 삶에서 뿐만 아니라 상담실에 오는 내담자들에게 연민을 나타내는 것이다.

현재 불교는 3개의 주요 교파, 즉 상좌부 불교, 대승 불교, 금강승 불교가 있다. 수련의 형태는 각 교파들마다 다르지만, 연민은 이 세 교파들 모두에서 핵심적인 역할을 한다. 불교심리학에서 연민Karuna은 수행자들이 깨달음을 얻고자 할 때 계발하는 '범주梵住. Brahmaviharas'의 '무량한 마음無量心' 가운데 하나이다. 연민에 대한 현대의 개념은 이 범주에서 묘사한 연민의 요소들 모두를 포함한다. 불교심리학을 적용한 인지행동치료사는 한번쯤은 이 모든 경험을 다룰 것이다. 타인들의 고통을 없애고 싶은 바람, 연민, 까루나Karuna 이외의 또 다른 범주는 자애慈, 공감적 기쁨喜, 고요함捨이다 (Bodhi, 2005; Das, 1997). 자애는 연민의 거울 이미지라고 볼 수 있다. 그때 연민悲은 타인들이 고통으로부터 해방되길 바라는 것이고, 자애慈는 타인들이 행복하기를 바라는 것이다. 공감적 기쁨喜은 단순히 우리 자신의 유익과 성공을 위해서가 아니고 타인의 유익과 성공을 바랄 때 갖게 되는 기쁨이다. 마지막으로 고요함捨은 투명한 고요와 지혜 안에 머무는 것이고, 네 가지 가운데 더 우위에 있는 것은 없다. 연민, 자애, 공감적 기쁨의 경험은 모든 것들에 적용된다. 이 네 가지는 각각의 영역이 있지만, 이 모두는 불교심리학을 적용한 인지행동치료에서 활용되고 있는 연민의 측면들이라고 볼 수 있다. 내담자들이 연민의 마음을 훈련할 때, 인간의 고통을 다루려는 동기와 민감성悲, Karuna이 커진다. 이와 마찬가지로 자기 자신과 타인들의 웰빙과 번영을 바라는 따뜻하고 지지적인 바람慈, Metta도

이 수행을 통하여 향상된다. 의식의 내용과 지나친 동일시로부터 벗어나면 타인들의 행복에서 깊은 공감적 기쁨횸, Mudita을 얻을 수 있고, 그리고 우리 자신의 번영에 덜 집착할 수 있게 된다. 이 과정들이 통합되면 자연스럽게 고요함捨, Upekkha의 경험 속으로 들어가게 된다. 거기에서 자기 이야기와 융합된 것은 서서히 사라지고, 자기에게 초점을 맞춘 편견에 덜 집중하게 된다. 우리는 처음에는 경멸했었던 타인과 우리 자신의 인간성에도 공통된 인간성이 있음을 알고 연민을 가질 수 있게 된다.

붓다 세대에서는 연민의 네 가지 측면들이 개인의 발전에 핵심적인 요소라고 주장한다. 좀 더 면밀히 살펴보면, 자애는 가장 광범위하게 활용되고 있는 연민에 대한 불교 명상, 자애Metta 명상이다. 이 수행은 수천 년 동안 수백만 명의 불교심리 수행자들이 연민을 계발하도록 도왔다. 최근에 인지행동치료사들이 자애 수행을 너무 넓게 그리고 가치 있게 활용하고 있어서, 인지행동치료에서 이를 약어LKM, Loving-Kindness Meditation practice로 표기하기도 한다. 특히 몇몇 인지행동치료사들은 이 수행을 자애명상LKM으로 말하기도 한다(Frederickson et al., 2008). 앞으로 수년 내로 이 자애명상은 불교심리학과 인지행동치료가 통합될 때 중요한 역할을 할 것이다.

연습   자애명상: LKM

다음의 명상은 고전적인 자애Metta명상을 서구적으로 번역한 것이다. 연민 훈련을 인지행동치료에 적용한 많은 연습들은 자애명상 주제를 변형하여 사용한 것이다. 현대의 다양한 인지행동치료 접근법들은 자애명상을 활용한다. 최근의 포괄적인 문헌 연구는 자애 훈련을 하나의 과정으로 채택한 것이 현대 인지행동치료의 치료 계획에 유용한 보탬이 될 수 있음을 발견했다(Hofman et al., 2011). 프레드릭슨Barbara Fredrickson의 연구와 통합된 인지행동치료, 수용전념치료, 연민중심치료는 특별히 자애 훈련으로 작업하는 인지행동치료 실제의 좋은 예이다(Hofman, 2012; Tirch, Schoendorf, & Silberstein, 2014). 이 명상이 구체적인 진단을 위하여 처방되는 것은 아니지만, 수치심의 문제로 고생하는 내담자들에게 이 접근법은 특별히 좋은 방법이 될 수 있다.

자애명상에서 과학 이전의 개입의 고유한 예를 보게 되는데, 그것은 구체적으로 보다 적응적으로 정서를 규제하도록 촉진하고, 불안과 공격성을 다룬다. 그것은 지금 경험적 증거의 지지를 받고 있다. 수행은 매우 간단하다. 명상 연습을 하는 사람은 자기 자신이 순수하고 연민과 돌봄을 받을 만하다고 시각화한다. 이 이미지가 만들어지면, "내가 사랑과 친절로 가득하길, 평화와 안정 속에 있기를, 건강하길 기원합니다"와 같이 자기연민을 열망하는 말을 암송한다. 이 시각화와 암송에 이어서, 몸의 감각에 초점을 맞추어 연민과 사랑의 감각적 경험에 집중한다. 몸의 감각은 그러한 정서와 연관되었다. 이 연습은 전통적으로 30분 정도 정기적으로 오랜 기간 지속적으로 한다. 자기연민이 생긴 후에 타인을 위한, 심지어는 화가 나 있거나 안 좋은 마음을 갖고 있는 사람을 위한, 연민을 계발하는 연습을 할 수 있다. 이런 방식으로 할 수 있는 한 많이, 이 명상 연습을 하면서 점차 연민의 경험을 습관화한다. 그러면 내면에서 연민의 마음에 주의를 기울일 때 일어날 수 있는 어려운 감정에도, 유연하게 머무를 수 있는 능력이 점점 커진다.

개입 자체는 이 책 앞에서 자세하게 설명한 마음챙김 수행의 기본적인 포맷을 따른다. 치료사는 내담자가 이 연습의 단계를 거쳐 가도록 안내한다. 그러면 내담자는 나중에 기억을 하거나, 대략적으로 기억나는 지침을 따르거나, 자애명상을 안내하는 기록을 따라 할 수 있다. 자애명상을 안내하는 좋은 예가 몇 가지 있다. 상담사가 상담 회기 중에 안내하는 명상을 녹음하여, 이 녹음한 것을 복사하여 줄 수도 있다. 마음챙김 연습처럼 이 명상도 조용하고 안전한 장소에서 해야 한다. 내담자는 명상 쿠션에 앉거나 의자에 등을 곧게 펴고 앉거나 바닥에 누워서 할 수 있다.

안내 지침

사랑과 친절 또는 자애는 변화시킬 수 없는 것에 대항하는 것이 아니라 힘든 경험에 머무를 수 있도록 돕는 것입니다. 자기와 타인에 대하여 따뜻하고 연민의 마음을 갖는 이 자질은 웰빙의 감각을 계발하는 것과 연관이 있습니다. 그 감각은 의미 있고 보람 있는 삶을 위하여 긍정적인 행동을 하게 합니다. 지금 시작하려는 명상은 인간의 역사에서 가장 오래 되고 지속적으로 해온 '정신 건강' 수행들 중 하나일 것입니다. 2,500년 이상 사람들은 조용히 앉아서 자기 자신과 모든 살아있는 존재들에 대한 사랑과 감사를 계발하는 데 주의를 기울였습니다. 이 명상을 하기 위하여 의자에 앉아 오랫동안 수행했던 이 사람들과 마음을 같이 하고 있음을 깨닫는 시간을 가지세요. 이 연습을 시작하기 전에 먼저 약 20분 동안 그들을 생각하는 시간을 갖고 나중에 조금 더 많은 시간을 갖거나 아니면 그것을 완전히 놓아주세요. 다른 명상 연습과는 달리, 이 연습은 특별한 정서와 특별한 이미지에 집중할 것입니다. 먼저 친절 연습은 당신이 탐색하고자 하는 사람들에게서 여러 가지 다른 감정이 느껴질 것입니다. 할 수 있는 한 당신 자신에게 친절하고 관대한 마음을 가지세요. 당신이 지금 탐색하고 있는 것은 당신에게 매우 새롭고, 다를 수 있는 연습이거나 생각일 수 있습니다. 절망 앞에서 당신에게 다가올 수 있는 인내와 친절은 자기연민의 능력을 심화시키고 연습할 수 있는 또 다른 기회가 됩니다.

　의자나 명상 쿠션에 등을 곧게 세우고 앉아서 명상을 시작합니다. 마음챙김 명상 연습에서처럼 호흡의 흐름에 주의를 기울여보세요. 조금씩 적응하기 위하여 당신이 할 수 있는 한 편안한 자세를 취해보세요. 연습을 하면서 때때로 자세를 조정할 필요가 있다면 움직여도 괜찮습니다. 주의의 일부를 호흡의 흐름에 가져오세요. 될 수 있는 한 판단하지 말고, 숨을 들이쉬고 내쉴 때 호흡을 그냥 관찰하세요. 호흡의 신체적 변화를 자각하여, 단순히 순간순간 호흡의 흐름을 따라갑니다.

마음속에 당신 자신에 대한 이미지를 만들고, 지금 앉아 있는 것과 똑같은 자세로 앉아 있다고 상상해보세요. 당신을 어린아이로 그려보세요. 이 이미지 안에 있는 당신은 순진하고 사랑과 연민을 받을 가치가 있습니다. 당신을 어린아이로 상상하고 싶지 않다면, 지금 있는 그대로의 당신을 상상해도 좋습니다. 다만 사랑과 친절의 마음을 유지합니다. 잠시 모든 존재가 행복하기를 원하고 고통으로부터 해방되기를 원한다는 것을 알아차리세요. 모든 사람들은 선천적으로 사랑과 친절과 인정을 받으려는 동기를 갖고 태어납니다. 다음의 말을 조용히 반복해보세요. "사랑과 친절로 가득 하길, 건강하길, 평화롭고 안녕하길, 행복하길 기원합니다." 이 말을 반복하면서 당신의 마음속에 그려진 당신 자신의 이미지를 계속 유지하세요. 호흡의 흐름에 맞춰 반복해보세요. 요동하지 않는 마음으로 천천히 이 연습을 해보세요. 이 말들의 의미에 당신의 가슴을 열어놓으세요. 이 연습을 계속하면서, 사랑받고, 무조건적인 친절을 받는 느낌을 그 말의 흐름과 결합시켜보세요.

마음이 방황할 때마다 그것은 마음의 불가피한 속성이니, 천천히 그 말, 그 이미지, 자애의 느낌으로 마음을 다시 가져오세요. "사랑과 친절로 가득 하길, 건강하길, 평화롭고 안녕하길, 행복하길 기원합니다." 마음이 산만해지는 것은 자연스러운 일입니다. 이 연습을 하는 동안 당신 자신을 따뜻하게 수용해주세요. 그리고 필요할 때마다 이 말을 반복하면서 당신의 주의를 돌아오게 하세요. 이 연습에 어느 정도의 시간이 흘렀다고 생각되면 그 말을 놓아주세요. 숨을 내쉬면서 당신의 이미지 그리고 의도적으로 따뜻함과 연민의 감정에 초점을 맞추었던 것도 놓아주세요. 단순히 호흡의 흐름에 머물러보세요. 숨을 들이쉬면서, 당신이 숨을 들이쉬고 있음을 알아차리세요. 숨을 내쉬면서 당신이 숨을 내쉬고 있음을 알아차리세요. 숨을 내쉴 때 눈을 뜨고 이 연습을 놓아주세요.

* 레히 등(Leahy, Tirch, Napolitano, 2012)의 허락을 받아 인용한 것이다. 연습은 콘필드 (Kornfield, 1993)와 카밧진(Kabat-Zinn, 1990)의 글을 포함하여 자애명상에 대한 자료에서 따온 것이다.

대승불교와 보살의 이상

불교가 상좌부불교Theravada로 처음 확립되고 약 500년 동안 불교 수행과 철학에서 급진적인 변화가 많은 불교 수행자들 사이에서 일어났다는 것이 일반적인 정설이다. 이러한 변화는 새로운 학파를 낳게 했고, 그것은 '대승불교Great vehicle, Mahayana'로 알려지게 되었다. 무엇이 이러한 변화를 촉진했는지는 분명하지 않지만, 대승불교는 별개의 분리된 종파로 시작되었다기보다는 불교 수행에서 두 번째로 중요한 변화인 대승불교는 상좌부불교 안에서 단순히 강조점과 철학의 차이로 시작되었다. 대승불교 수행의 뿌리는 쿠산Kushan 제국의 실크로드를 따라 발전되었다. 이 지역의 미술과 문화들은 그리스, 중국, 불교 그리고 다른 지역의 영향이 혼합된 것이다. 이것은 세계에 대한 이해의 폭을 넓혔고, 대부분 금욕주의적 개념과 방법은 사회적 활동을 더 강조하는 불교 형태를 받아들이는 것으로 변화되었음을 반영한다. 또한 대승불교 철학은 한 사람의 좋음을 위한 개인적인 깨달음을 추구하는 것으로부터 마음의 깨달음을 포함하는 개념으로 바뀌었기 때문에 우리는 언제나 모든 존재의 괴로움을 중단시키는 데 기여할 수 있게 되었다.

대승불교 철학은 모든 현상의 상호 연관성과 연합을 강조하고, 그러한 상호 의존적 기원이 지각 있는 모든 존재들의 고통을 없애고 싶어 하는 깊은 동기를 갖게 한다고 말한다. 대승불교 종파에서 연민은 깨달음의 여정을 가게 하는 기폭제로 여겨진다. 『보리도차제론The Great Treatise on the Stages of the Path to Enlightenment』(깨달음 여정의 단계들에 관한 논문)에서, 티베트 성인 쫑카파Tsong-Kha-Pa(티베트 불교에서 달라이 라마 학파의 창시자, 실제로 달라이 라마이다)는 연민을 불교심리학에서 핵심적인 가치로 확립해놓은 사람으로 유명하다. 이것이 시사하는 바는 다르마를 수행하는 사람들이 수 세기 동안 훈련하고 계발한 핵심적인 심리 과정은 연민을 토대로 마련되었다는 것이다. 쫑카파는 자기보다 먼저 대승불교 전통을 따랐던 짠드라끼르띠Chandrakirti의 말을 다음과 같이 인용하였다.

> 연민만이 정복자의 훌륭한 수확의 씨앗이고
> 그 나무에 주는 물이고
> 오랫동안 즐기면서 익어가게 한다.
> 그러므로 처음부터 나는 연민을 높이 본다.
>
> ─ 쫑카파Tsong-Kha-Pa(2002, p.30)

이런 방식으로 연민을 강조하면서, 첫 번째 달라이 라마는 연민이 모든 여정의 단계에서 우리 자신과 타인들의 고통을 해방시키기 위한 핵심이 된다는 것을, 절실하고도 시적으로 상기시켜준다. 역사적 붓다의 신화적 전기에서처럼, 연민은 처음과 중간 그리고 마지막에도 있어야 한다. 이런 방식으로 연민은 씨앗과 물과 성숙이 하나의 과정으로 연결된다.

흥미롭게도 이것은 연민이 심리치료의 연구와 실제에서 과정과 결과의 변수로 작용할 수 있음을 반영한다. 연민을 정확하게 평가하고 측정하여 결과로 내기엔 매우 까다롭다는 것은 이해할 만하다. 연민을 묘사하기 위하여 '측량할 수 없는無量'이라는 용어를 사용하는 것은 21세기 심리치료사들을 위한 선견지명일 수 있다. 이와 유사하게 불교의 깨달음의 여정을 밟아가기 위하여, 지혜와 방법, 이론과 실제를 모두 계발해야 한다. 따라서 대승불교는 우리에게 진실한 과학자와 수행자가 되기를 요구한다. 그 요구는 연민에 초점을 맞추라는 것이다(Sopa & Newman, 2008).

대승불교가 그 자체의 학파로 발전되어감에 따라, 수행승과 평신도가 추구했던 이상은 개인적인 깨달음에서 보살Bodhisattva 또는 '깨어난 존재'가 되는 것으로 변화하였다. 따라서 보살은 자기 자신뿐만 아니라 다른 모든 사람들이 고통에서 해방되는 일에 헌신하는 사람들을 말한다. 보살은 붓다의 참된 제자가 되고(Dalai Lama, 1994), 살아있는 연민의 화신이 되는 것을 말한다. (전통적으로 윤회를 인정하는) 불교적 관점에서 보면, 보살은 타인이 고통으로부터 해방되기 위해 필요한 모든 것을 한다. 심지어는 자신의 해방을 지연시키고, 다른 사람을 대신하여 계속 해방하는 작업을 할 수 있도록 다시 윤회하는 것을 선택하기까지 한다. 윤회를 믿는 문화적 맥락 외에도 대승불교는 근본적으로 모든 사람들이 이번 생에서 보살이 될 것을 권장한다. 본질적으로 이것은 단순히 자신의 삶을 정신 수행하는 데 헌신하고, 모든 사람들이 고통으로부터 해방되는 일에 헌신하는 것을 의미한다. 이 여정에는 헌신의 행동을 수반하는 특별한 맹세(보살의 서원)와 특별한 훈련(여섯 가지 바라밀)이 있다. 그러나 수행의 핵심은 역사적으로 훈련해왔던 것 또는 맹세보다 더 깊이 들어간다. 보살은 앞에서 언급한 보리심Bodhicitta으로 알려진 마음의 능력을 촉진하고 환기시키기 위한 방법을 사용하는 사람들이다.

인지행동치료의 목적을 이루기 위한 보리심은 모든 사람들이 고통으로부터 해방되는 유익을 주고 고통으로부터 해방되도록 도우려는 진실하고 중요한 동기를 말한다. 보리심은 연민의 마음이 가진 모든 기법과 자질을 활성화시키고, 연민의 행동을 하기 위하여 삶과 마음을 재조직하려는 하나의 바람이다. 그 바람은 깨달음으로 나아가도록 보살을 촉진시키고 그 뿌리는 연민이다(Pelden, 2007). 불교심리학에 따르면 연민의 마음을 깨우는 것은 근본적으로 보살의 여정에서 그 사람의 경험과 가능성에 변화를 준다.

대승불교에서 공감과 상호 연관성의 중요성이 어떻게 불교심리학을 형성하는지를 알 수 있다. 고타마 싯다르타가 평생의 여정을 연민으로 시작하여 깨달은 마음의 상태에 있었듯이, 연민은 불교심리학의 출발점에서부터 있었다. 더 나아가 오늘날에도 현대의 불교 수행자들이 자신의 여정을 추구해갈 때 다른 무엇보다도 계발하려고 노력하는 특성이 바로 연민이다.

까르마와 연민

불교 수행의 목표를 살펴보면, 연민이 왜 그렇게 중요한지를 알 수 있다. 불교의 주류 문화가 된 한 측면은 연기법이라고 볼 수 있는 까르마業, Karma다. 어떤 사람들은 까르마를 우주의 성적표로 생각하는데, 이는 우리의 행동을 계속 추적해서 그 행동이 '우리에게 다시 돌아온다'는 것이다. 그렇지만 이렇게 초자연적이고 낭만적인 개념은 불교의 가르침이 아니다. 앞에서 실재를 정의한 불교의 관점을 떠올려보자. 실재는 어떤 것도 고정된 것도 없고, 모든 것은 상호 의존하는 조건과 원인의 지속적인 상호작용이다. 이러한 관점에서 보면 우리의 모든 생각과 정서와 행동은 시간이 흐르면서, 주변 세계와 우리 자신의 인지 경향성 모두에 영향을 미치는 원인이 되어간다. 따라서 오늘 우리의 생각과 행동은 단순히 현재의 실재에만 영향을 주는 것이 아니라, 미래의 실재에도 영향을 미칠 조건을 만들어간다. 이것은 특별히 마음의 차원에서 참이다. 불교 신자들은 이것을 모든 행복과 고통의 원천으로 본다. 현대 신경과학이 확인한 (발표나 시험이나 스포츠 연습을 했던 모든 학생들이 최소한 암묵적으로라도 이미 알고 있었던) 것을 불교 사상은 오래 전에 예언했다. 즉, 오늘 특정한 방식으로 생각하고 행동하는 것은 미래에 그와 비슷한 방식으로 생각하고 행동할 가능성을 증가시킨다는 것이다. 불교 신자들은 그것을 마음 안에서 싹이 트고 익어가는 씨앗으로 설명할 것이고, 신경과학자들은 시간이 흐르면서 강화되는 신경망과 암묵적인 기억에 대하여 말할 것인데, 결과는 똑같다. 오늘 우리가 경험하고 계발하는 생각과 정서와 행동은 직간접적으로 미래의 현실 경험을 형성해간다. 그것이 까르마다.

까르마의 관점에서 보면, 좋은 생각, 정서, 행동의 계발을 강조하는 불교는 매우 실용적이다. 만일 현재의 생각, 정서, 행동이 미래를 만드는 조건과 원인으로 작용한다면, 행복하고, 고통에서 해방되며, 우리 자신과 다른 사람들을 돕는 현실을 만드는 생각과 정서와 행동을 계발하는 것은 의미가 있을 것이다. 이 관점은 매우 강력하다. 왜냐하면 우리를 미래의 건축가의 위치에 있게 하기 때문이다. 그렇기 때문에 현재의 선택은 두 배로 중요하다. 만일 현재 작은 질투심을 느낀다면, 그것은 미래에 질투와 불만을 더 많이 경험하게 할 것이고, 현재 친절한 생각과 느낌과 행동을 한다면 나중에 친절한 경험을 더 많이 하게 할 것이다. 순간이 중요하다. 각 순간은 나중에 우리가 어떤 사람이 될지, 얼마나 고통을 받게 될지(그리고 불교의 윤회의 관점에서 보면, 다음 생에 어떻게 태어날지)를 만들어간다.

연민으로 이해하고, 연민으로 동기화되며, 연민으로 행동하는 것은 마음뿐만 아니라 시공을 넘어선 전체와의 상호작용에서 인과의 패턴을 변형시켜가는 핵심이기 때문에, 불교에서 연민을 왜 그렇게 존중하는지를 알 수 있다. 연민은 불교 수행자가 구체적인 행동의 차원에서 주어진 일에 집중하고 헌신하게 한다. 초심자에게 불교는 행해야 할 수많은 계율들로 인해서 압도적으로 보일 수 있다. 솔직히 말하자면 불교는 오랫동안 구전에만 의존했던 가르침을 보존하기 위한 기억보조 장치 같은 것을 갖고 있다. 그리고 그 모든 것들을 결합하고자 한 것이 연민이라고 볼 수 있다. 보리심Bodhicitta 또는 '위대한 연민'을 정직하게 계발하고 유지할 수 있다면, 모든 사람들이 고통에서 해방되기를 원하는 진실한 바람, 모든 사람들을 위하여 연민을 성취하려는 의지, 그 외의 여러 가지 활동들이 자연스럽게 이해가 된다. 우리는 고통의 원인이 되는 생각을 갖고 있을 수 없기 때문에 고통을 없애는 정책을 자연스럽게 추구할 것이다. 우리와 다른 사람들을 고통으로부터 해방시키기 위해서는 지혜가 필요하기 때문에 자연스럽게 지혜를 추구할 것이다. 관대함, 인내, 공감적 기쁨,

평정함 같은 덕을 자연스럽게 계발할 것이다. 이들 각각은 연민의 의도를 활성화하기 위한 또 다른 수단을 제공한다. 이 모든 것을 한다는 것은 어려운 일이다. 일이 점점 어려워질 때 그것을 유지하기 위해서는 강력한 동기가 필요하다. 불교의 관점에서 보면, 이렇게 강력한 동기가 연민이다.

고통으로부터 해방될 때 연민의 역할을 하는 것이 동기 부여자만은 아니다. 불교의 관점에서 보면 고통은 집착하고 갈망하는 경향성, 특히 계속해서 자기를 다른 사람들과 비교하고 자기를 평가하고 검토하면서, 자기에 대한 생각에 집착하려는 강박적 경향성의 산물이다. 연민은 초점을 신경증적 자기로부터 돌봄을 받고 있는 사람에게로 옮겨놓는 것이다. 연민을 통해서 계속해서 우리 자신을 비판하고 과대평가하며, 경쟁하면서 다른 사람들과 비교하는 자기에게 강박적으로 초점을 맞췄던 것에서 벗어나, 고통을 인식하고, 용기 있게 고통을 직면하고, 고통을 다루는 데 필요한 것을 행하는 데 에너지를 쓸 수 있게 된다. '나는 지금 공격받고 있는가?', '나는 중요한 사람인가?', '나는 충분히 갖고 있는가?', '나는 그 사람보다 더 나은가?', '나는 사랑받고 있는가?'라는 관점으로부터, '이 사람은 (또는 나는) 지금 상처 받고 있다. 이 상황에서 어떻게 하면 좋을까? 가장 효과적인 일은 무엇일까?'라는 관점으로 옮겨간다.

신경과학에 기반한 연민중심치료 모델에서 연민은 우리의 경험, 행동, 주의의 특성을 말해주는 매우 진화된 마음의 양태로 볼 수 있다 (Gilbert, 2009a). 이것을 불교 이론과는 대조적으로 진화 이론으로 보기보다는, 까르마적Karmic, 즉 글자 그대로 해석해서 '인과 관계', 우주의 역동을 묘사하는 관계에 대한 이해를 명료화하는 것으로 볼 수 있다. 이 모델에서는 인간이 정서적 고통을 공통적으로 경험하는 것은 강력하게 진화한 정서 조절 시스템과 직접적으로 연관된 것으로 보인다. 이 시스템은, 즉 현재 사회적 환경에 잘못 맞추어지게 되면 엄청난 정서적 고통을 양산하고 그것을 지속시킬 수 있는 방식으로 상호작용하는 시스템이다. 앞에서도 보아왔듯이, 정서 조절은 세 가지 정서 시스템에 의해 중재된다. 하나는 위협에 반응하는 것이고, 또 하나는 자원을 찾아 획득하는 데 초점을 맞추는 것이고, 또 다른 하나는 연관된 관계의 맥락에서 안전과 만족을 느끼도록 돕는 시스템이다. 이 시스템은 두려움, 분노, 불안, 야망, 욕망, 침묵, 고요 등의 강력한 정서 반응과 연관되었으면서, 사고, 이미지, 동기, 정서 경험, 신체 감각이라는 매우 구별되는 패턴으로, 매우 다양한 방식으로 우리의 마음을 조직한다. 그것은 우리가 이 과정을 자각하지 못하면, 지금 경험하고 있는 정서에 사로잡히도록 작용할 수 있는 조직적 패턴들이다. 어떤 의미에서 진화는 애착과 사회 학습에 의해 만들어진 매우 영리한 두뇌로 인해 우리에게 축복이 되기도 하고, 저주가 되기도 한다. 그것은 삶에서 부딪히는 불가피한 문제들과 결합될 때, 엄청난 고통을 야기할 수 있다. 불교심리학처럼, 21세기 연민심리학도 내담자들이 인간 본성(즉, 진화된 두뇌)에 의해 만들어진 문제와 역동을 이해하도록 체계적으로 도우려 하고 연민이 내면을 향해 있든 외부로 향해 있든 상관없이, 힘든 정서작업을 할 수 있는 연민의 능력을 발달시키도록 돕는 것을 목표로 한다.

연습　연민하는 자기를 시각화하고 실현하기: 연민중심치료에서 자기연민 연습

수 세기 동안 티베트 불교와 일본 밀교 수행자들은 의도적으로 자기 자신이 깨달음과 연민의 화신이 되는 상상을 하면서 수행하였다. 일본에서 삼밀三密 또는 '세 가지 비밀'로 알려진 수행은 특별히 깨달은 마음의 특성을 구현하고 실현하기 위하여, '생각, 말, 행동'을 의도적으로 결합하는 것을 말한다. 변별 자극으로 여겨질 수 있는 특별한 도구들이 연민의 마음과 같이 깨달은 마음의 화신이라는 의식 속으로 깊이 침잠해서 경험하는 것을 촉진하는 데 사용된다. 예를 들어, 불교 미술에서 만다라Mandala로 알려진 그림이 있는데, 그것은 일련 의 원 안에 붓다와 여러 신화적 존재들을 보여준다. 이 만다라는 인간 존재의 내적 세계와 우리의 다양한 인격들의 다양한 측면들, 예를 들어 지혜, 격노, 기쁨, 열망 등을 상징적으로 연결하여 나타낸다. 만다라나 그런 여러 이미지들 은 삼밀 수행의 한 부분으로 사용될 수 있는데, 그것은 (종종 무드라(Mudra)로 알려진 작은 손동작) 신체적 제스처(보통 만트라(Mantra)로 알려진 독경) 소리, 시각 화를 사용하여 우리 자신의 여러 부분들을 환기하도록 도우며, 더 넓은 관점에 서 존재의 모든 측면들을 이해할 수 있게 한다. 그 개념은 만일 우리가 특별한 경험과 우리를 연결시켜주는 독특한 형태의 자세로 (정신적 이미지에 관한) 우리 의 생각, (특별한 의미를 지닌 정신적 또는 언어적 구절인) 단어 그리고 행동에 집중 한다면, 나중에 인격의 특정 측면들을 상기하여 그것이 고통을 초월하도록 도 울 수 있다는 것이다.

　　인지행동치료의 많은 이론들은 특정 경험을 환기시키는 이미지를 활용해 왔다. 특히 연민중심치료는 연민을 계발할 때 불교심리학의 핵심적인 이미지 를 사용함으로써 영향을 많이 받고 있다(Gilbert, 2009b). 불교심리학 외에도 길버트Paul Gilbert는 더 광범위하게 방법을 시연하는 강사로 활동하면서, 기억, 감각, 주의를 통하여 존재의 상태와 정서적 상태에 문화적으로 접근하는 데

알맞은 방법들을 찾고 있다. 자기연민 연습과 같은 연습은 우울증과 불안, 수치심으로 인한 문제, 정신병, 금연, 섭식 장애 그리고 다른 치료 목표와 같은 여러 심리적 문제들을 치료하는 데 연구되고 적용되고 있다(Tirch & Gilbert, 2014). 인지 재구조화나 노출, 연민의 마음을 체계적으로 훈련하는 것 등은 진단을 넘어서 유익을 줄 수 있는 하나의 과정이다. 불교나 연민에 초점을 맞춰 사례 개념화를 하면서 치료 계획을 세우는 치료사는 증거 기반 접근법의 다른 요소들과 병행하는 치료 요소로써 연민의 마음 훈련 과정을 통합할 수 있다.

다음 연습은 당신이 마치 연극이나 영화에서 하나의 역할을 연습하는 배우처럼, 당신에게 익숙했던 것과 다른 방식으로 당신 자신을 상상하도록 도울 것이다. 당신을 만나서 행복해 할 당신을 연민하는 자기를 창조할 것이다. 자기연민을 연습하는 것은 불교심리학과 메소드 연기(Method acting)에서 따온 연민중심치료 연습이다. 터치Tirch는 천태불교 계통에서 삼밀 시각화를 연습하는 불교 수행을 시작했다. 터치가 길버트와 함께 자기연민 연습을 하게 되었을 때, 수십 년간의 밀교 수행과 21세기의 일반인들을 위하여 만들어진 상상 작업의 접근성과 단순성이 공명한다고 말하였다.

내담자들이 이 연습을 유연하게 잘 하려면 시간이 필요하지만, 이 연습은 우리들과 연민중심치료사들을 위한 기초적인 상상 연습이다. 그리고 또한 수용전념치료사들이 이 연습을 점점 더 많이 활용하고 있다.

이 연습을 실제로 하기 시작하면서, 만일 당신이 고요하고 확신이 있으며 연민의 마음이 들었다면, 이상적으로 갖고 싶은 특성들을 적으면서 자기연민의 특성에 대하여 생각해보는 시간을 가져보자. 당신이 실제로 이 특성들을 갖고 있는지는 중요하지 않다. 알고 싶은 것은 당신이 당신을 연민하는 자기라면 그것은 어떠할 것 같은가. 이때 당신 자신에게서 가장 연민적인 것은 실제로 어떠할 것 같은가를 상상하라. 실제로 그 연민하는 자기가 된다는 것은 얼마나 멋진 일인가? 당신은 어떠할 것 같은? 당신은 지혜로울까? 강하고 불편함을 인내할 수 있을까? 타인과 당신 자신에게 따뜻한 마음을 갖고 있을까? 고통받는 사람을 공감하고 있을까? 다른 사람의 잘못과 약점을 이해하고 판단하지 않고 용서할 수 있을까? 용기를 갖고 있을까?

가장 연민적인 측면을 그려보도록 당신 자신에게 요청해보아라. 더 나이 많고 현명한 사람, 또는 더 젊고 더 순수한 사람으로 상상할 수도 있다. 이것은 연습이고, 당신이 원하는 대로 당신의 연민하는 자기를 자유롭게 상상해보는 것이다. 불교심리학에서 보살들을 활용하여 특별히 전형적인 상상을 할 수도 있다. 그러나 연민에 초점을 맞춘 인지행동치료에서는 자신의 개인적인 이야기와 자신이 진심으로 바라는 소망이 연결되는 상상을 자유롭게 하면 된다.

안내 지침

연습하는 동안 안전하고 방해받지 않을 장소를 찾아 시작하세요. 당신의 마음챙김 수행을 위하여 사용할 수 있는 특별하고 조용한 장소면 더 좋습니다. 호흡의 리듬 가라앉히기 또는 그와 유사한 마음챙김 명상으로 시작하세요. 눈을 감고, 바닥에 닿아있는 발바닥 그리고 앉아 있는 의자에 주의의 일부를 가져오세요. 그리고 일부분은 호흡이 당신의 몸 안과 밖으로 흐르는 것에 주의를 기울여보세요. 호흡의 리듬과 속도를 알아차려보세요. 숨을 들이마시고 내쉬는 것을 느껴보세요. 계속해서 이 호흡에 집중하여 당신의 주의를 모으고 지금 이 순간에 초점을 맞춰보세요.

지금 여기에서 당신의 연민하는 자기에 초점을 맞추고 있습니다. 당신의 연민하는 자기를 기억한다면, 이제 그 자질을 이미 가지고 있다고 상상해보세요. 도움을 주고 지지하고자 하는 바람과 친절함으로 시작합니다. 연민의 마음을 갖기를 바라고 당신 자신과 타인이 고통으로부터 해방되도록 도와서, 그들이 행복하고 번성하기를 바라는 당신의 동기와 바람에 초점을 맞추세요. 이 연민의 동기와 연결될 때 온화한 얼굴 표정으로 어떤 목소리 톤으로 말하면 연민이 가득한 말을 할까를 생각해보세요. 이렇게 30여 초 동안 당신이 도움이 되고자 하는 바람과 친절함을 가지고 있다고 상상해보세요. 당신 자신을 이런 방식으로 상상할 때 어떤 느낌이 드는지 알아차려보세요.

당신의 연민하는 자기가 지혜롭다는 것을 기억하고, 숨을 들이마시면서 지혜를 소유하고 바르게 보는 자기 자신을 상상해보세요. 숨을 내쉬면서 그것을 놓으세요. 당신의 연민하는 자기는 지혜를 인격화하여 표현하며, 삶이 매우 힘들지만 어느 누구도 고통을 선택하지 않는다는 것을 이해합니다. 정서적 고통과 두려움은 우리 모두가 느끼는 것이고, 연민하는 자기는 경험을 통하여 고통이 우리의 잘못이 아니라는 것을 배웁니다. 우리는 여기에 존재하는 것을 선택하지 않았고, 강하고 혼란스러운 정서와 동기로 가득 차서 그렇게 복잡해진 두뇌로 진화하기를 선택하지도 않았습니다. 우리는 우리의 개인적인 역사나 고통스러운 기억을 선택하지 않았습니다. 이 모든 것을 알고 있는 당신의 연민하는 자기는 삶의 문제를 진실로 이해하는 풍부한 지혜로 가득 차 있습니다. 30여 초 동안 당신이 위대한 지혜를 가지고 있다고 상상해보세요. 이런 방식으로 당신 자신을 상상할 때 어떤 느낌이 드는지 알아차려보세요.

이제 숨을 들이마시고 내쉬면서, 이 연민하는 자기가 당신이라면 당신의 목소리 톤이 어떠할까를 상상해보세요. 어떻게 행동하고 있나요? 얼굴 표정은 어떠한가요? 당신 주변 사람들과 당신 자신을 돌보고, 그들과 사랑을 나눌 수 있는 능력을 즐겨보세요. 우리 모두가 자주 그렇듯이 마음이 방황을 하면 숨을 자연스럽게 들이쉬면서 주의를 연민하는 자기를 상상하는 것으로 다시 천천히 가져오세요. 당신 자신과 타인을 향하여 연민의 마음을 가질 수 있는 능력에 대한 느낌으로 호흡을 불어넣으세요. 어떤 일이 있어도 비난하지 않는 완전히 비판단적인 사람이 된 당신 자신을 상상해보세요. 당신의 연민하는 자기에 대한 세부 묘사를 떠올려보세요. 무슨 옷을 입고 있나요? 당신의 몸은 이완되고 수용적인가요? 몸의 언어로 개방성과 사랑을 표현하고 있나요? 미소 짓고 있나요? 그렇지 않다면 지금 미소 지으세요. 그리고 아기를 조심스럽게 안고 있을 때 느끼는 따뜻함을 상상해보세요. 숨을 들이마시면서 주의를 당신의 몸으로 가져오고, 당신 자신을 확장시켜 지혜와 따뜻함과 회복의 능력을 환영하는 상상을 해보세요.

이때 우리의 연민하는 자기는, 큰 고통과 두려움이 있을지라도, 흔들림 없는 연민과 고요만 있을 뿐, 고통에 압도당하지 않고 그것을 인내할 수 있는 능력과 내면의 힘을 담고 있는 깊은 저수지를 갖고 있음을 기억하세요. 당신의 연민하는 자기가 강한 이 순간에 당신은 강합니다. 30여 초 동안 당신이 깊고 지속적인 힘을 가지고 있다고 상상해보세요. 이런 방식으로 당신 자신을 상상할 때, 어떤 느낌이 드는지 알아차리세요.

당신의 연민하는 자기는 고통과 아픔을 없애는 데 헌신하고, 당신이 기쁨과 행복을 경험할 때 만족합니다. 당신의 연민하는 자기가 가장 바라는 것은 당신의 고통과 불안을 진정시키도록 도와서, 당신에게 평화와 따뜻함과 만족을 주는 것입니다.

당신이 확신과 권위를 가지고 있다고 상상해보세요. 똑바로 선 자세로 힘과 위엄이 있는 권위를 느껴보세요. '무슨 일이 일어나든 나는 그것을 다룰 수 있다'는 명확한 이해를 가지고, 삶의 문제와 고통에 직면할 수 있음을 상상해보세요. 연민의 얼굴 표정과 따뜻한 목소리를 유지하면서, 연민의 방식으로 어떻게 말할 수 있는지, 세계에서 어떻게 움직일 수 있는지에 대하여 생각해보고, 분명한 확신과 성숙함을 표현해보세요. 30여 초 정도 이 확신과 고요함과 강함과 연민의 권위를 가진 당신 자신을 상상해보세요. 이런 방식으로 당신을 상상할 때 어떤 느낌이 드는지 알아차려보세요.

이 연습을 계발하기 위하여 당신이 외부에서 당신을 바라보고 있다고 상상해보세요. 당신의 얼굴 표정과 당신이 움직이는 방식을 보세요. 타인에게 말하는 소리를 듣고, 당신의 연민의 목소리를 알아차리세요. 당신과 관련된 사람을 연민하는 사람으로 보세요. 당신이 계발하고 있는 이상적인 연민의 방식으로, 다른 사람들과 관계하고 있는 당신 자신을 보세요. 다음 30여 초 동안 세계에서 연민하는 사람이 된 당신 자신을 보고, 다른 사람들이 당신과 그렇게 관계하고 있음을 보면서 그것을 재미있게 즐겨보세요.

준비가 되었다면 당신의 주의를 현재 이 순간으로 가져와 당신이 연민하고 있는 현존의 세계 속으로 가져오세요. 연습을 계발하면서 당신은 연습하고 있는 모든 자질들을 가지고 있다고 상상할 수 있습니다. 연습을 느긋하게 하면서 이런 사람이 되는 상상을 더 많이 하면 할수록 이 자질들에 가까워지고 있음을 더 쉽게 발견할 수 있습니다. 그 자질들은 당신을 통하여 더 쉽게 표현될 수 있을 것입니다.

* 길버트(Gilbert, 2009a), 터치(Tirch, 2012), 콜츠(Kolts, 2012)에서 인용한 연습이다.

연민과 주의

연민은 우리의 주의가 있는 곳에 영향을 미치고, 미래에 연민의 마음을 갖게 될 그곳에 연민을 만든다. 우리의 사회적 지위에 대한 단서와 신호에 (사회적 지위를 위협하는 것에) 계속해서 마음을 쓰는 대신, 고통의 신호와 고통을 없애는 데 도움을 줄 수 있는 방법에 대하여 민감하게 반응한다. 우리의 주의가 그 순간의 강하면서 협소한 정서로부터 벗어나서, 고통으로부터 해방되는 것을 추구하는 방향으로 전환하는 것은 도움이 된다. 불교적 관점에서 보면, 이것은 실재의 궁극적인 본성을 이해하기 위한 것이다. 현대 심리학자들에게 이것은 정신적 위기의 순간을 신중하게 관찰하여 그 위기로부터 밖으로 나와, 그 위기의 순간을 행복하고 건강한 삶을 추구하는 것과 관련하여 생각한다는 것을 의미할 수 있다. 역사적 붓다는 사고억압검사White Bear Suppression Test와 경험적 회피에 대한 연구가 확인했던 것을 2,000년 전에 알고 있었다. 누군가의 사고 경향성을 바꾸고 싶다 해도 단순히 자기에 대한 생각을 멈추라고 말하는 것은 소용이 없다. 사고를 억압하려는 시도는 그런 생각이 드는 빈도를 더 증가시킬 뿐이다(Wegner, Schneider, Carter, & White, 1987). 생각이 억압받는 것에 엄청나게 저항하는 동안, 주의는 연습하는 만큼 개방하고 집중할 수 있다. 정신적 고통에 제한적으로 사로잡히는 것에서 해방되려면, 자기연민보다 더 좋은 방법이 있을까?

자기연민의 경험을 경험적 회피, 즉 다양한 심리 문제들과 연관된 인간의 경향성과 대조시킬 때, 자기연민이 어떻게 작용하는가를 알 수 있다(Hayes et al., 1996). 정서적 고통(또는 그것에 대한 잠정적 고통)을 경험적 회피의 차원으로 보면, 움츠러들어서 혐오스러운 경험을 회피하거나 도피하도록 돕는 다양한 전략을 사용하는데, 그 가운데 어떤 전략은 오히려 매우 부정적으로 의도하지 않았던 결과를 내어 도움이 되지 않는다. 그와는 대조적으로 고통에 직면할 때, 자기연민을 가진 사람은 불편함을 인간의 공통적인 경험의 맥락에서 보고, 그러한 관점에서 불편함을 신중하게 관찰할 수 있다. 그러면 고통스러운 정서도 수 만 년 동안 만들어지고 있는 정서 조절 시스템의 산물로 이해된다. 고통스러운 정서를 접촉하지 않으려고 고안된 사고와 행동 패턴에 사로잡히기보다는, 그 정서를 수용하고 그것을 경험하고 견딜 수 있으며, 고통을 야기하거나 유지하는 데 기여하는 요소들을 다룰 수 있음을 배운다. 실제로 자기연민은 경험적 회피와 부정적 상호연관성이 있는 것으로 밝혀졌다. 40명의 대학생들이 한 달 동안 자기 보고한 것에 대한 연구에서, 네프와 그의 동료들은(Neff et al.,

2007a) 자기연민의 증가가 사고억압 전략과 부정적 상관관계에 있음을 밝혔다. 이와 유사하게 네프와 그의 동료들(Neff et al., 2005)은 시험에 실패한 110명의 대학생들을 대상으로 연구한 보고에서 자기연민이 회피에 기반한 대처 전략과 부정적 상관관계에 있음을 밝혔다. 이러한 연구 결과는 네프의 초기 연구(Neff, 2003a)와 일치한다. 그것은 232명의 대학생들을 대상으로 한 연구에서 자기연민이 사고 억압과 회피와 부정적 상관관계가 있다는 것이었다.

연민적 주의를 계발하는 것의 목표는 특정 경험을 억압하거나 부정적인 것을 회피하는 것이 아니라, 도전적 상황을 다루고 그 상황에 가장 잘 적응하도록 돕기 위하여 발달된 인간 능력을 깨우고 활성화시키는 것이다. 연민을 계발하고 21세기에 '돌봄 정신Mentality of caring'(Gilbert, 2009a)이라고 불리는 것을 발달시킴으로써, 불교에서 고통의 일차적인 원인으로 보는 자기 집중적 갈망과 집착을 자연스럽게 줄일 수 있는 방식으로 현재 우리의 주의에 변화를 준다. 그러면 시간이 흐르면서 미래에 습관적 패턴을 가진 주의가 형성되기 시작한다.

연민중심치료에서 사용하는 비유는 이러한 정신적 변화의 역동을 설명하면서, 비판적이고 짜증내는 스승과 온화하고 따뜻하며 연민의 마음을 가진 스승의 영향을 대비시킨다. 전자의 스승에게서 학생은 '스트레스와 경쟁적 마음, 그리고 열등감'을 느끼는 반면, 후자의 스승은 안전과 고요함 그리고 긍정적 전략을 짜고 발전시킬 수 있는 능력을 고양시킨다(Gilbert, 2009a, p.213). 가혹한 (또는 속으로 자기를 비판하는) 스승은 위협감을 느끼게 함으로써 취약한 자기 이미지에 초점을 맞추게 한다. 그러나 따뜻하고 연민의 마음을 가진 스승은 안전감을 느끼도록 돕고, 에너지가 긍정적인 생각과 행동을 향하게 한다. 우리는 내적 '스승'의 정서적 톤이 어떻게 우리의 마음에 매우 다른 마음 상태를 형성할 수 있는지를 알 수 있다. 그 마음 상태는 긍정적 삶의 변화를 추구하도록 격려하거나, 아니면 위협받고 무기력한 느낌을 갖게 하는 수치스러운 자기에 초점을 맞추게 한다. 불교가 깨달음을 추구할 때 연민을 계발하는 것이 왜 중요한지에 대한 또 다른 이유가 있다. 그것은 고통을 야기하는 이기적 집착의 관점에서 벗어나도록 우리를 도울 뿐만 아니라, 다른 사람들과 상호작용하여 그들도 그렇게 하도록 도울 수 있다. 마지막으로 연민은 좋게 보이려는 것이 아니라는 것이다. 격려하는 스승은 여전히 학생들이 열심히 (귀찮을 때조차도) 일하고자 하는 동기를 찾게 한다. 왜냐하면 스승은 그렇게 하는 것이 그들에게 유익하다는 것을 알기 때문이다.

보살의 여정을 밟아가는 수행자들처럼 인지행동치료사들도 고통에 대한 연민적 인식 그리고 그것을 없애고 싶은 바람에 의해 동기화된다. 그러나 심리적 개입에서 연민은 조용하지만 강력한 동기를 갖고, 중요하고도 독점적인 역할을 한다고 주장할 수 있다. 그러나 특히 내담자들이 스스로 연민을 계발하도록 공식적으로 도와야 함에도 불구하고, 그것에 대하여 거의 말하지 않거나 의도적으로 계발하지 않는다. 이와는 대조적으로 불교의 스승들은 수행자들과 함께 연민을 수행하는 방식을 사용한다. 다행히도 인지행동치료에서도 변화가 일어나고 있다.

8

행동하는 보살:
체계적 연민 개입법

8 행동하는 보살: 체계적 연민 개입법

놀란 사람들에게 두려움이 사라지기를
매인 사람들이 해방되기를
무기력한 사람들에게 힘이 생기기를
사람들이 서로에게 유익이 되는 생각을 하기를 바랍니다.
우주가 지속되는 한
지각 있는 존재가 살아있는 한
그때까지 나도 살아서
세상의 불행을 없애고 싶습니다.

– 산티데바Shantideva

연민은 언제나 심리치료의 한 부분이 되었다고 볼 수 있다. 그렇지 않으면 왜 우선적으로 내담자들과 이 작업을 하기를 선택하겠는가? 최근에는 연민이 치료실에 공식적으로 들어와 있다. 내담자들이 자기 자신과 타인들을 향하여 연민의 마음을 갖고, 그것을 경험할 수 있는 능력을 발달시키도록 돕는 개입 전략을 사용하고 있다.

자기연민 계발하기

1989년 국제 불교 지도자 모임에서 서양의 스승들은 무가치함과 자기비
판, 수치심, 자기증오의 문제를 엄청나게 많이 가져왔습니다. 그것들은
서양 학생들이 수련하는 동안에 얼마나 자주 일어나는 일입니까? 달라이
라마 성하와 다른 아시아 스승들은 충격을 받았습니다. 그들은 자기증오
라는 말을 이해할 수 없었습니다. 달라이 라마는 통역자 진빠Geshe Thubten
Jinpa와 10분 정도 상의하는 시간을 가졌습니다. 그리고 그는 돌아서서
우리들 중 얼마나 많은 사람들이 우리 자신과 학생들에게서 이 문제를
경험하는지를 물었습니다. 모두가 그렇다고 고개를 끄덕였습니다. 그는
정말 놀라는 것 같았습니다. "그러나 그것은 잘못이에요." 그는 말했습니
다. "모든 사람은 소중합니다!"

— 콘필드Jack Kornfield(2008, p.27)

이 인용문을 읽고 터치Dennis Tirch는 달라이 라마와 그의 많은 제자들이
그들의 사회 구조 안에서 확고한 자존감과 특권을 누리고 있음을 볼 수밖
에 없었다. 그렇다면 아마도 그들이 자기증오에 익숙하지 않은 것은, 지
금까지 그들이 배웠던 사회적 학습과 연관되었을 것이다. 그것은 모든
지각 있는 존재들의 웰빙에 대한 이타적 열망에 관한 것이다. 그러나 서
양의 사회 전통은 경쟁과 개인적 성취를 강하게 강조하므로, 다른 문화권
과는 질적으로 다른 형태의 자기공격성을 활성화시키는 것 같다. 우리는
이것에 대한 증거를 서양 문화에 관한 방대한 문헌, 학문적 전통, 서사적
인 전통 안에서 발견할 수 있다. 거기에서 영웅들은 종종 그들의 자만심

이 그들을 파괴하고, 그들의 빈약한 본성에 대하여 양심의 회한에 빠지는 방식들을 직면하게 된다. 원죄의 교리조차도 기독교 전통에서는 근본적인 것이지만, 우리가 타락한 상태로 태어났고 타락한 상태에 대한 책임이 우리에게 있다고 말한다. 지금까지 검토한대로, 수치심과 자기비판은 심리적 고통과 높은 연관성이 있는 진단을 넘어선 과정에서 나타나고 (Zuroff, Santor, & Mongrain, 2004), 그것은 심리치료 과정에서 큰 장애물로 작용할 수 있다(Rector et al., 2000). 지속적인 자기비난과 수치심을 가진 자기 자신에 대하여 적극적인 친절을 베푸는 것은 분명히 심리치료에서 탐색해야 할 것이다. 그럼에도 불구하고 우리들 중 많은 사람들에게는, 자기 자신에 대하여 연민의 마음을 갖는다는 것은 과거에 연민에 대하여 배웠거나 생각했던 것과는 반대로 보일 수 있다. 서양 심리학에서 자기연민은 새로운 개념으로, 자기연민을 심리치료의 핵심 과정으로 발전시키는 것은 증거 기반 상담의 선구자적 위치에 있다. 그러나 페마 최된Pema Chodron (2003), 틱낫한Thich Nhat Hanh(1973)과 같은 탁월한 불교 스승들은 다르마에서 자기연민의 중요성을 강조했다. 실제로 자기연민은 불교 우주관에서는 잘 알려진 개념이다. 거기에서 자기의식은 궁극적으로 망상이다. 크리스토퍼 거머Christopher Germer(2009)는 우리 사회에는 황금률의 반대도 필요하다고 말한다. 즉, 우리가 세상 전부를 사랑하는 사람으로 대하듯이 우리 자신을 대해야 한다는 것이다.

그럼에도 불구하고 자기연민은 많은 사람들에게 이해하기 어려운 개념이다. 그 이유는 아마도 동서양을 막론하고, 일차적으로 타인들의 고통에 마음이 움직이고 그들을 도우려는 동기가 생기는 상태가 연민이라고 정의 내리고 그렇게 알려져 있기 때문일 것이다. 연민의 개념 자체가 처음에는 타인 지향적 경험으로 발전된 것이 맞다.

일반적으로 연민은 자기에게 초점을 맞추기보다는 타인의 고통에 초점을 맞추는 것을 강조하는데, 이는 자존감을 높임으로써 자기를 실현하는 것의 중요성을 강조하는 서양 심리학적 관점과는 대조적인 것 같다 (Neff, 2003b). 이런 점에서 20세기 중반 이후 많은 심리학은 개인의 자아를 강화하고 우리 자신을 존중하는 것에 초점을 맞추어왔다고 볼 수 있다 (Ellis, 2006). 이것은 팔정도와 불교심리학의 목표와는 대조적이다. 사람들의 자기 이야기가 그들의 존재 경험에 미치는 지나친 영향력으로부터 해방될 것을 불교심리학은 제안한다. 자존감 향상이 건강한 마음과 건강한 행동과 건강한 삶을 위한 최선의 방법이 아니라고 믿을 만한 이유는 많이 있다. 최근에 자존감 관련 문헌을 검토한 결과, 그리 긍정적이지 않은 특징이 많이 있는 것으로 보인다. 그것은 높은 자존감을 추구하는 것, 즉 부정적 피드백 거부하기, 해로운 행동에 대해 책임지지 않기, 편견과 차별을 부추길 수 있는 하향적 비교하기, 자신의 자아를 위협하는 타인에 대한 분노와 공격성과 같은 것들과 연관되었다(Neff, 2011; Neff & Vonk, 2009). 그러나 자존감과는 달리, 자기연민은 자기 가치와 연관성이 더 높을 뿐만 아니라 특정한 결과가 발생하는 것에 영향을 덜 받는다(Neff & Vonk, 2009). 이러한 결과는 불교심리학의 주장이 정당하다는 것을 잘 보여주는 것 같다. 경쟁적 자존감을 발달시킴으로써 자아를 강화하는 것은 자기 자신과 또는 주변 세계와 평화롭게 지내는 최선의 방법은 아니다.

그러나 최근의 심리학에서 일어나고 있는 자기연민 운동을 살펴보면,

자기를 신격화하거나 타인과 경쟁하는 것이 아니라 불교에서 모든 존재에 대하여 갖고자 하는 연민의 바로 그 특성을 자기 자신에게까지 확장하는 것을 보게 된다(Neff, 2011). 앞에서도 설명했듯이 네프(2003a)가 개념화한 자기연민의 세 요소들은 마음챙김, 인류 의식, 자기 사랑이다. 네프는 서양 불교 작가들이 쓴 사랑과 친절 그리고 자기 수용에 대한 글을 연구한 후에 자기연민에 대하여 조작적으로 정의하였다. 따라서 자기연민의 심리학은 우리가 모든 존재에 대한 연민을 계발할 수 있다면, 자기도 포함되어야 한다는 개념을 강조한다.

그러나 그것에 대하여 궁금해할 수 있을 것이다. 불교의 연민 수행을 내담자들에게 적용하려는 서양 심리학자들은 왜 타인을 향한 연민 외에도 자기연민에 초점을 맞추려는 것일까? 그것은 붓다가 제자들에게 극복하라고 했던 바로 그 자아 집착을 단순히 강화하려는 것이 아닌가? 앞으로 살펴보겠지만, 연민에 의한 행동은 사회적 비교, 수치심, 위협에 기반한 정서 체계와는 다른 정서, 인지, 행동 체계를 활성화한다는 것이다. 자기연민에 의한 행동은 근본적으로 수치심에 의한 행동과는 거리가 멀다. 실제로 심리학 전문가들이 접하기 쉬운 정서 장애에 대한 자료와 역동을 검토해보면, 자기연민이 매우 타당하다는 것을 알 수 있다. 연구에서 밝혀진 것은 자기연민, 수치심, 자기증오가 우울증, 불안, 자해 행동과 같은 수많은 정서행동 장애에 내포되었다는 것이다(Gilbert et al., 2010). 잭 콘필드Jack Kornfield가 앞에서 말했듯이, 자기혐오와 수치심은 역사적 붓다(또는 티베트 수도승)에게는 그리 큰 문제가 아니었는데, 문화적 차이 때문인지 서양 사람들에게 자기 수치심, 자기혐오는 정서적 고통에서 많은 역할을 하고 있는 것 같다.

폴 길버트는 수치심에 대하여 오랫동안 연구를 했는데, 그의 연구에서 밝혀진 것은 부정적인 자기 평가와 서열화된 사회적 평가에 의한 관계의 틀 안에서 느끼는 수치심은, 지속적으로 내면화되고 부정적으로 자기에게 초점을 맞추게 된다는 것이다. 이러한 사회적 위협에 초점을 맞추면 타인의 부정적 평가를 두려워하게 된다(Gilbert, 1998b). 사회적 지지와 인간 공동체는 생존에 매우 중요한 것이어서, 수치심으로 인하여 그렇게 협소하게 자기에게 초점을 맞추고 위협을 경험하는 것은, 분명히 제한적인 행동 목록과 파괴적 정서와 연관이 있다. 우리는 모두 근본적으로 인간적인 면에서, 아마도 무의식적인 수준에서 완전히 홀로 되어 보호받지 못하고 사랑받지 못하는 것을 두려워한다. 이러한 보호받지 못하고 사랑받지 못한 경험이, 많은 고통의 동력이 된다. 반직관적으로 보일 수도 있지만, 자기연민을 발달시키도록 돕는다면 끊임없는 자기 평가 사이클에 사로잡히게 하는 자기증오, 반추적 자기비판, 수치심을 극복함으로써, 강박적인 자기 집착의 경향성을 줄이도록 도울 것이다. 자기 경험에 대한 연민을 발달시키면 그 경험을 넘어서 우리 자신을 해방시킬 수 있을 것이다.

타인에 대하여 경험하는 연민처럼, 자기연민은 '자기를 향한 친절'과 관련 있다. 이런 관점에 의하여, 고통과 아픔의 문제에 대한 우리의 경험을 개방하여, 고통을 부인하고 그것을 밀어내려하거나 우리 자신을 비판하는 것이 아니라, 고통을 경험할 수 있도록 우리 자신을 허용한다. 우리 자신의 고통에 민감하게 되면, 내면의 고통을 완화하도록 돕는 행동을 할 수 있게 된다. 자기연민은 도움을 필요로 하는 그 일을 하려는 의지와 인내심을 갖고, 친절하게 우리의 고통에 접근할 수 있게 한다(Neff, 2003b).

우리는 타인을 향한 연민은 비교적 쉽게 가질 수 있지만, 그와 똑같이 자기 자신에게 친절을 다하는 것은 매우 어렵다고 말하는 많은 내담자들을 상담한다. 다른 사람의 고통을 볼 때 그 사람이 지금 아파하고 있고 그들을 도울 수 있다고 보는 반면, 자기 자신의 고통에 대하여는 너무 자주 자기비난과 수치심으로 반응하는 것 같다. 네프가 개념화한 '보편적 인간성'은 이 문제를 다루는 데 도움이 된다(2003a/2003b). 자기 자신의 고통을 개인에게 고유한 약점이나 성격적 결함으로 보지 않고, 자기연민의 보편적 인간성이라는 측면에서는 자신의 경험을 인간 경험이라는 광범위한 맥락에서 본다. 불교 사상을 성찰해보면, 보편적 인간성의 원리는 우리가 삶에서 정서적 고통, 실패, 아픔, 부적절함, 상실, 다른 많은 문제들을 경험한다는 것을 인정하는 것이다. 이것이 보편적 경험이고, 삶에 대한 대가이다. 이 보편적 인간 경험에 포함된 불가피한 고통을 볼 때 인간의 삶이 많은 면에서 본질적으로 힘든 것이고, 우리 모두가 연민을 받을만하다는 것을 인정할 수 있다(Neff, 2003b).

자기연민과 관련해서 우리는 우리의 고통이 보편적 인간성을 나타낸 것이라고 인식할 때, 고통에 대하여 유연한 반응을 할 수 있게 된다. 인지행동치료 관점에서 보면 아론 벡을 따르는 인지행동치료사는 네프의 자기연민 모델을 인지재구조화의 형태로 볼 것이다. 즉, 자기비판적이고 소외와 분리의 핵심신념을 가진 부정적인 자동사고는, 자기 수용의 사고로 재구조화되고 고통을 공통적인 인간 경험으로 인식하게 된다. 이러한 인식 전환은 매우 강력한 잠재력을 갖고 있어서, 내담자가 부정적인 정서를 갖게 하는 비판적 자기 평가를 즉시 완화하여 소외감을 연결감으로 대체하도록 돕는다. 연결감 속에서 고통 자체는 다른 모든 인간 존재와 갖는 친밀한 연대감의 상징이 된다. 시간이 흐르면서 벡의 인지치료사는 내담자의 문제 기저에 놓여있는 신념, 즉 '나에겐 본질적으로 잘못된 것이 있어, 내가 만지면 모든 것이 엉망이 돼'라는 부정적 신념에서 '삶은 나를 포함해서 누구에게나 어려워, 그러니까 연민이 필요한 거야. 지금 이 순간에 나를 어떻게 하면 가장 잘 돌볼 수 있을까?'라는 신념으로 바뀌기를 기대할 것이다. 이러한 상황을 고려해볼 때 자기연민은 우리가 자기에게 강박적으로 초점을 맞추는 경향성에서 벗어나도록 잠재적으로 도울 수 있을 것으로 보인다.

벡의 영향을 받은 인지치료사는 자기비판적 사고에서 자기연민적 사고로의 직접적인 인지 변화를 추구하지만, 수용전념치료사와 같은 제3의 인지행동치료사들은 근본적으로 내담자의 자기비판과 내담자와의 관계를 변화시키는 삶의 조건들을 창조하도록 돕는다. 신념의 구조보다는 맥락적 다양성을 겨냥하고, 형식보다는 기능을 강조하는 제3의 인지행동치료사는 내담자가 마음챙김 자각을 계발하여, 내담자의 행동에 습관적으로 영향을 미쳤던 사고 패턴에서 벗어나도록 돕는다.

따라서 자기연민 개념에 대한 네프의 첫 번째 구성요소는 마음챙김 그 자체이다. 앞에서도 논의했듯이, 개방적이고 비판단적인 마음챙김 자각은 자기연민이 가능한 맥락을 창조한다. 왜냐하면 자기연민은 고통과 아픔을 비판단적으로 관찰하게 하여 그것과 동일시하지 않을 수 있게 하기 때문이다. 이런 방식으로 고통은, 근본적인 (흠이 있는, 수치스러운)

자기의 특성이라기보다는 변화하는 하나의 경험으로 보인다.

본질적으로 마음챙김은 개방적이고 탐색적이며 비판단적 자각의 특성을 갖고 있다. 그렇기 때문에 마음챙김은 아마도 필연적으로 친절하다거나 불친절한 것이 아니라(그것은 자각의 특성이다), 자기연민의 (필요할 것 같은) 다른 측면들을 어떻게 지지하는지를 보여줄 수 있을 것이다. 거머(Germer, 2009)가 말하듯이 마음챙김 자각은 따뜻한 특성을 담고 있을 수 있고, 연민을 자각이 포함된 모든 경험으로까지 확장시키기 위한 도구로 사용할 수 있다. 마음챙김은 경험에 개방하는 것이고 경험을 있는 그대로 보는 것이다. 우리 자신을 경험에 개방한다는 것은 그 경험의 특성이 고통스러울 때처럼, 그렇게 어렵지는 않다. 다만 자기연민은 고통을 친절하게 대하려는 의지를 요구하고, 또 그것이 가능하다는 것이다. 우리가 한번 그것을 하게 되면, 마음챙김의 수용적이고 비판단적인 관점은 우리가 비판적인 자기 평가에서 나와서 고통스러운 경험을 보편적인 인간성의 눈으로 인식할 수 있게 한다. 이때 그 경험은 인간 삶의 본질적인 한 부분으로, 친절하고 부드럽게 인내하면서 다루어질 수 있는 것이 된다. 이 지점에서 불편함을 습관적으로 회피해왔던 삶의 양식을 자세하게 설명하는 대신, 그 경험을 친절하고 따뜻하게 그리고 용기 있게 다룰 수 있다. 거머는 (개인적 대화, 2013년 4월) 다음과 같이 말한다.

자기연민의 핵심적인 요소는 경험에 대한 마음챙김으로부터 그 경험하는 자에 대한 마음챙김으로 옮겨가는 것입니다. 관찰자가 고통 속에 빠져 있을 때 사랑의 자각이 필요합니다. '고통스러워하는 자기'가 위로받고 편안해질 때 우리의 인식 영역은 자연스럽게 주변 세계로 다시 열립니다. 즉, 연민은 자기에게서 자기에게로 또는 자기에게서 타인에게로 가는 것입니다. 그것은 대인관계적인 것이고 연결에 대한 것입니다.

따라서 우리가 주의를 기울이는 방식은 연민을 계발하기 위한 핵심적인 측면이다.

연습   부드러움, 위로, 허용

부드럽게 위로하며 허용하는 연습은 마음챙김에 기반한 자기연민 프로그램MSC의 요소들 중 하나다. 그 프로그램은 자기연민을 직접 생성하고 경험하도록 훈련한다. 이 연습을 하나의 예로 선택한 이유는 마음챙김에 기반한 자기연민 프로그램에서 마음챙김과 자기연민이 매우 직접적으로, 따뜻하고, 친절하게 다루어지기 때문이다. 이 연습은 일상적인 연습으로 유용할 수 있고, 이 연습의 과정과 경험에 익숙해지면 유용한 대처 방식으로 사용될 수 있다. 이 간단한 명상은 마음챙김을 활용하여 고통의 공간을 어떻게 만드는지 그리고 연민의 주의를 우리의 고통 경험에 어떻게 적용할지를 알도록 도움을 줄 수 있다.

안내 지침
유연한 자세로 허리를 곧게 펴고 바닥에 닿아있는 경험을 천천히 허용해보세요. 의자에 앉아서 호흡이 자연스럽게 천천히 리듬을 타도록 허용해보세요. 준비가 되었다면 이런 방식으로 3번의 호흡을 더 하면서 날숨으로 긴장이 이완되는 것을 느껴보세요.

자연스럽게 숨을 들이마시면서 몸의 감각에 주의를 기울여보세요. 무엇을 알아차리든지, 계속해서 호흡에 초점을 맞추면서 배의 움직임을 느껴보고, 가슴 부분의 호흡에 개방적이고 비판단적인 주의를 기울여보세요.

숨을 들이쉴 때마다 몸속으로 연민적인 주의를 기울이고, 숨을 내쉴 때마다 긴장을 내보내면서 몸에서 일어나는 어떠한 감정 경험이라도, 그것에 주의를 기울여보세요. 이 순간에 당신의 정서와 관련하여 어떤 신체 감각이 느껴지나요? 아마 불안이나 고통을 느낄 수도 있겠죠. 그렇다면 이때가 바로 그곳에서 신체 감각으로 나타나는 이 정서 경험을 느끼도록 당신 자신을 허용할 시간입니다. 가슴이나 목이 긴장되면서 불안을 느낄 수도 있을 것입니다. 그럴 때마다 그것을 알아차려보세요. 그리고 숨을 들이마시면서 이곳에 연민적인 주의를 기울여 몸 안에 있는 그 공간에서 부드럽게 되는 자신을 느껴보세요. 이것은 경직되거나 아픈 근육에 따뜻함을 주는 것과 유사하다고 상상해보세요. 신체적으로 힘이 가해지는 어떤 것이라도 내려놓고, 위로하는 호흡의 리듬을 타면서 '부드러움Soften'이라고 반복해서 말해보세요. 여기에서는 어떤 경험도 억압하거나 회피하지 않습니다. 바로 이 순간에 우리의 정서 경험과 신체 경험에 마음챙김과 연민적인 주의를 단순하게 기울여보세요. 부드럽게 하는 이 과정에 잠깐 동안 머물러보세요.

부드러움의 경험을 하고, 준비가 되었다면 당신의 손을 가슴에 가져오세요. 손의 따뜻함을 느껴보고, 그 따뜻함을 통하여 친절하고 위로하는 생각이 당신 자신에게 향하고 있음을 느껴보세요. 당신의 투쟁을 인식하며, 따뜻함과 자기 수용이 당신 자신과 당신의 경험으로 향하게 해보세요. 당신 자신에게 큰 소리로 또는 생각으로 친절하게, 불안과 고통과 투쟁했던 그것을 인정한다고 말해보세요. 그리고 당신 안에 있는 연민의 소리와 연결해보세요. 당신은 다음과 같이 말할 것입니다. "지금 이것이 나에게는 얼마나 힘든지 알 수 있다. 이 고통과 이 힘든 경험들은 삶의 한 부분이다. 나는 성장하면서 더 큰 기쁨, 평화, 행복을 순간순간 얻게 될 것이다."

이번에는 위로하는 호흡의 리듬에 당신의 주의의 일부를 기울이면서, 천천히 마음속으로 '위로Soothe'라는 말을 반복해보세요. 몸 안의 그곳에 도착한 위로와 친절함의 경험을 상상하기로 선택해보세요. 몸에서 신체적으로 당신에게 영향을 미치는 정서를 느낍니다. 들숨과 날숨을 알아차리면서, 할 수 있는 한 잠시 동안 이 위로의 과정에 머물러보세요.

마지막으로 당신의 정서 경험을 없애려는 욕구나 필요를 의식적으로 내려놓으세요. 숨을 내쉴 때 당신의 정서를 억압하거나 회피하려는 어떤 노력도 내려놓으세요. 부드럽게 그 경험으로 들어가서 당신의 투쟁을 위로하는 것에 주의를 기울여봅니다. 그리고 이 순간의 불편을 있는 그대로 허용하도록 자신에게 요청해보세요. 감정은 없앨 필요가 없습니다. 당신은 안전한 곳에 있고, 이 정서가 그곳에 그냥 있도록 허용할 수 있습니다. 왜냐하면 그것은 그것의 때에 맞춰 왔다가 가기 때문입니다. 이번에는 위로하는 호흡의 리듬에 맞춰 '허용Allow'이라는 말을 조용히 반복해서 말합니다. 이 연습의 각 단계마다 당신에게 그 과정이 아무리 길게 느껴져도, 잠시 동안 그 과정에 머물러보세요.

연습의 마지막 수 분 동안 호흡을 따르면서 마음속으로 '부드러움, 위로, 허용'을 조용히 반복해서 말해보세요. 당신이 할 수 있는 한 오래 호흡에 머물면서, 위로하는 리듬에 맞춰 마음챙김과 연민적인 주의가 당신의 정서로 향하게 하세요.

준비가 되었다면 마지막으로 숨을 들이마시고 천천히 숨을 내쉬면서 이 연습을 모두 내려놓으세요. 이 연습을 잘한 당신 자신을 인정해주세요.

앞에서 했던 마음챙김 연습처럼, 부드러움, 위로, 허용은 여러 날, 여러 달 동안 매일 활용할 수 있습니다. 그리고 이 연습은 당신이 어디에 있든지 당신에게 나타나는 불안과 접촉할 수 있도록, 연민적인 주의를 기울이는 간략한 형태로 사용할 수 있습니다. 이것은 중요한 전환점이 될 수 있습니다. 그곳에서 마음챙김을 자각하는 연습은 명상으로만 그치는 것이 아니라, 매일매일 정서반응을 조절하기 시작할 것입니다. 연습을 더 할수록 마음챙김 기법을 일상의 삶의 흐름에 더 깊이 적용하게 될 것입니다.

* 거머(Germer, 2009)에 기초한 명상 그리고 터치(Tirch, 2012)에 기초한 연습을 출판사의 허락을 얻어 인용한 것이다.

인지행동치료의 구성요소로서 연민 연습하기

연민과 마음챙김과 수용을 연습하는 것은 마음을 변화시키고 고통을 완화하는 데 도움을 줄 수 있다는 근본적 가정에 기반해서, 자기연민의 현대 심리학과 불교심리학을 결합시킬 수 있다. 더 나아가 그러한 관점은 인지행동적 차원에서 변화의 가능성을 높이고, 경험적 회피를 하려는 경향성을 극복할 수 있게 한다. 이러한 인지행동치료 사례들은 마음챙김, 수용, 연민의 근본적 가정과 의도와 근거를 공유한다.

- 내담자가 사회적 불안에 직면하여 자기비판적 생각에 사로잡혔던 것을, 치료사는 연습을 통하여 알아차리면서 이완하도록 격려한다.
- 불안을 느낄 때 자기연민과 연민중심의 대안들이 얼마나 더 많이 있는지에 대하여 치료사와 내담자는 호기심을 가지고 생각해본다.
- 상담 회기 중에 치료사와 내담자는 힘든 정서와 불편함을 삶의 한 부분으로 받아들이는 마음챙김 연습을 한다.
- 정서와 그 정서를 일으키는 상황에 의도적으로 노출하기를 습관화함으로써, 광범위하고 적응적인 대처전략과 새로운 행동을 추구한다.

이와는 대조적으로 연민의 마음이 없이 정서적으로 회피하는 사람들은 고통에 직면하게 하는 어떤 전략도 사용하기를 꺼려할 것이다. 그 대신 그들은 적응적이지 않은 반응을 다양하게 보일 것이다. 그것들은 다음과 같다.

- 고통을 모두 부인한다.
- 잠시 고통을 인정하지만, 곧바로 오락과 회피에 기반한 안전행동의 습관적 패턴으로 돌아간다.
- 그들이 고통을 겪고 있다는 사실을 자신의 바람직하지 않은 개인적 성격으로 돌려, 그 사실에 대해 수치스러워한다.
- 습관적으로 경험적 회피를 함으로써 기회 상실과 행동의 위축을 낳는 협소한 삶을 산다.

이 모든 것을 고려해볼 때 통합적 인지행동치료사는 과도한 회피와 자기비판이 어떻게 부적응적인 자기 도식과 사고 패턴을 강화하는지를 알고 있을 것이다. 더 나아가 자기연민의 부재는 정서 상태에 도전하는 것과 그 정서를 촉진하는 자극을 길들이는 데 실패할 가능성을 높일 것이다. 자기연민이 없는 사람들은 대처 전략으로 회피를 강화하여, 그것을 영속적이고도 부정적으로 사용하고 있음을 발견할 것이다. 따라서 (자기비난과 자기비판과 같이) 자기를 향하여 부적응적인 이차적 정서 반응을 주도하고 반복한다면, 고통은 처음에 경험했던 것보다 훨씬 더 크고 오래 지속될 것이다. 자기연민이 부족하거나 두려워하는 행동도 인지행동치료의 치료적 과제와 자기연민 연습을 하지 못하게 할 것이다. 연민심리학의 관점에서 볼 때(Gilbert, 2009a) 자기연민의 관점은 내담자가 삶의 문제를 다루고 접근할 때 안전한 느낌을 줄 수 있는 반면, 회피적 대안은 치료적 노력을 적극적으로 방해하는 방어와 위협의 상태를 유지하게 한다.

앞에서 상세하게 설명한 것처럼, 자기연민의 유익을 보여주는 경험적 자료가 점점 많아지고 있듯이, 마음에 변화를 주는 연민 계발이 가지는 잠재적 유익은 단순히 추측이나 믿음이 아니다(Neff, 2012). 앞에서 살펴본 것을 요약하자면, 문헌 자료는 자기연민척도SCS, Self Compassion Scale(Neff, 2003a)에 의해 측정되는 자기연민은 자기비판과 부정적 영향이 있을 때조차도, 우울과 불안의 수준을 낮추는 것과 연관이 있음을 밝혔다(Neff, 2003a; Neff, Kirkpatrick, & Rude, 2007). 자기연민은 더 적응적인 정서적 대처와 연관되었다. 연구는 자기연민을 많이 가진 사람들이 자신의 감정과 관련하여 매우 명확함을 경험하고, 부정적인 정서 상태에서 벗어날 수 있는 능력이 더 많음을 보여준다(Neely, Schallert, Mohammed, Roberts, & Chen, 2009; Neff, Hseih, & Dejithirat, 2005). 그리고 억압과 반추적 사고를 덜 하고(Neff, 2003a), 반추적 사고는 수치심과 오랜 연관 관계가 있는 하나의 전략이다(Cheung, Gilbert, & Irons, 2004; Gilbert, 2003; Tangney, 1995). 마지막으로 자기연민은 사회적 연결감, 삶의 만족, 자율성, 능력, 관계성(Neff, 2003a; Neff, Pisitsungkagaran, & Hseih, 2008), 행복, 낙관주의, 호기심, 긍정적 정서(Neff, Kirkpatrick, & Rude, 2007) 등 다양한 긍정적 상태와 연관되었다.

인지행동치료의 몇 가지 형태, 특히 수용전념치료(Forsyth & Eifert, 2007), 변증법적 행동치료(Barley et al., 1993)는 연민을 강조하는 모듈과 기법을 갖고 있지만, 대부분의 제3의 물결 인지행동치료에서는 핵심적인 변화 과정으로 연민에 분명하게 초점을 맞추는 접근법이 없다. 최근에 연민중심치료와 수용전념치료를 체계적으로 통합하려는 움직임이 널리 퍼지고 있다(Tirch et al., 2014). 그러나 이렇게 연합된 연민 프로토콜에 관한 연구는 아직 진행 중이다. 분명히 연민 훈련을 치료의 핵심으로 삼는 것은 잘 알려진 두 개의 치료 모델에서 가장 잘 나타난다. 마음챙김에 기반한 자기연민 프로그램MSC(Neff & Germer, 2011) 그리고 연민중심치료(Gilbert, 2009a)는 가장 분명하게 연민에 초점을 맞춘 치료 모델이다. 이것들은 현재 인지행동치료 분야에서 결합하여 사용되고 있다. 이 접근법들은 몇 가지 공통적인 특징이 있지만, 서로 매우 다르기도 하다.

이 접근법들은 연민을 의도적으로 계발할 것을 강조하지만, 불교와는 달리 대개 타인들에 관한 연민을 강조하지는 않는다. 그보다 마음챙김에 기반한 자기연민 프로그램과 연민중심치료는 자기에 대한 연민을 발달시키는 것의 중요성을 강조한다. 이 모델들은 이 연민을 정서로 보는 것이 아니라, 기능 수준에서 뇌와 행동을 조직하는 진화된 인간 능력으로 본다. 자기연민을 연습함으로써 내담자들은 자기 자신을 향한 진화된 연민의 능력을 갖도록 마음 훈련을 하여, 자신의 정서적 고통을 더 잘 다루고 의미 있는 삶을 살게 된다.

마음챙김에 기반한 자기연민 훈련

자기연민에 대한 경험적 연구에 이어서 그리고 자기비판과 투쟁하는 사람들에게 자기연민을 촉진하도록 돕기 위해 쓴 책에 이어서(Germer, 2009; Neff, 2011b), 크리스토퍼 거머Christopher Germer와 크리스틴 네프Kristin Neff 가 마음챙김에 기반한 자기연민 기술훈련 프로그램을 계발하였다(Neff & Germer, 2011). 마음챙김에 기반한 자기연민MSC 프로그램은 불교심리학의 영향을 강하게 받은 것으로, 카밧진Jon Kabat-Zinn(1990)이 개발한 마음챙김 에 기반한 스트레스 완화MBSR 프로그램의 구조와 유사점을 갖고 있다. 이 교훈적인 훈련 과정은 특히 수 세기 동안 불교심리학에서 수행했던 사람들로부터 유래된 수많은 연민의 마음 훈련을 가르친다. 집단 프로그 램은 8회기로, 한 회기에 2시간 내지 2시간 반 정도 진행하고, 4시간의 집중수행이 이어진다. 프로그램 회기는 자기 자신에 대한 연민을 촉진하 는 기술을 점진적으로 발달시키는 것에 초점을 맞추면서, 따뜻함, 비난하 지 않음, 마음챙김 자각의 계발을 특별히 강조한다.

마음챙김에 기반한 자기연민 프로그램은 참여자들이(Neff & Germer, 2011) 다양한 마음챙김을 배우고 자기 자신과 타인에 대한 정서를 계발하 도록 돕기 위하여 만들어진 자애 연습으로, 친절, 평화, 평안을 바라는 데까지 확장된다. 앞에서도 언급했듯이, 자애와 연민은 '동전의 양면'이 라고 볼 수 있다. 연민은 자기 자신과 타인이 고통으로부터 해방되기를 바라는 것이고, 자애는 우리와 타인이 행복하기를 바라는 것이다. 연민은 자애가 고통을 만날 때 사랑으로 있어주는 것이라고 볼 수 있다(Germer, 2009). 마음챙김에 기반한 자기연민 프로그램은 참여자들이 마음챙김에 기반한 자기연민에 대한 전반적인 이해를 높이도록 돕는 것을 시작으로, 마음챙김과 자기연민의 기본적인 능력을 발달시키는 데 전반부의 3회기를 사용한다.

마음챙김에 기반한 자기연민 프로그램은 기법 연습에 철저히 기초하고 있고, (많은 연습, 명상, 비공식적인 연습을 도입하고 활용하는) 회기 중의 연습과 집에서 해야 할 매일 과제를 활용한다. 1회기는 자기연민의 개념을 소개하고 참여자들이 '위로의 터치Soothing touch' 연습과 아래에서 설명할 자기연민 브레이크와 같은 자기연민을 계발하는 수많은 연습을 하게 한다. 2회기와 3회기도 유사한 포맷을 따르는데, 참여자가 (따뜻함을 강조하는) 마음챙김과 자애를 계발하도록 돕는 다양한 연습을 활용한다. 또한 연습에 저항하는 경험 그리고 (화재 때 산소가 새로이 공급되어 일어나는 폭발로) 소방관이 문을 열 때 일어나는 불꽃에서 거머가 따온 '역기류Backdraft'와 같은 잠재적 장애물을 탐색한다. 이것은 강하고도 고통스러운 기억에 대한 것이고, 치료에서 말하고 지지받고 안전감을 느끼고 돌봄 받기 시작할 때 일어나는 정서와 연관이 있는 것이다.

마음챙김에 기반한 자기연민 프로그램의 핵심 요소를 소개한 다음, 4회기와 5회기는 내담자들의 일상적 삶의 맥락에서 자기연민을 적용하는 것에 초점을 맞춘다. 4회기는 실용적으로 '당신의 연민의 목소리 발견하기Finding Your Compassionate Voice'에 초점을 맞추고, 5회기는 '깊어진 삶Living Deeply'에 초점을 맞춰 내담자들의 핵심 가치와 연결하고 그것에 헌신하는 연습을 심화시키도록 돕는다. 4회기나 5회기 후에 이어지는 4시간의 집중수행의 날에 참여자들은 심화된 연습을 하고, 맛있는 음식, 연민의 바디스캔, 회복시키는 요가와 같은 명상을 배운다. 남은 회기는 마음챙김에 기반한 자기연민 연습을 내담자들이 투쟁하고 있는 구체적인 영역으로 확장시킨다. 6회기는 힘든 정서를 다루고, 7회기는 관계에 도전하기를 작업한다. 연민과 마음챙김의 방법으로 이 주제들을 수용하는 것 외에도, 구체적인 연습들이 특별한 도전을 하도록 이끈다. 예를 들어, 6회기는 수치심과 부정적인 핵심 신념을 다루고 유연해지는 연습을 하고, 7회기는 관계에서 느끼는 '힘든 감정' 속의 정서적 역동을 이해하도록 도와, 도전적인 타인들을 용서하고 그들에게 점차 사랑과 친절의 마음을 갖는 연습을 한다. 이 연습들은 처음엔 고통에 마음을 열어, 그것에 대하여 부드러운 사랑을 인식하는 것에 기초해 있다. 마음챙김에 기반한 자기연민 프로그램의 핵심은 힘든 문제를 작업하는 것 그리고 기쁨과 행복을 추구하는 긍정적 전략을 발달시키는 것 사이에 균형을 찾는 것이다. 8회기는 힘과 개인적 자원을 계발하는 것의 중요성을 다시 강조하면서, 긍정적 정서와 즐거움과 감사를 계발하는 것에 초점을 맞춘다. 그러한 연습 중 한 사례가 이번 장에서 제공할 기쁨의 산책Pleasure walk이다.

마음챙김에 기반한 자기연민 프로그램을 지지하는 증거

처음에 나온 자료의 결과는 마음챙김에 기반한 자기연민 프로그램의 효과성을 지지하는 것이다. 마음챙김에 기반한 자기연민 프로그램을 다 마친 25명과 통제 대기자 27명을 비교하는 통제 실험에서, 마음챙김에 기반한 자기연민 집단 참여자들은 자기연민, 마음챙김, 타인에 대한 연민, 삶의 만족에서 의미 있는 향상을 보였다. 더 나아가 마음챙김에 기반한 자기연민 집단 참여자들은 통제 집단에 비해 우울증, 불안, 스트레스, 트라우마에 영향을 덜 받는 것으로 나타났다(Neff & Germer, 2011). 이 자료는 자기연민의 변화가 다른 모든 변수에 변화를 주는 의미 있는 변수임을 예견하였다. 가장 눈에 띄는 것은 행복 변수가 48% 증가한 것이고, 불안 변수는 68% 감소하였다는 것이다. 이러한 자료는 자기연민 개입이, 특히 마음챙김에 기반한 자기연민 프로그램이 내담자들의 공통적인 문제를 해결하도록 돕는 잠재력을 갖고 있다는 것을 보여준다. 첫 번째 실험 결과는 많은 사람들이 사전에 명상을 경험했지만, 특히 마음챙김에 기반한 자기연민 프로그램이 잠재적으로 임상적 유용성을 가지고 있다는 것과 자기연민을 보다 일반적으로 훈련할 수 있음을 지지한다. 더 중요한 것은 이러한 자료가 마음챙김과 자기연민을 계발할 때, 체계적으로 돕는 개입이 정신병리의 증상을 줄이도록 도울 뿐만 아니라 행복과 삶의 만족을 증가시키는 데 도움이 된다는 것을 보여준다는 것이다.

연민중심치료

연민중심치료의 계발은 많은 내담자들의 수치심과 자기비판이 의미 있는 초진단적 문제가 된다는 길버트의 관찰에 의해 촉진되었다(Gilbert, 2009b/2010a). 길버트는 어린 시절에 자기를 공격하는 대인 관계를 경험한 내담자들이 자기 자신을 따뜻하고 친절하게 대하는 데 큰 문제를 가지고 있고, 그것이 종종 전통적 인지행동 개입으로 설명되지 않는다는 것을 관찰했다. 예를 들어, 그러한 내담자들은 대안이 되는 증거 기반 사고의 논리는 이해할 수 있지만, 결과적으로 효과적인 변화를 경험하지는 못했다고 보고했다(Gilbert, 2009b). 길버트는 그러한 내담자들을 이해하고 돕기 위하여, 진화하고 사회적이며 발달된 불교심리학과 정서신경과학을 활용한 통합 모델을 계발하였다(Gilbert, 2009b). 그것은 인지행동 접근법과 일맥상통한다. 수치심과 자기공격이 만연하다는 것을 성찰함으로 인해서, 연민중심치료는 우울증(Gilbert, 2009c), 불안(Tirch, 2012; Welford, 2010), 폭식(Goss, 2011; Goss & Allen, 2010), 위축됨(Henderson, 2010), 트라우마(Lee & James, 2012), 분노(Kots, 2012), 자기 확신(Welford, 2012), 스트레스 감소(Cooper, 2012)와 같은 다양한 문제들, 그리고 정신병으로부터 회복되고 있는 사람들(Laithwaite et al., 2009) 그리고 출산 전후에 고통받고 있는 여성들(Cree, 2010)에게 적용되고 있다.

마음챙김에 기반한 자기연민 프로그램처럼, 연민중심치료도 자기 자신과 타인들에 대한 연민을 발달시키도록 돕고, 이 과정에서 마음챙김 기법이 중요한 부분임을 주장한다. 그러나 연민중심치료는 추론과 반추와 이미지의 고차원적 인지 능력 그리고 현대인의 삶에 나타나는 문제들, 발달된 정서 조절 시스템들 사이에서 조절의 어려움을 강조하는 정서 조절 모델과 최근의 심리학에 기초하고 있다. 연민중심치료사는 자기연민을 계발하도록 내담자들을 도와서, 내담자들이 습관적으로 자기를 비판하는 패턴을 약화시키고 해체하여, 안전과 위로의 심리상태를 유지하도록 자기 자신과 새로운 관계 패턴을 형성할 수 있게 돕는다. 그러한 상태에서 내담자들은 위협을 유발하는 정서를 조절하고, 직면하기 어려운 어떤 문제라도 더 효과적으로 다룰 수 있다(Gilbert, 2010a). 연민중심치료의 일차적인 초점은 내담자들이 자기 자신과 타인들을 향하여 내면의 따뜻함과 연민 경험을 새롭게 하고, 계발하며 활용하도록 돕는 것이다.

연민중심치료에서 심리교육과 정서 조절

연민중심치료의 첫 번째 단계에서 내담자는 진화 심리학과 기초 정서 신경과학에서 도입된 정서 기능 모델에 집중한다. 인간의 복잡한 정서 세계를 앞에서 설명했던 세 가지 정서 조절 시스템을 따르는, 어느 정도 단순화된 모델을 통하여 내담자들에게 설명한다. 내담자들은 이 정서 조절 시스템이 세 가지 목적을 위하여 어떻게 발전하였는지를 배운다. 첫 번째 목적은 위협을 감지하고 위협에 반응하기 위한 것이고, 두 번째 목적은 음식, 성적 파트너, 쾌락을 주는 경험과 같은 활력소를 추구하기 위한 역동에 맞춰 우리를 조직하기 위한 것이고, 세 번째 목적은 안전, 평안, 만족감과 연관되고자 하는 것이다(Gilbert, 2009b, 2010a). 내담자들은 이 시스템에 대하여 배우고, 마음을 조직하는 여러 방식들에 대하여 배운다. 이것들은 여러 가지 심리 경험과 주의, 사고, 추리, 동기, 행동 결과 패턴을 포함한다(그림 8.1 참조).

연민중심치료에서, 내담자들은 이 정서 조절 시스템이 환경적 요구와 사회적 요구에 반응하면서, 수백만 년 이상 진화하였음을 배운다. 그 요구들은 성공적으로 진화해온 조상들이 포식자와 다른 위협을 방어하는 것, 자원과 친구를 얻는 것, 사회적 신분 다툼에서 이기는 것이고, 안전과 위로 시스템에서는 무기력한 어린아이를 양육하고 보호하는 것, 반대로 타인들의 양육을 받고 보호받기에 대한 것이다. 이 시스템에 대하여 내담

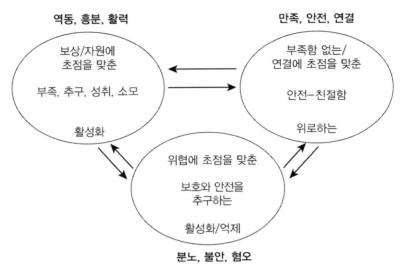

그림 8.1 세가지 유형의 정서 조절 시스템

자들이 배우는 것은 힘들고 위협에 기반한 정서는 개인적 흠이 아니라, 그들을 보호하기 위하여 진화된 뇌에서 만든 시스템의 산물을 경험하는 것이라는 것이다. 오늘날 현대사회는 많은 경우에 그렇게 할 만큼 잘 갖춰져 있지 않다. 내담자들은 자신이 왜 그렇게 정서를 다루기 힘들었는지를 이해하게 되고, 그 느낌이 드는 것은 그들의 잘못이 아니라는 것을 배운다. 연민중심치료에서 연민의 기초는 인간의 많은 고통이 강력하고도 진화된 뇌 시스템의 상호작용으로 인해서 인간의 삶이 힘들다는 것과, 그리고 그것이 우리가 선택한 것도, 만든 것도 아닌 사회적 학습의 역사에 기초해 있음을 관찰하는 것에 있다.

'구뇌'와 '신뇌'의 갈등과 연민

연민중심치료는 특정 정서가 뇌에서 작용하는 역동에 대하여 교육하면서, 구뇌에 기반한 정서 반응 시스템이, 반추와 상징적·표상적 사고의 신뇌 패턴과 상호작용할 수 있는 방법들을 강조한다. '구뇌Old-brain'와 '신뇌New-brain'라는 용어는 우리의 신경망의 여러 측면들 사이의 복잡한 관계를 과감하게 단순화시켰으며, 임상적 맥락에서 도움이 될 수 있는 표면적 타당성과 단순성을 가지고 있다. 이런 방식으로 연민중심치료사는 심리교육을 실시할 때, 종종 '구뇌'가 진화론적으로 인간 존재보다 더 오래된 신경 구조라고 말한다. 이것은 어린 포유동물이나 파충류처럼 진화론적으로 초기 동물과 공유하고 있는 뇌와 행동의 측면이다. 예를 들어, 편도체의 '싸우고-도망가고-얼어붙는' 더 깊은 뇌 시스템은 위협을 탐지하고 그것에 반응하는 것과 연관되었는데, 그것을 '구뇌'라고 한다. 이 시스템은 매우 강력할 수는 있지만 언제나 현명한 것은 아니다. '구뇌'는 우리가 다른 동물과 공유하는 많은 행동, 사회적 동기, 반응, 정서를 포함하고 있다. 그것은 세력다툼, 갈등과 공격적 상호작용, 집단에 소속됨, 동맹 형성, 성적 욕망 경험, 새끼를 돌봄 그리고 근본적으로 정서와 소속에 무덤덤하게 반응하는 것이다. 그러므로 그 개념은 이러한 동기와 정서 시스템이 우리들에 의해서가 아니라 우리들을 위하여 만들어진 것이라는 사실을 분명하게 통찰할 수 있게 한다. 여기에서 우리의 마음은 이러한 행동 패턴을 가지고 있다는 것을 알게 된다(Gilbert, 2009a).

다음으로 연민중심치료사는 진화되고 '새롭게' 사고하는 뇌와 관련된 문제를 탐색한다. 사고할 수 있는 진화된 능력은 유익도 있지만, 불행하게도 문제도 있다. 약 200만 년 전부터 인간 존재는 상상, 추리, 심사숙고, 기대, 자기감 발달이라는 인지 능력을 발달시키기 시작했다. 어떤 연구는 이러한 정신 능력이 환경 자극에 대해서 어떤 관계를 이끌어내는 방식에 기초해 있을 것이라고 제안한다(Torneke, 2010). 왜냐하면 인간 존재는, 즉 사회적 공동체에 의해 강화된 역사와 유전적으로 진화된 능력을 모두 가진 인간 존재는(Hayes, Strosahl, & Wilson, 2011, p.360), 연민중심치료에서 말하는 신뇌의 영역, 즉 언어 사용, 상징적 이해, 문제해결, 인지를 통한 정교한 학습 능력을 갖고 있기 때문이다.

연민중심치료의 핵심 원리들 중 하나는 신뇌의 능력이 구뇌의 동기나 정서 시스템과 연결되었고, 자극을 주고 자극을 받는 방식을 이해하는 것이다. 정서는 언어 이전의 구뇌의 진화하는 반응 패턴으로부터 생기는 반면, 정서의 경험은 사회적 맥락에 의해 형성되고 신뇌의 능력을 포함하고 있는 인지와 언어적 행동으로부터 표현되고 비롯된다. 연민중심치료사는 언어 이전에 본래적으로 결정된 정서적·동기적 반응과 신뇌의 인지능력과의 상호작용을 많은 고통의 원천의 한 부분으로 본다. 똑똑한 사람들이 복수심으로 불타오른다면, 그들은 핵무기를 사용하고 참혹한 결과를 낼 수 있다. 마찬가지로 신뇌의 능력을 가진 사람이 타인을 돌보고 돕는 동기적 시스템에 그 능력을 연결시킨다면, 연민의 원천을 발견할 것이다(Gilbert, 2009b).

두뇌의 정서 시스템은 위협에 초점을 맞춘 주의, 동기, 신체 감각, 반추, 상상 등 인지된 위험으로부터 우리를 방어하기 위해 정신 활동의 다양한 측면을 재빠르게 조직할 수 있지만, 종종 외부 세계의 합리적인 위협을 전두엽에서 만들어지는 자기비판적 반추 사고나 반복되는 트라우마 상상과 구별하지 못한다. 우리의 뇌는 진화론적으로 조직되는데, 그중에서도 구뇌의 동기와 정서는 신뇌의 상징적 사고 능력과 서로 영향을 주고받으면서, 문제가 되는 피드백 고리를 만들어낼 수 있다. 즉, 정서적 위협 센터에서는 정서적 위협 반응을 지속적으로 활성화시켜 불을 지피는 자극을 생성함으로써, 고차원 뇌중심(반추, 이미지)과 저차원 뇌중심(신체 감각)이 상호작용한다.

이러한 구뇌와 신뇌의 역동은 여러 가지 면에서 고전적 인지행동치료를 반영한다. 그것은 사고, 정서, 행동이 (인지 재구조화나 행동 활성화와 같은) 시스템에 변화를 주는 어떤 일이 생길 때까지 자기 영속적 정서 기능 패턴을 생성하도록 상호작용하는 방식을 설명한다. 이와 유사하게 연민중심치료에서 설명하는 구뇌와 신뇌의 고리는 수용전념치료에서 인지 융합으로 설명되는 과정을 포함한다(Hayes et al., 2011). 융합할 때, 상상하는 사건들이 행동에 자극 기능을 할 수 있는데, 이는 마치 그 사건이 진짜 있는 사건 같아서, 우리가 힘든 정서를 회피하거나 과잉통제하는 부적응적 시도에 지배되는 행동을 하게 한다.

연민중심치료의 핵심 메시지는 삶의 많은 사건들은 우리가 선택한 것이 아니고, 그것은 우리의 잘못이 아니라는 것이다. 이것은 머리로 알 수 있는 것이 아니다. 우리가 누구이고 우리가 무엇을 하는지는 어느 정도 우리의 잘못이 아니라는 것을 이해하고, 비난하고 수치스러워하는 경향성으로부터 탈동일시하고, 안정된 애착 시스템과 친밀감에 수반되는 따뜻함과 이해와 자애를 활성화하도록 돕는 것이다.

연민중심치료사는 안내와 심리교육, 이미지 훈련과 행동 기법을 익힘으로써 내담자가 이것을 더 잘 이해하도록 돕는다. 연민의 마음을 적극적으로 훈련하는 것은 자기 자신과 타인에 대한 깊은 연민을 계발하는 길을 닦는 것이다. 이런 방식으로 연민중심치료는 네프Neff의 보편적 인간성의 개념을 자세하게 설명하는 과정을 활성화시켜, 인간이 본질적으로 경험하는 고통의 공통성을 개관한다고 볼 수 있다.

연민하는 자기를 계발하기

연민중심치료에서 연민은 그림 8.2에서 보듯이, 구체적인 속성들과 그것들을 발달시키기 위해 사용되는 기법에서 작동한다.

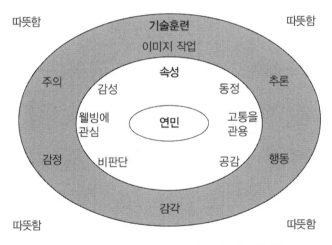

* 리틀, 브라운 앤드 컴퍼니(Little, Brown Book Group)의 허락을 받고 길버트(Gilbert, 2009a)에서 인용

그림 8.2 다양한 연민의 마음 훈련

이처럼 연민이 작동하는 것은 내담자 자신과 그 사람의 문제를 따뜻한 마음과 돌봄의 정신을 갖고 도와서, 정서적 불편함을 인내하고 다루도록 돕기 위하여 만들어진 속성들을 계발하는 것이다. 기법 훈련은 다양해서, 인지행동치료와 연관된 (추리, 행동, 정서) 영역을 목표로 하여, 문제해결, 증거 검토, 반추사고를 줄이는 작업, 점진적 노출 등 인지행동치료사에게 익숙한 많은 기법들을 활용한다(Gilbert, 2009b). 연민하는 자기 연습에서 경험했듯이, 연민중심치료는 불교의 마음 훈련과 흡사한 주의 훈련과 이미지 작업을 활용한다. 이것은 자기 자신과 타인을 위한 연민과 따뜻함을 계발하도록 돕기 위한 것이다. 궁극적으로 연민중심치료의 목표는 많은 연습이 목표로 하는 연민하는 자기를 계발함으로써, 연민의 속성을 실현하도록 돕는 것이다.

연민중심치료에서 마음챙김

마음챙김 명상 연습은 마음챙김에 기반한 자기연민 프로그램보다 연민중심치료에서 상대적으로 집중을 덜 받지만, 마음챙김은 연민의 마음으로 정서를 다루는 방법을 배울 때 필요한 핵심 능력으로 보인다. 특히 연민중심치료는 신체 감각, 위협 정서, 자기비판적 사고, 문제가 되는 반추사고와 이미지를 알아차리고 작업할 수 있는 무비판적인 마음챙김 자각의 역할을 강조한다. 예를 들어, 내담자들은 사고, 신체 감각, 위협 반응을 정서적으로 경험할 때, 마음챙김으로 알아차리는 훈련을 하면서, 그 경험으로부터 거리를 두고, 수용적이고 연민적인 방식으로 자기 자신과 관계 맺는 데 중점을 두어 다양한 방식으로 대응할 수 있도록 배운다.

연민중심치료에서 그러한 경험에 대한 마음챙김은 "봐라, 나의 위협 시스템이 다시 움직이고 있어! 나는 불안, 분노 등을 느끼고 있어. 나는 위협 정서의 영향을 받지 않으면서 이 상황을 다룰 수 있도록 지금 바로 안전하게 느끼려면 어떻게 해야 할까?"라는 말을 할 수 있다.

연민중심치료에서 사례 개념화

연민중심치료에서 많은 내담자의 문제는 '부적응적 위협 반응을 의도하지 않았던 부산물'로 개념화할 수 있다. 즉, (불안정 애착과 같이 어린 시절의 영향에서 비롯된 많은) 내적, 외적 위협들을 인식할 때 내담자들은 종종 부적응적 대처를 하게 된다. 연민중심치료에서는 그것을 '안전 전략'이라고 한다(Gilbert, 2010a). 이 안전 전략은 내적 또는 외적 위협을 반사적으로 회피하거나 의도된 노력으로 잘 회피할 수 있지만, 종종 삶에서 더 많은 고통을 양산하는 결과를 낼 수 있다. 그러한 안전 전략의 예는 경험적 회피, 공격적 행동, 자해, 소외, 자살생각 등이 포함된다. 위로와 신념 체계와 같은 단기간의 유익에 의해 유지되는 그러한 노력은 위협 정서 회피를 줄이기 위한 문제 해결 시도로 보이지만, 그것은 결함이 있는 (고비용의 단기간의) 전략이다. 왜냐하면 그것들은 전적으로 위협에 압도당하고, 위협에서 도망치거나 피하는 것에 초점을 맞춰 진화해온, 긴급성에 의해 움직이는 위협 시스템에 기초해 있기 때문이다. 이러한 역동을 이해하도록 도울 때 연민중심치료는 이러한 안전 전략과 어린 시절의 사건들 사이의 연관성을 정서적으로 이해하도록 돕는다. 그들이 힘든 정서에 대처할 때 사용했던 전략과 힘든 정서를 이해하게 한다(Gilbert, 2010a). 연민중심치료에서 사용하는 치료 접근법은 위협 주도 과정으로부터 벗어나서, 안전감과 연관된 정서 조절 시스템을 자극하여, 문제의 상황을 직접적이고 적절하게 다루는 기술을 발달시키도록 돕는다. 일단 이러한 변화가 일어나면, 연민중심치료사는 노출, 활용계획 짜기, 사고기록 등 다양한 전통적인 인지행동 기법을 활용할 수 있다.

다음의 연습은 연민중심치료에서 사용되는 이미지 연습의 한 예로, 내담자들이 안전감과 위로를 느끼도록 돕는다.

연습   연민의 안전한 공간

안내 지침

허리를 곧게 펴고 위엄 있는 자세로 얼굴 근육을 이완시키고 입으로는 따뜻한 미소를 짓습니다. 천천히 호흡하면서 30초 정도 호흡에 초점을 맞춰, 몸과 마음에서 느린 감각을 알아차립니다.

준비가 되었다면 편안하고 위로가 되는 장소에 있다고 상상해보세요. 이곳에서 당신이 안전과 평안으로 가득 채워지고 있음을 상상해보세요. 이곳은 당신의 장소이고, 당신을 편안하게 하는 경험과 소리와 보이는 것으로 가득 차 있습니다.

이 장소를 더 자세하게 상상해보세요. 무엇이 보입니까? 들립니까? 냄새가 납니까? 여기에 있을 것 같은 것을 마음으로 경험해보세요. (30초에서 1분, 또는 원하면 더 오랫동안) 이곳에 있을 것 같은 것을 상상해보세요.

여기에 다른 사람들이나 동물들이 있습니까? 그렇다면 그들이 당신을 환영하고, 당신을 소중하게 여기며, 당신이 여기에 있는 것을 기뻐하고 있음을 상상해보세요. 이 장소는 당신이 여기에 있다는 사실을 기뻐하고, 당신을 환영하고, 당신을 수용하고, 당신이 여기에서 행복해하고 있음을 상상해보세요.

당신이 원하는 만큼 오래 이렇게 안전하고 편안한 장소를 상상하고 찾아보세요. 생각이 침입하여 당신을 방해한다면, 마음챙김으로 그 생각들을 알아차려 (그 생각을 판단하거나 거기에 사로잡히지 말고) 당신의 주의를 안전한 장소로 다시 가져오세요. 화나는 생각이 아무리 급하게 떠올라도, 그 생각에 저항해도 괜찮습니다. 이 급박함은 단순히 위협 정서의 특성입니다. 걱정 마세요. 당신은 곧 돌아가서 그 일들을 처리할 것입니다. 그때 일들이 좀 정리가 되었음을 느낄 것입니다. 이제 이 위로의 공간에 머물면서 안전하고 편안하며 가치 있고 고요하게 느낄 수 있도록 당신 자신을 허용해보세요.

* 출판사의 허락을 받고 콜츠(Kolts, 2012)에서 인용한 것이다.

연민중심치료에서 인지 작업

연민중심치료는 안전과 연민의 경험을 포함하는 정서 반응을 자극하는 것에 초점을 맞추어, 그 생각을 알아차리도록 도와서, 연민의 마음에 자연스럽게 떠오르는 것을 추론한다. 인지 재검토(Gilbert, 2010c)와 인지적 탈융합(Tirch 2012)은 모두 연민중심치료사들이 사용하는 것들이다. 그리고 연민의 경험을 환기하고 훈련할 것을 계속해서 꾸준히 강조한다. 연민중심치료는 불교심리학의 전통적 마음챙김을 결합하여, 내담자들이 그들의 생각과 가지는 관계에 변화를 주도록 도와, 그 생각이 사실이나 현실이 아닌 정신적 사건으로 받아들이고, … 많은 경우에 그 정신적 사건은 과잉 활성화된 위협이나 역동 반응의 산물이라는 것을 받아들이게 한다. 다른 마음챙김 기반 치료법에서처럼, 문제가 되는 인지에 대한 대처법에 변화를 준다는 것은 생각과 탈동일시하는 것이고, 정서적 영향을 줄이는 것이다. 동시에 연민중심치료는 내용을 완전히 무시하는 것은 아니다. 생각에 대한 마음챙김 자각은 계속해서 유지하기가 매우 힘들다는 것과, 그렇기 때문에 (삶에서 마음챙김을 지속적으로 실천하는 사람들조차도) 생각이 종종 정서 상태에 영향을 미친다는 것을 인지하고 있는 연민중심치료는 자기 자신과 타인들에게 연민의 마음을 내는 친절한 생각과 같은 구체적인 사고 유형을 계발하는 것을 강조한다. 내담자들은 표 8.1에서 보여주는 것처럼, 분노와 위협을 일으키는 사고와 연민의 마음이 있는 사고의 차이를 관찰하도록 배운다.

표 8.1. 분노 사고 대 연민 사고

분노 사고	연민 사고
분노의 대상이나 위협에 협소하게 초점을 맞춤	광범위함: 상황을 이해하는 데 많은 요인들을 고려함
유연하지 않고 반추적임	유연함: 문제 해결
위협 시스템을 활성화함: 분노를 부추김	안전 시스템을 활성화함: 편안함과 평화를 느끼도록 도움
타인과 우리 자신에 대하여 적대감을 가짐	타인과 우리 자신에 대하여 친절함
판단적이고 비판적임	비판단적이고 공감적임
지배하거나 벌주는 것에 초점을 맞춤	우리 자신과 타인을 돕는 데 초점을 맞추고, 모든 사람에게 유익하고 누구에게도 해가 되지 않는 해결책을 찾음

* 출판사의 허락을 받아 콜츠(Kolts, 2012)에서 인용한 것이다.

내담자들은 연민의 사고에 대하여 배운 후에 위협을 느끼게 하는 자신의 사고를 확인하여 그 대안으로 연민의 마음을 갖도록 권고받는다(표 8.2 참조).

표 8.2. 연민 사고의 예

분노 사고	연민 사고
"조슈아(아들)는 게으르고 미래에 대해 관심이 없다."	"나는 아들이 선택하는 것이 실망스럽다. 왜냐하면 아들이 바른 삶을 살기를 원하기 때문이다. 나는 화를 내기보다는 돌보는 부모로서 나의 염려를 표현할 수 있을 것이다. 그의 계획이 무엇인지 물을 수 있을 것이다."
"아들은 나의 도움을 당연하게 받아들인다. 내가 하는 모든 것에 감사하지 않는다."	"나는 아들이 내 충고를 무시하는 것처럼 느껴진다. 왜냐하면 아들은 내가 원하지 않는 선택을 하기 때문이다. 부모는 종종 자신이 최선이라고 생각하는 것을 아이들이 해주기를 원하지만, 때로는 아이들이 세상에서 자신의 방법을 찾을 필요가 있다. 이것도 아마 그런 것일 것이다. 나는 아들과 함께 알아볼 수 있다. 아들이 내가 요구하는 것을 하지 않는다고 해서 내가 아들을 위해 했던 것을 감사하지 않는다는 의미는 아니다."
"내 동료들은 나를 문제 있는 부모라고 생각하는 게 틀림없어. 나는 인생에서 가장 중요한 일을 실패했어."	"내가 실패했다는 증거는 어디에도 없다. 내 아들은 좋은 아이고 소중한 존재다. 비록 아들이 원하는 것을 알아가면서 좀 힘들어할지라도 말이다. 내 동료들은 그들의 아이들을 자랑스러워하기 때문에 아이들을 자랑하는 것이다. 그것은 그들이 나와 아들을 무시하고 있다는 의미는 아니다. 내가 원하는 것과 다른 선택을 하는 아들을 지켜보는 것이 쉽진 않지만, 그 선택은 아들의 선택이다. 나는 아들을 통제할 수 없고, 자신이 원하는 사람이 되길 원한다. 일들은 더 나빠질 수도 있다."
"처음에 아들은 전공을 정하지 못하고 이리저리 왔다 갔다 하다가 결국 미술을 선택했어. 아들은 결코 좋은 직업을 갖지 못할 거야. 아마 끝까지 나에게 의존하겠지. 나의 부모 같았으면 벌써 나를 안 봤을 거야."	"나는 아들이 걱정된다. 예술가가 된 그를 지원할 수 있을지 걱정된다. 어쨌든 나의 부모가 나를 강제로 학교에 보냈던 것과는 달리, 나는 아들이 자신이 행복하게 되는 일을 선택하는 용기를 받아들인다. 나는 바른 삶을 살았지만 나의 직업이 싫을 때가 종종 있다. 실제로 나는 아들이 부럽다. 아마 아들에 대해 염려하지 않고 나 자신의 삶에 초점을 맞추는 게 좋을 것이다."

* 출판사의 허락을 받아 콜츠(Kolts, 2012)에서 인용한 것이다.

연민의 마음을 가질 때 증거수집에 초점을 맞추지만, 전통적 인지재구조화 개입법과는 달리, 연민중심치료의 사고 작업은 무익하게 위협을 느끼게 하는 인지의 내용을 논박하는 것에 초점을 맞추지 않는다. 그보다는 그러한 인지가 위협 시스템의 산물이라는 것을 단순히 (그리고 마음챙김 자세로) 관찰하여, 새롭고 더 유익한 사고방식을 채택하는 것이다. 목표는 자기 자신과 타인들에 대하여 안전감과 따뜻함을 느끼도록 그리고 긍정적으로 대처하도록 돕는 정확한 인지를 계발하는 것이다. 시간이 흐르면서 내담자들은 새로운 연민의 사고방식을 습관적 패턴으로 계발하여, 오래 되고 무익한 사고 패턴을 대체할 수 있게 되고, 위협 시스템을 고집하던 사고 습관을 서서히 약화시키게 된다. 이런 방식으로 연민중심치료의 사고 작업은 두 가지 목표를 추구한다. 하나는 내담자들이 그들의 모든 생각을 연민과 마음챙김, 수용과 관련시키도록 돕는 것이고, 다른 하나는 그들의 정서가 균형을 이루고 삶의 도전에 직면할 때 도움이 되는 연민 사고의 습관을 구체적으로 계발하는 것이다(Kolts, 2012).

지지하는 증거

연민중심치료 접근법은 폭넓고 다양해서 경험적 평가가 힘들지만, 연민중심치료는 더 많이 연구되고 있는 주제이다. 앞에서 논의했던 연구가 자기연민이 가지는 유익한 효과를 보다 일반적으로 상세하게 기록한 것 외에도, 많은 연구들이 구체적인 연민중심치료 개입을 지지하고 있다. 만성 정신건강 문제로 병원 진료를 받는 사람들을 대상으로 한 초기 임상시험에서, 길버트와 프록터Gilbert & Procter(2006)는 연민중심치료가 자기비판, 수치심, 열등감, 우울증, 불안을 현저하게 감소시킨다는 것을 발견했다. 정신장애를 가진 사람들에게 연민중심치료를 사용하여 무작위 대조시험을 한 브랠러와 그의 동료들은(Braehler et al., 2012) 무처치 집단에 비해 처치집단이 의미 있는 임상적 향상과 연민이 증가하는 것을 보여주었고, 인내력 수준이 높아지고 소모전을 덜 하게 됨을 발견했다. 라이스웨이트와 그의 동료들(Laithwaite et al., 2009)은 법의학 분야에서 정신병으로부터 회복되는 내담자들을 대상으로 시험한 결과, 우울증과 자존감에 대한 의미 있는 결과가 나왔고, 다른 사람들에 비해 자기감이 향상되었음을 알게되었다. 다른 연구 결과에서도, 연민중심치료는 성격장애(Lucre & Corten, 2013), 섭식장애Gale(Gilbert, Read, & Goss, 2012), 정신건강 공동체 사람들의 다양한 정신건강 문제들(Judge, Cleghorn, McEwan, & Gilbert, 2012)을 치료할 때 의미 있는 효과를 보여주는 것으로 나타났다. 연민중심치료가 광범위하게 전파되고 있고, 점점 더 많은 임상가들과 연구자들이 연민중심치료의 방법과 철학을 더 잘 이해하게 됨에 따라, 점점 더 많은 연구가 그 모델을 더 많이 시험하면서 혁신과 변화를 이루어갈 것이다. 연민중심치료의 구체적인 접근법들은 무작위 임상시험 자료를 포함하여 더 많은 경험적 지지를 필요로 하지만, 연민중심치료를 검토하는 연구는 수치심과 자기비판의 영향을 많이 받는 사람들을 돕기 위한 접근법으로써 가치가 있음을 제안한다.

요약

　2,000여 년 동안 불교는 자기 자신과 다른 사람들이 고통으로부터 해
방되도록 마음을 훈련하기 위한 일차적인 수단으로, 연민 계발을 가장
잘 활용해오고 있다. 연민 계발과 자애가 의미 있는 정서적 유익을 주고
있다는 증거가 점점 더 많아지고, 심리학은 그 뒤를 따르기 시작했다. 마
음챙김에 기반한 자기연민치료와 연민중심치료와 같은 최근의 인지행동
모델은 상담실에서, 특별히 수치심과 자기증오와 씨름하는 내담자들에게
연민 기반 개입을 활용하는 방법을 제공한다.

9

증거에 기반해서
중도의 길로 더 깊이

9 증거에 기반해서
중도의 길로 더 깊이

나는 영성과 과학이 상호 보완적이지만 다른 탐구법을 가지고
진리라는 같은 목표를 추구하고 있다고 믿습니다. …
그런 면에서 서로 배울 점이 많이 있고,
함께 인간의 지식과 지혜의 지평선을 넓히는 데 기여할 수 있을 것입니다.

– 달라이 라마(2005, p.216)

연구와 중도 개입법

이 책 전체를 통해서 수많은 연구와 자료를 활용하여, 인간의 고통을
해결하는 데 불교심리학의 요소들이 효과가 있다는 것을, 특별히 인지행
동치료에 적용하여 살펴보았다. 불교심리학의 역사는 서양 심리학이나
과학과 개념적 뿌리는 다르지만, 불교심리학과 인지행동치료는 핵심적
관심과 목표가 상보적인 것은 분명하다. 예를 들어, 두 이론은 인간의 고
통과 마음의 본성에 대한 이해를 계발하는 것에 관심을 갖는다. 더 나아
가 두 이론은 인간의 성장 잠재력의 한계를 탐구하고, 심리적 변화와 웰
빙을 추구하는 효과적인 방법을 검토한다. 많은 학자, 연구자, 종교 지도

자, 심리학자는 불교와 현대 과학 사이의 대화와 이들의 관계를 연구하는 것은 이들의 공동 목표를 더 효과적으로 추구할 수 있다는 것에 동의한다(Dalai Lama, 1991; Kang & Whittingham, 2010). 이러한 연구는 과학, 심리학, 의학, 신경생물학으로까지 이어져 있다(Lopez, 2009).

고통으로부터 해방되기 위해서 불교심리학이 여덟 가지 구성요소 프로그램을 활용함으로써, 팔정도와 학문을 직접 연결시키는 것이 가능해졌다. 이어서 불교심리학과 인지행동치료에 대한 연구는 경험에 기반한 연구로, 우리가 방향을 잡아가도록 도움을 주는 지도의 역할을 한다. 지금까지 불교심리학에 초점을 맞춘 인지행동치료의 포괄적인 접근법에 대한 연구도 없고, 모든 것을 포함하는 증거 기반의 세속화된 중도 개입법도 없다. 그러나 (불교심리학 기반의 명상, 연민, 마음챙김 수행을 포함하여) 불교심리학과 관련된 연구를 통합적으로 분석하고자 하는 것은 사실상 서술이 아니라 비교하고자 하는 것이다.

팔정도나 중도 개입법은 바른 삶을 위한 방법을 알아서 고통의 순환 Samsara으로부터 해방시키고자 하는 것이다. 거기에는 몇 가지 상호 연관된 연습과 과정이 각 단계별로 있다. 이번 장에서는 특별히 중도의 구성요소들과 연관이 있으면서, 불교심리학에 정통한 치료, 과정, 연습에 대한 심리학의 최근 연구를 탐색할 것이다. 아래의 내용들은 현대의 연구를 논의하는데, 그것은 적절하고 건강한 말, 행동, 생계, 노력, 집중, 마음챙김, 생각, 이해에 적용된다. 중요한 것은 중도의 다양한 요소들을 지지하는 많은 연구가 마음챙김 훈련을 탐구하는 문헌으로부터 비롯되었다는 것이다. 카밧진(2009)이 계속해서 말했듯이, 서양에서 그러한 훈련을 발달시키기 위하여 처음에는 마음챙김이라는 용어를 포괄적으로 사용했는데, 그 이유는 가능한 한 문화적 부담에서 자유로워지고 일반적으로 설명할 수 있는 방식으로 다르마Dharma의 많은 요소들을 통합적으로 설명하려 했기 때문이다. 그렇다면 팔정도의 요소들에 대한 학문적 지지를 찾아볼 때 그것이 마음챙김을 연구함으로써 설명되는 연구 분야에서 발견되는 것도 놀랄 일은 아니다.

건강한 말

제2장에서 설명했던 것처럼, 건강한 말Healthy speech은 특별히 정직하고 명료하게 그리고 요령 있게 말하는 것이고, 일반적으로 효율적인 의사소통을 말한다. 연민과 마음챙김을 강조하는 불교심리학적 개입법은 의사소통하는 법과 다른 사람들과 그리고 우리 자신과 관계 맺는 법을 향상시키도록 도울 수 있다(Hartnett, 2010). 말은 대인관계와 개인 내적 과정으로 여겨지는 것으로, 복잡하고 다양하며 상황 의존적 심리 과정처럼 측정하기 어렵다.

명상, 마음챙김 훈련, 연민 기반 개입법에 대한 연구를 포함하고 있는 불교심리학적 훈련이 사회적 언어와 자기 언어에 직접적인 행동 변화를 일으키는 것에 대한 연구가, 작지만 점점 더 많이 이루어지고 있다. 많은 연구자들이 마음챙김 훈련과 효율적인 의사소통 사이에 논리적 연관성이 있음을 관찰하였다. 우드(Wood, 2004)는 마음챙김 훈련이 사회적 상황에서, 보다 더 효율적인 의사소통과 덜 반응적이고 방어적인 행동을 하는 것에 기여한다고 보았다. 이와 유사하게 휴스톤과 그의 동료들은(Huston et al., 2011) 마음챙김과 의사소통이 결합된 훈련이 대인관계와 개인 내적 자기 자각, 자기 조절, 회복력, 유연성, 공감 능력을 증가시킬 수 있다고 한다. 의사소통 훈련 기초 과정에 마음챙김이 결합된 훈련을 받은 학생들은 그렇지 않은 학생들보다 더 긍정적인 평가를 하는데, 이것은 마음챙김이 대인관계에서 부정적인 반응을 줄일 수 있는 가능성이 있는 것과 연관이 있다.

마음챙김을 훈련받지 않은 우리의 본성적인 면이라고 볼 수 있는 기질적 마음챙김 그리고 마음챙김 훈련은 둘 다 효율적인 의사소통과 관계에서 갈등이 줄어드는 것과 연관이 있다(Barnes, Brown, Krusemark, Campbell, & Rogge, 2007; Wachs & Cordova, 2007). 예를 들어, 기질적 마음챙김이 더 높은 수준에 있는 사람들은 마음챙김을 적게 한 사람들보다 그들의 사랑의 관계에서 적대감과 언어적 공격성이 덜 한 것으로 보고되었다(Barnes et al., 2007). 더 나아가 단기간의 종단 상관연구 설계를 사용한 이 연구는 마음챙김 훈련을 더 많이 한 사람들이 사랑의 관계에 대하여 더 큰 만족을 보여줬다고 밝힌다. 연구자들은 관계 스트레스에 대한 적응적인 반응을 향상시킬 때 마음챙김이 의미 있는 역할을 한 증거가 있다고 말한다. 관계 갈등을 연구한 이 연구는 기질적 마음챙김이 부정적 정서의 수준을 낮추고, 관계와 상대방에 대하여 그리고 갈등을 겪은 후에 더 긍정적인 인식을 한다는 것과, 토론할 때 상태와 관련된 마음챙김이 더 좋은 의사소통 특성을 나타내는 것과 관련이 있음을 밝혔다(Barnes et al., 2007). 왁스와 코르도바Wachs & Cordova(2007)는 결혼한 사람들을 대상으로 연구를 수행하여, 마음챙김과 결혼의 특성이 연관되는 것은 기술적이고 효율적인 행동의 매개체가 되었다는 것과 특히 그것이 정서를 알아차리고 나누며 분노 표현을 조절하였음을 밝혔다.

효율적인 의사소통 또는 건강한 말을 촉진하는 것과 관련하여, 마음챙김은 적대감과 방어를 줄이는 것과 연관이 있다(Lakey, Kernis, Heppner, & Lance, 2008). 예를 들어, 마음챙김 기반 훈련을 다 마친 사람들은 사회적 거절이라는 피드백을 받았을 때 훈련을 받지 않은 사람들보다 공격성을 덜 나타낸다(Heppner et al., 2008). 더 나아가 기질적 마음챙김은 더 높은 진실성과 더 낮은 언어적 방어와 연관이 있음을 말해준다(Lakey et al., 2008). 이 연구에서 진실성과 기질적 마음챙김을 자기 보고한 사람들은 방어적 언어 행동도 평가했는데, 잠재적으로 위협적인 자극에 대한 반응에서 개방과 정직을 방어보다 좋게 평가하였다. 이 연구자들은 진실성과 마음챙김 사이에 긍정적 연관성이 있음을 발견했다. 여기에서 더 높은 점수는 언어적 방어가 더 낮은 것과 연관이 있다. 더 많은 연구에서 밝히는 것은 마음챙김이 진실성과 언어적 방어 사이에 매개체가 되었다는 것이다(Lakey et al., 2008).

연민 기반 훈련과 자애명상 기법은 둘 다 관계에서 효율적인 의사소통과 가치에 기반한 대인관계 반응을 하는 것으로 밝혀졌다. 예를 들어, 자애명상 기반 집단 훈련의 사례연구에서 정신과 내담자들이 6주간 자애명상 집단에 매주 참여하고, 집단을 마친 후 6주간 추수 모임을 가졌다. 각 회기마다 토론, 기법 배우기, 실습이 있었다. 연구자들은 이 사람들이 훈련을 마친 후에는 부정적 증상이 줄어들었고, 특히 정서적 둔화 경험이 줄어들었다고 말한다(Johnson et al., 2009). 이 연구에서 밝힌 것처럼 내담자들의 부정적 증상이 줄어들었음을 감안할 때, 연민 기반 개입법은 정신증을 경험하는 사람들이 사회적 반응과 의사소통을 증가시킬 가능성이 분명하다. 다른 연구는 자애명상이 타인들을 공감할 수 있는 뇌의 영역을 활성화시켜, 사회적 반응을 촉진하고 관계를 향상시키는 역할을 할 수 있다고 말한다(Lutz et al., 2008).

연민 훈련 후에 체벌 사용에 관한 연구에서 대인관계의 행동 변화도 발견되었다. 콘돈과 디스테노Condon & DeSteno(2011)는 연민 훈련이 타인을 체벌하는 경향성을 감소시켰음을 밝혔다. 이 연구는 한 사람에 대한 연민 경험이 다른 사람에 대한 체벌을 어떻게 감소시켰는가를 검토했다. 한 사람이 다른 사람들보다 더 많은 보상을 얻기 위하여 거짓말을 하게 하는 상호작용 실험 설계 연구 결과, 거짓말하는 사람에게 제삼의 체벌이 가해졌을 때, 한 개인을 향한 연민 훈련을 받았던 참여자들에게는, 비록 거짓말하는 사람이 분명한 의도가 있고 뉘우치지 않더라도, 이러한 체벌이 없었다는 것이 밝혀졌다. 더 나아가 참여자들이 보고한 연민의 정도는 다른 사람들에 대한 체벌 행동의 감소에 직접적인 매개체가 되었다(Condon & DeSteno, 2011).

지금까지 논의했듯이, 수치심에 기반한 비판은 동기에 부정적 영향을 미치고, 우울증과 연관성이 있으며, 일반적으로 불안과 무망감을 증가시킨다(Gilbert, Baldwin, Irons, Baccus, & Palmer, 2006; Longe et al., 2010). 수치심에 기반한 자기비판은 주요 우울증 치료에 부정적 영향을 미친다(Marshall, Zuroff, McBride, & Bagby, 2008; Rector et al., 2000). 자기와 타인을 향하여 수치심을 느끼는 의사소통은 가장 무익한 대화 형태들 중 하나로 여겨진다. 불교심리학을 인용한 인지행동치료 개입법, 특히 연민중심치료는 연민에 의한 행동수정을 증가시키고, 수치심에 기반한 자기비판의 부정적 영향을 완화시키는 것으로 밝혀졌다(Gilbert & Procter, 2006). 예를 들어, 길버트와 프록터Gilbert & Procter(2006)가 수행한 예비연구에서, 우울증과 수치심 그리고 자기비판으로 고통받고 있었던 내담자들이 집단 상담에서 연민의 마음 훈련을 받았는데, 거기에서 그들은 연민의 태도를 촉진하고 비효과적인 정신적 습관인 자기비판적 사고를 더 많이 자각하는 법을 배웠다. 사후개입 결과는 그들의 불안, 우울증, 수치심, 자기비판, 열등감, 복종적 행동이 줄어든 것으로 나타났다.

자기연민 훈련도 그와 비슷한 결과를 보여주었다(Neff, 2003b; Neff et al., 2007). 불교심리학 기반 개입법 사용, 바른말의 함의를 보여주는 다른 연구로는, 인종 차별에 수용전념치료를 적용하여 유망한 결과를 낸 것(Lillis & Hayes, 2007), 마음챙김 기반 대인관계에 대한 효과성 기술의 사용(Linehan, 1993a), 호스피스나 말기환자의 고통완화치료에 마음챙김 의사소통을 사용한 것(Villigran et al., 2010)이 있다.

건강한 행동

제3장에서 적합한 행동Adaptive conduct의 두 번째 구성요소로 소개한 건강한 행동Healthy action은 친절하고 유익하게 행동하며, 궁극적으로 자기와 타인의 웰빙을 촉진하고 해로운 행동을 삼가는 것이다. 삶에서 자기나

타인을 해롭게 하지 않기 위한 기술적이고도 가치 있는 행동에 대한 것이다. 특별히 불교심리학에 기반한 개입법은 정서를 더 깊이 이해하게 하여, 실제로 중요한 것을―개인적 가치 그리고 자신의 가치를 추구할 때 효율적으로 구현하거나 증명하는 행동이나 반응을― 분명히 알게 한다. 더 나아가, 앞에서도 논의했듯이 행동주의 문헌에서 현재의 순간에 대한 유연하고 가치 있는 반응이 긍정적인 심리적 결과와 상호 연관성이 있음이 밝혀졌다(Hayes, 2008b). 실제로 최근의 연구는 삶의 목적에 헌신하는 것과 그러한 행동에 참여하는 것이 일상의 삶을 풍요롭게 하고 사회적 불안장애를 가지고 있는 사람들의 행복을 증진시킨다고 밝힌다(Kashdan & McNight, 2013).

가치를 명료화하고 행동에 대한 자기 조절을 향상시키는 것은 또 다른 방법이 될 수 있는데, 수용과 마음챙김 그리고 연민 기반 훈련이 이 방법을 통하여 바른 행동을 고양시키고 심리적 웰빙(Wallace & Shapiro, 2006)과 심리적 유연성(Fledderus, Bohlmeijer, Smit, & Westerhof, 2010)을 향상시킨다. 기질적 마음챙김은 가치 기반 행동을 더 많이 하고 그것을 더 많이 추구한다는 자기 보고와 연관되었다(Brown & Ryan, 2003). 더 나아가 가치 명료화는 마음챙김에 기반한 스트레스 완화 프로그램 참여자들을 표본으로 한 연구에서 마음챙김 수준이 더 높은 것과 심리적 고통이 줄어든 것 사이의 관계에 부분적으로 매개 역할을 하는 것으로 밝혀졌다(Carmody, Baer, Lykins, & Olendzki, 2009). 부정적 정서가 생길 때 마음챙김은 목표 지향적 행동을 지속시킬 수 있는 능력과 상호 연관성이 있다(Baer, Smith, Hopkins, Krietemeyer, & Taney, 2006). 건강한 행동과 불교심리학에 대한 연구는 삶에서 가치 있는 영역, 즉 관계, 건강, 놀이·창조성, 일과 같이 관련 있는 행동으로 나누어 볼 수 있다. 이들은 적응적 생계에 관한 연구를 검토하면서 다룰 것이다.

건강한 행동과 관계

건강한 행동의 주된 예로써 친사회적 행동을 고려해볼 때, 수많은 연구가 불교심리학에 영감을 받은 개입법의 사용을 지지한다. 이는 그 개입법을 통하여 사람들이 대인관계에서 연결성을 경험하고, 타인과의 관계에서 효과적이고 유용한 행동을 할 수 있는 능력을 실제적으로 지지하기 때문이다. 연구는 마음챙김과 다양한 연민 훈련이 관계의 만족과 향상(Carson, Carson, Gil, & Baucom, 2004), 공감과 관점 가지기(Birnie, Speca, & Carlson, 2010) 그리고 적응적 사회정서 기능을 자기 보고한 것(Sahdra et al., 2011)과 연관성이 있음을 밝혔다.

마음챙김과 관계의 만족과 향상에 대한 경험 연구에서, 칼슨과 그의 동료들(Carson et al., 2004)은 비교적 스트레스가 없고 사이가 좋은 커플들을 대상으로 무작위 통제 연구를 수행하여, 마음챙김에 기반한 스트레스 완화 기반 커플 프로그램과 마음챙김에 기반한 관계 향상 프로그램의 효과성을 검토하였다. 마음챙김은 현재 관계의 기능을 풍요롭게 하고 개인의 심리적 웰빙을 향상시키는 것과 광범위한 지표에 걸쳐 연관성이 있었다. 연구 결과는 그 개입법이 관계의 만족, 자율성, 관계성, 친밀성, 서로를 수용함, 관계의 어려움의 수준에 긍정적인 영향을 미치는 것으로 나타났다. 더 나아가 참여자들은 낙관성, 영성, 이완, 심리적 고통에서 유익한 변화를 연구 참여 후 3개월간 유지했다고 보고하였다. 또한 마음챙김을 더 자주 연습한 참여자들은 덜 연습한 참여자들보다 월등하게 좋은 결과를 보여주었다. 매일 기록한 것을 분석한 결과 마음챙김 명상을 더 많이 한 날은 관계의 행복과 스트레스 대처 효과를 향상시키고, 관계 스트레스와 전반적인 스트레스의 수준을 떨어뜨리는 것과 연관성이 있음을 보여주었다(Carson et al., 2004). 관계의 측면에서 보면 마음챙김은 사회 상황에서 의식적으로 행동할 수 있는 능력과 연관성이 있다(Dekeyser, Raes, Leijssen, Leyson, & Dewulf, 2008).

명상 훈련은 친사회적 행동을 계발하고, 점점 더 많은 경험 연구가 그러한 주장을 지지한다. 예를 들어, 크레멘트와 그의 동료들(Krement et al., 2012)은 불교심리학에 영감을 받은 명상 기법이 정서기술훈련과 결합하여 어떻게 친사회적 행동을 촉진하고 고통에 적절한 반응을 할 수 있는 능력을 향상시키는지에 대한 사례를 제공한다. 이 연구자들은 가르침, 토론, 명상 수행(집중 명상, 마음챙김 명상, 공감과 관점수용과 연민에 초점을 맞춘 지시적 수행) 그리고 정서 기반 기법 학습을 (정서의 선행사건과 결과의 구성요소를 이해하기 위한 설명, 자기와 타인의 정서, 정서와 인지 사이의 연관성 인지하기, 자기의 정서적 패턴 인지하기) 포함하는 8주 훈련 프로그램(총 42시간)을 진행하였다. 연구 결과 이 개입법은 연민을 포함하여 친사회적 반응을 향상시켰고, 부정적 사회적 반응을 감소시켰음을 보여주었다. 이 연구에 참여했던 참여자들은 정서적 얼굴 표정을 인식할 수 있는 능력이 많아졌고, 고통스러워 하는 사람의 이미지를 보면 혐오에 기반한 반응이 아닌 연민에 기반한 반응을 하도록 통제를 더 잘하였다. '결혼 생활에서 화를 돕우는 상호작용 과제'라는 또 다른 과제에서는, 훈련 집단에 참여했던 사람들이 통제 집단에 있던 사람들에 비해 적대적 행동을 훨씬 덜 하는 것으로 나타났다. 마지막으로 그 훈련 집단은 어려운 관계 문제를 해결하는 과제가 주어졌을 때, 부정적 행동으로 반응하는 것에 덜 민감한 것으로 나타났다. 연구자들은 명상 기반 개입법으로 친사회적 반응이 향상될 수 있고, 파괴적 정서 반응이 줄어들 수 있다는 결론을 내렸다.

이와 유사하게 낯선 사람들에 대한 긍정적인 정서와 사회적 친밀감이 증가하는 것은 자애명상과 연관성이 있음을 밝히는 경험적 연구가 수행되었다(Hutcherson, Seppala, & Gross, 2008). 이 연구에서 연구자는 낯선 사람들에 대한 사회적 친밀감을 검토하기 위하여 간략한 자애명상 훈련을 사용했다. 대응하는 통제집단과 비교하면, 잠깐 동안의 자애명상이 새로운 사람들에 대하여 사회적 친밀감과 긍정적 느낌을 증가시켰다고 보고하였다.

또한 신경심리학적 연구는 연민 유도와 훈련이 친사회적 동기와 공감을 함축하고 있는 뇌 영역의 활성화와 연관되었다고 말하였다(Engström & Söderfeldt, 2010; Kim et al., 2011). 더 나아가 뇌신경영상 연구는 자기연민 훈련이 타인에 대해 공감하는 뉴런의 활동과 연관되었다고 밝힌다(Longe et al., 2010).

한 대학에서 수행한 연구 프로젝트는 연민이 첫 학기에 대학생들의 목표 성취에 어떤 효과를 미치는지를 검토하였다. 그 목표는 한 학기 동안 매주 관계 경험에 대한 신뢰와 사회적 지지에 변화를 주는 것이었다. 학생들은 연민을 더 많이 갖는 것이 사회적으로 연결된 느낌, 상호 돌봄에 대한 믿음, 지지받는 느낌, 첫 학기 대학생들 사이의 신뢰와 연관이 있음을 발견했다(Crocker & Canevello, 2008). 두 번째 연구는 연민이 대인관계 과정과 개인내적 과정 둘 다를 통한 사회적 지지가 보다 증가할 것으로 예측했다. 참여자들의 룸메이트가 보고하고 분석한 것을 보면, 참여자들의 연민적이고 자기 이미지 목표의 평균 수준이 참여자들로부터 받은 지지 그리고 참여자들에게 주어진 지지와 관련이 있다는 것을 볼 수 있다. 더 많은 연민을 가진 참여자들의 룸메이트는 사회적 지지를 지속적으로 더 많이 주고받았다고 보도한다. 그러나 이 결과는 자기 이미지가 낮았던 참여자들의 경우에만 해당되는 것 같았다(Crocker & Canevello, 2008). 이 연구는 연민이 타인과의 숙련된 관계를 촉진한다는 불교심리학의 주장을 지지한다. 그러나 자아에 기반한 자기 몰두는 우리의 목표가 좋은 것일지라도 연결할 수 있는 능력을 저해한다.

자기 이미지가 타인과 자연스럽게 연결되도록 우리를 돕지는 못하지만, 자기연민은 그럴 수 있다고 제안하는 증거가 있다. 베이커와 멕널티(Baker & McNulty, 2011)는 관계 유지 과정과 (대인관계에서 실수를 수정하고자 하는 동기, 효과적인 문제 해결, 적응적 행동들을 포함하는) 행동 그리고 남녀의 관계 만족과 자기연민과의 연관성을 검토하였다. 이 연구는 여자와 남자 모두에게서 자기연민과 관계 유지와 관계 만족 사이에 분명한 연관성이 있음을 밝혔다. 그러나 남자에게서 이러한 연관성은 성실했을 때에만 적용되는 것으로 나타났다. 이러한 결과는 대인관계 차원에서 자기연민을 강조할 때 중요하므로, 자기 자신에게 직접 연민의 마음을 가질 수 있는 능력이 타인과의 관계에 의미 있는 영향을 미칠 수 있다고 제안한다(Baker & McNulty, 2011).

건강한 행동과 건강

불교심리학에 근거한 수행은 적응적 심리 기능과 행동 변화와 중요한 연관성이 있는 것으로 밝혀졌다. 점점 많아지는 증거는 이러한 수행이 다양한 의학적 그리고 심리학적 치료 맥락에서 그리고 정신병리와 죽음과 연관된 행동 그리고 스트레스에 대한 심리적 행동적 반응을 포함하는 다양한 장애를 치료할 때, 예방과 회복에 긍정적 영향을 미친다는 것을 보여준다(Alexander, Robinson, Orme-Johnson, Schneider, & Walton, 1994). 예를 들어, 불교심리학과 관련하여 스트레스와 관련된 심리적 변화는 코티솔 수준을 감소시켰고(Carlson, Speca, Faris, & Patel, 2007; Pace et al., 2009), 호흡을 편안하게 하였고(Lazar et al., 2000/2005), 피부전도반응을 감소시켰고(Astin, 1997; Tang et al., 2009), 산소와 이산화탄소 소비를 낮추었고(Young & Taylor, 1998), 심박동수를 안정화시켰고(Zeidan, Johnson Gordon, & Goolkasian, 2010), 혈압을 안정되게(de la Fuente, Franco, & Salvador, 2010) 하였다.

불교 수행이 건강을 증진시키는 한 방법은 자기돌봄과 건강한 행동에 대한 동기를 향상시키는 것이다. 불교 신자 886명(82%는 미국인들)을 대상으로 개인의 종교 수행과 신념, 건강이력, 건강과 관련된 행동에 대하여 인터넷 조사를 하였다(Wiist, Sullivan, George, & Wayment, 2012). 그 결과 응답자들 중 68%가 건강이 '매우 좋음' 또는 '훌륭함'이라고 답하였다. 이 연구에서 또 다른 흥미로운 결과는 그 조사에 사용된 불교 경건 지표에서 1점 상승한 것으로 나타났다는 것이다. 이는 매우 건강해짐에 11%의 상승 그리고 금연을 하게 됨에 15%의 상승이 있었던 것과도 연관이 있다(Wiist et al., 2012).

마음챙김은 특별히 자기 조절, 웰빙의 증가와 관련이 있다. 예를 들어, 한 연구에서 대학생의(N=334) 수면을 자기 조절하는 것과 관련된 다양한 측정을 하고, 정서적·심리적 그리고 사회적 웰빙에 대해서 포괄적으로 측정하여, 자기 보고한 마음챙김의 결과를 검토하였다. 결과는 마음챙김이 수면을 스스로 조절하는 것과의 연관성을 통하여 직간접적으로 웰빙을 예측할 수 있었고, 다이어트와 운동에 관하여서도 매일 마음챙김을 수행하는 정도가 과일과 야채 섭취, (남성에게만) 지방 섭취, 신체적 활동, 인지된 자기 효능감의 정도를 예측하게 했다(Gilbert & Waltz, 2010).

또한 예비 징후로는 마음챙김에 기반한 치료가 도박(Lakey, Campbell, Brown & Goodie, 2007; Toneatto, Vettese, & Nguyen, 2007), 그리고 물질남용(Bowen et al., 2009; Bowen Chawla, & Marlatt, 2011; Wupperman et al., 2012)과 같이 자기 조절이 안 되는 문제 행동을 감소시킬 수 있다고 말한다. 최근에 가정폭력으로 체포되었거나 알코올 남용이나 의존 그리고 공격성 기준에 부합하는 여성들을(N=14) 대상으로 마음챙김과 행동수정 치료MMT 예비연구를 하였다. 이 연구에서 참여자들은 12주의 개인 상담을 (첫 회기는 90분 그 후의 회기는 60분) 포함하는 치료 프로그램에 참여하였다. 끝까지 참여한 사람들은 93%였고, 사전 사후비교를 통하여 연구 참여자들의 알코올 사용, 약물 사용, 공격성에 의미 있는 감소가 나타났다(Wupperman et al., 2012).

자기연민은 또한 다양한 질병과 장애에 유용한 개입법으로 제시되고 있다(Terry & Leary, 2011). 예를 들어, 켈리 등(Kelly, Zuroff, Foa, & Gilbert, 2010)은 연민적 상상과 자기 이야기의 사용을 금연 개입법으로 검토하였다. 이 연구의 결과는 자기연민 기법이 자기점검 집단보다 더 빠르게 흡연

행동 감소를 촉진했지만, 자기 에너지와 자기 통제의 비율은 같은 것으로 나타났다. 또한 이 연구의 결과는 자기연민 개입법이 특히 특별한 유형의 내담자들에게 강력한 영향을 미쳤음을 보여주는 것 같았다. 자기연민 훈련의 효과는 높은 수준의 자기비판, 낮은 수준의 변화 준비, 훈련하는 동안 더 활발한 상상을 하는 참여자들에게 영향을 미쳤다. 이 결과는 자기비판을 핸디캡으로 여기고 변화의 동기를 증가시키는 다른 방법들에 반응하지 않았던 참여자들이, 자기연민 개입법의 잠재적 역할을 지지하고 있음을 나타낸다.

정신적 건강과 치료와 관련하여, 불교심리학 기반의 개입법에 대한 연구는 거의 매일 증가하고 있다. 마음챙김과 정신 건강의 효과를 검토하려면, 컹과 그의 동료들(Keng et al., 2011) 그리고 셀드마이어와 그의 동료들(Sedlmeier et al., 2012)의 연구를 보아라. 이 문헌을 모두 검토하는 것은 이 책의 범위를 넘어서는 것이기 때문에 여기에서는 정신 건강을 위하여 불교심리학의 잠재적 적용의 넓이와 깊이를 이해하는 데 중요하다고 생각되는 연구들을 강조할 것이다.

가장 큰 성장을 이룬 영역은 우울증과 불안 치료 분야다. 노출 치료 개입법은 두려움 반응과 경험 회피를 효과적으로 줄이는 데 최적의 기준으로 여겨졌다(Chambless & Ollendick, 2001). 불교심리학에 기반한 노출을 적용할 때 관찰되는 건강 관련 행동 변화로 인한 유익은, 불안장애(Greesonn & Brantley, 2009)에 대한 치료와 연구에서 매우 분명하게 나타난다. 그리고 그 기법을 적용하여 범불안장애(Roemer et al., 2008), 강박충동장애(Hale, Strauss, & Taylor, 2013; Hannan & Tolin, 2005) 그리고 외상후증후군

(Kimbrough, Magyari, Langenberg, Chesney, & Berman, 2010)을 치료할 때 회피행동이 줄어들었다는 증거가 점점 늘어나고 있다.

전통적 노출 치료는 내담자들이 두려움 자극에 노출되고 (전형적으로 내적 외적 자극에 대한 경험 회피를 위한 다양한 방법들인) 안전 행동을 하지 못하게 한다. 임상 연구는 그러한 안전 행동을 사용함으로써 노출로 인한 유익이 방해받고 있음을 보여주었다(Lovibond, Mitchell, Minard, Brady, & Menzies, 2009; Salkovskis, Clark, Hackmann, Wells, & Gelder, 1999; Wells, 1995).

예비연구는 마음챙김과 연민 기반 수행과 같은 불교심리학 훈련이 노출 치료에 효과적일 수 있고, 이전에 갖고 있었던 자극－반응 패턴에 의미 있는 변화를 촉진할 수 있다는 증거를 보여주었다(Treanor, 2011). 예를 들어, 마음챙김 수행은 자기 인식된 반응성이 감소하고 변화하는 것 그리고 노출을 촉진하는 것에 중요한 역할을 하는 것으로 여겨진다(Hölzel et al., 2011). 마음챙김 경험에서 발생하는 학습은 전통적 인지행동치료 접근법의 노출에서 발생하는 학습과 유사하다. 이때 수행자는 웰빙이나 안전감을 유지한 채 불쾌한 감정이나 자극이 오고 가는 것을 배운다(Öst, 1997). 따라서 개방된 자각, 수용, 비애착과 같은 마음챙김의 특성을 통하여, 마음챙김 수행은 잠정적으로 안전 행동의 사용을 최소화하고, 이전에 회피했고 두려워했던 자극에 노출되는 효과를 최대화할 수 있다. 심리적으로 내적 경험에 직면할 수 있는 능력은 마음챙김의 핵심적인 특성이고, 마음챙김 설문지의 다섯 가지 영역에서 '내적 경험에 대한 비반응성'으로 구체화된다. 칼모디와 베어(Carmody & Baer, 2008)는 마음챙김에 기반한 스트레스 완화 프로그램 과정을 마친 연구 참여자들이 내적 경험 척도에 대한 비반응성의 효과가 크게 증가했다고 보고하였다. 또 다른 연구에서도 마음챙김에 기반한 스트레스 완화 훈련 과정을 마친 참여자들이 불쾌한 경험에 기꺼이 노출되려는 의지는 개입 전보다 개입 후에 크게 증가되었음을 발견했다(Carmody et al., 2009). 비반응성과 노출 과정은 마음챙김의 스트레스 감소 효과에서 그리고 인지된 스트레스 점수가 감소한 것에서 핵심적인 역할을 하는 것으로 보인다(Carmody & Baer, 2008; Chang et al., 2004).

건강한 생계

제3장에서 다루었던 건강한 생계Healthy livelihood는 우리의 일과 삶에서 어떻게 행동해야 할지를 강조하기 위하여 건강한 행동의 개념으로부터 확장된 것이다. 마음챙김과 연민 기반 개입법들에 대한 연구는 바른 생계의 영역에서 그리고 더 효과적인 직장 관계와 직장 환경을 촉진하는 것에서 변화를 위한 맥락을 창조할 때, 유망한 함의를 가지고 있다(Atkins & Parker, 2011).

연민은 직장에서 긍정적 영향을 미치는 것으로 보인다(Kanov et al., 2004). 긍정 조직 심리학의 영역에서 점점 더 많은 관심과 연구가 이루어지고 있다(Bernstein 2003). 이 연구는 대인관계(Kanov et al., 2004)와 개인내적 수준(Shepherd & Cardon, 2009) 모두에서 전체 조직 과정뿐만 아니라(Dutton et al., 2006) 개인 발달에도(Atkins & Parker, 2011) 초점을 맞춘다. 여기에서 초점을 맞추는 것은 능력, 활력 그리고 개인과 조직의 회복력, 번성, 숙련되고 효과적인 기능을 계발하는 것에 기여하는 요소들이다. 이 요소들 중에 흥미로운 것은 연민이다(Bernstein, 2003). 이 접근법에서 강조하는 것은 전형적이고 더 파괴적인 것, 탐심과 경쟁심 같은 목표와는 반대이다(Shepherd & Cardon, 2009). 셰퍼드와 카르돈Shepherd & Cardon(2009)은 자기연민 훈련이 직장 내 실패에서 배우고 그것에 대한 반응을 향상시킬 것이라고 제안한다.

건강한 노력

전통적으로 불교심리학에서 마음 수행은 다양한 방법으로 전수되고 훈련되고 있으며, 그중에서 최고는 명상이다. 다양한 명상 수행은 명상하는 사람의 주의와 자각의 다른 여러 측면들에 초점을 맞춘 여러 가지 형태의 훈련을 제공한다. 이 마음 수행들 각각에서 행해지는 의도는 인내, 근면과 동기를 요구하는 의도적이고 의지적이며 기술적인 접근인 건강한 노력Healthy effort을 하는 것이다. 그것이 명상이든 삶이든, 적응적 노력Adaptive effort은 의도와 효과성에 초점을 맞춘다.

건강한 노력에서 가장 중요한 부분은 수용의 과정이다. 윌리엄스와 린(Williams & Lynn, 2011)은 수용의 과정을 정신병리와 임상적 개입 둘 다와 관련이 있는 것으로 정의한다. 수용은 일을 그대로 내버려두어 그 일을 있는 그대로 경험하는 것으로, 종종 마음챙김의 핵심적인 구성요소로 여겨진다. 수용과 행동 변화의 관계는 미묘하다. 수용은 변화에 초점을 맞춘 동기와 반대로 보일 수 있지만, 행동 변화를 위하여 필요한 선구자 또는 중요한 첫 단계로 여겨지기도 한다(Germer, 2005a). 수용 기반 과정은 수용전념치료와 같은 임상적 적용과 연구에서 특히 중요하다. 수용전념 치료는 경험 회피 과정을 줄이는 데 수용의 역할을 강조한다. 더 나아가 수용은 변증법적 행동치료에서 '수용과 변화' 역동 중 하나에 해당된다. 수용과 변화 그리고 정신병리에서 경험적 회피의 역할에 대한 이해가 점점 많아지는 것은, 삶을 삶으로 완전히 수용할 것을 강조하는 불교심리학과 마음챙김을 더 많이 사용하게 한다.

수용에 대한 연구는 수용이 스트레스가 많고 부정적이거나 위협적으로 여겨지는 상황에 직면할 경우 보호적인 역할을 한다고 밝힌다. 쉘크로스와 그의 동료(Shallcross, Troy, Boland, & Mauss, 2010)는 그러한 경험에 대하여 정서적 반응을 할 때 수용의 역할을 탐색하는 두 편의 연구를 수행했다. 그중 하나는 수용과 정서적 맥락 사이의 상호작용을 검토한 것이다. 여대생 참여자들이 수용과 행동 질문지AAQ(Hayes et al., 2006)에 답을 하고 그 결과 높은 점수가 나온 참여자와 낮은 점수가 나온 참여자 두 집단으로 나누었다. 참여자들은 영화 클립을 차례로 보았다. 하나는 보통의 정서적 내용을 담고 있었고, 다른 하나는 부정적 정서적 내용을 담고 있었다. 영화 클립을 다 본 후에 부정적 정서의 수준을 측정했다. 그 결과 부정적 정서 맥락의 영화 클립을 본 후에, 낮은 수용을 하는 참여자들보다 높은 수용을 하는 참여자들이 낮은 수준의 부정적 정서를 경험한 것으로 나타났다. 반면 보통의 정서 맥락에서는 부정적 정서에 의미 있는 차이가 없었다. 두 번째는 참여자들의 현재 우울증과 수용의 수준을 평가하고, 4달 후에 평가를 다시 했다. 이 연구는 연구자의 가설, 즉 스트레스를 많이 받을 때 수용은 우울증이 발달하지 않도록 완충작용을 한다는 것을 확인했고, 스트레스가 적을 때엔 우울증과 수용 사이에 관련이 없는 것으로 나타났다.

건강한 집중

건강한 집중Healthy concentration은 단순히 주의 집중을 유지하는 것 그 이상이다. 그것은 삶의 도전에 직면할 때 정신 능력 모두를 온전히 쓸 수 있는 것을 의미한다. 집중 명상은 주의 집중을 통제하도록 가르치고, 감정이나 환경적 영향을 받지 않는 고요하고 침착한 마음을 갖도록 가르친다(Nhat Hanh 1998; Rahula, 1959/1974). 집중 명상은 자각 과정을 탈억제하게 하고(Colby, 1991), 마음 훈련과 관련이 있지만 독특한 형태로 보일 수 있고, 마음챙김과는 다르다(Dunn et al., 1999). 불교 전통은 집중 명상의 필요를 강조한다. 그 이유는 마음과 자기를 편견 없이 성찰할 수 있게 하는 고요한 마음을 갖게 하기 위함이다(Epstein, 1995).

발렌타인Valentine과 스위트Sweet(1999)는 명상을 하지 않은 사람들 32명과 집중 명상과 마음챙김 명상을 한 19명의 사람들을 비교했다. 명상을 한 사람들은 그렇지 않은 사람들보다 지속적인 주의 테스트를 월등하게 잘 해낸 것으로 나타났다. 또한 더 숙련되고 오래 명상을 한 사람들은 단기간 명상을 한 사람들보다 더 강한 집중 능력을 유지했다(Valentine & Sweet, 1999). 더 나아가 예기치 않은 자극이 왔을 때, 마음챙김 명상가들이 집중 명상가들보다 더 숙련되게 주의를 유지한 것으로 나타났다. 그러나 예상했던 자극이 왔을 때에는 명상의 유형에 따른 차이가 없었다(Valentine & Sweet, 1999). 이 연구는 마음의 특성을 계발하기 위하여 고안된 명상 기법들을 꾸준히 사용함으로써 주의 집중 능력이 향상될 수 있다고 오랫동안 주장해 온 불교심리학을 지지한다. 이제 주의집중의 과정을 건강한 마음챙김에서 더 자세하게 논의할 것이다.

건강한 마음챙김

제2장에서 살펴보았듯이, 건강한 마음챙김Healthy mindfulness은 몸의 활동, 감정, 생각과 동기를 포함하여 현재의 순간을 있는 그대로 성실하게 자각하는 것이다. 마음챙김 명상은 자각을 확장하고 마음을 훈련하여 유연하게 초점을 맞추는 자각과 주의를 활용하게 하고, 의식과 경험의 본성을 명료화하고 통찰할 수 있게 한다(Lazar et al., 2005). 시겔(Siegel, 2009)은 마음챙김의 잠재적 유익으로 9가지 심리 기능 또는 심리 과정을 제안하였다. 그것은 신체 조절, 조율된 의사소통, 정서적 균형, 두려움 조절, 반응의 유연성, 통찰, 공감, 도덕성, 직관이다. 직관을 제외한 이 모든 과정은 불교심리학 과정에서 연구가 되었고, 마음챙김과 많은 연관성이 있는 것으로 나타났다. 몇몇 연구자들은 문헌과 증거에 대한 체계적 메타 분석과 포괄적인 연구를 수행하여, 마음챙김의 역할과 임상 심리학에서 마음챙김 기반 훈련의 역할을 지지하였다(Baer, 2003; Coelho, Canter, & Ernst, 2007; Grossman, Neimann, Schmidt, & Walach, 2004, Hoffman, Sawyer, Witt, & Oh, 2010).

불교심리학은 모든 사람이 마음챙김을 할 수 있다고 본다. 어떤 사람은 마음챙김의 특성이 내면에서 자연스럽게 발현될 수 있지만, 어떤 사람은 그것이 휴면 상태로 있어 의도적으로 훈련하고 계발할 필요가 있다. 선천적으로 이러한 태도를 갖고 있는 능력을 '기질적 마음챙김Dispositional mindfulness'이라 하는데, 이는 본래적 특성이고 매우 다양한 경험과 표현으로 드러날 수 있다(Bishop et al., 2004; Brown & Ryan 2003; Carlson & Brown 2005; Kabat-Zinn, 2003). 기질적 마음챙김의 개인적 차이는 자기 조절, 심리적 적응, 웰빙에 대한 많은 함의를 가지고 있는 것으로 연구자들에게 드러나기 시작했다(Baer, Smith, & Allen, 2004; Brown & Ryan, 2003/2004; Reibel, Greeson, Brainard, & Rozenzweig, 2001; Shapiro & Schwartz, 2000). 기질적 마음챙김은 여러 가지 긍정적 심리적 결과와 연관성이 있고, 상황의 요구에 대하여 적응적인 조절 과정과 효과적인 반응을 촉진하는 것과 연관성이 있다(Brown Ryan, & Creswell, 2007). 그러한 결과는 무조건적인 자기 수용과 자존감 그리고 기질적 마음챙김 사이의 상호 연관성을 보여주었고(Thompson & Waltz, 2008), 위험부담에 대한 조율이 잘 된 결정과 판단(Lakey et al., 2007) 그리고 부정적 자동사고의 빈도가 줄어든 것과 그러한 사고를 내려놓을 수 있는 능력 인식(Frewen, Evans, Maraj, Dozois, & Patridge, 2008) 사이에 연관성이 많은 것으로 나타났다. 기질적 마음챙김은 부정적 정서를 다루고 조절할 수 있게 하며(Arch & Craske, 2006; Coffey & Hartman, 2008; Lakey et al., 2007), 심리적 고통 척도와 부적 상관관계가 있는 것으로 나타났다. 마음챙김의 특정 측면은 증상 수준을 예측하는 것을 더 정확하게 설명한다 (Baer, Smith, Hopkins, Krietemeyer, & Toney, 2006; Coffey & Hartman, 2008; Vujanovic, Zvolensky, Bernstein, Feldner, & McLeish, 2007).

타고난 마음챙김 능력은 다양한 정신증과 문제들 심지어는 그러한 문제들에 대한 취약성을 더 증가시켰을 위험 요소들에 대해서도 취약성을 감소시키는 작용을 할 수 있다(Way, Creswell, Eisenberger, & Lieberman, 2010). 기질적 마음챙김에 대한 연구는 이 과정이 자동적 또는 습관적 반응과는 대조적으로, 더 자율적으로 동기화된 행동과 연관성이 있다고 밝힌다(Levesque & Brown, 2007). 마음챙김은 생각과 감정이 영원하지 않으며 일시적이라고 하는 심리적 자유를 증가시킨다. 마음챙김의 능력을 소유하면 반추적 또는 우울증을 유발하는 사고 과정을 예방하고 중단시키는 데 도움을 줄 것이다(Coffey & Hartman, 2008; Teasdale, 1999).

마음챙김 훈련 그리고 마음챙김의 네 가지 토대

마음챙김은 다양한 기법이나 명상 전통을 사용하여 계발할 수 있는 일련의 기법이다(Bishop et al., 2004; Davidson, 2010; Linehan, 1993b). 마음챙김 훈련과 마음챙김에 기반한 인지행동치료의 효과성에 대한 연구는 웰빙을 향상시키고 수많은 치료를 도울 때 마음챙김의 역할을 지지한다. 예를 들어, 마음챙김 훈련은 정서 조절을 촉진하고(Adele & Feldman 2004; Hofmann et al., 2010; Leahy et al., 2011), 자각을 확장하거나 메타 인지를 하고(Teasdale et al., 2002), 주의력 있는 통제를 향상시키는 데(Teasdale, Segal, Williams, & Mark, 1995) 효과적인 것으로 보인다.

앞에서도 살펴보았듯이, 불교심리학의 마음챙김 훈련에는 네 가지 근본 구성요소가 있다. 몸에 대한 마음챙김, 감정에 대한 마음챙김, 의식이나 생각에 대한 마음챙김, 정신 활동에 대한 마음챙김이 그것이다. 생각,

인식, 정서를 자각할 때 정서가 몸에서 어떻게 작용하는가를 자각하는 것은 인지행동치료의 핵심적인 목표이므로, 마음챙김 훈련은 인지행동치료 개입법과 잘 맞는 것 같다.

몸에 대한 마음챙김은 만질 수 있는 것을 경험하는 것을 조율하고 자각하는 것으로, 순수하게 생리적인 기능과 형태에 기반한다. 다른 많은 것들처럼, 몸은 고통의 중요한 원천이 될 수 있지만, 또한 고통을 완화시키는 원천이 되기도 한다. 예를 들어, 전통적인 공황치료에서 내부감각을 수용적으로 노출하는 것은 신체적 변화와 두려움 반응 사이의 역기능적 연관성에 변화를 주려는 것이다. 마음챙김 훈련이 이러한 치료 과정을 촉진할 수 있다고 믿는 데는 이유가 있다. 마음챙김에 기반한 스트레스 완화 프로그램 참여자들과 장기간 명상 수행자들은 신체 감각과 내부감각에 대한 수용적 인식을 더 많이 자각한다고 전해진다(Carmody & Baer, 2008; Hölzel, Ott, Hempel, & Stark, 2006). 연구 참여자 면접에서 숙련된 명상가 10명 중 7명은 신체 감각을 더 많이 인식하고 자각했으며, 10명 중 4명은 정서를 더 많이 자각했다고 보고했다(Hölzel et al., 2006).

두 번째 근원은 감정에 대한 마음챙김이다. 불교의 가르침과 현대 심리학은 생각과 정서가 가지는 파괴적인 면과 치유적인 면 둘 다를 인정한다(Hayes & Feldman, 2004). 정서 조절과 마음챙김은 심리학 문헌에서 많은 관련성이 있음을 보여준다. 정서에 이름을 붙이는 것은 정서 조절의 첫 단계이고, 자동적 정서 반응을 파괴하여 정서의 강도와 지속 기간을 줄인다(Lieberman et al. 2007). 불교심리학 명상 전통에서 이루어지는 정서 경험은 '관찰하기와 알아차리기'는 이 과정과 유사하다. 또한 수많은 연구자들은 마음챙김에서 취하는 방법인 정서를 비판단적으로 수용한 결과로 정서를 인내하는 것을 제안하였다(Bishop et al., 2004; Epstein, 1995; Hayes & Feldman, 2004; Linehan, 1993a). 불교심리학은 "파괴적 정서로부터 해방될 필요성을 강조한다. 그러나 그와 동시에 해방되기를 원하는 바로 그 정서를 비판단적으로 자각함으로써 그러한 해방이 온다"라고 본다(Epstein, 1995, p.24).

세 번째 근원은 마음의 분위기나 상태 그리고 인지 과정 둘 다를 포함하는 인지에 대한 마음챙김 또는 마음의 상태에 대한 마음챙김이다. 많은 인지행동치료와 유사하게, 직접적인 경험이 어떻게 인지를 유발할 수 있는지를 알아차리는 것에 초점을 맞춘다. 이것은 마음이 경험으로 변형되고 우리의 맥락이 생각과 상호작용하는 것을 지켜보는 것이다. 즉, 인지가 작동하는 기제를 관찰하고 훈련하는 것이다. 이 연습은 분별, 평가, 판단, 경험에 대한 개방을 강조한다.

이론가들은 마음챙김 개입법이 메타 인지 기술을 강화함으로써 긍정적 적응을 촉진한다고 주장한다(Hamilton, Kitzman, & Gutotte, 2006). 또한 이전의 연구에 의하면 기질적 마음챙김이 부정적 생각을 그냥 둘 수 있는 능력 그리고 잠재적으로 인지적 유연성의 수준을 증가시킬 수 있는 능력을 함축하고 있다(Frewen et al., 2008). 비판단적이고 비애착적인 마음챙김을 할 수 있는 능력은 향상된 조절 능력을 통하여, 원하지 않고 부적응적이며 정서가 깔린 선입견과 행동을 약화시키는 것을 함축하고 있다(Hayes & Feldman, 2004; Shapiro & Schwartz, 2000).

마음챙김에 포함된 본질적 인지 과정은 주의, 자각, 수용이다. 이 모든 것은 의식의 본성 안에서 그리고 서로 공생적이며, 복합적이고, 융합적으로 얽혀있는 관계를 맺고 있는 것 같다. 예를 들어, 기본적인 주의와 메타 자각 등 마음챙김에 포함된 주의와 자각 과정은 현재 중심의 비판단적인 관찰자 관점을 촉진하기 위하여 상호작용한다(Nyanaponika, 1973). 마음챙김의 이러한 과정은 우리가 자신과 세계와 현실을 경험하는 방법에 변화를 주기 위하여 협력한다.

자각은 주관적 관찰 또는 내외적 자극을 등록하는 것으로 설명된다 (Brown & Ryan, 2003; Brown et al., 2007). 빨리어 위빠사나는 '통찰' 또는 '분명한 자각' 명상으로 번역되고, 현재 순간의 전 영역에 대하여 직접적이며 개방적인 자각을 하는 것이다(Davis & Hayes, 2011; Gunaratana, 2002). 이러한 현재 중심성은 마음, 몸, 환경의 자각을 강조하고, 자신의 경험과 하나 될 수 있게 한다. 또 그것이 완전하게 존재하는 것을 의미한다고 느끼고, 그 특별한 순간 안에서 자기를 새롭게 이해할 수 있게 한다(Carmody & Baer, 2008; Hayes & Felman, 2004). 예를 들어, 한 연구는 선 명상을 9주 동안 한 상담사 수련생들이 명상을 하지 않은 상담사 수련생들보다 자기 자각의 수준이 더 높은 것으로 보고하였다(Grepmair et al., 2007).

마음챙김 자각은 주어진 순간에 가능한 모든 것을 알아차리고, 그것에 개방돼서 '선택 없는 자각Choiceless awareness'으로 불린다. 또한 이러한 수용적 자세는 '메타 자각' 또는 '자각의 자각Awareness of awareness'으로 특징지어질 수 있다(Brown & Cordon, 2009; Corcoran, Farb, Anderson, & Segal, 2010; Nyanaponika 1973). 마음챙김에서 선택 없는 자각은 집착, 선호, 반사적 반응, 경험의 해석으로부터 벗어난다. 이 비집착은 의식의 모든 측면을 둘

러싼 판단이나 선입견을 버리는 특징이 있다. 앞에서도 논의했듯이, 집착은 불교 전통에서는 인간 고통의 (바로 그) 일차적인 원천으로 여겨진다. 선택 없는 자각에서는 어떤 자각의 대상도 다른 대상에 주의를 기울이지 않는 것 같다. 따라서 관찰자와 관찰대상이 더 이상 구별되지 않는다. 레바인Levine(1979)은 그것을 매우 잘 설명하고 있다. "그것은 시냇가에 서서 거품처럼 시내를 따라 떠다니는 모든 생각을 바라보는 것과 같다. 그것을 바라볼 때 그것은 점점 더 분명해져서, 어떤 거품은 시냇물을 바라보는 우리가 되고, 심지어 바라보는 사람이 그 흐름의 일부가 되어, 자각은 단순히 그 모든 것을 경험한다."(p.29) 전통적으로 지도하는 몇몇 마음챙김 수행에서는 이 비유와 유사한 이미지를 활용하여, 선택 없는 자각을 할 수 있게 하고 그 경험을 하도록 돕는다. 다른 사례에서는 거품이나 풍선, 마음 기차, 컨베이어벨트에 생각을 불어넣은 채 흐름에 맡겨놓았다(Hayes, Strosahl, & Wilson, 2011).

많은 치료사들은 우리의 마음과 현실 경험에 직접적인 영향을 미치기 위하여, 어떻게 그리고 무엇에 주의를 기울여야 하는지를 잘 알고 있을 것이다. 심리학적으로 보면, 주의는 여러 가지 내외적 자극에 주의를 기울이고 초점을 맞출 수 있는 능력에 집합적으로 기여하는 일군의 구별되는 하위과정으로 종종 보인다(Treadway & Lazar, 2009). 불교심리학을 널리 지지하고 불교심리학과 일관되는 주의에 대한 이론은 세 가지 유형으로 나누어 볼 수 있다. 그것들은 각각 별개의 신경망과 기능을 포함하고 있다(Chiesa et al., 2011). 이 세 유형은 경계하는·지속적 주의, 지향하는·선택적 주의, 집행하는·분리적 주의이다. 경계하는·지속적인 주의는 준비나 경계의 상태를 유지하고 성취하는 것이다. 지향하는·선택적인 주의는 주어지는 지각 입력에 대해서 지속적인 주의를 기울이는 것이고, 아닌 것은 제한한다. 집행하는·분리된 주의는 주의를 감시하고 분배하여 다양한 생각, 정서, 행동 반응의 우선순위를 매긴다(Desimone & Duncan, 1995; Duncan, 1980; McDowd, 2007; Posner & Peterson,1990; Posner & Rothbart, 2007). 또한 '주의 전환Attentional switching'이라 불리는 유연하고 적응적인 주의 양식을 활용하는 능력도 이 모델과 일치한다(Mirsky, Anthony, Duncan, Ahearn, & Kellam, 1991). 이렇게 다양한 주의 특성과 마음챙김 수행 사이에는 분명히 유사한 점이 있다. 마음챙김 수행은 우리가 원하는 곳에 주의를 기울이고 유지하도록 돕고, 다양한 정신 경험을 있는 그대로 알아차리도록 특별히 고안된 것이다.

주의는 현재 개인의 맥락과 역사적 맥락의 영향을 받는 행동 통제의 패턴이나 특정한 상황에 처해 있는 행동으로 설명된다(Hayes & Shenk, 2004). 마음챙김 안에서 주의는 '그 현실의 선별된 측면들을 강조하기 위하여 자각이 초점을 맞추는 것'으로 정의될 수 있다(Brown & Ryan, 2004, p.243). 그러한 주의 훈련의 한 가지 목표는 자연적으로 방황하는 마음을 훈련하는 것이다(Kwee, 2011a). 마음챙김은 선택 없는 자각을 유지하기 위하여 많은 주의 과정을 자기 조절하는 것이다. 순간순간 주의를 자기 조절한다는 것은 주의에 선택적으로 초점을 맞추어 그것을 유지하고 전환하는 것이다. 이것은 또한 집행하는 주의로, 정교하지 않은 처리와 비집착으로 인하여, 마음이 자연스럽게 방황할 때 이 방황을 정교하게 만드는 대신 그것을 놓아버리고 지금 현재의 자각으로 주의를 되돌릴 수 있게 한다(Hayes & Feldman, 2004).

심리학자와 불교학자들은 특별한 자극에 대한 의도적·선별적·지속적인 주의가 자각과 주의 초점을 감시할 수 있는 능력을 요구한다는 데 동의한다. 그러한 능력은 산만함을 감지하여 산만해지지 않게 하며, 의도된 자극에 주의를 다시 기울이게 한다(Lutz, Slagter, Dunne, & Davidson, 2008; Lutz et al., 2009). 지속적 주의는 상당한 기간 동안 자각의 한 지점에 대한 경계를 유지할 수 있는 능력이 있다. 선택적 주의는 몇 가지 자극이 동시에 주어질 때 선별적으로 특정 자극에 반응하는 과정 또는 반응할 수 있는 능력을 말한다(Oxford Dictionary, 1989). 전환은 주의를 초점이나 자각의 대상으로 되돌릴 수 있게 한다. 소규모지만 방법론적으로 다양한 연구에 의하면 지속적 주의, 선별적 주의, 주의 전환을 위한 능력과 마음챙김 사이에 관계가 있다고 지지한다(Chambers et al., 2008; Fulton & Seigel, 2005; Jha, Krompinger, & Baime, 2007; Josefesson & Broberg, 2010; Pagnoni & Cekic, 2007; Valentine & Sweet, 1999). 이 연구들은 숙련된 명상가들을 다양하게 검토하는 것, 마음챙김에 기반한 스트레스 완화 프로그램 같은 마음챙김 기반 명상 개입법 그리고 특성이나 기질적 마음챙김과 같은 다양한 관점에서 마음챙김에 접근한다.

일반적으로 이 연구들의 결과는 마음챙김 명상과 훈련을 하는 동안 주의 과정이 향상되었다고 밝힌다. 예를 들어, 쟈와 그의 동료들이(Jha et al., 2007) 수행한 연구는 (1) 숙련된 명상가들이 한 달 동안 집중 수행을 하기 전과 후, (2) 초보 명상가들이 8주간의 마음챙김에 기반한 스트레스 완화 프로그램 훈련 과정을 밟기 전과 후, (3) 8주 동안 통제된 집단으로 구분된 세 집단을 검토하였다. 이 연구에서 선별적 주의는 숙련된 명상가들과 마음챙김에 기반한 스트레스 완화 프로그램 집단이 통제 집단에 비해 월등한 것으로 나타났다. 그러나 지속적인 주의가 향상되는 것은 한 달 동안 집중 수련한 후의 숙련된 명상가들과 통제 집단에 비해, 숙련되지 않은 마음챙김에 기반한 스트레스 완화 프로그램 참여자들에게서 더 의미 있는 결과가 나왔다. 지속적인 주의를 포함하는 과제에 대하여, 초보 마음챙김에 기반한 스트레스 완화 프로그램 참여자들과 초보 통제 집단 사이에서는 유의미한 차이가 없었다(Jha et al., 2007). 이러한 결과는 수행을 꾸준히 할 때의 천정효과를 보여주는 것이고, 마음챙김 주의와 자각을 더 숙련되게 잘 유지할 수 있는 사람들에 비하여, 마음챙김 훈련이나 수행을 처음 시작하는 사람들에게서 선별적 주의가 향상되는 것이 더 두드러지게 나타남을 보여주는 것 같다. 마음챙김 명상을 오랜 기간 수행하여 수준 높은 경험을 한 사람들은, 수행하지 않고 통제된 집단에 있는 사람들에 비하여 지속적인 주의 과제를 더 잘 수행하는 경향이 있다(Pagnoni & Cokic, 2007). 더 나아가 지속적이고 선택적인 주의는 기질적 마음챙김의 수준에 대한 자기 보고와 긍정적 상관관계가 있다(Moore & Malinowski, 2009).

이와 유사하게 연구는 고급 마음챙김 수행자들의 주의를 전환하는 능력이 향상되었음을 밝힌다(Chiesa, Calari, & Serretti, 2011). 장기간 명상을 한 사람들은 명상을 하지 않은 사람들에 비하여 모호한 자극에 대하여 매우 다양한 관점을 가질 수 있고, 첫 번째 자각을 더 신속하게 확인할 수 있는 능력을 보여주었다(Hodgin & Adair, 2010). 그러나 다른 연구에서는 단기간의 마음챙김 훈련이나 수행을 마친 사람들과 통제 집단 사이에 유의미한 차이를 보여주지 못했다(Anderson, Lau, Segal, & Bishop, 2007; Chambers, Lo, & Allen, 2008; Heeren, Van Broeck, & Philippot, 2009). 주의 전환, 집행하는 주의, 마음챙김에 관한 몇몇 연구는 마음챙김 훈련 경험과 스트룹 효과[1] 점수 사이에 긍정적 상관관계가 있음을 밝혔다(Chan & Woollacott, 2007; Moore & Malinowski, 2009; Van den Hurk et al., 2010). 전환은 우리를 현재에 있게 하여, 역사나 상황의 영향을 받지 않도록 그리고 습관적이고 역기능적인 사고 과정과 반응에 납치당하지 않도록 돕는다(Bishop, 2002; Hayes & Shenk, 2004).

이렇게 다양한 주의의 측면들은 사람들의 내적, 외적 현실에서 종종 빠르게 변화하는 측면과 적절하게 접속하도록 도울 때 중요하다. 선택적 그리고 지속적 주의는 정해진 때에 가능한 모든 자극에 주의를 기울일 수 있는 능력을 제공하고, 전환을 활용하여 주의 과정을 지속시키고, 끊임없이 변화하는 현재의 순간과 함께 있을 수 있게 한다. 이러한 주의 과정 모두는 불교심리학에서 마음챙김과 마음 훈련을 계발할 때 핵심적인 요소다.

전환을 활용한다는 것은 자세하게 설명하는 과정을 억제한다는 것이다. 그것은 '있는 그대로의 사실에 대하여 행동이나 말이나 정신적 해설로 반응하지 않고, 그 사실에만' 주의하는 것 또는 순수한 주의Bare attention라고 볼 수 있다(Nyanaponika Thera, 1962, p.3). 설명 없는 주의는 현재 그

---

1 단어를 인지하는 과정에서 그 단어의 의미와 글자의 색상이 일치하지 않은 조건(예: 빨간색으로 쓰인 '검정'이라는 글자)에서 색상을 명명하는 반응속도가 늦어지는 현상이다.

순간을 있는 그대로 가공하지 않고 경험하게 한다(Nyanaponika Thera, 1962). 이렇게 자극에 초연하다는 것은 현재 이 순간과의 순수하고 명료한 접촉을 왜곡하는 정서적 분류나 평가 또는 개념화로부터 자유롭고 집착 없는 마음챙김 자각과 가장 깊은 연관이 있다고 볼 수 있다(Das, 1997). 우리는 순수한 주의를 기울임으로써 경험을 판단하고 함의를 찾고 해석하거나 작용하는 것에 저항한다(Bishop, 2002). 판단이 없으면 사물을 있는 그대로 볼 수 있게 된다(Germer, 2005a). 마음챙김은 이러한 과정을 통하여 반추적이고 억압적인 사고 패턴에 빠져들지 않게 할 수 있다(Chambers et al., 2008; Ramel, Goldin, Carmona, & McQuaid, 2004; Teasdale et al., 1995). 마음챙김 수행을 한 사람들은 특히 자극 선별에서 인지적 억제가 향상되었고, 자세한 설명을 하지 않음으로써 인지 자원을 자유롭게 활용할 수 있다(Bishop et al., 2004).

불교심리학 전통에는 마음챙김의 특성인 순수한 주의를 발달시키려는 수많은 연습과 명상 훈련이 있다. 서양에서 이 접근법들 중에서 가장 잘 알려진 것은 아마도 선 명상Zen meditation일 것이다. 초심을 유지하는 것 또는 일본의 쇼신初心. Shoshin이라는 것은 많은 불교 전통과 선 전통에서 핵심적인 부분이다(Suzuki, 1970). 초심의 특성은 개방성과 수용성과 준비성을 배우는 것이다(Goodman, 2005). 누군가는 그러한 특성들이 치료사에게도 (또는 내담자에게) 바람직한 특성이라고 주장할 것이다. 실제로 초심은 치료사와 내담자 모두에게 (소크라테스식 질문과 같이) 인지행동치료 기법의 다양한 형태로 사용되고 있는 호기심 있고 경험적인 접근법과 유사하다. 목표는 지속적으로 신선한 관점 또는 '본래의 마음'을 유지하는 것이다(Suzuki, 1970, p.21). 마음챙김은 초심을 활용하여, 다양한 대상, 감각, 생각, 감정이 생길 때마다 그것들이 마치 처음인 것처럼 자각하는 것이다. 초심에는 인지를 흐리고 제한하는 자기중심적 생각이 없어서, 우리가 사물을 있는 그대로 보고 사물의 참 본성을 배울 수 있게 한다(Suzuki, 1970). 인지의 초심을 유지하면, 경험을 차단하거나 왜곡할 수 있는 선입견과 조건화된 신념으로부터 해방될 수 있다(Bishop et al., 2004). 핵심 신념이나 역기능적 인지도식이 선행사건, 교육, 과거나 미래의 영향에 기초하여 세계를 왜곡하고 개념화한 것이라고 주장하는 인지행동치료처럼, 초심 또한 사람들이 경험의 집착에서 빠져나와, 바로 지금 있는 그대로의 현실을 보는 것을 목표로 한다. 따라서 신선하고 열린 관점을 지속적으로 유지하고 현재의 경험에 대하여 설명하지 않으면, 현재의 순간을 있는 그대로 경험하지 못하게 하고 우리 자신과 세계를 보는 방식을 걸러내는 단정적이고 평가적인 사고에 몰두하지 않을 수 있다(Bishop et al., 2004; Hayes & Shenk, 2004).

초심과 마음챙김 수행은 습관적 과정의 방해를 받는 것으로 전해진다. 네 명의 뛰어난 선사들에 대한 초기 연구는 그들의 뇌전도EEG 패턴이 명상하지 않는 사람들의 전형적인 습관 패턴에 비하여 반복되는 소리에 습관적으로 반응하지 않았음을 밝혔다(Kasamatsu & Hiral, 1973). 이 연구 결과는 또 다른 실험을 하게 했는데, 베커와 샤피로(Becker & Shapiro, 1981)는 여러 명상 집단과 통제 집단, 다른 소리와 전달 방법을 사용했고, 통제 집단은 나이를 맞추지 않았다. 그러므로 습관과 마음챙김에 관한 결정적인 진술이 나오기 전에 더 많은 연구가 필요할 것이다. 만일 명상과 마음챙김 수행이 '충동과 반응 사이의 공간'을 더 많이 만들어낸다면, 그것은 왜곡된 사고 패턴과 같은 자동적이고 습관적인 과정의 속도를 늦추는 유용한 도구가 될 수 있을 것이다. 마음챙김은 왜곡을 없애고, 현실이 바로 지금 존재하는 것뿐임을 알게 하여, 현재의 상황에서 직접 나온 정보를 더 정확하게 알게 한다.

마지막으로 마음챙김의 네 번째 근원은 '마음의 투사 또는 마음의 내용이나 현상'으로 번역될 수 있는 담마들Dhammas이다. 이것은 '마음의 마음챙김Mindfulness of the mind'이라고 볼 수 있고, 정서적 문제를 효과적으로 다루기 위한 분명한 함의를 가진 정신적 활동에 마음챙김 자각을 적용한 것이다. 이 연습은 인지의 상호의존 개념, 어떤 것도 그것을 인지하는 존재와 분리되지 않는다는 개념을 활용한다. 연구는 마음챙김이 회피행동과 사고 억압, 정신장애와 연관된 역기능적 과정의 감소와 관련이 있다고 밝힌다. 예를 들어, 8주의 마음챙김 기반 개입에 대한 한 연구는 그 개입이 범불안장애와 공황장애를 가진 내담자들의 불안과 우울 증상을 의미 있게 감소시켰다고 밝힌다(Kabat-Zinn et al., 1992). 이러한 연구들에 대해서 3년 동안 후속 연구가 이어졌다(Miller, Fletcher, & Kabat-Zinn, 1995). 또한 마음챙김 수행은 회피의 한 형태로도 볼 수 있는(Borkovec & Roemer, 1998, Roemer & Orsillo, 2002), 반추와 걱정과 같은 역기능적 인지를 감소시키는 것과도 연관이 있다(Bishop et al., 2004; Hayes & Feldman, 2004; Roemer & Orsillo, 2002; Teasdale et al., 1995/2000). 반추는 마음챙김과 대조적인 과정이라고 볼 수 있다. 이러한 제한적 사고는 부정적 사고와 정서를 악화시킬 수 있고, 현재의 순간으로부터 벗어나서 과거, 환상, 미래에 대한 반복적인 사고 패턴에 잠기게 한다(Bishop et al., 2004; Brown & Ryan, 2003; Nolen-Hoekensema, 2000). 마음챙김은 반추나 걱정과 같은 사고 과정에 있는 목표 중심 양식을 줄일 수 있게 하여, 그와는 대조적으로 비목표 중심의 사고 과정을 활용할 수 있게 한다(Teasdale, Segal, & Williams, 2003). 이 새로운 관점은 정서 경험에 변화를 줄 수 있기 때문에, 감정이나 정서가 이해와 추론에 지나친 영향을 미치지 않게 된다.

건강한 생각과 이해

전통적으로 바른 견해 또는 바른 이해는 불교심리학이 제안한 전반적인 현상학, 이론과 과정을 알고 통찰하는 것이다. 이 지식의 핵심은 두 가지 진리二諦, Two Truths, 즉 실재에 대한 불교심리학 관점 그리고 고통과 고통 완화를 포함하여 고통의 본성을 이해하는 것이다. 더 구체적으로 말하자면, 그것은 네 가지 무량한 마음四無量心(자애, 연민, 함께 기뻐함, 평정), 깨달음의 일곱 가지 요소七覺支, 사성제, 팔정도를 배우고 익히면서 생기는 깊은 이해를 말한다. 불교심리학은 이러한 깨달음이 불쾌한 경험이나 유쾌한 경험에 집착하거나 애착하지 않는 조건을 만든다고 가정한다. 그것은 고통으로부터 해방되고 어떻게 행동할지를 선택할 수 있는 자유를 갖게 한다(Olendzki, 2010).

건강한 이해와 두 가지 진리 이론

두 가지 진리 이론The Two Truth Theory은 진리의 층을 두 개로 보는 불교의 관점을 반영한다(Dalai Lama, 1991). 첫 번째 진리는 의식적 자각으로 들어와서 우리가 인지하는 것들에 대한 경험적·현상적·상대적 관점이다. 두 번째 진리는 실재에 대한 더 깊고 근원적이며 궁극적인 성격, 즉 공Emptiness, Sunyata을 말한다. 지금까지 논의했듯이 불교심리학은 우리의 현실이 상호의적이고 비영구적으로 기능한다고 본다. 모든 것은 계속해서 변화하는 부분들로 구성되었지만 고정된 현실에 대한 망상을 일으킨다. '상호의존적 발생', 즉 연기緣起, Interdependent origination라는 개념은 불교의 근본적인 개념이고 존재를 결정하는 원인을 강조한다(Dalai Lama, 1991).

불교는 인과율의 두 가지 핵심적인 형태를 내적인 것과 외적인 것으로 본다. 외적인 형태는 공적인 사건이나 대상으로 볼 수 있고, 내적인 형태는 생각, 감정, 사적인 사건들로 볼 수 있다(Dalai Lama, 1991). 이러한 인과율은 우리의 행동에 영향을 미치는 조건들과 고통의 경험과 직접적인 연관이 있다. 따라서 불교심리학은 내적 원인과 외적 원인 사이의 교류적이고 복잡한 관계를 가정하고, 그것은 개인이 현실 경험을 하도록 기능하는 조건과 원인이 지속적으로 상호작용하는 시스템을 반영한다. 불교가 마음을 이해하려고 노력할 때 중요한 것은 마음의 내적 작용, 즉 마음과 인지 사건에만 초점을 맞추는 것이 아니라, 그 사건과 외적 세계와의 맥락적 관계 또는 마음과 외적인 것 사이의 관계에 초점을 맞추는 것이다(Dalai Lama, 1991, p.16). 어떤 의미에서는 다르마를 수행하는 모든 사람들은 스스로 과학자이고, 경험적 여정에 있는 것이다. 행동주의자들처럼 불교심리학도 현실의 존재론적 본성에 대한 '절대적 진리Absolute truth'를 발견하는 것에 관심을 두지 않고, 고통으로부터 해방되는 데 효과적인 작업에 더 많은 관심을 갖는다. 불교심리학은 팔정도의 한 측면이나 구성 요소만을 적용하기보다는, 각 측면들이 서로 지지하고 때로는 윤리와 가치와 실행가능성과 연관이 있다.

건강한 생각

건강한 생각Healthy thought에 대한 불교심리학 접근법은 궁극적으로 (특히 문제가 되는 정서적 반응을 부추기는 무익한 생각을 할 때) 생각의 내용으로부터 마음챙김을 분리하여 유익한 사고방식을 의도적으로 계발하면, 생각과 이미지가 실제로 우리의 정서적 웰빙에 긍정적 영향을 미칠 수 있는 원인과 조건으로 작용할 수 있음을 인식하는 것이다. 중도 개입법과 일치하는 방식으로 생각에 접근하면 인식이 증가할 뿐만 아니라, 자신의 인지에 대한 느낌이나 그것을 보는 방식이 달라지고 사고 패턴도 달라짐으로써 또 다른 인지 변화가 촉진될 수 있다(Baer, 2003; Kaat-Zinn, 1990, 2003; Teasdale, 1999). 불교심리학은 인지와 정서의 본성을 통찰하여, 그 인지와 정서가 현실이나 자기를 직접 반영한 것이 아니고 일시적인 정신적 사건들로 볼 수 있게 한다(Bishop et al., 2004). 마음챙김은 인지와 정서에 대한 분명하고 통합적인 이해를 증가시킴으로써 인지의 복잡성을 볼 수 있게 한다(Bishop et al., 2004). 이것은 생각, 감정, 행동 그리고 그들 간의 관계를 새롭게 이해할 수 있게 한다. 마음챙김은 생각, 정서, 행동 사이의 관계를 성찰할 수 있는 심리적 마음가짐과 긍정적 상호 연관성을 가진다(Beitel,

Ferrer, & Cerero, 2005; Bishop et al., 2004).

앞에서 언급했듯이 불교심리학에서 건강한 생각의 또 다른 측면은 연민의 사고와 이미지를 계발하는 것과 같은 건강한 사고 패턴Healthy patterns of thinking을 의도적으로 계발하는 것이다. 켈리와 그 동료들(Kelly, Zuroff, & Shapira, 2009)은 여드름과 관련된 심한 질병을 갖고 있는 사람들을 대상으로 자기 위로나 자기공격에 저항할 수 있는 심상 기법의 효과성을 연구했다. 연민에 초점을 맞춘 이미지를 통해서 자기를 위로하는 것은 연민의 원천을 상상하고 양육적 자기 진술을 반복해서 매일 연습하는 것이었다. 공격에 저항하는 훈련을 하는 사람들은 강하고 회복력 있는 이미지를 가지고, 내면의 비판에 대하여 "나는 나의 고통과 싸울 내면의 힘을 가지고 있다"와 같은 저항하는 말을 반복한다(Kelly et al., 2009, pp.306-307). 연구 결과 자기 위로 사고는 수치심과 피부질환은 감소시켰지만 우울증은 줄어들지 않았고, 공격 저항 사고는 세 가지를 모두 감소시킨 것으로 나타났다.

이러한 연구 결과는 우울증과 불안 증세를 갖고 있는 사람들은 자기연민을 매우 어려운 관점으로 인식하고, 특히 증상이 있을 때에는 더욱 그렇다는 예비 연구 결과와 연관이 있다(Pauley & McPherson, 2010). 그것은 통제 집단에 비해서 우울증상을 갖고 있는 사람들이 자기 처벌을 쉽게 하여 자율적 긴장의 수준을 빠르게 감소키는 것을 보여주는 연구 결과에 비추어보아도 알 수 있다(Forrest & Hokanson, 1975). 이러한 증거는 자기 처벌이 우울 증상을 갖고 있는 사람들에게 실제로 약간의 위로가 된다는 것과 (예를 들어, 익숙함) 그러한 습관이 왜 바뀌지 않는지를 설명해준다.

인지 과정에 초점을 맞춘 연민 개입법에 대한 연구는 인지 재구조화가 중요한 행동 기제라는 것을 강조한다. 마음챙김을 더 잘 하고 공감적으로 되도록 돕고, 고통과 불완전함이 인간 조건의 한 부분이라는 것을 깨달을 때, 연민과 자기연민 훈련은 고통과 투쟁 경험에 대하여 보다 적절한 인지 도식을 촉진한다. 고통과 투쟁이 자기 성격의 근원적 흠을 지칭하는 것으로 보는 관점으로부터, 이러한 어려운 경험이 모든 인간 존재들을 함께 결속시키는 공통 요소로 보는 관점으로 변화시킬 것을 촉진할 때, 고통과의 관계 그리고 고통의 내적 의미와 대인관계적 의미를 모두 강력하게 변화시킬 수 있다.

많은 연구자들이 정신병 환자들을 위한 연민 개입법의 효과를 검토하기 시작했다. 비록 소규모이고 통제 집단이 없긴 했지만, 이 예비 연구에 포함된 개입법은 고무적인 효과를 냈다. 메이휴와 길버트(Mayhew & Gilbert, 2008)는 연민중심치료 집단이 우울증, 불안, 편집적, 강박적 경향성, 정신증적 경향성, 대인관계적 민감성의 수준을 감소시키는 효과를 보여주었다고 밝혔다. 가장 인상적인 것은 이 개입법이 참여자들의 환청 증상을 덜 악화시켜서 덜 괴롭고 더 안정적으로 되게 하였다는 것이다. 연민중심치료를 모델로 한 또 다른 개입법은 정신증, 폭력적, 범죄적 성향이 있는 사람들을 위하여 최대한의 안전장치가 된 병원에서 수행되었다 (Laithwaite et al., 2009). 결과는 우울증과 자존감의 수준에 의미 있는 변화가 나타났고, 타인들에 대한 열등감 그리고 일반적인 정신병리를 감소시킨 것으로 나타났다. 이와 관련하여 자애명상은 부정적 증상, 특히 무쾌감증을 감소시키고, 정신병 환자의 긍정적 정서를 증가시키는 것과 연관이 있었다(Johnson et al., 2009).

한계와 미래의 방향성

우리가 여기에서 검토했던 연구는 의미 있고 새로운 결과를 보여준 것이다. 그러나 현존하는 기초문헌을 확대하고, 이 분야에서 수많은 연구가 가지고 있는 한계를 다루기 위하여 해야 할 일이 많이 있다. 많은 연구가 적은 수의 사례를 활용했고, 조건을 활성화하고 통제하기 위하여 무작위 추출을 하지 못했다. 또는 즉각적인 유익에만 초점을 맞추었다. 종종 이 분야에서 연구자의 처치 문제를 측정한 것은 자기 보고식 질문으로 제한되었다. 불교심리학과 관련된 연구에 대한 또 다른 비판은 방법론적 기준을 강조한다. 예를 들어, 문헌을 검토하면, 불안 치료를 위한 명상 개입법 중 많은 것은 방법론적 기준을 충족시키지 못했다(Krisanaprakornkit, Krisanaprakornkit, Piyavhatkul, & Laopaiboon, 2005).

마음챙김 교육과 마음챙김 훈련 절차의 효과성에 대한 연구는 아직도 더 많이 이루어져야 한다(Dimidjian & Linchan, 2003; Kabat-Zinn, 2003). 이 프로그램들은 다른 프로그램 이상으로 수행 스케줄이나 기록 요건을 엄격하게 지켜야 해서(Kabat-Zinn, 1990), 때로는 자연감소율이 높아질 수도 있다(Baer, 2003). 이렇게 방법론적 어려움이 있음에도 불구하고, 이 연구는 희망적인 언급을 한다. 마음챙김에 기반한 개입법은 다양한 장애를 치료하는 데 유익하고 효과적이기 때문에 연구를 향상시킬 것이다. 마지막으로 지난 수십 년간 수많은 연구가 마음챙김을 주제로 이루어졌지만, 불교심리학의 다른 측면들에 대한 이론과 수행을 탐구하기 위한 연구가 더 많이 수행되어야 할 것이다. 그러면 불교심리학은 연민과 자애를 계발하고, 불교심리학으로부터 영감을 받은 상상 연습으로 연민의 마음을 훈련하는 것과 같은 방법을 상담실로 가져올 수 있을 것이다. 무엇보다도 불교심리학에 대한 경험적 탐구가 아직 초보 단계라고 말하는 것이 맞을 것이다. 이 책이 이 분야에 대한 더 많은 관심과 연구에 영감을 줄 수 있기를 바란다.

10

깨달음과 사례 개념화

10 깨달음과 사례 개념화

당신이 지식을 갖고 있다면, 다른 사람들이 그 안에서 자신의 촛불을 켜게 하세요.

– 풀러Margaret Fuller

인지행동치료를 위한 깨달음 탐구

서양에서는 불교를 종교의 한 형태로 그리고 인지행동치료를 응용 학문의 한 형태로 이해하고 있다. 그렇기 때문에 의식적으로 과학적 세계 관을 채택한 그들은 종교 전통에서 나온 치료 방법을 채택하기 전에 경계 하고, 불교심리학을 접할 때에도 조심스러워한다. 그러나 불교는 종교가 구성하는 다양한 방식에 대해서 서구의 개념과는 차별화된다. 불교는 유 신론적 철학 체계가 아니고, 하나님이나 신들이 있는지에 대한 주장을 하지 않는다. 더 나아가 전형적인 인지행동치료 상담에서 일어나는 많은 것은 전인적이고 개별적이지 않은 방식으로 순간순간의 정서를 이해함 으로써 다루어지는데, 이것은 자연과학이 하는 것과 같다. 사실 시스템은 전적으로 과학적인 것도, 전적으로 추측에 기초해 있는 것도 아니다. 불교의 핵심은 초자연적인 것도, 영적 가정도 아니다(Kwee et al., 2006). 물론 불교는 수 세기를 지나면서 다양한 형태로 빛나는 보살의 이미지나 윤회설과 같이, 신화적이고 문화적으로 자리 잡은 개념과 상징을 다양하게 가지고 있다. 그러나 부처님 자신은 신적 힘이나 사후의 삶이 있는지를 믿는지에 대한 답을 하지 않았고, 제자들이 자신의 삶의 길을 탐구하고 자신의 결론에 이를 것을 권했다(Rahula, 1959/1974). 불교가 유신론적 접근법을 택하지 않았음에도 불구하고, 불교 수행을 광범위하게 채택한 서양 심리학자들에게 불교 개념은 여전히 과학적 세계관으로 이해하기 어렵다. 불교 철학과 수행의 핵심 목표인 깨달음을 성취하는 과정은 인지행동치료 접근법에서는 물론, 광범위한 과학 세계에서조차도 거의 논의되지 않고 있는 개념이다.

실제로 인지행동치료에서 깨달음의 성취에 관한 개념을 논의할 때, 우리는 임상 심리학 영역을 넘어서 영성이나 종교 영역으로 강등시킨 개념으로 작업하고 있는 우리 자신을 발견하게 된다. 그러나 이것은 우리가 지금까지 신경과학과 심리학의 중심에 있는 명상의 모든 원리에 대하여 말했을 수 있는 바로 그것이다.

물론 과학 이전의 개념을 적용하기 위해서는, 과학적 원리를 철저하게 적용하려는 열정을 어느 정도 자제할 필요가 있다. 그러나 깨달은 마음이라는 이상ideal은 불교심리학의 핵심이고, 그 이상을 이해하는 것은 불교심리학과 인지행동치료를 더 큰 지혜와 방편으로 통합시킬 수 있게 한다. 더 나아가 너무 좁은 서양의 관점으로 불교 전통 안에 있는 수많은 사람들의 지적 노력과 가르침과 학문에 접근한다면, 일련의 편협한 목록, 심지어는 문화적 편견과 가정을 갖고 분석하려 하지 않을까? 북미의 주요 대학에서 8주간 마음챙김 과정을 연구한 한 명상가의 뇌스캔과 자기보고 평가에 합법성을 부여하면서도, 아시아 수도원의 수많은 스님들이 수행한 주관적이고 경험적인 탐구 그리고 수 세기 동안의 학문과 지식적 발달을 무시한다면, 우리는 전 세계적인 인간 지식에 대한 학문적 통합을 할 때 어떤 종류의 필터를 사용하고 있는 것인가? 마음챙김과 수용과 같은 불교심리학의 몇몇 요소들을 선택적으로 분석한다면, 그것들은 단지 이미 주류 학문에 의해 브랜드화되고 합법화되었기 때문에 우리는 포괄적으로 지식을 발전시키는 것에 초점을 맞추기보다는 사회 구조에 대한 구체화된 가정에 영향을 더 많고 받고 있는 것은 아닐까? 깨달음의 이상은 불교심리학의 핵심에 있고, 자각은 깨달음의 핵심이다. 과학적 관점으로 이러한 개념들을 탐구하는 것은 인지행동치료사에게 불교심리학을 더 깊이 이해할 수 있게 하고, 사례 개념화와 치료를 위한 새로운 관점을 제공할 것이다.

빛, 깨달음, 자각

영적, 철학적 전통에서 빛의 비유는 우리에게 매우 많은 연상과 자극을 제공하기 때문에, 역사가 시작된 이래로 전 세계적으로 사용되고 있다. 이슬람, 도교, 기독교, 힌두교, 유대교 그리고 심지어는 서양 경험주의의 '대중적 깨달음'조차도 빛의 비유를 사용하여, 인간의 지식, 감사, 지혜, 실재를 직접 경험하는 것이 증가하고 있음을 묘사한다. 흥미롭게도 우리는 이제 두뇌 네트워크와 중추신경계의 활동이 전기화학적 시냅스 전달을 포함하고 있음을 알고 있다. 그것은 빛과 유사한 에너지 변화를 포함하고 있으며, 전기와 자기 활동으로 구성되었다. 또한 빛은 정신 활동에 자극을 주어, 각성과 인지 능력과 긍정적 정서를 증가시킬 수 있다 (Austin, 1999; Vanderwalle et al., 2013). 최근의 연구는 시각 장애인들이 푸른빛에 노출되면 인지 활동이 자극을 받아 각성을 향상시킨다고 밝힌다 (Vanderwalle et al., 2013). 시각을 완전히 잃은 사람도 빛에 민감하다. 이러한 민감성은 뇌의 디폴트 네트워크에 영향을 주기 때문에 시각 장애인이 외부 세계의 활동에 주의를 기울여 상상으로 경험할 수 있게 한다.

실제로 빛은 수면을 조절하여 꿈에서 깨어나게 한다. 이때 빛은 마치 정신적 자극이 외부 세계에 있었던 것처럼, 정신 자극에 반응하는 정도를 조절한다. 생물학적 리듬에서 우리는 빛이 없을 때 쉬고 잠에 빠져들게 된다. 이렇게 잠을 자는 동안 우리의 정신적 경험은 꿈의 형태로 무의식적 자각을 드러내는데, 꿈은 전적으로 사실인 것처럼 보여준다. 실제로 잠자는 동안 근육이 비활성화되는 것이 내면에서 만들어낸 것이 아니라면, 꿈 상태에서 받는 자극이 현실에서 우리의 몸을 움직이도록 영향을 미친다고 가정할 수 있다. 이와 유사하게 빛이 있음을 생물학적으로 느낄 때 자각은 향상되고, 자각의 전기적 과정은 우리의 신경망이 외부 세계를 더 많이 의식적으로 경험할 수 있게 형성된다. 이와 같이 빛은 자각을 촉발시키고, 환경에 더 적응적으로 반응하게 하여, 우리의 생각, 이미지, 정서를 외부 세계에 있는 일보다는 정신적 사건으로 다룰 수 있게 한다.

따라서 빛, 자각, 현실적 상황을 정확하게 인식하여 적절하게 기능하는 것은 서로 매우 밀접하게 연관되었다.

불교심리학에서 말하는 깨달음은 영적 능력을 부여하는 초자연적이고 우주적이고 신적인 빛이라기보다는 깨어남의 과정이다. 이것은 깨달음의 산스크리트어인 '보디Bodhi'이고, 일본어로는 사토리Satori, 悟り·覺り이고, 그 의미는 '깨어남Awakened'이다. 이와 유사하게 또 다른 일본어 켄쇼Kensho, 見性는 단번의 깨달음을 말하는데, 그 의미는 '자신의 본성을 본다'는 것이다(Austin, 1999). 샴발라 사전Shambhala Dictionary of Buddhism and Zen에서 깨달음을 다음과 같이 정의한다. "자신이 공Emptiness, 심지어는 전 우주가 공이라는 것을 새롭게 자각하고, 그것만이 사물들의 참 본성을 이해할 수 있는 것이다."(Shambhala, 1991, p.65)

이 정의에 따르면, '깨어나는 마음Awakening mind'이라는 말은 깨달음Enlightenment보다 더 선호할 만하다. 불교 수행의 목표를 검토해보면, 깨어남의 비유는 깨달음의 개념보다 현상을 더 가깝게 묘사한다. 이 현상, 즉 깨어남의 상태를 직접적으로 경험하는 현실은 순식간이든 지속적이든, 불교에서는 추상적인 것도 우주적 변화도 아니다. 그것은 존재를 더 정확하게 경험하도록 접촉할 수 있을 때까지 경험의 능력을 발달시키며, 가장 적응적인 방식으로 개인적 고통의 경험을 해결할 수 있게 한다.

불교심리학에서 '공Emptiness'을 말할 때, 그것은 텅 빔이나 허무주의를 말하는 것이 아님을 기억하는 것이 중요하다. 공Shunyata은 불교에서 두 개의 주요 학파에서 설명한다(Thurman, 1997). 첫 번째 접근법은 공을 오직 마음으로만 이해하는 '유식Yogacara' 학파로, 의식적 자각에서 나타나고 형성되는 모든 것은 정신적 활동의 산물이고 과정일 뿐이라는 것이다. 이 방식에서는 인식되는 모든 것이 인식 활동과는 분리된 실제로 존재하는 공이다. 두 번째 '중관Madhyamika' 학파로 알려진 이들은 공을 현실의 모든 측면이 수많은 조건들로 밀접하게 상호 연결된 정도를 나타낸다고 이해한다. 이 학파는 만일 어떤 현상의 구성요소도 가장 기본적인 단위로 쪼갤 수 있다면, 현상을 관찰하여 궁극적으로 구별과 분리가 논리적으로 불가능해지거나 적절하지 않게 되는 데까지 갈 수 있을 것이라고 주장한다. 이 개념은 현재 유행하는 양자물리학이나 신경망 이론과 같은 과학적 개념으로 잘 설명될 수 있다. 예를 들어, 관찰할 수 있는 물리적 요소들의 견고함은 그 물질을 양자 수준까지 관찰하면 점점 덜 견고하게 되고, 파동과 입자 사이의 구별이 명확하지 않게 된다. 그러한 패러다임에서 보면, 모든 현상은 비국소적인 '끈'의 진동이고, 상호작용하는 에너지 활동의 확률로 보일 수 있다. 또 다른 예를 보면, 우리의 자기감이나 심지어는 뇌와 마음 활동의 견고함도, 신경망 활동에서 네트워크 노드의 확산 활동 패턴에서 나오는 것으로 설명된다. 관찰할 수 있는 세계를 분석할 때 분리와 영속성의 관점을 찾고자 한다면, 궁극적으로는 서로 일시적인 관계로만 존재하는 요소들이 상호의존적이고 지속적으로 발생하는 것을 알게 된다. 또한 이 모든 것은 관찰자의 관점을 통하여서만 존재한다. 이러한 의미에서 '공Emptiness'은 궁극적으로 모든 사물에 내재적으로 존재하는 것도 아니고 분리된 것도 아님을 나타낸다.

중관 철학을 확장하면 현상은 상호 연관되었고 사물들은 서로 연결되어서, 구별과 분리에 대한 망상은 정신적 기능에 내재된 자기와 자기 타인 관계에 대한 망상을 통하여 생겨난다고 말한다. 따라서 깨어나는 마음을 갖는다는 것은, 현재 이 순간에, 언어적 절차나 명제적 지식 구조를 통해서 경험을 표상적으로 매개하는 것을 넘어서, 실재의 본성을 점차 직접적으로 경험하여 알게 되는 과정을 말한다. 지금 여기에 충분히 존재하는 것, '타인'과 관련된 '자기' 개념을 넘어서, '거기'에 관련된 '여기'의 개념을 넘어서, '그때'에 관련된 '지금'의 개념을 넘어서, 심지어는 지시대상으로서 개념들을 넘어서, 깨어나는 마음의 현상을 불교심리학에서는 설명한다.

뇌와 행동에 나타나는 깨어나는 마음

마음의 활동은 뇌의 활동이 표현된 것이라고 언급한 리처드 데이비슨은 깨어남을 추구할 때 사용하는 불교 수행을 '마음 훈련의 한 형태'라고 설명한다. 그것은 신경 활동 패턴의 자발적 변화이며, 이러한 기제를 통하여 말초신경에 영향을 미칠 수 있다(Davidson, 2011, p.47). 어떤 점에서 보면 어떤 형태의 마음 훈련이든 그것은 신경활동 패턴에 변화를 줄 것이다. 그러나 불교 명상에 대한 연구를 조사했던 우리는 불교심리학이 의도적이며 신중하게 주의의 방향성을 훈련하는 것이라는 결론을 내렸다. 그 훈련은 간접적으로 정신적·신체적 건강을 얻게 하는 새롭고 예측할 수 없는 신경 행동 패턴을 만들 수 있다. 이러한 변화는 인지의 내용 또는 이 인지 내용에 대한 우리의 태도나 생각에만 국한되는 것이 아니다. 이 책 전체를 통하여 우리는 불교 명상 수행이 면역체계와 내분비체계에 그리고 불안과 안정애착과 기분의 신경체계에 긍정적이고 기능적인 변화를 가져올 수 있음을 밝히는 연구가 점점 더 많아지고 있음을 보았다. 다른 많은 학자들과 임상가들 중에서도 데이비슨은 긍정적 정서의 수준, 주의의 차원, 연민의 정도가 특별한 마음 훈련의 기법들을 통하여 증가될 수 있다고 말한다. 이 기법들 각각은 깨어나는 마음의 한 요소이다. 우리는 유전과 사회적 학습에 포함된 인과율에 기초하여, 각 개인마다 정서 조절 능력, 인지 스타일, 다양한 심리적 능력에 차이가 있음을 경험할 것이다. 그러나 우리가 세상에 어떻게 나왔든 학습의 역사가 어떻게 형성되었든, 그것을 넘어서 고통으로부터 해방되고 현재 이 순간에 깨어남에 기여할 수 있는 능력을 계발할 수 있다.

깨어나는 지혜, 정서, 이성

지금까지 보았듯이, 많은 인지행동치료는 공통적으로 현실에 대한 망상적 견해로부터 깨어나기 위한 훈련을 기반으로 한다. 정서적 치유에 대한 서양 전통과 동양 전통은, 기법이 유사하다는 것을 넘어서, 모든 잠재력이 적응적으로 실현되는 '정북 방향', 즉 하나의 방향을 가리키고 있을 가능성이 있다. 모든 세대의 인지행동치료가 가지는 다양성의 핵심 전제는 마음을 훈련하여 새로운 관점을 갖고 현실을 새롭게 볼 수 있는 능력을 갖는 것이다. 인지 변화를 하나의 목표로 추구하든, 새로운 사고방식이 개인의 행동 목록을 확장시키기 위한 상황적 전략의 한 부분이 되든, 다양한 형태의 인지행동치료는 괴로움을 없애고 보다 적응적으로 마음이 기능하도록, 새로운 방식으로 알고 행동하는 것을 목표로 한다. '인지－행동치료'라는 이름에서 인지와 행동을 말하고 있지만, 정서, 특별히 정서적 고통을 다루는 것은 대부분의 개입법의 핵심이다.

정서는 동기와 신체적 건강과 행동에 많은 영향을 미치고, 인지와 언어 과정의 상호의존적 관계에서 생긴다. 뇌의 활동에서 나타나는 정서 경험은 다양한 기능을 하고, 광범위한 절차 체계의 활동을 설명해주는 상호 연결된 수많은 구조들을 갖고 있다. 예를 들어, 우리의 생각과 계획과 거기에서 파생된 관계적 반응에 포함된 전전두엽 피질은 편도체, 절연체, 복부선조의 활동을 통하여, 정서적 반응을 조절하는 것에 포함되었다. 특히 자율 신경 체계와 면역 체계와 같이, 이러한 구조들과 다른 체계 사이에는 양방향적 관계가 있다. 그것은 몸에서 정서 경험, 정서에 대한 인지와 언어적 행동에 양방향성이 있음을 알게 되면 이해가 된다. 데이비슨에 따르면, "뇌에 변화를 주면 어쩔 수 없이 몸에 영향을 주게 되고 … 몸에 변화를 주면, 뇌에 영향을 준다"(Davidson, 2011). 상호의존적 발생과 양방향적 관계 반응의 개념은 물리적으로, 어떤 의미에서는, 인간 존재의 신체적 체계의 행동으로, 구현된 인지로 반영된다는 것이다.

우리는 인지, 신체 감각, 정서적 경험의 균형을 경험할 때 지혜를 얻는다. 분명히 깨어있는 상태로 설명되는 전인적 앎은 최상의 지혜이다. 일반적으로 '지혜'는 결정할 수 있는 능력을 말하는 것으로, 스스로의 판단에 따라 다양한 정신적 능력을 통합시킨다. 이러한 능력은 분별심, 통찰, 사물을 합리적으로 볼 수 있는 능력을 포함하여 그 나름대로 현실을 평가할 수 있는 능력을 말한다(Germer & Seigel, 2013). 그러나 지혜로운 마음으로 나타나는 합리성은, 많은 사람들이 '이성적인' 것과 연관시킬 수 있는 냉정한 논리 그 이상이다. 합리적인 지혜는 세계를 보는 한 형태로, 원래 비율Ratio의 뜻을 가진 것으로 이해되며, 환경의 변화와 경험을 서로 비율에 맞게 볼 수 있는 능력을 말한다. 그러한 지혜는 불교의 영향을 많이 받은 변증법적 행동치료에서 바람직한 마음의 상태로 설명된다 (Linehan, 1993a). 변증법적 행동치료는 정서적 과정과 지적 과정의 균형 잡힌 결합을 '지혜로운 마음'의 관점으로 설명한다. 이 지혜로운 마음은 개인이 자신의 동기와 정서 과정을 논리적 능력과 통합하여 건전한 판단을 하게 하고, 적응적이고 의미 있는 삶을 살게 한다. 정서적 반응에 내재된 정보를 합리적인 마음과 통합하기를 배우면, 고통으로부터 해방되는 방향으로 지혜를 얻게 된다. 정서 조절의 문제를 다룰 때 변증법적 행동치료의 효과성과 대중성을 고려해보면, 수많은 서양인들은 지금 당신이 이 책을 읽고 있는 것과 같은 깨어나는 마음의 지혜를 추구하고 배우고 있지만, 그들의 고통 완화가 불교 수행자들이 발견한 것에 원천이 있음을 알지 못하거나, 깨달음의 개념을 생각도 하지 않는다. 그 경우에 깨달음의 개념은 그 자체로 중요하지 않으며, 불교심리학 용어로 그것은 잠에서 깨어남을 가리키는 비항상성이라는 본질을 넘어설 만큼 중요한 것은 결코 아니다.

지혜에 대한 몇몇 관점은 전형적인 상의하달 과정에서 정서적 동기에 대한 인지 능력의 승리를 나타낸다고 말한다(Germer & Seigel, 2013). 지혜에 대한 이러한 개념화에서 수행 기능과 개념적 도식에 포함된 고위대뇌피질기능은 우리의 정서와 조건화된 반응에 많은 영향을 미치고 아마 통제를 할 것이다. 그러나 지혜에 대한 이러한 견해는 설득력은 있지만, 불교에서 이해하는 깨달은 마음의 지혜에 대한 명백한 증거로 보기는 어렵다.

깨닫는 지혜의 한 사례로 마음챙김과 연민에서 나타나는 균형 잡힌 신경 활동을 살펴보자. 마음챙김과 연민의 경우에, 상향식 과정과 하향식 과정 둘 다 구뇌의 동기가 신뇌의 능력과 조화를 이룬 행동을 하게 할 필요가 있다. (고대의 진화의 역사를 갖고 있고 애착 정서에 포함된) 뇌의 깊은 곳에 있는 정서를 처리하는 센터는 부교감신경 체계와 미주신경을 자극하여 고요함, 집중, 연민의 안정감을 촉진할 필요가 있다(Porges, 1995). 그곳에서 유연한 관점, 정신화, 메타 자각 능력은 모두 활성화될 것이고, 마음챙김과 집중을 경험할 수 있게 한다. 따라서 하향식 정신 조직의 드물지만 정확한 형태를 포함하는 깨어남보다는 지혜의 출현이 실제로 최고 상태의 신경과 행동의 통합을 포함한다. 그곳에서 우리의 행동에 영향을 미치는 수많은 정보들이 균형을 잡게 되어 우리가 세상을 있는 그대로 경험할 수 있게 된다. 이런 방식으로 지혜는 우리 자신의 모든 것, 우리의 존재의 종합적이고 상호관계적인 요소들 모두가 순간순간의 경험에 집중하게 하고, '그러함如如, Suchness'의 본성에 깨어나게 한다. 그것은 바로 불교심리학이 깨달음, 실현, 깨어남의 경험에 포함시킨 것이다. 따라서 깨어남의 과정은 여러 가지 면에서 정신 기능의 상호의존적 요소들을 통합시킨 것이다. 우리의 세계관과 행동을 지혜로운 마음에 기초하여 볼 때 명시적, 암묵적 기억과 과정이 있다. 깨어남을 추구하고 삶을 충분히 의미 있게 살려고 할 때 정서적 기억이 거기에 있고 그것이 가치 있는 목표가 된다.

전통적으로 초월적 지혜般若波羅密, Prajnaparamita의 완성으로 설명되는 깨달은 마음의 지혜는 마음챙김, 수용, 연민, 집중 훈련을 통하여 생길 수 있고, 자기 이야기로 확인되는 만족스러운 삶을 사는 것 그 이상이다. 더 나아가 그러한 지혜는 관찰하는 자기의 관점에서 보면 현재 순간의 마음 챙김 경험에 만족스럽게 머무는 것 그 이상이다. 불교심리학에 따르면, 명상과 마음 수행의 더 깊은 수준은 자기의 경험에 영향을 미칠 수 있고, 그 안에서 자기와 타인, 경험자와 피경험자는 완전히 용해되기 시작한다. 불교심리학 용어로 말하자면, 이 경험은 본질적 공Emptiness을 직접 이해하여, 아마도 공을 구현하는 것과 그리고 모든 사물의 본질적 존재가 없음 Shunyata을 반영한다. 공Shunyata은 앞에서도 말했듯이, 공에 대한 비유이지 무한한 불모지나 텅빈 우주를 반영하는 것이 아니다. 우주 전체에 경계선이 없고, 말 그대로 인간의 지성이 공간과 시간으로 정의하는 것 이상의, 무한한 영역을 말하는 것이 아니다. 이처럼 사물을 있는 그대로 이해하는 것은 비언어적으로 이루어지면서 생기는 본질적 연민이다. 즉, 그것은 표상적이고 상징적인 것이 아니라, 막 생겨나는 현재의 순간을 표현할 때 표현하기 어렵고, 분리되지 않으며, 무한하게 나타나는 정서적 앎이다. 도교에서 도道, Tao라고 말할 수 있는 도는 도가 아니라고 주장했던 것처럼 공을 경험할 때 생기는 지혜도 관계를 만들 수 있고, 실재를 나눌 수 있고, 절대를 언어적으로 표현할 수 있는 것을 넘어서 있다.

우리가 컴퓨터나 핸드폰을 사용할 때 수많은 이진법 코드를 읽거나 수많은 전자 회로 패턴을 판독하여 태블릿 컴퓨터에 있는 책을 읽는 것이 아니라 그래픽 사용자 인터페이스를 사용하듯이 현실을 떠나거나 정신 능력을 포기함으로써 반야바라밀般若波羅蜜, Prajna paramita에 도달하는 것이 아니다. '두 가지 진리' 이론을 논의할 때 보았던 것처럼, 절대적 진리는 상대적 진리를 통해서 접근할 수 있다. 우리는 언어, 인지, 정서적 이해의 능력을 통하여 깨달음의 지혜에 접근하는 방식을 채택하고 알려준다. 물론 인간의 용어로 경험을 개념화하고, 틀을 만들고, 관계를 맺기 시작하는 순간, 인지와 우리의 학습의 역사는 경험과 경험을 전달하는 데 영향을 미칠 것이다. 그러나 명상 자각 훈련을 통하여, 불교심리학은 우리가 본질적으로 갖고 있는 깨달음의 본성을 계발하고 사용하여, 괴로움을 민감하게 자각하고 깨닫는 삶을 살 수 있는 능력을 증가시킬 수 있다. 불교심리학은 모든 존재의 괴로움을 없애려는 이타적 열망, 즉 보리심Bodhicitta이라는 선천적으로 타고난 깨달은 마음은 점진적으로 깨어나고 깨달은 마음을 견고하게 하는 과정에서 핵심적인 것이라고 말한다. 이것이 괴로움을 없애는 방법이 되므로, 마음 수행은 불교 전통에서 매우 중요하게 된다. 깨어남의 개념이 인지행동치료사에게 중요하게 보이는 것과 상관없이, 인지행동치료가 말하는 마음의 경험, 마음 수행의 기법들은 매우 유용할 것이다.

깨어남과 마음의 유연성

인지행동치료 개입법의 용어로 깨닫는 마음의 개념에 접근할 때 우리는 마음의 유연성, 마음챙김, 연민의 개념을 더 확장시킨 것과 완전한 깨달음인 개인적 변형에 대하여 말하고 있는 것이다. 깨달은 마음의 상태에 포함된 가치, 행동, 자기감, 주의의 태도는 개인적인 성격이 아니라, 경험적으로 초개인적 성격이다. 이러한 관점은 전적으로 탈동일시된 것으로, 우리가 추구해야 할 가치 있는 방향은 우리가 현실을 이해할 때 실체적 현실을 만드는 정신적 생각들로부터 분리되는 것이고, 애착으로부터 해방되는 것과 연관이 있다. 고통을 경험하려는 의지, 즉 부재의 고통과 있음의 고통을 견디려는 완전한 의지는 최대한으로 적응적인 마음의 유연성을 위하여 다양하게 채택한 구성요소이다. 그렇게 탈동일시된 상태의 관점에서 경험하는 고통 자체는, 우리가 고통이라고 알고 있는 의미에서 고통이기를 멈춘다. 시간과 공간은 이러한 개념이 존재하게 하는 언어적 관계 위에서 그리고 그 배후에서 경험된다. 해방되고 깨달은 관점에서 보면, 그것은 말 그대로 어떤 맥락에서도 존재하기를 멈춘다. 숙련된 명상가들의 신경현상학적 보고에 따르면, 깨달은 마음의 경험은 광대함과 내면성과 빛의 특성을 갖는다. 역사적으로 불교심리학에서 이것은 깨달음의 개념이 말하는 '밝은 빛Prabhasvara'이다. 이러한 비유와 말은 어떤 상황에서도 자유와 고요함을 유지할 수 있는 인간의 잠재력을 의미한다. 이것은 노력해서 얻어야 할 이상도 목적도 아니고, 지극히 합리적인 존재의 근거를 가진 실재이다. 전통적인 인지치료에서 소크라테스식 질문법은 이러한 궁극적인 자각에 자연스럽게 접근하는 것이라고 볼 수 있다. 그러한 이성의 아버지 소크라테스는 오르페우교의 신비가였다. 그는 자신의 방법으로 마음챙김의 형태와 매우 비슷한 것을 행하였고, 그것은 매우 큰 의미가 있다. 동양에서 서양으로, 서양에서 동양으로 가는 지혜의 여정은 인간의 행동과 사회 발달의 흐름을 보여주고, 그것은 우리가 알고 있는 것보다 더 오랫동안 그래왔다.

깨달은 마음의 일곱 가지 요소

지난 2,600여 년 동안 불교학자들은 그들의 철학적 주장을 자세하게 설명하지 않고 자신만의 방법을 찾아 공동체를 떠났다. 그러나 다르마의 전통은 수많은 명상 기법, 시각화 연습, 윤리적 지침이라는 형태로 수행하는 방법을 계속해서 정교화했다. 더 나아가 불교는 마음의 모델 안에서 전개되는 다양한 차원의 심리적 현상을 오랜 전통을 가진 문헌과 경전을 통해서 자세하게 설명하고 있다. 불교심리학이 발달함에 따라, 개념들에 대한 강조점이 다양하게 바뀌었고, 그러한 것들은 매우 자세하게 설명되었다. 마음의 기능을 자세하게 설명한 차원들에 대한 많은 가르침들 중에서, 깨달음의 일곱 가지 요소七覺支, The seven factors of awakening는 개인적 깨달음에 이르게 하는 특징 또는 특성을 보여준다. 그것은 불교가 시작된 이래로 수많은 해설과 불교의 핵심적인 가르침의 주제가 되었다. 『법구경』에서는 이 요소들을 처음에는 건강한 마음 상태로 설명한다. 그러한 상태는 다르마Dharma를 수행함으로써 얻어질 수 있고, 우리가 깨어나는 것에 기여할 수 있다(Cleary, 1991). 불교심리학의 중요한 정신적 로드맵을 보여주고 있는 아비다르마에서는 깨어남의 요소들이 깨달음 자체의 과정에서 그리고 그 안에서 발생하는 창발적 속성Emergent property이라고 말한다 (Goleman, 1988).

인지행동치료사로서 우리는 깨어남의 특성을 관찰하는 것에 초점을 맞추기보다는 연민과 지혜의 발달 그리고 괴로움을 없앨 수 있게 하는 깨어나는 과정에 더 많은 초점을 맞춘다. 따라서 우리는 과정으로서의 깨달음의 요소들을 살펴볼 것이다. 그 과정은 그 자체로 내담자의 잠재적인 개인적 성장의 영역으로 나타날 것이고, 최초의 개념화와도 일치할 것이다. 사례 개념화에서 이 일곱 가지 요소들은 우리가 마음챙김, 수용, 연민, 중도 개입법을 통하여 이루려는 긍정적 심리 상태와 특성으로 이해될 수 있을 것이다. 우리는 내담자에게서 그리고 우리 자신에게서 이 요소들이 성장하는 것을 확인할 때, 점점 더 큰 관점을 갖게 되고 회피나 애착의 부적절한 패턴에서 벗어나는 것을 알 수 있을 것이다. 언제나 그래왔듯이, 불교심리학은 개인적 경험의 여정을 말한다. 거기에서 우리의 목표는 임상적 결함이 아니라, 불교심리학과 인지행동치료를 통한 마음 수행에서 얻어지는 깨어나는 능력에 다시 주의의 초점을 맞추어, 깨어남의 이 차원들을 제공하는 것이다.

부처님은 생을 마치기 얼마 전에, 자신의 삶의 여정과 수행에서 발견했던 것들에 대하여 말씀하셨다. 잘 알려진 말로 간단하게 말하자면, 부처님은 '일곱 가지 깨어남의 요소들'을 포함하여, 마음과 수행의 특성을 말씀하셨다. 아래에서 개관하게 될 마음의 특성과 과정은 우리가 집착과 융합에서 벗어나 궁극적으로 괴로움으로부터 해방될 수 있는 능력을 갖게 하는 조건이나 맥락을 만드는 것이다. 이 요소들과 다양한 과정은 수용과 내려놓음의 과정을 촉진하는 회복력과 내면의 힘으로 발전된다. 심리학적 유연성 모델로 보자면(Hayes, Strosahl, & Wilson, 1999), 이 요소들은 분리를 촉진하고, 유연한 관점을 취하며, 현재의 순간과 접촉하여, 경험에 개방하는 것이다. 이런 방식으로 '내려놓음Letting go' 또는 비애착의 기능은 우리가 세상에서 어떻게 살고 어떻게 존재할지를 선택할 때, 더 많은 선택권을 가질 수 있게 하는 것으로 공식화될 수 있다. 불교심리학은 이 요소들이 애착, 회피, 괴로움의 굴레에서 벗어날 수 있게 하고, 연민과 지혜의 마음을 갖게 하는 내재적 깨달음이 수행자에게 일어날 것이라고 말한다. 이 가설은 아직 학문적으로 지지받는 것은 아니지만, 우리는 독자들이 개인적 성찰을 하고, 동료 수행자들과 함께 이 여정을 탐색하도록 초대하고 싶다. 불교심리학은 이 일곱 가지 요소들이 우리에게 분명해질 때를 알아차리고, 그것들에 관심을 가지고 그것들을 더 계발하면서, 그것들에 주의를 기울이고 자각하는 것이 유용하다고 말한다. 중요한 것은 일곱 가지 깨어남의 요소들이 웰빙에 기여할 것이고, 독자의 마음과 삶에서 실행가능하고 자유롭도록 돕는 동기부여와 동기강화력을 가지고 있다는 것이다. 이 요소들은 여러 가지 방식으로 번역될 수 있지만, 우리는 이 개념들을 인지행동치료와 통합시켜서 살펴볼 것이다.

1. 깨달음에서 마음챙김Sati-sambojjhanga
2. 깨달음에서 탐구Dhamma-vicaya-sambojjhanga
3. 깨달음에서 노력Viriya-sambojjhanga
4. 깨달음에서 기쁨Piti-sambojjhanga
5. 깨달음에서 고요함Passaddhi-sambojjhanga
6. 깨달음에서 집중Samadhi-sambojjhanga
7. 깨달음에서 평정심Upekkha-sambojjhanga

제3의 물결 인지행동치료 상담은 위의 일곱 가지 요소들이 익숙하다는 것을 금방 알 수 있다. 연민의 경험과 관계, 정서적 활동과 관련된 요소들은 고요함, 평정심, 기쁨과 같은 깨달은 마음의 주요 구성요소들이다. 더 나아가 집중과 마음챙김과 같이 유연하고 집중된 주의의 상태는 현재 새로운 인지행동치료 접근법에서처럼 일곱 가지 요소들에도 바로 나타난다. 흥미로운 것은 깨달음의 세 번째 요소인 빨리어로 위리아Viriya는 때때로 '에너지'로 번역되고, 그것은 지속적으로 도전에 참여할 수 있게 하는 끈기 있는 열정을 내포한다. 삶에서 동기부여를 할 수 있는 에너지와 인내는 제3의 물결 인지행동치료가 추구하는 웰빙과 개인적 헌신의 측면들이다. 마지막으로 탐구, 분별, 분석적 지혜도 깨달은 마음의 요소에 포함된다. 인지행동치료 초기의 기법과 발전 단계에서는 합리성과 호기심을 적용했다는 특징을 갖고 있었고, 그러한 형태의 합리성이 인지행동치료의 가치 있는 목표가 된다. 만일 다양한 인지행동치료 전통에서 훈련받은 특별한 기법이 깨달음을 계발하는 핵심적인 요소라고 가정한다면, 이는 아마도 불교 명상을 현재 인지행동치료 기법에 통합시킬 기회가 될 것이다. 인지행동치료는 불교심리학에서 가정하는 적극적인 과정을 받아들인 구체적인 훈련 방법을 채택하고 있고, 이것은 불교 수행의 궁극적인 목표인 웰빙의 상태로 직접 가게 한다.

요소 1: 깨달음에서 마음챙김

카밧진Jon Kabat-Zinn은 만성 질병 환자를 돕기 위하여 명상을 적용한 그의 방법의 근거로 불교 수행의 마음챙김을 선택했고, 그것은 깨달은 마음의 요소라는 측면에서 논리적이고도 올바른 선택이었다. 트룽파Chogyam Trungpa 또는 틱낫한Thich Nhat Hanh과 같은 우리 시대의 유명한 불교 스승들은 마음챙김을 나머지 요소들을 계발하는 근원이 된다고 설명한다. 현재의 순간을 수용하여 그것에 유연한 초점을 맞추어 주의를 계발하는 것이 불필요한 괴로움으로부터 해방되는 첫 번째 요소라고 한다면, 서양 심리학계에서 해방의 첫 번째 요소는 마음챙김에 집중하는 것이 논리적으로 맞을 것이다. 마음챙김은 우리가 내적 표상의 지배로부터 의식적으로 벗어날 수 있게 하며, 자동조종장치로 목표를 지향하는 추구를 잠시 완화시킬 수 있게 한다. 그리고 사물을 있는 그대로 존재할 수 있게 한다. 마음챙김으로 인해서 우리의 생각은 생각이 되고, 정서는 정서가 되며, 신체 감각은 신체 감각이 된다. 잠깐이라도 우리는 자유롭게 상황 전체를 보게 된다. 이는 마치 아침에 산 위에서 마을을 내려다보는 것 같고, 아침에 창문을 열고 구름이 흘러가는 경치 전체를 보는 것과 같다. 관찰자인 우리는 그 경치의 한 부분이 되고, 이것은 우리의 고향일 수도 있다. 그러나 이렇게 좋은 위치에서 보이는 오고가는 사람들의 영향을 받지 않는다. 마음챙김은 깨달음의 다른 요소들을 가능하게 한다.

요소 2: 깨달음에서 탐구

우리가 현재 이 순간에 의식적으로 주의를 기울일 때, 전환된 관점을 가질 때, 의식의 내용과 동일시되었거나 융합되었던 것으로부터 분리될 때, 마음 안에서 무엇이 일어나고 있는지, 그리고 이러한 경험들에 어떻게 반응하고 싶은지를 자유롭게 탐색하고 탐구하게 된다. 깨달음의 두 번째 요소는 내면과 외부의 현상을 탐구하는 것이다. 걱정과 반추는 과거에 사로잡히거나 미래에 대한 불안을 갖게 하지만, 마음챙김은 이러한 마음의 사건들을 호기심과 통합된 지혜로 탐구할 수 있게 한다. 우리 자신에게 '지금 나의 마음은 나에게 무슨 말을 하고 있는 걸까?', '지금 나의 마음을 지나가고 있는 것은 무엇인가?'라는 질문을 하고, 우리에게 가장 중요한 것에 대하여 친절하게 반응할 수 있다. 우리의 내적 지혜와 유연한 관점은 서로 얽혀 있고 의존된 현실 사건들 속에서 느껴지는 감정으로부터 비롯된다. 알아차리면서 하는 탐구는 우리가 습관적인 반응 패턴을 그대로 따라하지 않고, 깨달음의 목표에 도움을 줄 새로운 내적·외적 행동을 선택할 수 있음을 의미하고, 이는 그 과정에서 선순환에 가속도가 붙게 할 것이다. 우리는 정서와 관련된 신체적 긴장의 위치를 알아냄으로써, 신체 감각의 근원을 탐구할 수 있을 것이다. 더 나아가 우리는 정서에 이름을 붙여서, 현재 이 순간에 어떤 정서와 동기 체계가 우리를 통하여 그리고 우리에게 작용하고 있는지를, 보다 예리하고도 적절하게 자각할 수 있게 된다. 이 모든 탐구 요소들은 인지행동치료사에게 익숙한 것들, 즉 탈중심화, 자동사고 알아차리기, 정서에 의한 신체적 반응 관찰하기, 정서에 이름 붙이기, 인지행동치료 기법들과 자료들로부터 적절한 반응들 선택하기, 특히 인지 재구조화, 불안 수용 그리고 정서 처리 향상시키기 등이다(Leahy, Tirch, & Napolitano, 2011). 아래에서는 마음챙김과 수용에 기반한 사고가 어떻게 정서를 조절하는지를 보여준다(Leahy et al., 2011). 이러한 '정서적, 지적 사고 기록'은 인지행동치료사가 지속적인 부정적 정서와 사고를 작업할 때, 마음챙김과 탐구 요소들을 어떻게 활용하는지를 보여주는 좋은 예이다. 불교심리학에 따르면, 마음챙김과 탐구 요소들은 우리 자신과 내담자가 큰 지혜와 분명한 앎이 있는 곳으로 가도록 도울 수 있다. 그러한 장소에서 우리는 세계에 어떻게 존재할지를 훨씬 더 잘 선택할 수 있음을 알게 될 것이다. 이러한 지혜와 관점을 가지고 사는 삶은 자각하는 마음의 또 다른 요소들로 흘러들어가기도 하고, 그곳으로부터 흘러나오기도 한다.

연습   정서적 지적 사고 기록: 깨달음의 분석적 추론

지침: 다음 주 동안 이 질문들을 사용하여 당신의 사고, 정서, 신체 감각, 가능한 반응을 더 많이 자각할 수 있도록 연습하세요. 당신이 스트레스를 받거나, 당신의 정서가 갑자기 부정적인 방향으로 옮겨가는 것을 알아차릴 때, 당신이 느끼고 있는 방식에 영향을 미치는 어떤 것을 알아차릴 때 이 기록지를 활용할 수 있습니다. 현재 이 순간에 일어나고 있는 것과 조율하는 바로 그때 실시간으로 이 기록지를 사용할 수 있습니다. 그렇지만 때로는 이것이 쉽지 않을 것입니다. 그렇다고 그것이 문제는 아닙니다. 조금 시간이 흐른 후에 이 기록지를 활용하여 하나의 사건에 대한 기억을 돌아보면서, 마치 일들이 이 순간에 일어났던 것처럼 이 질문을 할 수 있습니다. 이 기록을 사용할 때 마음챙김 자각을 훈련함으로써 계발시켜왔던 현재 이 순간에 초점을 맞추는 '순수한 주의Bare attention'를 할 수 있는 한 자각하세요. 연습할 때 어떤 질문이 생기거나 관찰되면, 그것을 모두 기록하세요. 그러면 다음 모임에서 치료사와 그것들을 나눌 수 있을 것입니다.

1. 상황

지금 당신의 환경에서 무슨 일이 일어나고 있나요? 당신은 어디에 있나요? 누가 당신과 함께 있나요? 당신은 무엇을 하고 있나요? 당신에게 영향을 미치고 있는 환경에서 무엇을 알아차리고 있나요?

2. 신체 감각

때때로 우리의 환경에서 어떤 것에 대한 우리의 반응은 '가슴이 두근거림'과 같이 신체에서 느껴질 수 있습니다. 할 수 있는 한 최대한으로 이 감각에 주의를 기울이는 것이 유용합니다. 이러한 경험에 민감하고 그것을 자각하는 것은 연습을 통해서 계발할 수 있습니다. 그러므로 특별히 어떤 것이라고 알아차리지 못했다면, 그 경험을 하도록 스스로 허용하세요. 그리고 잠시 시간을 갖고 현재에 존재하는 것은 무엇이든 관찰하도록 주의를 기울이세요. 이러한 상황에서 몸으로 경험하는 것을 알게 해주는 신체 감각은 무엇인가요? 당신의 몸 어디에서 그러한 감각을 느끼나요? 그러한 감각의 특성은 무엇인가요?

3. 정서

'감정 단어'를 사용하여 정서에 이름을 붙이는 것은 유용할 수 있습니다. 이 정서적 경험을 위한 공간을 실제로 만들고 그것을 허용할 시간을 가진다면, 이 순간에 당신이 느끼고 있는 이 정서를 어떤 '감정 단어'가 가장 잘 묘사할 수 있고 그 정서에 '이름을 붙일' 수 있을까요? 이 정서를 느끼고 있음을 얼마나 강렬하게 말할 수 있을까요? 가장 강렬한 감정이 점수 100이고 이 감정이 전혀 느껴지지 않는 것이 점수 0이라면, 이 정서에 대하여 0에서 100까지 점수를 매길 때 그것은 몇 점일까요?

4. 생각

이 상황에서 어떤 생각이 당신의 마음을 지나가고 있습니까? 스스로 질문해보세요. '지금 나의 마음을 지나고 있는 것은 무엇인가? 나의 마음은 나에게 무슨 말을 하고 있는 것인가? 나의 머리로 불쑥 나타나고 있는 것은 무엇인가?' 이 상황은 당신에 대하여 무엇이라 말하고 있나요? 이 상황은 당신의 미래에 대하여 무엇을 암시하나요? 이 상황에서 할 수 있는 한, 당신의 마음에 나타나는 생각의 흐름을 알아차려보세요. 지금 오고 있는 그 생각들은 무엇인가요?

5. 머무르기를 배우기

우리 인간은 위협적이거나 불쾌하게 보이는 것들을 없애려 하거나 피하는 것을 배워왔습니다. 이것은 당신이 그것에 대하여 생각할 때 확실해집니다. 당신과 당신의 치료사가 스트레스를 주는 생각과 감정을 억압하거나 없애려 한다면, 그것들은 때때로 더 강해질 것입니다. 그러므로 이것을 잠시 당신의 경험에 머무르기를 배울 수 있는 기회로 삼아보세요. 이 순간에 할 수 있는 한 많이 당신의 뇌의 흐름을 따라가면서 당신의 마음 앞에 펼쳐지는 것은 무엇이든 그것을 위한 공간을 만들어보세요. 순간순간 당신의 경험을 위한 공간 만들기를 하는 이 단순한 행동에 대하여 관찰했던 것은 아래의 빈칸에 무엇이든 써보세요.

6. 내면에 반응하기

이 상황에서 나타났던 생각, 정서, 감각을 충분히 경험하고 알아차렸다면, 이 순간에 어떻게 반응하는 것이 최선일까요? 마음을 집중하고 정서적으로 지적인 태도를 채택한다면, 이러한 생각과 감정은 마음에서 생기는 사건들이지, 그것 자체가 현실이 아님을 인지할 수 있을 것입니다. 당신은 상담자와 함께 작업하면서 스트레스를 주는 생각과 감정에 반응하는 많은 방법들을 배울 수 있습니다. 이번 주에 스스로 연습하기 위한 몇 가지 질문은 다음과 같습니다.

> "이 생각을 믿는 것이 나에게 어떤 대가를 치르게 하고 어떤 유익을 주는가?"
> "내가 정말로 이것을 믿었다면 어떻게 행동했을까?"
> "내가 이것을 믿지 않았다면 어떻게 행동했을까?"
> "이 상황에 직면했던 친구에게 나는 무슨 말을 했을까?"
> "이 사건에 어떤 욕구가 들어있을까? 어떻게 하면 지금 나 자신을 가장 잘 돌볼 수 있을까?"
> "나의 마음 안에 있는 이 사건들을 알아차리면서 관찰하고 행동 방침을 선택하여, 나의 목표에 도움이 되는 방법으로 행동할 수 있을까?"

아래의 빈칸에 당신의 반응과 관찰한 것을 적으세요.

_____

_____

_____

7. 외부에 반응하기

다음의 질문을 스스로에게 해보세요.

> "어떻게 하면 이 상황에서 나의 목표와 가치를 가장 잘 추구할 수 있을까?"
> "나의 삶을 의미 있고 가치 있게 살기 위하여 여기에서 해결해야 할 문제
>   가 있는가?"
> "이 상황에서 나의 목표와 가치에 잘 맞고 효율적인 방식으로 다른 사람
>   들과 어떻게 상호작용할 수 있을까?"
> "이 상황은 행동적 반응을 요구하는가? 어떤 행동이라도 취해야 하는가?"
> "아무것도 안 하는 것을 선택할 것인가?"
> "이 상황에서 어떻게 하면 나 자신을 가장 잘 돌볼 수 있을까?"

아래의 빈칸에 반응이나 관찰한 것은 무엇이든지 그것을 기록하세요. 그것들
은 당신의 개인적 가치와 잘 맞는 조치로, 삶에 도움이 된다고 느끼고, 이 상황
을 사용할 수 있는 방법이 들어있습니다.

_____

_____

_____

* 출판사의 허가를 받아 인용하였다(Leahy, Tirch, & Napolitano, 2011).

_____

요소 3: 깨달음에서 노력

때때로 '에너지'로 번역되는 노력Viriya의 요소는 괴로움으로부터 해방되어 현실로 깨어나는 과정에 헌신할 수 있는 정도를 반영한다. 이 요소는 특별히 미숙한 행동과 괴로움의 경험을 다룰 때, 점점 더 많은 수행을 하는 것이다. 모든 행동 변화는 교정하고 실수하고 이런 저런 노력을 하는 과정, 그리고 새롭게 다시 시작하는 과정을 포함한다. 수용전념치료, 변증법적 행동치료, 인지행동치료에서 사용하는 헌신과 행동변화 기법은 노력의 요소를 반영한 것이다. 우리는 마음챙김과 탐구를 통해서 세계에서 어떻게 존재할지를 선택할 수 있는 선천적 지혜와 관점으로 나아갈 수 있다. 만일 우리가 이렇게 '존재할 수 있는 능력Ability-to-be'을 깨닫고 실현할 수 있다면, 우리의 의지에 초점을 맞추어 목표에 이르도록 훈련받은 길을 따르려는 지속적인 노력을 하게 될 것이다. 우리는 그 상황이 요구하는 만큼 자주 다시 시작하면서, 지속적인 노력과 에너지의 요소를 통하여 특별한 행동과 전략들을 지속하거나 내려놓을 것이다. 그 말은 이 요소가 노력과 에너지 둘 다를 의미할 수 있다는 말이다. 우리가 행동의 활성화를 연습하거나(Dimidjian et al., 2660) 또는 가치 있는 목표를 성취하려는 연습을 할 때, 의미 있고 보상을 주는 활동에 더 진지하게 참여하면 할수록, 새롭게 발견되는 에너지와 각성을 더 많이 경험하는 자신을 발견할 것이다. 헌신과 참여는 우울과 무기력과 위축을 뒤바꿀 수 있다. 이렇게 삶에 진지하게 참여하고 더 큰 에너지를 경험한다면, 그것은 무의식적 반추, 자율신경증상, 낙심으로부터 벗어나는 것과 같을 수 있다. 그러면 우리는 노력에 깨어있게 되고, 우리의 에너지는 더 많이 깨어나면서 회복된다. 틱낫한이 말했듯이, "우리가 고통 중에 있을지라도, 삶의 의미를 알 수 있다면, 에너지와 기쁨을 느낄 것이다."(Nhat Hanh, 1973, p.216)

요소 4: 깨달음에서 기쁨

행복이나 기쁨Piti은 즐거움의 경험이다. 이런 형태의 축복은 주의가 깨달음을 향하여 더 많이 움직이는 데 도움이 되는 방식에 집중할 때 생긴다. 우리가 깨닫는 것은 불안, 수치심, 분노와 같이 위협에 기초한 정서를 회피하고 통제하려 할 때 우리의 행동 목록은 더욱 협소해지고, 우리의 주의는 경직되며, 우리의 선택은 위축된다는 것이다. 아마 위협적인 현실에 직면하는 만큼, 회피와 애착과의 투쟁을 부추기는 것은 없을 것이다. 또한 긍정적인 사회적 정서의 맥락에 있을 때 위로, 만족, 인지적 유연성, 공감을 확실하게 경험하게 될 것이다.

프레드릭슨의 확장과 건설 이론Broaden-and-build theory(Frederickson & Branigan, 2005)에 따르면, 긍정적 정서와 긍정적 사고를 더 자주 경험하는 사람들은 기능하는 분야 전체에 걸쳐서 더 확장된 반응을 할 수 있다. 반응 시간에서부터 삶의 만족까지 이어지는 행동의 차원들은 긍정적 정서의 경험과 관련이 있는 것 같다(Frederickson & Cohn, 2008). 따라서 지혜를 일깨우는 경험과 연결해서 잘 살 수 있는 능력은 인지적 또는 언어적 행동 중재의 우월함 그 이상이고, 그것은 행복과 연민의 경험에 자리하고 있다. 모든 일들이 깊이 상호 연관되었다는 것에 대한 지적 인식은 정서적 차원을 가질 것이다. 이와 유사하게 우리가 위로 받으면서, 대인관계에서 연결되었고, 만족스러운 공간에 머물 때, 이것은 우리가 분리의 망상을 논리적으로 지적으로 이해하는 방식과 매우 유사하게 우리의 마음을 조직한다. 아마도 기쁨은 깨달음에 포함되었을 것이다. 왜냐하면 유전적으로 자연스러운 선택은 깨달음을 경험하게 하여 감정을 강화하기 때문이다. 그러면 아마 이것은 기쁨이 실제로 그리고 최종적으로 또 다시 제자리로 돌아오는 것일 것이다.

요소 5: 깨달음에서 고요함

우리의 생각, 감정, 행동에서 활동의 자유는 종종 고요함으로 설명될 수 있는 평온함과 중심성의 경험을 수반한다. 다섯 번째 요소인 고요함 Passaddhi은 평온함과 집중 그리고 몸과 마음의 고요함을 말한다.

알다시피 우리의 만족 체계의 활동과 사회적 정서 경험은 신체적 이완, 연결감, 사회적 안전감 그리고 만족감이 혼합된 것이다(Gilbert, 2009a). 깨달음의 일곱 가지 요소들의 교훈에 따르면, 깊은 명상 수행을 지속적으로 하는 것과 팔정도는 평온함과 편안함의 경험을 활성화시키도록 도울 것이다. 이러한 고요함의 경험은 깨달음의 과정과 개인적 성장 과정에 더 깊이 참여하기 위한 적절한 맥락을 만들 수 있다. 인지행동치료의 현재 목표와 다섯 번째 요소 사이의 분명한 관련성은 자기와 타인에 대한 더 큰 연민과 의지와 마음챙김을 가지고, 스트레스, 불안, 압박감을 경험할 수 있는 능력을 계발한다는 것이다. 삶에서 느껴지는 많은 스트레스는 사회적 고립, 삶의 요구를 만족시켜줄 수 없을 것이라는 걱정 그리고 일반적으로 과잉된 산만함과 압력을 경험하는 것에서 비롯된다. 세상에서 삶의 경험은 비극일지 모르지만, 대부분 그날그날의 스트레스 요인들은 실제로 삶이나 죽음의 문제가 아니다. 그럼에도 불구하고 우리의 진화된 위협 탐지 시스템과 회피나 과잉보상에 대한 타고난 경향성은 실제적인 삶이나 죽음이라는 만일의 사태보다는 본질적으로 우리의 생존기제에 기초한 내적 외적 반응을 유발할 수 있다. 깨달음의 마음의 요소들은 현재 이 순간을 알아차리면서 접촉할 수 있게 하고, 정신적 사건의 성격과 기능을 탐구할 수 있게 하며, 의미 있고 생명을 살리는 행동에 지속적으로 참여하고 헌신할 수 있게 하며, 우리가 점점 더 많이 깨어남으로써 현재 이 순간에 일어나는 기쁨에 우리 자신을 개방할 수 있게 한다. 이렇게 논리적인 연속성에서 보면, 다음 단계는 행복과 기쁨에서 비롯되는 고요함과 평온함을 경험하는 것이다. 사회적 만족 경험이 생물학적으로 안전감을 환기시키듯이, 깨달음의 네 번째 요소인 기쁨은 고요함으로 나아가게 한다. 그 고요함은 모든 지각 있는 존재에 대한 깊고도 지속적인 연민의 경험과 초월적 지혜를 계발한다.

요소 6: 깨달음에서 집중

집중Samadhi은 마음을 정하여 가다듬는 것이고, 현재 이 순간에 주의를 기울이면서 마음에 초점을 맞추는 것이다. 사마디Samadhi의 경험에서는 제4장 팔정도의 건강한 집중 부분에서 설명했듯이, 자각과 주의의 과정들을 통합하는 것에 초점을 맞춘다. 전통적으로 서양에서는 보통 우리 자신의 외부에 있는 어떤 대상에 우리의 자각을 잘 조율하는 것을 집중이라고 이해한다. 집중에 대한 산스크리트어는 2개의 단어로 되었는데, 외부에 초점을 맞추는 것이 아니라 마음의 에너지를 모으는 것Bringing-together이다.

선 명상에서처럼 집중 명상 수행을 하는 수행자는 마음의 자원과 주의를 의식적으로 모아서, 그것을 초점의 대상으로 향하게 한다. 이 초점은 종종 호흡에 맞추어져 있다. 이제 집중의 초점을 다양한 정신 경험으로 가져오는 수행은 마음의 산만함을 고요하게 하는 것과 현재 중심의 자각을 유지할 수 있는 능력을 계발하도록 도울 수 있다. 중요한 것은 이렇게 마음을 고요하게 하는 것은 경험을 억압해서 되는 것이 아니라, 부드러운 연민의 마음으로 잠재적인 자원에 다시 방향을 맞추고, 그러한 자원을 훈련하여 이완된 초점 안에 집중을 담아내는 수행을 많이 반복함으로써 가능하다는 것이다.

틱낫한Thich Nhat Hanh(1973) 같은 불교심리학자들은 집중을 계발하는 것이 그 자체로 목적이 아니라고 말한다. 2000년대 초에 저자 가운데 한 사람Dennis Tirch이 외상 후 스트레스 장애를 위한 집단 상담을 실시했다. 거기에는 참전용사들에게 마음챙김과 집중 명상을 가르치는 프로그램이 있었다(Tirch & Amodio, 2006). 많은 참전용사들은 집중 명상 경험을 통하여 그들이 저격수 임무를 맡았을 때 효율적으로 임무를 수행하기 위해 배웠던 지속적인 초점이 기억났다고 말했다. 그러므로 우리가 알 수 있는 것은 깨달음의 많은 요소들 그리고 불교심리학의 많은 측면들처럼, 집중에 내재된 윤리적 또는 심리학적 가치는 그 가치를 적용한 것과 분리되지 않는다는 것이다. 집중이 깨달은 마음의 다른 구성요소들과 조화를 이루며 계발될 때 그리고 집중이 우리 자신과 세상에 있는 고통을 없애기 위한 동기와 조화를 이루며 계발될 때, 깨달음의 이 요소는 지혜, 연민, 전반적인 웰빙의 향상에 기여한다. 이것은 최소한 우리가 불교에서 발견하는 입장이다. 이것을 시험해보기 위하여 심리학자들은 과학적 가설을 세우고 연구를 수행할 필요가 있을 것이다. 그럼에도 불구하고 우리가 보아왔듯이, 상당히 많은 연구는 그러한 입장을 지지한다. 그리고 불교심리학에서 건강한 상태로 보는 것을 계발한다면, 그것은 정신과 신체의 건강, 그리고 다르마가 깨달음으로 묘사하는 것과 유사한 경험을 지속적으로 향상시키는 데 기여할 수 있다고 제안한다.

요소 7: 깨달음에서 평정심

평정심Upekkha 또는 마음의 균형과 비반응성은 깨달음의 일곱 번째 요소이다. 이러한 감정 상태는 숭고하고 만족스러우며 성취감을 주는 것으로 묘사된다. 다시 한번 말하지만, 이러한 상태의 요소들은 안전애착 그리고 안전에 기초한 정서조절 시스템(Gilbert, 2009a)과 연관된 만족감 상태와 유사하다. 평정심은 모든 것이 친밀하게 연결되었고, 동등하며 항상 변화한다는 앎을 자각하는 지혜를 반영한다. 평정심은 사물들이 존재하는 방식이 이러하다는 것을 수용하는 것을 반영한다. 더 나아가 모든 것은 존재해야 하는 방식대로 존재한다. 따라서 평정심은 비집착적, 비방어적 방식으로 경험하는 것에 개방되었다. 우뻬카Upekkha는 때때로 내버려두는 행동을 포함하는 것으로 번역된다. 모든 사물들이 동등하고 서로 연결되었다고 볼 때, 우리는 삶에 중립적으로 되거나 또는 무심해지는 것 같다. 그러나 이것이 평정심을 발달시키는 과정의 결과나 목표는 아니다. 관심과 연결을 포기하는 것과는 아주 달리 우뻬카는 모든 존재, 실은 모든 현상을 우리 자신의 한 부분으로 보는 것에서 오는 연민과 지혜를 담고 있다. 우리가 모든 사물들 안에 있는 우리 자신을 볼 때, 살아있는 경험 자체의 기쁨과 고통을 공감하면서, 우리의 정서는 비인격적이고 실제로 초월적인 방식으로 자애, 공감적 기쁨, 존재의 행동에 대한 따뜻한 관심을 갖는 데까지 확장된다. 이런 방식으로 깨달음의 일곱 번째 요소는 살아있는 존재의 아주 광범위한 경험을 향한 문을 개방한다.

사례 개념화, 팔정도 그리고 깨달음

깨달음의 요소들에 대하여 설명한 자료는 우리 인간 존재가 마음의 훈련을 통하여 잠재력을 성취할 수 있다는 특별한 관점의 전통에서 온 것이다. 이번 장은 깨달음의 개념이 인지행동심리학과 상호 연관성이 있고, 인지행동치료의 실행 가능한 측면들과 연관이 있다는 이 관점을 보여주려 한다. 물론 여기에서 개관하는 철학적 주장과 입장 중 많은 것은, 많은 인지행동치료사들에게는 생소하게 보일 것이다. 반면 수용기반 치료 그리고 연민기반 치료가 얼마나 유명하게 되었는지를 감안한다면, 이것은 아마 많은 독자들에게 익숙한 영역이 될 것이다.

잠정적으로 새로운 개념 또는 불교심리학의 광범위한 목표, 그런 것들과는 상관없이, 그것들 기저에 있는 가정을 면밀하게 살펴보면, 당연하게 받아들일 것이 거의 없다는 것을 알게 된다. 달라이 라마Dalai Lama가 반복해서 말했듯이, 과학이 불교의 어떤 부분이라도 틀렸음을 입증한다면, 불교는 바뀌어야 할 것이다. 전통적인 불교 수행자처럼, 인지행동치료사들도 믿음 위에 어떤 것도 두지 말 것을 배워야 할 것이다. 이렇게 되면 심리치료나 개인적 성장을 위하여 중도 개입법 또는 어떤 불교 수행이라도 적용하고자 하는 사람은 누구라도, 가설을 테스트할 때 만나는 모든 가르침들을 더 잘 다룰 것이다.

사례 개념화를 할 때, 불교심리학에서 나온 이 개념들은 인지행동치료에서 다루어질 수 있는 새로운 수많은 변수들을 우리에게 제공한다. 워크샵을 할 때 참여자들은 종종 특별한 형태의 명상, 상상, 또는 다른 불교심리학 기반 수행이 어떤 진단이나 증상군에 가장 잘 맞는지를 어떻게 하면 잘 알 수 있는지를 질문한다. 불교 마음수행의 특별한 측면들과 특별한 진단 분류를 동등하게 보기보다는 다르마에 정통한 기능적이고 차원적 접근법을 채택하여, 불교심리학에 인지행동치료 사례 개념화와 치료 계획을 추가할 것을 제안한다.

이 책 전체를 통하여 인간 기능의 특정 영역과 연관된 몇 가지 기법과 개념을 연결시켜놓았다. 이 자료를 사례 개념화에 적용하기 위하여 당신의 내담자에 대하여 일련의 질문을 스스로 할 수 있다. 그것의 목표는 마음챙김과 의지와 연민의 자리에서 그 질문에 답을 하는 것이다. 바라기는 당신이 개인 수행을 하면서, 그리고 당신이 상담하고 있는 이론이 무엇이든 (수용전념치료, 변증법적 행동치료, 인지치료 등) 그것과 일치하는 인지행동치료 사례 개념화를 공식화하면서, 당신은 마음챙김을 사용하기로 선택하고, 이 책의 시작 부분에서 질문했던 일련의 질문을 천천히 스스로 해보면 좋겠다.

연습   중도 개념화

먼저 마음챙김, 집중, 연민 또는 당신에게 유용한 명상 수행을 할 때처럼 주의를 모으세요. 당신을 지금 이 순간으로 데려와서 호흡에 머무르세요. 마음이 산만해지고 불가피한 방황을 하게 되면, 수행에서 배웠던 것처럼, 부드럽고 지속적으로 이 순간으로 당신 자신을 다시 데려오세요. 이 주의가 모아졌다면, 당신의 내담자를 떠올려보세요. 이 내담자를 상담할 때 당신의 정서적 경험과 관찰을 상기하면서, 공감적으로 내담자의 경험 속으로 들어가 보세요.

　　마음챙김 자각을 하는 이곳에서 연민의 지혜를 활용하여, 다음의 질문을 해보세요. 그리고 관찰한 것을 기록하세요. 당신의 반응을 글로 쓰거나 오디오 기계로 녹음을 해도 괜찮습니다. 이것은 마음챙김과 의도적인 사례 개념화를 연습하는 것이지, 눈을 감고하는 연습이 아닙니다. 이 연습은 내담자를 위한 것이고, 강점을 강화하기 위한 목표를 갖고 있지만, 당신을 위한 것이고, 우리가 공유하는 목표를 향상시키기 위한 것이기도 합니다. 즉, 타인과 우리 자신에게서 경험하는 고통을 줄이는 것이고, 깨달은 마음의 연민과 지혜에 깨어있기 위한 것입니다.

　　질문은 다음과 같습니다.

- **첫 번째 고귀한 진리:** 네 가지 고귀한 진리를 기억한다면, 이 내담자는 고통이 우리 모두에게 삶의 한 부분이라는 것을 얼마나 잘 깨닫고 받아들이기 시작했나요? 내담자는 이러한 공통된 인간성과 누구나 겪는 삶의 투쟁에 대하여 얼마나 많은 관심을 갖고 있나요? 내담자는 고통을 어떻게 이해하고 있나요?
- **두 번째 고귀한 진리:** 이 사람은 회피와 강박적 열망 패턴이 자신의 고통을 조종하고 있다는 것을 어느 정도로 깨닫고 있나요? 이 사람은 지나치게 회피하려는 자신의 노력이나 고통을 통제하는 것이 해롭다는 것, 즉 해결책이 더 문제라는 것을 얼마나 잘 인지하고 있나요? 그 사람

이 수용하지 않는 것과 상상의 결과에 지나치게 집착하는 것의 패턴은 무엇인가요?

- **세 번째 고귀한 진리:** 이 사람은 고통이 불가피하다는 것을 어느 정도로 인지하고 있나요? 고통이 선택이라는 것을 어느 정도로 인지하고 있나요? 이 내담자는 우리가 만일 회피와 지나친 열망 패턴을 내려놓는다면, 의미 있는 삶의 방향으로 나아가 고통을 중단시킬 수 있다는 생각을 얼마나 기꺼이 받아들일까요? 내담자는 어떻게 기꺼이 투쟁을 내려놓고 새로운 것을 시도할 수 있을까요? 이것은 그 사람에게 무엇과 같아 보일까요?

- **네 번째 고귀한 진리－중도:** 더 큰 깨달음과 의미를 지향하고 고통과 투쟁의 악순환에서 벗어나는 삶을 살도록 도울 때, 이 사람은 얼마나 기꺼이 새로운 행동 패턴에 참여하고 참여할 수 있을까요? 이 패턴은 무엇과 같아 보일까요? 이 과정에서 이 사람이 갖고 있는 어떤 강점이 자신에게 도움이 될까요? 그때 그 사람은 어떤 장애물을 발견할까요?

- **건강한 말:** 다른 사람들과 자기 자신과 명료함과 목적과 정직이 있는 곳에서, 그들의 진실을 말하고, 건강한 의사소통을 하고 있나요?

- **건강한 행동:** 불필요한 고통을 만들어내지 않고, 자기 자신과 타인의 웰빙을 촉진시키는 데 도움이 되는 건강한 행동을 하고 있나요?

- **건강한 생계:** 생명을 살리고 지혜로우며, 자기와 타인을 위한 연민의 목표를 추구하면서, 몸과 마음의 건강한 상태에 기여하는 방식으로 생계를 유지하고 있으며 자신을 지지하고 있나요?

- **건강한 노력:** 균형 잡히고 자기를 성장시키는 방식으로 건강하고 지속적인 노력을 하고 있나요? 그래서 자기와 타인의 행복을 촉진하고 고통을 없애려고 노력하고 있나요?

- **건강한 마음챙김:** 수용, 호기심, 친절함으로 현재 이 순간에 유연하고 집중적인 주의 기울이기를 계발하고 유지하고 있나요?

- **건강한 집중:** 주의를 모아서 집중하고 자각을 안내하여 한 방향으로 지속적인 초점을 유지하고 있나요?
- **건강한 의도:** 생각, 정서, 행동과 적절한 관계를 유지하면서 고통 완화와 웰빙 촉진 그리고 사물의 본성에 깨어있음에 초점을 맞추고 있나요?
- **건강한 이해:** 마음, 자기, 주변 세계와의 관계의 본성을 더 깊이 이해하여, 지혜와 연민을 계발하고 의미 있고 목적 있는 삶을 살고 있나요?

이 사람은 다음의 특성들을 어느 정도로 의식적으로 계발할 수 있나요? 그렇게 하면 그 사람 자신의 좋음과 주변 사람들의 좋음을 위하여, 살아있는 존재가 된다는 것의 의미가 무엇인지를 더 많이 깨닫고, 지혜와 연민과 방편을 의도적으로 계발할 수 있을 것입니다. 깨달음의 일곱 가지 요소들과 관련하여 성장을 위한 그 사람의 강점과 영역은 무엇인가요?

- **깨달음에서 마음챙김:** 자신의 경험을 수용하고, 판단하지 않으면서 그 경험의 목적을 갖고 지금 이 순간에 주의를 기울입니다.
- **깨달음에서 탐구:** 순간순간의 경험에 대하여 지혜롭고 합리적인 관점을 취하고, 새로운 관점을 갖기 위하여 진실하고 옳은 것이 무엇인지를 아는 타고난 느낌, 논리적 사고, 가치 있는 목표, 정서적 반응의 균형을 유지합니다.
- **깨달음에서 노력:** 헌신적이고 지속적인 노력을 하면서 정서적·신체적 자원을 바르게 활용하여 고통 완화를 추구합니다.
- **깨달음에서 기쁨:** 긍정적 정서 경험에 개방되었고, 기쁨과 건강하고 긍정적인 정서를 허용함으로써 그것이 자기와 타인을 위한 더 큰 지혜와 행복을 가리키는 나침반 역할을 하도록 합니다.
- **깨달음에서 고요함:** 삶의 과정에서 편안함, 평안과 고요함의 경험에 접속하여 그것을 깨닫습니다. 편안함과 부드러움과 온화함의 경험을 불필요한 긴장과 접촉하게 합니다.

- **깨달음에서 집중:** 생각의 흐름과 탈동일시하고 주의를 지속시킬 수 있는 능력을 의도적으로 계발합니다. 그리하여 인간으로 존재한다는 것의 의미에 대한 더 깊은 지식과 경험을 깨닫습니다.
- **깨달음에서 평정심:** 살아있는 모든 것들이 상호 연결되었고, 항상 변화하며, 현실 전반이 무수히 많은 인과로 연결되었으며, 이것들을 광범위하고 보편적인 맥락의 요소들로 보는 균형 잡히고 개방된 관점을 계발합니다. 그리고 자기연민과 균형 잡힌 마음으로 삶의 본성을 있는 그대로 수용합니다.

두 가지 연민의 심리학의 요소들은 다음과 같습니다.

- **연민이 있는 참여와 자각:** 이 내담자는 자기와 타인에게서 경험하는 고통에 어느 정도로 민감한가요? 세상에서 부딪히는 고통에 어느 정도로 다가갈 수 있나요?
- **연민이 있는 완화와 예방:** 이 내담자는 자기 자신과 타인의 고통을 완화하고 예방하려는 동기를 어느 정도로 가지고 있나요?

우리는 앞에서 소개했던 리타Rita와의 상담을 사례 개념화를 했다. 그것은 내담자를 불교와 인지행동치료의 통합의 관점에서 이해함으로써 만들어진 정보와 치료 방향의 한 예이다. 중요한 것은 그 사례 개념화가 의도적으로 마음챙김과 연민의 관점에서 이루어졌기 때문에, 의도적으로 마음챙김, 수용, 연민, 내적 지혜에 초점을 맞춘 것과 분석 능력이 결합되었음을 나타낸다는 것이다.

연습 리타에 대한 중도 사례 개념화

첫 번째 고귀한 진리: 네 가지 고귀한 진리를 기억해보세요. 이 내담자는 고통이 우리 모두에게 삶의 한 부분이라는 것을 얼마나 잘 깨닫고 받아들이기 시작했나요? 내담자는 고통을 어떻게 대하고 있나요?

리타는 처음에 자신과 같은 고통을 겪는 사람은 자신뿐이고, 자신은 그 고통을 느껴 마땅하다고 생각했어요. 그녀는 "증거 기반 치료는 나와 같은 사람에게는 효과가 없을 거예요"라고 말하곤 했어요. 게다가 처음에 그녀의 고통에 대하여 자신을 비난하고 그 고통을 받아 마땅하다는 말을 하면서, 자신의 고통에 대하여 자기 자신을 엄하게 비판하고 수치심을 느꼈어요.

두 번째 고귀한 진리: 이 사람은 회피와 강박적 열망 패턴이 그 사람의 고통을 조종하고 있다는 것을 어느 정도로 깨닫고 있나요? 그 사람이 수용하지 않는 것과 상상의 결과에 지나치게 집착하는 것의 패턴은 무엇인가요? 그 사람의 회피하기, 통제, 안전 행동은 무엇인가요? 이 사람은 지나치게 회피하려는 노력이나 고통을 통제하는 것이 해롭다는 것, 즉 해결책이 더 문제라는 것을 얼마나 잘 인지하고 있나요?

리타는 음주, 강박적 운동, 항우울제, 홀로 있기, 행동 체크하기, 집을 떠나지 않기 등 여러 가지 방법을 써 외상 후 스트레스 증후군과 공항장애를 회피하려고 했습니다. 그녀는 외상 후 스트레스 증후군을 지우려는 이전의 시도가 효과가 없음을 느끼고 상담에 왔어요. 그녀는 집을 떠나지 않고 관계를 무시하는 것이 어떻게 그녀를 '무기력하게' 했는지 그리고 '정상적'일 수 없었는지를 말했어요. 치료 초기에 리타는 문제가되는 것을 회피하고 통제하려는 노력 그리고 동시에 유익함과 필요성이 혼합된 신념들을 갖고 있었습니다. 그러나 그녀는 고통을 회피하거나 제거할 수 없을지도 모른다는 생각을 하면서 위안이나 타당성을 느꼈고, 지금까지 통제하려 했던 시도들이 전혀 유익하지 않았고 단지 그녀의 삶을 아주 작게 그리고 그녀의 선택을 더 제한적으로 만들 뿐이었음을 알게 되었습니다.

세 번째 고귀한 진리: 고통은 피할 수 없다는 것을 얼마나 인지하고 있고, 고통이 선택이라는 것을 어느 정도로 알고 있나요? 이 내담자는 회피와 지나친 열망 패턴을 내려놓는다면, 의미 있는 삶의 방향으로 나아가 고통을 없앨 수 있다는 생각을 얼마나 기꺼이 받아들이나요? 내담자는 고통과 씨름하기를 내려놓고 얼마나 기꺼이 새로운 방법을 시도하나요? 이것은 내담자에게 무엇처럼 보일까요?

리타는 상담에서 비교적 단기간에 고통을 회피하고 없애려는 자신의 시도가 소용없음을 알기 시작했을 때, 처음에는 그러한 시도를 내려놓고 새로운 방법을 시도하려고 노력했습니다. 그러나 그녀는 과거에 변화하려고 했던 시도들과 치료에 너무 실망해서 자신을 치료할 수 있다는 치료에 회의적이었습니다. 그녀는 '어떤 것도 나에겐 소용없어'라는 생각에 사로잡혀서 절망함과 동시에 이러한 신념이 언제나 맞았던 것이 두려웠다고 말했습니다. 리타는 그녀의 가치를 탐색하고 원하는 결과를 명료화하면서 새로운 행동을 하면 그녀의 고통과 투쟁이 그녀를 무기력하게 하고 갇혀 있는 느낌이 들게 하지 않을 것을 이해할 수 있게 되었습니다. 그녀는 투쟁을 내려놓는 과정이 '삶을 다시 배우는 것'이라고 보기 시작했습니다. '삶을 돌아보는' 리타의 이 과정은 가치와 목표를 명료화하기, 연민의 마음으로 노출하기, 생각과 정서의 마음챙김을 포함하였습니다. 그리고 회피와 통제 패턴을 변화시키는 과정을 통하여 그녀를 돕거나 코치하는 이상적인 연민의 이미지를 발달시킴으로써 그녀를 도왔습니다.

네 번째 고귀한 진리 — 중도: 더 큰 깨달음과 의미를 지향하고 고통과 투쟁하는 악순환에서 벗어나는 삶을 살도록 도울 때, 이 사람은 얼마나 기꺼이 새로운 행동 패턴에 참여하고 참여할 수 있을까요? 이 패턴은 무엇과 같아 보일까요? 이 과정에서 이 사람이 갖고 있는 어떤 힘이 그 사람에게 도움이 될까요? 그때 그 사람은 어떤 장애물을 발견할까요?

건강한 말: 명료함과 목적과 정직의 입장에 서서, 자신의 진리를 말하고 다른 사람들과 그리고 자기 자신과 건강한 의사소통을 하고 있나요?

장애물 처음에 리타는 많은 사람과 말하려 하지 않았다. 그녀는 고립되었고 낯선 사람, 지인, 친구들, 가족과 대화를 하지 않았고, 그녀가 누군가와 말을 할 때엔 분노와 절망 또는 자기 비하의 말을 하곤 했고, 자기 자신에게 말할 때엔 매우 거칠고 비판적으로 자기 자신을 '어리석은', '한심한' 또는 '패배자'라고 말했다. 이러한 혼잣말의 톤은 분노, 좌절, 경멸, 실망을 담고 있었다. 그녀는 자기 자신을 비난하고 경멸하면서 자주 자신은 고통을 받아 마땅하다고 생각했다.

강점 건강한 말을 하게 되었을 때 리타는 치료사와 효과적으로 의사소통할 수 있는 능력을 가질 수 있었고, 자주 정직해지려는 진솔한 위치에서 말했다.

건강한 행동: 불필요한 고통을 만들어내지 않고, 자기 자신과 타인의 웰빙을 촉진하는 건강한 행동에 참여하고 있나요?

장애물 리타는 오랫동안 회피하는 패턴을 가지고 있었다. 리타는 치료를 시작했을 때 수년 동안 술을 마셨고 정기적으로 담배를 피웠다. 그녀는 과거에 운동을 열정적으로 했고 그것은 마치 "자신이 하는 많은 일들처럼, 지치는 줄 모르고 하다가 무릎과 발목과 어깨를 다쳤던 것과 같다"라고 말했다.

강점 리타는 건강한 섭식과 영양을 소중하게 여겼고, 식물을 기르면서 정원 가꾸기를 좋아했다. 리타는 (과거에는 타인을 위해서 했지만 이제는) 자기 자신을 위하여 건강에 좋은 음식을 준비했다.

건강한 생계: 건강한 마음과 몸의 상태에 기여하는 방식으로 생계를 유지하고 자기 자신을 지지하면서, 자기와 타인을 위하여 생명 존중, 지혜, 연민의 목표를 촉진하고 있나요?

장애물 리타는 상담하러 왔을 때 실업 상태였다. 직장에서 불안과 공황장애를 경험하면서 직장을 그만두었다. 현재 가족의 도움을 받아 살고 있는데, 자기 자신을 '결코 완벽해질 수 없는' 완벽주의자와 일중독자라고 말한다. 리타가 직장에 있었을 때나 대학원에 있었을 때는 친구관계, 잠, 취미와 오락을 희생한 채, 다른 무엇보다도 일을 우선시했다.

강점 리타는 직장을 그만두기 전에 생물학 조교수로 일하고 있었다. 리타는 박사학위를 받고 자신을 훌륭한 학생이라고 생각했다. 새로운 것을 배우고 다른 사람에게 가르치는 것을 좋아한다.

건강한 노력: 균형 있게 자기를 성장시키는 방식으로 건강하고 지속적인 노력을 하고 있나요? 그래서 자기와 타인의 행복을 촉진하고 고통을 없애려고 노력하고 있나요?

장애물 리타는 자칭 완벽주의자이고 일중독자이다. 그녀는 실패를 회피하기 위해 할 수 있는 것은 무엇이든 할 것이고, 종종 프로젝트나 흥밋거리나 책임질 일은 끝까지 한다고 말한다. 그녀는 실패하거나 실패할 것 같으면 스스로 '기쁨이나 보상'을 거부하며, 종종 거칠고 비판적이며 나태함에 대하여 처벌적이다.

강점 리타는 언제나 균형 잡힌 삶을 살고자 하는 강한 욕망을 느꼈고, 언제나 다른 사람들이 좋다고 느끼는 한, 열심히 일하고 열심히 놀기를 격려한다고 말했다. 그러나 그녀는 어려서부터 자기 자신에게는 그와 같은 것을 허용할 수 없었다고 말한다.

건강한 마음챙김: 수용, 호기심, 친절함으로 현재 이 순간에 유연하고 집중적인 주의 기울이기를 계발하고 유지하고 있나요?

장애물 리타는 특별히 건강 염려증과 공황장애가 침투하고 플래시백을 경험할 때에는 마음챙김에 대하여 매우 회의적이었고 경계하였다. 그녀는 동시에 여러 가지 일을 하는 것과 자동조종장치 모드 그리고 특정 과제나 경험을 가능한 한 빨리 해내는 것을 잘한다고 말했다. 그녀는 자기 자신을 감독자로 보고, 계속해서 서두르라고 밀어붙이고, 자신이 판사와 배심원이 되어, 자신의 성과나 현재 안전 상태 또는 건강과 웰빙을 무자비하게 평가하고 면밀히 조사한다.

강점 리타는 마음챙김의 원리들을 이해하고 있었고, 정원가꾸기와 이전에 명상 수행을 할 때 마음챙김을 경험했음을 알게 되었다.

건강한 집중: 주의를 모아서 집중하고 자각을 안내하여 한 방향으로 지속적인 초점을 유지하고 있나요?

장애물 리타가 한 번에 여러 가지 일을 하고 침투적이고 고통스러운 경험이나 기억을 회피하려는 경향성이 있음을 감안하면, 리타에게 건강한 집중은 하나의 도전이었다. 그녀는 종종 원하지 않는 경험을 할 것이라는 두려움 때문에 지속적인 주의를 요구하는 어떤 과제도 회피했다. 그녀는 그 일을 잘 못할 것이고 다시 실패할 것이라는 것을 알기 때문에 한곳에 집중하는 것을 회피했다.

강점 리타는 건강한 집중의 가치를 인정할 수 있고 과거에는 이 능력을 갖고 있었다. 그녀는 도서관에서 한 권의 책이나 학술지 논문을 주의해서 읽을 수 있었던 대학원 시절로 되돌아가고 싶다는 말을 했다.

건강한 의도: 생각, 정서, 행동과 적절한 관계를 유지하며 고통 완화와 웰빙 촉진 그리고 사물의 본성에 깨어있음에 초점을 맞추고 있나요?

장애물 리타가 상담에 왔을 때 그녀는 자주 자신에게 경멸적인 반응을 했고, 강화가 아닌 처벌을 사용했다. 그녀는 모든 실패나 실수에 대한 책임을 스스로 지려했고, 자신의 사적 그리고 공적 사건과 경험에 대하여 가혹한 반응을 하였다. 특히 실수할 것을 알고 있었다는 것과 자신의 외상후 스트레스 증후군과 불안 경험을 피할 수 없음에 대하여 자신을 비판하고 비난하곤 했다.

강점 리타는 다른 사람들에 대한 건강한 의도를 갖게 되었을 때, 격려, 지지, 친절에 대한 큰 능력을 보여주었다. 그녀는 조망수용능력을 보여주었고, 다른 사람들이 잘 했던 것을 볼 수 있는 것 같았다. 그리고 특히 그녀가 교수였을 때 함께 일했던 대학원 동료와 학생에게서 건설적이고 유용하게 배울 점이 있음을 고찰하는 것 같았다.

건강한 이해: 마음, 자기 그리고 주변 세계와 맺는 관계의 본성을 깊이 이해하고, 지혜와 연민을 계발하여 의미 있고 목적 있는 삶을 살고 있나요?

장애물 리타는 자기 자신과 미래에 대하여 잘 준비된 부정적인 편견을 갖고 상담에 왔다. 그녀는 희망이 없고 비난받기에 충분하다고 말했다.

강점 리타는 자기 자신, 세계, 삶을 더 효과적으로 잘 깨달을 수 있기를 바란다고 말했다. 그녀는 새로우면서도 다른 세계관을 기꺼이 받아들이면서 계속해서 자기 자신과 타인들을 이해하기 위하여 새롭고 효과적인 점들을 찾고 있었다.

깨달음의 일곱 가지 요소: 이 사람은 다음의 특성들을 어느 정도로 의식적으로 계발할 수 있나요? 그렇게 하면 그 사람 자신의 좋음과 주변 사람들의 좋음을 위하여, 살아있는 존재가 된다는 것의 의미가 무엇인지를 더 많이 깨닫고, 지혜와 연민과 방편을 의도적으로 계발할 수 있을 것입니다.

(깨달음에서 마음챙김) 수용하고 목적을 갖고 자신의 경험을 판단하지 않음으로 지금 이 순간에 주의를 기울이는 것에 관하여 그 사람의 성장을 위한 강점과 영역은 무엇인가요?

리타는 처음에 마음챙김 수행과 부드러운 요가 수행에서 지금 이 순간과 접촉할 수 있는 능력을 점점 더 많이 보여주었다.

(깨달음에서 탐구) 순간순간의 경험에 대하여 지혜롭고 합리적인 관점을 취하고, 그리고 새로운 관점을 갖기 위하여 진실하고 옳은 것이 무엇인지를 아는 타고난 느낌, 논리적 사고, 가치 있는 목표, 정서적 반응의 균형을 유지하고 있나요?

리타는 예리한 지식과 합리적일 수 있는 능력을 갖고 있지만, 감정 상태와 직접적인 사태를 회피하여 논리와 이성에만 초점을 맞출 때에는 반추와 걱정에 휘말리게 될 수 있다.

(깨달음에서 노력) 헌신적이고 지속적인 노력을 하면서, 정서적 신체적 자원을 바르게 활용하여 고통 완화를 추구합니까?

리타는 그녀의 학문적 추구를 지속적으로 할 수 있는 능력이 있음에도 불구하고, 자신의 고통을 완화하고 예방하라는 자극을 받을 때 또는 개인적 성장을 해가면서 정서적 상태에 도전해야 할 때, 지속적이고 헌신적인 행동을 유지하기가 어려웠던 과거를 가지고 있다.

(깨달음에서 기쁨) 긍정적 정서 경험에 개방되었고 기쁨과 건강하고 긍정적인 정서를 허용함으로써 그것이 자기와 타인을 위한 더 큰 지혜와 행복을 가리키는 나침반 역할을 하도록 합니까?

이 내담자의 정서적 회피는 부정적 정서에만 제한되는 것이 아니었다. 그녀의 고통스러운 애착의 역사와 사회적 학습은 때로는 긍정적 정서가 느껴질 때에도 위협감을 경험하게 한다. 그렇기 때문에 긍정적 정서를 경험할 수 있도록 점진적 개방이 필요하다.

(깨달음에서 집중) 생각의 흐름과 탈동일시하고 주의를 지속시킬 수 있는 능력을 의도적으로 발달시켜, 인간으로 존재한다는 것의 의미에 대한 더 깊은 지식과 경험

을 깨닫습니까?

　내담자는 자극 물질과 접촉할 때, 그리고 정서적 회피를 하게 될 때, 지속적인 주의를 기울일 수 있는 능력을 가지고 있지만, 집중과 고요함을 계발하는 데 도움을 줄 수 있는 유연하고 집중된 주의를 발달시키기 위한 수행을 계속하는 것이 유용할 것이다.

(깨달음에서 평정심) 살아있는 모든 것들이 상호 연결되었고, 항상 변화하며, 현실 전반이 무수히 많은 인과적 연결로 되었으며, 이러한 것들을 광범위하고 보편적인 맥락에서 보는 균형 잡히고 개방된 관점을 계발하고 있습니까? 그리고 자기연민과 균형 잡힌 마음으로 삶의 본성을 있는 그대로 수용합니까?

　리타는 다른 사람들과 동물들에게 비판적이지 않으면서 연민의 마음을 가지고 그들을 비난하지 않을 수 있는 큰 능력을 가지고 있지만, 그녀의 자기 판단적 사고와 만성적인 수치심 경험 때문에, 자신의 경험이나 자기 자신에 대하여 비난하지 않는 관점을 갖는 데는 어려움을 겪고 있다.

이 내담자는 자기와 타인에게서 경험하는 고통에 어느 정도로 민감한가요? 그리고 현실에서 겪는 고통에 어느 정도로 다가갈 수 있나요? (연민이 있는 참여와 자각)

　현재 이 순간에 집중하는 민감성을 가지고 있는 리타의 능력은 잠재적 강점이고, 고통을 알아차리고 고통에 직면할 수 있는 그녀의 공감적 반응 정도는 높다. 그러나 그녀는 두려움과 고통에 직면하고 이 상황에 부딪히기 위하여 필요한 의지를 갖기가 어렵다.

이 내담자는 자기 자신과 타인들에게서 겪는 고통을 완화하고 예방하기 위하여 무엇인가를 하려는 동기를 어느 정도로 갖고 있나요? (연민이 있는 완화와 예방)

　리타는 자신의 고통을 완화하고 예방하기 위한 동기를 많이 가지고 있다. 그러나 만성적으로 일어나는 내적 경험을 바꾸기 위한 투쟁과 지속적인 회피 패턴은 그녀가 이 동기를 행동으로 옮기는 것을 어렵게 한다.

앞에서 다루었던 중도 개념화에 기초하여, 불교심리학을 접목한 치료가 상담 과정에서 얻는 유익이 무엇인지를 당신은 성찰하고 싶을 것이다. 예를 들어, 마음챙김의 관점을 유지하기 어려운 내담자는 노출과 반응을 하지 않는 동안 느껴지는 정서에 개방할 것을 촉진하기 위하여, 마음챙김의 관점을 유지하는 이 영역에서 더 많은 수행을 함으로써 유익을 얻을 것이다. 이와는 반대로 고집스럽게 행동적 회피와 지연 패턴을 가진 사람은 집중과 자기연민을 계발하고, 건강한 노력과 깨달음에서 노력을 위한 능력을 계발하는 것에서 유익을 얻을 것이다. 당신은 내담자와 함께 사례 개념화를 하고 치료 계획을 세우는 동안 관찰했던 것들을 내담자와 공유하고 싶을 것이다. 중요한 것은 이 사례 개념화가 내담자와의 상담에서 핵심적인 증거 기반 개입을 증대시키고 보완한다는 것이다. 그러한 개념화를 통한 구체적 치료 결과에 대한 연구는 없지만, 우리는 이 책 전체에서 연구를 조심스럽게 개관하고, 불교심리학을 접목한 인지행동치료를 지지하기 위한 기법을 제공하고 있다. 각각의 개입법은 잠재적으로 의미 있고 효과적인 과정과 결합되었다. 어떤 내담자들에게는 증상 감소 그리고 심지어는 가치 중심의 삶을 사는 것조차도 넘어설 것이다. 어떤 내담자들은 사물이 어떻게 존재하는지 그리고 자신이 누구인지에 대한 지혜를 점진적으로 더 많이 자각하고 고통을 완화시키기 위한 동기에 자신의 삶을 연결시킴으로써 유익을 얻을 것이다. 모든 내담자가 그럴 수는 없지만, 많은 내담자들이 이렇게 깊은 동기를 가지고 있을 것이다. 더 나아가 연민, 수용, 마음챙김과 같은 과정 그리고 팔정도의 요소들은 자신들이 추구하고 있는 것이 무엇인지를 정확히 모르는 사람들에게도 그들의 고통 완화에 도움이 된다. 둑카Dukkha의 원래 의미, 균형이 잡히지 않은 바퀴의 느낌처럼, 고통으로부터 해방되고 현실에 깨어나는 여정을 시작할 때 유일하게 필요한 것은 뭔가 잘못되었음을 아는 것 그리고 그것에 대하여 뭔가를 하려는 동기이다.

APPENDIX

불교심리학을 위한
기초 지식

APPENDIX 불교심리학을 위한 기초 지식

다음은 불교심리학의 기본적 요소를 간략하게 정리한 목록이다. 불교심리학의 중심사상 중 많은 부분이 목록의 형태로 서술되었기 때문에, 이 모든 요소들이 순서대로 나열되지는 않았다. 반대로 '깨달음의 일곱 가지 요소七覺支'처럼 묶음을 쉽게 떠올릴 수 있으면, 다양한 현상과 개념의 범위를 보다 쉽게 생각해내서 사례 개념화 및 개입에 활용할 수 있다. 다음의 항목은 인지행동치료에 대한 지식과 실천에 불교심리학에 대한 이해를 통합할 때 참조하면 도움이 될 것이다.

보리菩提, Bodhi: 깨달음, 각성
보리심菩提心, Bodhicitta: 모든 중생의 깨달음과 괴로움의 소멸에 대한 자발적인 열망
보살菩薩, Bodhisattva: 깨달음의 길에 있는 사람으로, 비록 자신이 괴로움에서 벗어나 깨닫는 것을 늦추더라도 모든 중생이 괴로움에서 벗어나 깨달음을 얻도록 일생을 바치는 사람

사무량심四無量心, Brahmaviharas: 네 가지 '측량할 수 없는 자질'로 (1) 연민 Karuna, (2) 자애Metta, (3) 공감적 기쁨Mudita, (4) 평정Upekkha

법法, Dharma: 우주의 법칙과 우주의 질서, 불교의 가르침

업業, Karma: '원인과 결과', 행동과 그 결과, 특히 개인의 행동과 의도가 미래에 끼칠 영향

반야바라밀다般若波羅蜜多, Prajna paramita: 초월적 지혜의 완성

공空, Shunyata: 본질적 존재 없음

첫 번째 고귀한 진리: 고苦, 괴로움Dukkha, 인지행동치료에서는 조건화된 현실, 자아, 괴로움

두 번째 고귀한 진리: 집集, 괴로움의 원인, 인지행동치료에서는 학습이론, 경험회피

세 번째 고귀한 진리: 멸滅, 괴로움으로부터 해방, 인지행동치료에서는 창의적 절망, 동기강화상담

네 번째 고귀한 진리: 중도中道 해방을 위한 여덟 가지 방법: 건강한 행동(건강한 말, 건강한 행동, 건강한 삶), 마음 훈련(건강한 노력, 건강한 마음챙김, 건강한 집중), 지혜(건강한 의도, 건강한 이해)

마음챙김의 네 가지 토대: (1) 몸에 대한 마음챙김Kaya-sati, (2) 감정에 대한 마음챙김Vedana-sati, (3) 마음이나 의식에 대한 마음챙김Citta-sati, (4) 정신현상에 대한 마음챙김Dhamma-sati

존재의 세 가지 특징三法印: (1) 항상 변화함, (2) 자아 없음, (3) 괴로움

깨달음의 일곱 가지 요소七覺支, Bojjhanga: (1) 깨달음에서 마음챙김Sati-sambojjhanga, (2) 깨달음에서 탐구Dhamma-vicaya-sambojjhanga, (3) 깨달음에서 노력Viriya-sambojjhanga, (4) 깨달음에서 기쁨Piti-sambojjhanga, (5) 깨달음에서 고요함Passaddhi-sambojjhanga, (6) 깨달음에서 집중Samadhi-sambojjhanga, (7) 깨달음에서 평정심Upekkha-sambojjhanga

두 가지 진리二諦, Two truths: 불교의 철학 또는 교리에서 말하는, 인간이 경험할 수 있는 두 가지 진리. 첫째 상대적 진리俗諦, Relative truth는 구체적이고 예측 가능한 세계, 개인과 환경의 분리에 대한 우리의 경험을 설명한다. 둘째 절대적 진리眞諦, Absolute truth,는 분리나 고유한 존재가 없는 모든 것에 대한 무한한 가능성의 상태를 설명함

참고문헌

Abramowitz, J. S., Tolin, D. F., & Street, G. P. (2001). Paradoxical effects of thought suppression: A meta-analysis of controlled studies. *Clinical Psychology Review, 21,* 683-703.

Adele, M. H., & Feldman, G. (2004). Clarifying the construct of mindfulness in the context of emotion regulation and the process of change in therapy. *Clinical Psychology, 11,* 255-262.

Alexander, C. N., Robinson, P., Orme-Johnson, D. W., Schneider, R. H., & Walton, K. G. (1994). The effects of transcendental meditation compared to other methods of relaxation and meditation in reducing risk factors, morbidity, and mortality. *Homeostasis, 35,* 243-263.

Alford, B. A., & Beck, A. T. (1998). *The integrative power of cognitive therapy.* New York: Guilford Press.

Allen, N. B., & Knight, W. E. J. (2005). Mindfulness, compassion for self, and compassion for others: Implications for understanding the psychopathology and treatment of depression. In P. Gilbert (Ed.), *Compassion: Conceptualisations, research and use in psychotherapy* (pp. 239-262). London: Routledge.

Allen, R. E. (1959). Anamnesis in Plato's "Meno and Phaedo." *Review of Metaphysics, 13,* 165-174.

Allman, J. M., Hakeem, A., Erwin, J. M., Nimchinsky, E., & Hof, P. (2001). The anterior cingulate cortex: The evolution of an interface between emotion and cognition. *Annals of the New York Academy of Science, 935*(1), 107-117.

Anderson, N. D., Lau, M. A., Segal, Z. V., & Bishop, S. R. (2007). Mindfulness based stress reduction and attentional control. *Clinical Psychology and Psychotherapy, 14*(6), 449-463.

Arch, J. J., & Craske, M. G. (2006). Mechanisms of mindfulness: Emotion regulation following a focused breathing instruction. *Behavior Research and Therapy, 44*, 1849-1858.

Astin, J. (1997). Stress reduction through mindfulness meditation: Effects in psychological symptomatology, sense of control and spiritual experiences. *Psychotherapy and Psychosomatics, 66*(2), 97-106.

Atkins, P., & Parker, S. (2011). Understanding individual compassion in organizations: The role of appraisals and psychological flexibility. *Academy of Management Review, 37*(4), 524-546.

Atkinson, A. P., & Wheeler, M. (2003). Evolutionary psychology's brain problem and the cognitive neuroscience of reasoning. In D. Over (Ed.), *Evolution and the psychology of thinking: The debate* (pp. 61-99). Hove, UK: Psychology Press.

Austin, J. H. (1999). *Zen and the brain: Toward an understanding of meditation and consciousness.* Cambridge, MA: MIT Press.

Baer, R. A. (2003). Mindfulness training as a clinical intervention: A conceptual and empirical review. *Clinical Psychology: Science and Practice, 10*, 125-143.

Baer, R. A. (2009). Self-focused attention and mechanisms of change in mindfulness-based treatment. *Cognitive Behaviour Therapy, 38*, 15-20.

Baker, L. R., & McNulty, J. K. (2011). Self-compassion and relationship maintenance: The moderating roles of conscientiousness and gender. *Journal of Personality and Social Psychology, 100*(5), 853-873.

Baker, T. B., McFall, R. M., & Shoham, V. (2009). Current status and future prospects of clinical psychology: Toward a scientifically principled approach to mental and behavioral health care. *Association for Psychological Science: Journal of the Association of Psychological Science, 9*, 67-103.

Barley, W. D., Buie, S. E., Peterson, E. W., Hollingsworth, A. S., Griva, M., Hickerson, S. C., et al. (1993). Development of an inpatient cognitive behavioral treatment program for borderline personality disorder. *Journal of Personality Disorders, 7*(3), 232-240.

Barlow, D. H. (2004). *Anxiety and its disorders: The nature and treatment of anxiety and panic*

(2nd ed.). New York: Guilford Press.

Barnard, L. K., & Curry, J. F. (2011). Self-compassion: Conceptualizations, correlates, and interventions. *Review of General Psychology, 15*, 289-303.

Barnes, S., Brown, K. W., Krusemark, E., Campbell, W. K., & Rogge, R. D. (2007). The role of mindfulness in romantic relationship satisfaction and responses to relationship stress. *Journal of Marital and Family Therapy, 33*(4), 482-500.

Barnes-Holmes, Y., Hayes, S.C., Barnes-Holmes, D., & Roche, B. (2002). Relational frame theory: A post-Skinnerian account of human language and cognition. *Advances in Childhood Development and Behavior, 28*, 101-138.

Bartels, A., & Zeki, S. (2004). The neural correlates of maternal and romantic love. *NeuroImage, 21*, 1155-1166.

Beck, A. T. (1970). *Depression: Causes and treatment.* New York: Harper & Row.

Beck, A. T. (1976). *Cognitive therapy and the emotional disorders.* New York: Meridian.

Beck, A. T. (2008). The evolution of the cognitive model of depression and its neurobiological correlates. *American Journal of Psychiatry, 165*(8), 969-977.

Beck, A. T., & Clark, D. A. (1988). Anxiety and depression: An information processing perspective. *Anxiety Research, 1*(1), 23-36.

Beck, A. T., Rush, A. J., Shaw, B. F., & Emery, G. (1979). *Cognitive therapy of depression.* New York: Guilford Press.

Becker, D. E., & Shapiro, D. (1981). Physiological responses to clicks during Zen, yoga, and TM. *Psychophysiology, 18*, 694-699.

Beer, R. (2003). *The handbook of Tibetan Buddhist symbols.* Boston: Shambhala.

Bein, A. (2008). *The Zen of helping: Spiritual principles for mindful and openhearted practice.* Hoboken, NJ: Wiley.

Bein, T. (2010). *The Buddha's way of happiness.* Oakland, CA: New Harbinger.

Beitel, M., Ferrer, E., & Cerero, J. J. (2005). Psychological mindedness and awareness of self and others. *Journal of Clinical Psychology, 61*, 739-750.

Bernstein, S. S. (2003). Positive organizational scholarship: Meet the movement. An interview with Kim Cameron, Jane Dutton, and Robert Quinn. *Journal of Management Inquiry, 12*, 266-271.

Birnie, K., Speca, M., & Carlson, L. E. (2010). Exploring self-compassion and empathy in the context of mindfulness-based stress reduction (MBSR). *Stress and Health, 26*(5), 359-371.

Bishop, S. R. (2002). What do we really know about mindfulness-based stress reduction? *Psychosomatic Medicine, 64*, 71-84.

Bishop, S. R., Lau, M., Shapiro, S., Carlson, L., Anderson, N. D., Carmody, J. C., et al. (2004). Mindfulness: A proposed operational definition. *Clinical Psychology: Science and Practice, 11*, 230-241.

Bodhi, B. (Ed.). (2000a). *Abhidhammatha Sangaha: A comprehensive manual of Abhidhamma.* Onalaska, WA: Buddhist Psychology/S. Pariyatti.

Bodhi, B. (2000b). *A comprehensive manual of Adhidhamma.* Seattle, WA: Buddhist Psychology/S. Pariyatti.

Bodhi, B. (Trans.). (2000c). *The connected discourses of the Buddha: A translation of the Samyutta Nikaya.* Somerville, MA: Wisdom.

Bodhi, B. (2005). *In the Buddha's words: An anthology of discourses from the Pali Canon.* Somerville, MA: Wisdom.

Bodhi, B., & Nanamoli, B. (Eds. & Trans.). (1995). *The middle length discourses of the Buddha: A new translation of the Majjhima Nikaya.* Somerville, MA: Wisdom.

Bonanno, G. A., Papa, A., Lalande, K., Westphal, M., & Coifman, K. (2004). The importance of being flexible: The ability to both enhance and suppress emotional expression predicts long-term adjustment. *Psychological Science, 15*, 482-487.

Borkovec, T. D., & Roemer, L. (1995). Perceived functions of worry among generalized anxiety disorder subjects: Distraction from more emotionally distressing topics? *Journal of Behavior Therapy and Experimental Psychiatry, 26*, 25-30.

Bowen, S., Chawla, N., Collins, S. E., Witkiewitz, K., Hsu, S., Grow, J., et al. (2009). Mindfulness-based relapse prevention for substance use disorders: A pilot efficacy trial. *Substance Abuse, 30*(4), 295-305.

Bowen, S., Chawla, N., & Marlatt, G. A. (2011). *Mindfulness-based relapse prevention for addictive behaviors: A clinician's guide.* New York: Guilford Press.

Brown, K. W., & Cordon, S. (2009). Toward a phenomenology of mindfulness: Subjective experience and emotional correlates. In F. Didonna (Ed.), *The clinical handbook of mindfulness* (pp. 59-81). New York: Springer.

Brown, K. W., & Gerbarg, P. L. (2012). *The healing power of breath.* Boston: Shambhala.

Brown, K. W., & Ryan, R. M. (2003). The benefits of being present: Mindfulness and its role in psychological well-being. *Journal of Personality and Social Psychology, 84*, 822-848.

Brown, K. W., & Ryan, R. M. (2004). Perils and promise in defining and measuring mindfulness: Observations from experience. *Clinical Psychology Science and Practice, 11*, 242-248.

Brown, K. W., Ryan, R. M., & Creswell, C. D. (2007). Mindfulness: Theoretical foundations and evidence for its salutary effects. *Psychological Inquiry, 18*, 211-237.

Buss, D. M. (1995). Evolutionary psychology: A new paradigm for psychological science. *Psychological Inquiry, 6*, 1-49.

Butler, A. C., Chapman, J. E., Forman, E. M., & Beck, A. T. (2006). The empirical status of cognitive-behavioral therapy: A review of meta-analyses. *Clinical Psychology Review, 26*(1), 17-31.

Cahn, B. R., & Polich, J. (2006). Meditation states and traits: EEG, ERP, and neuroimaging studies. *Psychological Bulletin, 132*, 180-211.

Campbell-Sills, L., Barlow, D. H., Brown, T. A., & Hofmann, S. G. (2006). Effects of suppression and acceptance on emotional responses on individuals with anxiety and mood disorders. *Behavior Research and Therapy, 44*, 1251-1263.

Carlson, L. E., & Brown, K. W. (2005). Validation of the Mindful Attention Awareness Scale in a cancer population. *Journal of Psychosomatic Research, 58*, 29-33.

Carlson, L. E., Speca, M., Faris, P., & Patel, K. D. (2007). One year pre-post intervention follow-up of psychological, immune, endocrine and blood pressure outcomes of mindfulness-based stress reduction (MBSR) in breast and prostate cancer outpatients. *Brain, Behavior, and Immunity, 21*(8), 1038-1049.

Carmody, J. (2009). Invited commentary: Evolving conceptions of mindfulness in clinical settings. *Journal of Cognitive Psychotherapy, 23*, 270-280.

Carmody, J., & Baer, R. A. (2008). Relationships between mindfulness practice and levels of mindfulness, medical and psychological symptoms and wellbeing in a mindfulness-based stress reduction program. *Journal of Behavioral Medicine, 31*(1), 23-33.

Carmody, J., Baer, R. A., Lykins, E. L. B., & Olendzki, N. (2009). An empirical study of the mechanisms of mindfulness in a mindfulness-based stress reduction program. *Journal of Clinical Psychology, 65*(6), 613-626.

Carson, J. W., Carson, K. M., Gil, K. M., & Baucom, D. H. (2004). Mindfulness-based relationship enhancement. *Behavior Therapy, 35*, 471-494.

Cerutti, D. T. (1989). Discrimination theory of rule-governed behavior. *Journal of the Experimental Analysis of Behavior, 51*, 259-276.

Chambers, R., Lo, B. C. Y., & Allen, N. B. (2008). The impact of intensive mindfulness training on attentional control, cognitive style, and affect. *Cognitive Therapy and Research, 32*, 303-322.

Chambless, D. L., & Ollendick, T. H. (2001). Empirically supported psychological interventions: Controversies and evidence. *Annual Review of Psychology, 52*(1), 685-716.

Chan, D., & Woollacott, M. (2007). Effects of level of meditation experience on attentional focus: Is the efficiency of executive or orientation networks improved? *Journal of Alternative and Complementary Medicine, 13*, 651-658.

Chang, V. Y., Palesh, O., Caldwell, R., Glasgow, N., Abramson, M., Luskin, F., et al. (2004). The effects of a mindfulness-based stress reduction program on stress, mindfulness self-efficacy, and positive states of mind. *Stress and Health, 20*(3), 141-147.

Chapman, A. L., Gratz, K. L., & Brown, M. Z. (2006). Solving the puzzle of deliberate self-harm: The experiential avoidance model. *Behaviour Research and Therapy, 44*, 371-394.

Chawla, N., & Ostafin, B. (2007). Experiential avoidance as a functional dimensional approach to psychopathology: An empirical review. *Journal of Clinical Psychology, 63*, 871-890.

Chen, S., & Ravallion, M. (2008). *The developing world is poorer than we thought, but no less successful in the fight against poverty* (World Bank Policy Research Working Paper Series 4703). Washington, DC: Development Research Group, World Bank.

Cheung, M. S. P., Gilbert, P., & Irons, C. (2004). An exploration of shame, social rank, and rumination in relation to depression. *Personality and Individual Differences, 36*, 1143-1153.

Chiesa, A., Calati, R., & Serretti, A. (2011). Does mindfulness training improve cognitive abilities?: A systematic review of neuropsychological findings. *Clinical Psychology Review, 31*, 449-464.

Chiles, J. A., & Strosahl, K. D. (2005). *Clinical manual for assessment and treatment of suicidal patients*. Washington, DC: American Psychiatric Publishing.

Chödrön, P. (2003). *Start where you are: A guide to compassionate living*. Boston: Shambhala.

Chödrön, P. (2007). *No time to lose: A timely guide to the way of the bodhisattva*. Boston: Shambhala.

Chödrön, P. (2012). *Don't believe everything you think: Cultivating a compassionate mind*. Boston: Shambhala.

Clark, D. M., Salkovskis, P. M., Hackmann, A., Wells, A., Ludgate, J., & Gelder, M. (1999). Brief cognitive therapy for panic disorder: A randomized controlled trial. *Journal of Consulting and Clinical Psychology, 67*(4), 583-589.

Clark, H. H. (1996). *Using language* (Vol. 4). Cambridge, UK: Cambridge University Press.

Cleary, T. F. (1994). *Dhammapada: The sayings of Buddha*. New York: Bantam Books.

Cochrane, A., Barnes-Holmes, D., Barnes-Holmes, Y., Stewart, I., & Luciano, C. (2007). Experiential avoidance and aversive visual images: Response delays and event-related potentials on a simple matching task. *Behaviour Research and Therapy, 45*(6), 1379-1388.

Coelho, H. F., Canter, P. H., & Ernst, E. (2007). Mindfulness-based cognitive therapy: evaluating current evidence and informing future research. *Journal of Consulting and Clinical Psychology, 75*(6), 1000-1005.

Coffey, K. A., & Hartman, M.(2008). Mechanisms of action in the inverse relationship between mindfulness and psychological distress. *Complementary Health Practice Review, 13*, 79-91.

Colby, F. (1991). An analogue study of the initial carryover effects of meditation, hypnosis, and relaxation using naïve college students. *Biofeedback and Self-Regulation, 16*, 157-165.

Collier, I. D. (2011). *Chinese mythology rocks!* New York: Enslow.

Condon, P., & DeSteno, D. (2011). Compassion for one reduces punishment for another, *Journal of Experimental Social Psychology, 47*(3), 698-701.

Cooper, M. (2012). *The compassionate mind approach to reducing stress: Using compassion focused therapy*. London: Constable & Robinson.

Corcoran, K. M., Farb, N., Anderson, A., & Segal, Z. V. (2010). Mindfulness and emotion regulation: Outcomes and possible mediating mechanisms. In A. M. Kring & D. M. Sloan (Eds.), *Emotion regulation and psychopathology: A transdiagnostic approach to etiology and treatment* (pp. 339-355). New York: Guilford Press.

Corrigan, F. M. (2004). Psychotherapy as assisted homeostasis: Activation of emotional processing mediated by the anterior cingulate cortex. *Medical Hypotheses, 63*, 968-973.

Crane, R. (2009). *Mindfulness-based cognitive therapy*. New York: Routledge.

Craske, M. G., Kircanski, K., Zelikowsky, M., Mystkowski, J., Chowdhury, N., & Baker, A. (2008). Optimizing inhibitory learning during exposure therapy. *Behaviour Research and Therapy, 46*, 5-27.

Cree, M. (2010). Compassion focused therapy with perinatal and mother-infant distress. *International Journal of Cognitive Therapy, 3*, 159-171.

Critchely, H. D. (2005). Neural mechanisms of autonomic, affective and cognitive integration. *Journal of Comparative Neurology, 493*, 154-166.

Crocker, J., & Canevello, A. (2008). Creating and undermining social support in communal relationships: the role of compassionate and self-image goals. *Journal of Personality and Social Psychology, 95*(3), 555-575.

Dahl, J., Lundgren, T., Plumb, J., & Stewart, I. (2009). *The art and science of valuing in psychotherapy: Helping patients discover, explore, and commit to valued action using acceptance and commitment therapy*. Oakland, CA: New Harbinger.

Dalai Lama, H. H. (1991). The Buddhist concept of mind. Mind science: An East-West dialogue. In H. H. Dalai Lama, H. Benson, R. A. F. Thurman, H. E. Gardner, & D. Goleman (Eds.), *Mind science: An East-West dialogue* (pp.11-18). Somerville, MA: Wisdom.

Dalai Lama, H. H. (1994). *A flash of lightning in the dark of night: A guide to the Bodhisattva's way of life*. Boston: Shambhala.

Dalai Lama, H. H. (2001). *Stages of meditation*. Ithaca, NY: Snow Lion.

Dalai Lama, H. H. (2005a). *Essence of the Heart Sutra: The Dalai Lama's heart of wisdom teachings*. Somerville, MA: Wisdom.

Dalai Lama, H. H. (2005b). *The universe in a single atom*. New York: Morgan Road Books.

Dalai Lama, H. H. (2011). *The transformed mind*. London, UK: Hachette.

Dalai Lama, H. H., & Ekman, P. (2008). *Emotional awareness: Overcoming the obstacles to psychological balance and compassion*. New York: Mac

Damasio, A., & Dolan, R. J. (1999). The feeling of what happens. *Nature, 401*, 847-847.

Das, L. S. (1997). *Awakening the Buddha within*. New York: Broadway.

Davidson, R. J. (2010). Empirical explorations of mindfulness: Conceptual and methodological conundrums. *Emotion, 10*(1), 8-11.

Davidson, R. J., Jackson, D. C., & Kalin, N. H. (2000). Emotion, plasticity, context, and regulation: Perspectives from affective neuroscience. *Psychological Bulletin, 126,* 890-909.

Davidson, R. J., Kabat-Zinn, J., Schumacher, J., Rosenkranz, M., Muller, D., Santorelli, S. F., et al. (2003). Alterations in brain and immune function produced by mindfulness meditation. *Psychosomatic Medicine, 65,* 564-570.

Davis, D. M., & Hayes, J. A. (2011). What are the benefits of mindfulness?: A practice review of psychotherapy-related research. *Psychotherapy, 48*(2), 198-208.

Deikman, A. (1982). *The observing self: Mysticism and psychotherapy.* Boston: Beacon Press.

Dekeyser, M., Raes, F., Leijssen, M. L., Leysen, S. S., & Dewulf, D. (2008). Mindfulness skills and interpersonal behavior. *Personality and Individual Differences, 44,* 1235-1245.

de la Fuente, M., Franco, C., & Salvador, M. (2010). Reduction of blood pressure in a group of hypertensive teachers through a program of mindfulness meditation. *Behavioral Psychology-Psicologia Conductual, 18*(3), 533-552.

Del Monte, M. M. (1995). Meditation and the unconscious. *Journal of Contemporary Psychotherapy, 25*(3), 223-242.

DeRubeis, R. J., Tang, T. Z., & Beck, A. T. (2001). Cognitive therapy. In K. S. Dobson (Ed.), *Handbook of cognitive-behavioral therapies* (2nd ed., pp. 349-392). New York: Guilford Press.

de Silva, P., (2005). *An introduction to Buddhist psychology* (4th ed.). London: Palgrave Macmillan.

Desimone, R., & Duncan, J. (1995). Neural mechanisms of selective visual attention. *Annual Review of Neuroscience, 18*(1), 193-222.

Didonna, F. (2009). Mindfulness-based interventions in an inpatient setting. In F. Didonna (Ed.), *Clinical handbook of mindfulness* (pp. 447-462). New York: Springer.

Dimidjian, S., & Linehan, M. M. (2003). Defining an agenda for future research on the clinical application of mindfulness practice. *Clinical Psychology: Science and Practice, 10,* 166-171.

Dobson, K. S. (Ed.). (2009). *Handbook of cognitive-behavioral therapies* (3rd ed.). New York: Guilford Press.

Domjan, M. (1998). *Principles of learning and behavior* (4th ed.). Pacific Grove, CA: Brooks-Cole.

Domjan, M. (2005). Pavlovian conditioning: A functional perspective. *Annual Review of Psychology, 56,* 179-206.

Donohue, B., Tracy, K., & Gorney, S. (2009). Anger (negative impulse) control. In W. T. O'Donohue & J. E. Fisher (Eds.), *General principles and empirically supported techniques of cognitive behavior therapy* (pp.115-123). Hoboken, NJ: Wiley.

Dowd, T., & McCleery, A. (2007). Elements of Buddhist philosophy in cognitive psychotherapy: The role of cultural specifics and universals. *Journal of Cognitive and Behavioral Psychotherapies, 7,* 67-79.

Dryden, W., & Still, A. (2006). Historical aspects of mindfulness and self acceptance in psychotherapy. *Journal of Rational-Emotive and Cognitive-Behavior Therapy, 24,* 3-28.

Duncan, J. (1980). The locus of interference in the perception of simultaneous stimuli. *Psychological Review, 87*(3), 272-300.

Dunkley, D. M., Zuroff, D. C., & Blankstein, K. R. (2003). Self-critical perfectionism and daily affect: Dispositional and situational influences on stress and coping. *Journal of Personality and Social Psychology, 84,* 234-252.

Dunkley, D. M., Zuroff, D. C., & Blankstein, K. R. (2006). Specific perfectionism components versus self-criticism in predicting maladjustment. *Personality and Individual Differences, 40,* 665-676.

Dunn, B. R., Hartigan, J. A., & Mikulas, W. L. (1999). Concentration and mindfulness meditations: Unique forms of consciousness? *Applied Psychophysiology and Biofeedback, 24,* 147-165.

Dymond, S., Roche, B., & Bennett, M. (2013). Relational frame theory and experimental psychopathology. In S. Dymond & B. Roche (Eds.), *Advances in relational frame theory and contextual behavioral science: Research and application* (pp.199-210). Oakland, CA: New Harbinger.

Ekers, D., Richards, D., & Gilbody, S. (2008). A meta-analysis of randomized trials of behavioural treatment of depression. *Psychological Medicine, 38,* 611-624.

Ellis, A. (1962). *Reason and emotion in psychotherapy.* New York: Carol.

Ellis, A. (2006). *The myth of self-esteem: How rational emotive behavior therapy can change your life forever.* New York: Prometheus Books.

Emmons, R. A., & McCullough, M. E. (2003). Counting blessings versus burdens: An experimental investigation of gratitude and subjective well-being in daily life. *Journal Personality and Social Psychology, 84*, 377-389.

Engström, M., & Söderfeldt, B. (2010). Brain activation during compassion meditation: A case study. *Journal of Alternative and Complementary Medicine, 16*(5), 597-599.

Epstein, N. (1995). *Thoughts without a thinker.* New York: Basic Books.

Farb, N. A. S., Anderson, A. K., Mayberg, H., Bean, J., McKeon, D., & Segal, Z. V. (2010). Minding one's emotions: Mindfulness training alters the neural expression of sadness. *Emotion, 10*, 25-33.

Farb, N. A. S., Segal, Z., Mayberg, V., Bean, H. J., McKeon, D., Fatima, Z., et al. (2007). Attending to the present: Mindfulness meditation reveals distinct neural modes of self-reference. *Social Cognitive and Affective Neuroscience, 2*(4), 313-322.

Festinger, L. (1957). *A theory of cognitive dissonance.* Stanford, CA: Stanford University Press.

Fledderus, M., Bohlmeijer, E. T., Smit, F., & Westerhof, G. J. (2010). Mental health promotion as a new goal in public mental health care: A randomized controlled trial of an intervention enhancing psychological flexibility. *American Journal of Public Health, 100*(12), 2372.

Fletcher, L. B., Schoendorff, B., & Hayes, S. C. (2010). Searching for mindfulness in the brain: A process-oriented approach to examining the neural correlates of mindfulness. *Mindfulness, 1*, 41-63.

Follette, V. M., Palm, K. M., & Hall, M. L. R. (2004). Acceptance, mindfulness, and trauma. In S. C. Hayes, V. M. Follette, M. Victoria, & M. M. Linehan (Eds.), *Mindfulness and acceptance: Expanding the cognitive behavioral tradition* (pp.192-208). New York: Guilford Press.

Forrest, M. S., & Hokanson, J. E. (1975). Depression and autonomic arousal reduction accompanying self-punitive behavior. *Journal of Abnormal Psychology, 84*(4), 346.

Forsyth, J. P., & Eifert, G. H. (2007). *The mindfulness and acceptance workbook for anxiety.* Oakland, CA: New Harbinger.

Forsyth, J. P., Parker, J. D., & Finlay, C. G. (2003). Anxiety sensitivity, controllability, and experiential avoidance and their relation to drug of choice and addiction severity in a residential sample of substance-abusing veterans. *Addictive Behaviors, 28*(5), 851-870.

Fredrickson, B. L., & Branigan, C. (2005). Positive emotions broaden the scope of attention and thought-action repertoires. *Cognition and Emotion, 19,* 313-332.

Fredrickson, B. L., Cohn, M. A., Coffey, K. A., Pek, J., & Finkel, S. M. (2008). Open hearts build lives: Positive emotions, induced through loving-kindness meditation, build consequential personal resources. *Journal of Personality and Social Psychology, 95*(5), 1045.

Frewen, P. A., Evans, E. M., Maraj, N., Dozois, D. J. A., & Partridge, K. (2008). Letting go: Mindfulness and negative automatic thinking. *Cognitive Therapy Research, 32,* 758-774.

Friedlander, P. G. (2009). Dhammapada traditions and translations. *Journal of Religious History, 33,* 215-234.

Fulton, P. R., & Seigel, R. D. (2005). Buddhist and Western psychology: Seeking common ground. In C. K. Germer, R. D. Siegel & P. R. Fulton (Eds.), *Mindfulness and psychotherapy* (pp. 36-58). New York: Guilford Press.

Gale, C., Gilbert, P., Read, N., & Goss, K. (2014). An evaluation of the impact of introducing compassion focused therapy to a standard treatment programme for people with eating disorders. *Clinical Psychology and Psychotherapy, 21*(1), 1-12.

Germer, C. K. (2005a). Mindfulness: What is it? Does it matter? In C. K. Germer, R. D. Seigel, & P. R. Fulton (Eds.), *Mindfulness and psychotherapy* (pp.3-27). New York: Guilford Press.

Germer, C. K. (2005b). Teaching mindfulness in therapy. In C. K. Germer, R. D. Seigel, & P. R. Fulton (Eds.), *Mindfulness and psychotherapy* (pp.113129). New York: Guilford Press.

Germer, C. K. (2009). *The mindful path to self-compassion: Freeing yourself from destructive thoughts and emotions.* New York: Guilford Press.

Germer, C. K. (2013). Cultivating compassion in psychotherapy. In C. K. Germer & R. D. Siegel (Eds.), *Wisdom and compassion in psychotherapy: Deepening mindfulness in clinical practice* (pp.93-110). New York: Guilford Press.

Germer, C. K., & Neff, K. D. (2011, July 21). *Mindful self-compassion training (MSC).* Paper presented at the Max Planck Institute for Human and Cognitive Brain Sciences conference "How to Train Compassion", Berlin, Germany.

Germer, C. K., Siegel, R. D., & Fulton, P. R. (Eds.). (2005). *Mindfulness and psychotherapy.* New York: Guilford Press.

Germer, C. K., & Siegel, R. D. (Eds.). (2013). *Wisdom and compassion in psychotherapy: Deepening mindfulness in clinical practice.* New York: Guilford Press.

Gifford, E. V., Kohlenberg, B. S., ,S. C., Antonuccio, D. O., Piasecki, M. M., & Rasmussen-Gilbert, P. (1989). *Human nature and suffering*. London: Erlbaum.

Gilbert, P. (1998a). The evolved basis and adaptive functions of cognitive distortions. *British Journal of Medical Psychology, 71*, 447-64.

Gilbert, P. (1998b). What is shame?: Some core issues and controversies. In P. Gilbert & B. Andrews (Eds.), *Shame: Interpersonal behavior, psychopathology, and culture* (pp.3-38). New York: Oxford University Press.

Gilbert, P. (2001). Evolutionary approaches to psychopathology: The role of natural defenses. *Australian and New Zealand Journal of Psychiatry, 35*, 17-27.

Gilbert, P. (Ed.). (2005a). *Compassion: Conceptualizations, research and use in psychotherapy*. New York: Routledge.

Gilbert, P. (2005b). Compassion and cruelty. In P. Gilbert (Ed.), *Compassion: Conceptualizations, research, and use in psychotherapy* (pp.9-74). New York: Routledge.

Gilbert, P. (2007). Evolved minds and compassion in the therapeutic relationship. In P. Gilbert & R. Leahy (Eds.), *The therapeutic relationship in the cognitive behavioral psychotherapies* (pp.106-142). New York: Routledge.

Gilbert, P. (2009a). *The compassionate mind*. London: Constable & Robinson.

Gilbert, P. (2009b). Introducing compassion-focused therapy. *Advances in Psychiatric Treatment, 15*, 199-209.

Gilbert, P. (2009c). *Overcoming depression: A guide to recovery* (rev. 3rd ed.). London: Constable & Robinson.

Gilbert, P. (2010a). *Compassion-focused therapy*. London: Routledge.

Gilbert, P. (2010b). Compassion focused therapy: A special section. *International Journal of Cognitive Therapy, 3*(2), 95-96.

Gilbert, P. (2010c). An introduction to compassion focused therapy in cognitive behavior therapy. *International Journal of Cognitive Therapy, 3*, 97-112.

Gilbert, P., Baldwin, M. W., Irons, C., Baccus, J. R., & Palmer, M. (2006). Self-criticism and self-warmth: An imagery study exploring their relation to depression. *Journal of Cognitive Psychotherapy, 20*(2), 183-200.

Gilbert, P., & Irons, C. (2005). Focused therapies and compassionate mind training for shame and self-attacking. In P. Gilbert (Ed.), *Compassion: Conceptualizations, research and use in psychotherapy* (pp.263-326). New York: Routledge.

Gilbert, P., & Leahy, R. (2007). *The therapeutic relationship in the cognitive behavioral psychotherapies.* New York: Routledge.

Gilbert, P., McEwan, K., Irons, C., Bhundia, R., Christie, R., Broomhead, C., et al. (2010). Self-harm in a mixed clinical population: The roles of selfcriticism, shame, and social rank. *British Journal of Clinical Psychology, 49,* 563-576.

Gilbert, P., & Procter, S. (2006). Compassionate mind training for people with high shame and self-criticism: Overview and pilot study of a group. *Clinical Psychology and Psychotherapy, 13,* 353-379.

Gilbert, P., & Waltz, J. (2010). Mindfulness and health behaviors. *Mindfulness, 1,* 227-234.

Goldstein, J., & Kornfield, (1987). *Seeking the heart of wisdom.* Boston: Shambhala.

Goleman, D. (1988). *The meditative mind.* New York: Putnam.

Goleman, D. (1991). A Western perspective. In D. P. Goleman & R. A. Thurman (Eds.), *Mind-science: An East-West dialogue* (pp.3-7). Somerville, MA: Wisdom.

Goodman, T. A. (2005). Working with children: Beginner's mind. In C. K. Germer, R. D. Seigel, & P. R. Fulton (Eds.), *Mindfulness and psychotherapy* (pp.197-219). New York: Guilford Press.

Goss, K. (2011). *The compassionate mind approach to beating overeating: Using compassion-focused therapy.* London: Constable & Robinson.

Goss, K., & Allen, S. (2010). Compassion focused therapy for eating disorders. *International Journal of Cognitive Therapy, 3,* 141-158.

Gottman, J. M. (1999). *The marriage clinic: A scientifically-based marital therapy.* New York: Norton.

Greene, B. (1999). *The elegant universe.* New York: Norton.

Greeson, J. M. (2009). Mindfulness research update: 2008. *Complementary Health Practice Review, 14*(1), 10-18.

Greeson, J., & Brantley, J. (2009). Mindfulness and anxiety disorders: Developing a wise relationship with the inner experience of fear. In F. Didonna (Ed.), *Clinical handbook of mindfulness* (pp.171-188). New York: Springer.

Gross, J. J., & John, O. P. (2003). Individual differences in two emotion regulation processes: Implications for affect, relationships, and well-being. *Journal of personality and Social*

Psychology, 85, 348-362.

Grossman, P., Neimann, L., Schmidt, S., & Walach, H. (2004). Mindfulness-based stress reduction and health benefits: A meta-analysis. *Journal of Psychosomatic Research, 57,* 35-43.

Guenther, H. V, & Kawamura, L. S. (1975). *Mind in Buddhist psychology.* Berkeley, CA: Dharma.

Gunaratana, B. H. (2002). *Mindfulness in plain English.* Somerville, MA: Wisdom.

Hale, L., Strauss, C., & Taylor, B. L. (2013). The effectiveness and acceptability of mindfulness-based therapy for obsessive compulsive disorder: A review of the literature. *Mindfulness, 4*(4), 375-382.

Hamilton, N. A., Kitzman, H., & Gutotte, S. (2006). Enhancing health and emotion: Mindfulness as a missing link between cognitive therapy and positive psychology. *Journal of Cognitive Psychotherapy, 20,* 123-134.

Hannan, S. E., & Tolin, D. F. (2005). Mindfulness-and behavior therapy for obsessive-compulsive disorder. In S. M. Orsillo & L. Roemer (Eds.), *Acceptance and mindfulness-based approaches to anxiety* (pp.271-299). New York: Springer.

Hartnett, S. J. (2010). Communication, social justice, and joyful commitment. *Western Journal of Communication, 74,* 68-93.

Hawton, K. E., Salkovskis, P. M., Kirk, J. E., & Clark, D. M. (1989). *Cognitive behaviour therapy for psychiatric problems: A practical guide.* Oxford, UK: Oxford University Press.

Hayes, A. M., & Feldman, G. (2004). Clarifying the construct of mindfulness in the context of emotion regulation and the process of change in therapy. *Clinical Psychology: Science and Practice, 11,* 255-262.

Hayes, S. C. (2002a). Acceptance, mindfulness and science. *Clinical Psychology : Science and Practice, 9,* 101-106.

Hayes, S. C. (2002b). Buddhism and acceptance and commitment therapy. *Cognitive and Behavioral Practice, 9,* 58-66.

Hayes, S. C. (2004a). Acceptance and commitment therapy and the new behavior therapies. In S. C. Hayes, V. M. Follette, & M. M. Linehan (Eds.), *Mindfulness and acceptance* (pp.1-29). New York: Guilford Press.

Hayes, S. C. (2004b). Acceptance and theory, and the third wave of behavioral and cognitive therapies. *Behavior Therapy, 35*(4), 639-665.

Hayes, S. C. (2008a). Avoiding the mistakes of the past. *Behavior Therapist, 31*(8), 150.

Hayes, S. C. (2008b). Climbing our hills: A beginning conversation on the comparison of acceptance and commitment therapy and traditional cognitive behavioral therapy. *Clinical Psychology: Science and Practice, 15*(4), 286-295.

Hayes, S. C., Follette, V. M., & Linehan, M. M. (Eds.). (2004). *Mindfulness and acceptance: Expanding the cognitive-behavioral tradition.* New York: Guilford Press.

Hayes, S. C., Luoma, J., Bond, F., Masuda, A., & Lillis, J. (2006). Acceptance and commitment therapy: Model, processes, and outcomes. *Behaviour Research and Therapy, 44*(1), 1-25.

Hayes, S. C., Orsillo, S. M., & Roemer, L. (2010). Changes in proposed mechanisms of action during an acceptance based behavior therapy for generalized anxiety disorder. *Behaviour Research and Therapy, 48*(3), 238-245.

Hayes, S. C., & Shenk, C. (2004). Operationalizing mindfulness without unnecessary attachments. *Clinical Psychology : Science and Practice, 11*, 249-254.

Hayes, S. C., & Smith, S. (2005). *Get out of your mind and into your life: The new acceptance and commitment therapy.* Oakland, CA: New Harbinger.

Hayes, S. C., Stroshal, K. D., & Wilson, K. G. (1999). *Acceptance and commitment therapy: An experiential approach to behavior change.* New York: Guilford Press.

Hayes, S. C., Strosahl, K. D., & Wilson, K. G. (2011). *Acceptance and commitment therapy: The process and practice of mindful change* (2nd ed.). New York: Guilford Press.

Hayes, S. C., Strosahl, K. D., Wilson, K. G., Bissett, R. T., Pistorello, J., Toarmino, D., et al. (2004). Measuring experiential avoidance: A preliminary test of a working model. *Psychological Record, 54*, 553-578.

Hayes, S. C., Villatte, M., Levin, M., & Hildebrandt, M. (2011). Open, aware, and active: Contextual approaches as an emerging trend in the behavioral and cognitive therapies. *Annual Review of Clinical Psychology, 7*, 141-168.

Hayes, S. C., & Wilson, K. G. (2003). Mindfulness: Method and process. *Clinical Psychology, 10*, 161-165.

Hayes, S. C., Wilson, K. G., Gifford, E. V., Follette, V. M., & Strosahl, K. D. (1996). Experiential avoidance and behavioral disorders: A functional dimensional approach to diagnosis and treatment. *Journal of Consulting and Clinical Psychology, 64*, 1152-1168.

Hayes, S. C., Zettle, R. D., & Rosenfarb, I. (1989). Rule following. In S. C. Hayes (Ed.), *Rule-governed behavior: Cognition, contingencies, and instructional control* (pp.191-220). New York: Plenum Press.

Hayes, S. K. (1992). *Enlightened self-protection: The kasumi-an ninja art tradition: An original workbook.* Dayton, OH: Nine Gates Press.

Heeren, A., Van Broeck, N., & Philippot, P. (2009). The effects of mindfulness on executive processes and autobiographical memory specificity. *Behaviour Research and Therapy, 48*, 403-409.

Henderson, L. (2010). *Improving social confidence and reducing shyness: Using compassion focused therapy.* London: Constable & Robinson.

Herbert, J. D., & Forman, E. M. (2011). The evolution of cognitive behavior therapy: The rise of psychological acceptance and mindfulness. In J. D. Herbert & E. M. Forman (Eds.), *Acceptance and mindfulness in cognitive behavior therapy: Understanding and applying the new therapies* (pp.3-25). Hoboken, NJ: Wiley.

Hirst, I. S. (2003). Perspectives on mindfulness. *Journal of Psychiatric and Mental Health Nursing, 1*, 359-366.

Hodgins, H. S., & Adair, K. C. (2010). Attentional processes and meditation. *Consciousness and Cognition, 19*, 872-878.

Hofmann, S. G. (2012). *An introduction to modern CBT: Psychological solutions to mental health problems.* Chichester, UK: Wiley-Blackwell.

Hofmann, S. G., Grossman, P., & Hinton, D. E. (2011). Loving-kindness and compassion meditation: Potential for psychological interventions. *Clinical Psychology Review, 31*, 1126-1132.

Hofmann, S. G., Sawyer, A. T., Witt, A. A., & Oh, D. (2010). The effect of mindfulness-based therapy on anxiety and depression: A meta-analytic review. *Journal of Consulting and Clinical Psychology, 78*, 169-183.

Hölzel, B. K., Carmody, J., Vangel, M., Congleton, C., Yerramsetti, S. M., Gard, T., et al. (2011). Mindfulness practice leads to increases in regional brain gray matter density. *Psychiatry Research: Neuroimaging, 191*, 36-43.

Hölzel, B. K., Lazar, S. W., Gard, T., Schuman-Olivier, Z., Vago, D. R., & Ott, U. (2011). How does mindfulness meditation work?: Proposing mechanisms of action from a conceptual and neural perspective. *Perspectives on Psychological Science, 6*(6), 537-559.

Hölzel, B. K., Ott, U., Gard, T., Hempel, H., Weygandt, M., Morgen, K., et al. (2008). Investigation of mindfulness meditation practitioners with voxel based morphometry. *Social Cognitive and Affective Neuroscience, 3*, 55-61.

Hutcherson, C. A., Seppala, E. M., & Gross, J. J. (2008). Loving-kindness meditation increases social connectedness. *Emotion, 8*(5), 720-724.

Huston, D. C., Garland, E. L., & Farb, N. A. (2011). Mechanisms of mindfulness in communication training. *Journal of Applied Communication Research, 39*, 406-421.

Irving, L. M., Snyder, C. R., Cheavens, J., Gravel, L., Hanke, J., Hilberg, P., et al. (2004). The relationship between hope and outcomes at the pretreatment, beginning, and later phases of psychotherapy. *Journal of Psychotherapy Integration, 4*, 419-443.

Jacobson, N. S., Dobson, K. S., Truax, P. A., Addis, M. E., Koerner, K., Gollan, J. K., et al. (1996). A component analysis of cognitive-behavioral treatment for depression. *Journal of Consulting and Clinical Psychology, 64*, 295-304.

Jacobson, N. S., Martell, C. R., & Dimidjian, S. (2001). Behavioral activation treatment for depression: Returning to contextual roots. *Clinical Psychology: Science and Practice, 8*(3), 255-270.

James, W. (2009). *The varieties of religious experience.* New York: Createspace. (Original work published 1902)

Jha, A. P., Krompinger, J., & Baime, M. J. (2007). Mindfulness training modifies subsystems of attention. *Cognitive, Affective, and Behavioral Neuroscience, 7*(2), 109-119.

Johnson, D. P., Penn, D. L., Fredrickson, B. L., Meyer, P. S., Kring, A. M., & Brantley, M. (2009). Loving-kindness meditation to enhance recovery from negative symptoms of schizophrenia. *Journal of Clinical Psychology, 65*(5), 499-509.

Josefsson, T., & Broberg, A. (2010). Meditators and non-meditators on sustained and executive attentional performance. *Mental Health, Religion, and Culture, 1*, 1-19.

Judge, L., Cleghorn, A., McEwan, K., & Gilbert, P. (2012). An exploration of group-based compassion focused therapy for a heterogeneous range of clients presenting to a community mental health team. *International Journal of Cognitive Therapy, 5*(4), 420-429.

Kabat-Zinn, J. (1982). An outpatient program in behavioral medicine for chronic pain patients based on the practice of mindfulness meditation: Theoretical considerations and preliminary results. *General Hospital Psychiatry, 4*(1), 33-47.

Kabat-Zinn, J. (1990). *Full catastrophe living: Using the wisdom of our body and mind to face stress, pain, and illness.* New York: Delta.

Kabat-Zinn, J. (2003). Mindfulness-based interventions in context: Past, present, and future. *Clinical Psychology, 10*, 144-156.

Kabat-Zinn, J. (2005). *Coming to our senses: Healing ourselves and the world through mindfulness.* New York: Hyperion.

Kabat-Zinn, J. (2009). Foreword. In F. Didonna (Ed.), *Clinical handbook of mindfulness* (pp. xxv-xxxiii). New York: Springer.

Kabat-Zinn, J., Massion, A. O., Kristeller, J., Peterson, L. G., Fletcher, K. E., Pbert, L., et al. (1992). Effectiveness of meditation-based stress reduction programs in the treatment of anxiety disorders. *American Journal of Psychiatry, 149*, 936-943.

Kalupahana. (1986). *The philosophy of the Middle Way.* Albany: State University of New York Press.

Kang, C. (2009). Buddhist and tantric perspectives on causality and society. *Journal of Buddhist Ethics, 16*, 69-103.

Kang, C., & Whittingham, K. (2010). Mindfulness: A dialogue between Buddhism and clinical psychology. *Mindfulness, 1*, 161-173.

Kanov, J. M., Maitlis, S., Worline, M. C., Dutton, J. E., Frost, P. J., & Lilius, J. M. (2004). Compassion in organizational life. *American Behavioral Scientist, 47*(6), 808-827.

Kasamatsu, A., & Hirai, T. (1973). An electroencephalographic study on Zen mediation (Zazen). *Journal of the American Institute for Hypnosis, 14*, 107-114.

Kashdan, T. B., Breen, W. E., & Julian, T. (2010). Everyday strivings in war veterans with posttraumatic stress disorder: Suffering from a hyper-focus on avoidance and emotion regulation. *Behavior Therapy, 41*(3), 350-363.

Kashdan, T. B., & McKnight, P. E. (2013). Commitment to a purpose in life: An antidote to the suffering by individuals with social anxiety disorder. *Emotion, 13*(6), 1150-1159.

Kazdin, A. E. (1979). Nonspecific treatment factors in psychotherapy outcome research. *Journal of Consulting and Clinical Psychology, 47*, 846-851.

Kelly, A. C., Zuroff, D. C., Foa, C. L., & Gilbert, P. (2010). Who benefits from training in self-compassionate self-regulation?: A study of smoking reduction. *Journal of Social and Clinical Psychology, 29*(7), 727-755.

Kelly, A. C., Zuroff, D. C., & Shapira, L. B. (2009). Soothing oneself and resisting self-attacks: The treatment of two intrapersonal deficits in depression vulnerability. *Cognitive Therapy and Research, 33*(3), 301-313.

Keng, S. L., Smoski, M. J., & Robins, C. J. (2011). Effects of mindfulness on psychological health: A review of empirical studies. *Clinical Psychology Review, 31*(6), 1041-1056.

Kessler, R. C., Chiu, W. T., Demler, O., & Walters, E. E. (2005). Prevalence, severity, and comorbidity of twelve-month DSM-IV disorders in the National Comorbidity Survey Replication (NCS-R). *Archives of General Psychiatry, 62,* 617-627.

Kessler, R. C., McGonagle, K. A., Zhao, S., Nelson, C. B., Hughes, M., Eshleman, S., et al. (1994). Lifetime and 12-month prevalence of DSM-III-R psychiatric disorders in the United States: Results from the National Comorbidity Survey. *Archives of General Psychiatry, 51,* 8-19.

Kim, J., Kim, S., Kim, J., Joeng, B., Park, C., Son, A., et al. (2011). Compassionate attitude towards others' suffering activates the mesolimbic neural system. *Neuropsychologia, 47,* 2073-2081.

Kimbrough, E., Magyari, T., Langenberg, P., Chesney, M., & Berman, B. (2010). Mindfulness intervention for child abuse survivors. *Journal of Clinical Psychology, 66*(1), 17-33.

Kohlenberg, R. J., & Tsai, M. (1991). *Functional analytic psychotherapy.* New York: Springer.

Kolts, R. L. (2012). *The compassionate mind approach to working with your anger: Using compassion-focused therapy.* London: Constable & Robinson.

Kornfield. J. (1993). *A path with heart.* New York: Bantam Books.

Kornfield, J. (2008). *The wise heart.* New York: Bantam Books.

Kosslyn, S. M., Ganis, G., & Thompson, W. L. (2001). Neural foundations of imagery. *Nature Reviews Neuroscience, 2*(9), 635-642.

Krisanaprakornkit, T., Krisanaprakornkit, W., Piyavhatkul, N., & Laopaiboon, M. (2005). Meditation therapy for anxiety disorders. *Cochrane Database of Systematic Reviews,* Issue 1 (Article No. CD004998).

Kurzban, R., & Leary, M. R. (2001). Evolutionary origins of stigmatization: The functions of social exclusion. *Psychological Bulletin, 127*(2), 187-208.

Kuyken, W., Watkins, E., Holden, E., White, K., Taylor, R. S., Byford, S., et al. (2010). How does mindfulness-based cognitive therapy work? *Behaviour Research and Therapy, 48*(11), 1105-1112.

Kwee, M. G. T. (Ed.). (1990). *Psychotherapy, meditation, and health: A cognitive behavioural perspective.* London: East-West.

Kwee, M. G. T. (1998). Relational Buddhism: A psychological quest for meaning and sustainable happiness. In P. T. Wong & P. S. Fry (Eds.), *The human quest for meaning.* (pp.443-448). Mahwah, NJ: Erlbaum.

Kwee, M. G. T. (2011). Relational Buddhism: An integrative psychology of happiness amidst existential suffering. In I. Boniwell & S. Davis (Eds.), *Oxford handbook of happiness* (pp. 357-370). Oxford, UK: Oxford University Press.

Kwee, M. G. T., & Ellis, A. (1998). The interface between rational emotive behavior therapy (REBT) and Zen. *Journal of rational-emotive and cognitive-behavior therapy, 16,* 5-43.

Kwee, M. G. T., Gergen, K. L., & Koshikawa, F. (2006). *Horizons in Buddhist psychology: Practice, research and theory.* Chagrin Falls, OH: Taos Institute Publications.

Laird, R. S., & Metalsky, G. I. (2009). Attribution change. In W. T. O'Donohue & J. E. Fisher (Eds.), *General principles and empirically supported techniques of cognitive behavior therapy* (pp.133-137). Hoboken, NJ: Wiley.

Laithwaite, H., O'Hanlon, M., Collins, P., Doyle, P., Abraham, L., Porter, S., et al. (2009). Recovery after psychosis (RAP): A compassion focused programme for individuals residing in high security settings. *Behavioural and Cognitive Psychotherapy, 39,* 511-526.

Lakey, C. E., Campbell, W. K., Brown, K. W., & Goodie, A. S. (2007). Dispositional mindfulness as a predictor of the severity of gambling outcomes. *Personality and Individual Differences, 43*(7), 1698-1710.

Lakey, C. E., Kernis, M. H., Heppner, W. L., & Lance, C. E. (2008). Individual differences in authenticity and mindfulness as predictors of verbal defensiveness. *Journal of Research in Personality, 42*(1), 230-238.

Lazar, S. W., Bush, G., Gollub, R. L., Fricchione, G. L., Khalsa, G., & Benson, H. (2000). Functional brain mapping of the relaxation response and meditation. *NeuroReport, 11,* 1581-1585.

Lazar, S. W., Kerr, C. E., Wasserman, R. H., Gray, J. R., Greve, D. N., Treadway, M. T., et. al. (2005).

Meditation experience is associated with increased cortical thickness. *NeuroReport, 16,* 1893-1897.

Leahy, R. L., & Rego, S. (2012). Cognitive restructuring. In T. O'Donohue & E. F. Jane (Eds.), *Cognitive behavior therapy: Core principles for practice* (pp.133-153). Hoboken, NJ: Wiley.

Leahy, R. L., Tirch, D. D., & Napolitano, L. A. (2011). *Emotion regulation in psychotherapy: A practitioner's guide.* New York: Guilford Press.

LeDoux, J. E. (1996). *The emotional brain.* New York: Simon & Schuster.

LeDoux, J. E. (1998). Fear and brain: Where have we been, and where are we going? *Biological Psychiatry, 44,* 1229-1238.

Ledoux, J. E. (2002). *The synaptic self.* New York: Viking Press.

Lee, D., & James, S. (2012). *The compassionate mind approach to recovering from trauma: Using compassion focused therapy.* London: Constable & Robinson.

Levesque, C., & Brown, K. W. (2007). Mindfulness as a moderator of the effect of implicit motivational self-concept on day-to-day behavioral motivation. *Motivation and Emotion, 31,* 284-299.

Levine, S. (1979). *A gradual awakening.* New York: Anchor Books.

Lieberman, M. D., Eisenberger, N. I., Crockett, M. J., Tom, S. M., Pfeifer, J. H., & Way, B. M. (2007). Putting feelings into words affect labeling disrupts amygdala activity in response to affective stimuli. *Psychological Science, 18,* 421-428.

Lillis, J., & Hayes, S. C. (2007). Applying acceptance, mindfulness, and values to the reduction of prejudice: A pilot study. *Behavior Modification, 31*(4), 389-411.

Lim, S., & Kim, L. (2005). Cognitive processing of emotional information in depression, panic, and somatoform disorder. *Journal of Abnormal Psychology, 114,* 50-61.

Linehan, M. M. (1993a). *Cognitive-behavioral treatment of borderline personality disorder.* New York: Guilford Press.

Linehan, M. M. (1993b). *Skills training manual for treating borderline personality disorder.* New York: Guilford Press.

Longe, O., Maratos, F. A., Gilbert, P., Evans, G., Volker, F., Rockliff, H., et al. (2010). Having a word with yourself: Neural correlates of self-criticism and self-reassurance. *NeuroImage, 49,* 1849-1856.

Lopez Jr., D. S. (2009). *Buddhism and science: A guide for the perplexed.* Chicago: University of

Chicago Press.

Lovibond, P. F., Mitchell, C. J., Minard, E., Brady, A., & Menzies, R. G. (2009). Safety behaviours preserve threat beliefs: Protection from extinction of human fear conditioning by an avoidance response. *Behaviour Research and Therapy, 47*, 716-720.

Lucre, K. M., & Corten, N. (2013). An exploration of group compassion focused therapy for personality disorder. *Psychology and Psychotherapy: Theory, Research and Practice, 85*, 387-400.

Lutz, A., Brefczynski-Lewis, J., Johnstone, T., & Davidson, R. J. (2008). Regulation of the neural circuitry of emotion by compassion meditation: Effects of meditative expertise. *PLoS ONE, 3*, 1-10.

Lutz, A., Greischar, L. L., Rawlings, N. B., Ricard, M., & Davidson, R. J. (2004). Long-term meditators self-induce high-amplitude gamma synchrony during mental practice. *Proceedings of the National Academy of Sciences of the United States of America, 101*(46), 16369-16373.

Lutz, A., Slagter, H. A., Dunne, J. D., & Davidson, R. J. (2008). Attention regulation and monitoring in meditation. *Trends in Cognitive Sciences, 12*(4), 163-169

Lutz, A., Slagter, H. A., Rawlings, N. B., Francis, A. D., Greischar, L. L., & Davidson, R. J. (2009). Mental training enhances attentional stability: Neural and behavioral evidence. *Journal of Neuroscience, 29*, 13418-13427.

Makransky, J. (2012). Compassion in Buddhist psychology. In C. K. Germer & R. D. Siegel (Eds.), *Compassion and wisdom in psychotherapy* (pp.61-74). New York: Guilford Press.

Mansell, W. (2008). What is CBT really and how can we enhance the impact of effective psychotherapies such as CBT? In R. House & D. Loewenthal (Eds.), *Against and for CBT: Towards a constructive dialogue* (pp.19-32). Herefordshire, UK: PCCS Books.

Marlatt, G. A., & Donovan, D. M. (Eds.). (2005). *Relapse prevention: Maintenance strategies in the treatment of addictive behaviors.* New York: Guilford Press.

Marshall, M. B., Zuroff, D. C., McBride, C., & Bagby, R. M. (2008). Self criticism predicts differential response to treatment for major depression. *Journal of Clinical Psychology, 64*(3), 231-244.

Martell, C. R., Addis, M. E., & Jacobson, N. S. (2001). *Depression in context: Strategies for guided action.* New York: Norton.

Martin, J. R. (1997). Mindfulness: A proposed common factor. *Journal of Psychotherapy Integration, 7,* 291-312.

Marx, B. P., & Sloan, D. M. (2005). Peritraumatic dissociation and experiential avoidance as predictors of posttraumatic stress symptomatology. *Behaviour Research and Therapy, 43*(5), 569-583.

Mayhew, S. L., & Gilbert, P. (2008). Compassionate mind training with people who hear malevolent voices: A case series report. *Clinical Psychology and Psychotherapy, 15,* 113-138.

McDonald, K., & Courtin, R. (2005). *How to meditate: A practical guide* (2nd ed.). Somerville, MA: Wisdom.

McDowd, J. M. (2007). An overview of attention: Behavior and brain. *Journal of Neurologic Physical Therapy, 31*(3), 98-103.

Miller, J. J., Fletcher, K., & Kabat-Zinn, J. (1995). Three-year follow-up and clinical implications of a mindfulness meditation-based stress reduction intervention in the treatment of anxiety disorders. *General Hospital Psychiatry, 17,* 192-200.

Mingyur, R. Y. (2007). *The joy of living: Unlocking the secret and science of happiness.* New York: Harmony Books.

Mingyur, R. Y., Rinpoche, Y. M., & Swanson, E. (2010). *Joyful wisdom.* New York: Random House.

Mirsky, A. F., Anthony, B. J., Duncan, C. C., Ahearn, M. B., & Kellam, S. G. (1991). Analysis of the elements of attention: A neuropsychological approach. *Neuropsychology Review, 2,* 109-145.

Mogg, K., Bradley, B. P., Williams, R., & Mathews, A. (1993). Subliminal processing of emotional information in anxiety and depression. *Journal of Abnormal Psychology, 102,* 304-311.

Moore, A., & Malinowski, P. (2009). Meditation, mindfulness and cognitive flexibility. *Consciousness and Cognition, 18*(1), 176-186.

Mosig, Y. D. (1989). Wisdom and compassion: What the Buddha taught a psycho-poetical analysis. *Journal of Theoretical and Philosophical Psychology, 9,* 27-36.

Moyers, B. (1993). *Healing the mind.* New York: Doubleday.

Neely, M. E., Schallert, D. L., Mohammed, S. S., Roberts, R. M., & Chen, Y. (2009).

Self-kindness when facing stress: The role of self-compassion, goal regulation, and support in college students' well-being. *Motivation and Emotion, 33*, 88-97.

Neff, K. D. (2003a). The development and validation of a scale to measure self compassion. *Self and Identity, 2*, 223-250.

Neff, K. D. (2003b). Self-compassion: An alternative conceptualization of a healthy attitude toward oneself. *Self and Identity, 2*, 85-101.

Neff, K. D. (2009). The role of self-compassion in development: A healthier way to relate to oneself. *Human Development, 52*, 211-214.

Neff, K. D. (2011a). Self-compassion, self-esteem, and well-being. *Social and Personality Psychology Compass, 5*, 1-12.

Neff, K. (2011b). *Self-compassion: The proven power of being kind to yourself.* New York: HarperCollins.

Neff, K. D. (2012). The science of self-compassion. In C. Germer & R. Siegel (Eds.), *Compassion and wisdom in psychotherapy* (pp.79-92). New York: Guilford Press.

Neff, K. D., & Germer, C. K. (2011, July). *Mindful self-compassion training.* Presented at the Max Planck Institute, Berlin, Germany.

Neff, K. D., & Germer, C. K. (2013). A pilot study and randomized controlled trial of the mindful self-compassion program. *Journal of Clinical Psychology, 69*(1), 28-44.

Neff, K. D., Hseih, Y., & Dejithirat, K. (2005). Self-compassion, achievement goals, and coping with academic failure. *Self and Identity, 4*, 263-287.

Neff, K. D., Kirkpatrick, K., & Rude, S. S. (2007). Self-compassion and its link to adaptive psychological functioning. *Journal of Research in Personality, 41*, 139-154.

Neff, K. D., Pisitsungkagarn, K., & Hseih, Y. (2008). Self-compassion and self construal in the United States, Thailand, and Taiwan. *Journal of Cross Cultural Psychology, 39*, 267-285.

Neff, K. D., Rude, S. S., & Kirkpatrick, K. (2007). An examination of self-compassion in relation to positive psychological functioning and personality traits. *Journal of Research in Personality, 41*, 908-916.

Neff, K. D., & Vonk, R. (2009). Self-compassion versus global self-esteem: Two different ways of relating to oneself. *Journal of Personality, 77*, 23-50.

Nhat Hanh, T. (1973). *The heart of Buddhist teachings.* Boston: Shambhala.

Nhat Hanh, T. (1975). *The miracles of mindfulness: A manual on meditation.* Boston: Beacon

Press.

Nhat Hanh, T. (1998). *The heart of the Buddha's teaching*. Berkeley, CA: Parallax Press.

Nolen-Hoeksema, S. (2000). The role of rumination in depressive disorders and mixed anxiety/depressive symptoms. *Journal of Abnormal Psychology, 109*, 504-511.

Nyanaponika, T. (1973). *The heart of Buddhist meditation*. New York: Weiser Books.

Olendzki, A. (2005). The roots of mindfulness. In C. K. Germer, R. D. Seigel, & P. R. Fulton (Eds.), *Mindfulness and psychotherapy* (pp.241-261). New York: Guilford Press.

Olendzki, A. (2010). *Unlimiting mind: The radically experiential psychology of Buddhism*. Somerville, MA: Wisdom.

Öst, L. G. (2008). Efficacy of the third wave of behavioral therapies: A systematic review and meta-analysis. *Behaviour Research and Therapy, 46*, 296-321.

Pace, T. W., Negi, L. T., Adame, D. D., Cole, S. P., Sivilli, T. I., Brown, T. D., et al. (2009). Effect of compassion meditation on neuroendocrine, innate immune and behavioral responses to psychosocial stress. *Psychoneuroendocrinology, 34*(1), 87-98.

Pagnoni, G., & Cekic, M. (2007). Age effects on gray matter volume and attentional performance in Zen meditation. *Neurobiology of Aging, 28*, 1623-1627.

Pani, L., Porcella, A., & Gessa, G. L. (2000). The role of stress in the pathophysiology of the dopaminergic system. *Molecular Psychiatry, 5*, 14-21.

Panksepp, J. (1994). The basics of basic emotion. In P. Ekman & R. J. Davidson (Eds.), *The nature of emotion* (pp. 20-24). New York: Oxford University Press.

Panksepp, J. (1998). The periconscious substrates of consciousness: Affective states and the evolutionary origins of the self. *Journal of Consciousness Studies, 5*(5-6), 566-582.

Pauley, G., & McPherson, S. (2010). The experience and meaning of compassion and self-compassion for individuals with depression or anxiety. *Psychology and Psychotherapy: Theory, Research and Practice, 83*(2), 129-143.

Pelden, K. (2007). *The nectar of Manjushri's speech: A detailed commentary on Shantideva's Way of the Bodhisattva (Padmakara Translation Group, Trans.)*. Boston: Shambhala.

Posner, M. I., & Petersen, S. E. (1990). The attention system of the human brain. *Annual Review of Neuroscience, 13*, 25-42.

Posner, M. I., & Rothbart, M. K. (2007). Research on attention networks as a model for the integration of psychological science. *Annual Review of Psychology, 58*, 1-23.

Rahula, W. (1959/1974). *What the Buddha taught*. New York: Grove Press.

Ramel, W., Goldin, P. R., Carmona, P. E., & McQuaid, J. R. (2004). The effects of mindfulness meditation on cognitive processes and affect in patients with past depression. *Cognitive Therapy and Research, 28*, 433-455.

Ramnero, J., & Torneke, N. (2008). *The ABCs of human behavior: Behavioral principles for the practicing clinician*. Oakland, CA: New Harbinger.

Rapgay, L., & Bystrisky, A. (2009). Classical mindfulness. *Annals of the New York Academy of Sciences, 1172*, 148-162.

Reale, G. (1987). *A history of ancient philosophy: From the origins to Socrates* (Vol. 1). Albany: State University of New York Press.

Rector, N. A., Bagby, R. M., Segal, Z. V., Joffe, R. T., & Levitt, A. (2000). Self-criticism and dependency in depressed patients treated with cognitive therapy or pharmacotherapy. *Cognitive Therapy and Research, 24*, 571-584.

Reibel, D. K., Greeson, J. M., Brainard, G. C., & Rosenzweig, S. (2001). Mindfulness-based stress reduction and health-related quality of life in a heterogeneous patient population. *General Hospital Psychiatry, 23*(4), 183-192.

Roemer, L., & Orsillo, S. M. (2002). Expanding our conceptualization of and treatment for generalized anxiety disorder: Integrating mindfulness/ acceptance-based approaches with existing cognitive behavioral models. *Clinical Psychology Science and Practice, 9*, 54-68.

Roemer, L., & Orsillo, S. M. (2007). An open trial of an acceptance-based behavior therapy for generalized anxiety disorder. *Behavior Therapy, 38*(1), 72-85.

Roemer, L., & Orsillo, S. M. (2009). *Mindfulness- and acceptance-based behavioral therapies in practice*. New York: Guilford Press.

Roemer, L., Orsillo, S. M., & Salters-Pedneault, K. (2008). Efficacy of an acceptance-based behavior therapy for generalized anxiety disorder: Evaluation in a randomized controlled trial. *Journal of Consulting and Clinical Psychology, 76*(6), 1083-1089.

Ruiz, F. J. (2010). A review of acceptance and commitment therapy (ACT) empirical evidence: Correlational, experimental psychopathology, component and outcome studies. *International Journal of Psychology and Psychological Therapy, 10*, 125-162.

Sachs-Ericsson, N., Verona, E., Joiner, T., & Preacher, J. K. (2006). Parental verbal abuse and the mediating role of self-criticism in adult internalizing disorders. *Journal of Affective*

Disorders, 93, 71-78.

Sahdra, B. K., MacLean, K. A., Ferrer, E., Shaver, P. R., Rosenberg, E. L., Jacobs, T. L., et al. (2011). Enhanced response inhibition during intensive meditation training predicts improvements in self-reported adaptive socio-emotional functioning. *Emotion, 11*(2), 299-312.

Salkovskis, P. M., Clark, D. M., Hackmann, A., Wells, A., & Gelder, M. G. (1999). An experimental investigation of the role of safety-seeking behaviours in the maintenance of panic disorder with agoraphobia. *Behaviour Research and Therapy, 37*(6), 559-574.

Salters-Pedneault, K., Tull, M. T., & Roemer, L. (2004). The role of avoidance of emotional material in the anxiety disorders. *Applied and Preventive Psychology, 11*, 95-114.

Santideva. (1997). *The way of the bodhisattva* (Padmakara Translation Group, Trans.). Boston: Shambhala.

Sears, R., Tirch, D., & Denton, R. (2011). *Mindfulness in clinical practice*. Sarasota, FL: Professional Resources Exchange.

Sedlmeier, P., Eberth, J., Schwarz, M., Zimmermann, D., Haarig, F., Jaeger, S., & Kunze, S. (2012). The psychological effects of meditation: A meta-analysis. *Psychological Bulletin, 138*(6), 1139-1171.

Segal, Z. V., Williams, J. M. G., & Teasdale, J. D. (2002). *Mindfulness-based cognitive therapy for depression: A new approach to preventing relapse*. New York: Guilford Press.

Segal, Z. V., Williams, J. M. G., & Teasdale, J. D. (2012). *Mindfulness-based cognitive therapy depression* (2nd ed.). New York: Guilford Press.

Shallcross, A. J., Troy, A. S., Boland, M., & Mauss, I. B. (2010). Let it be: Accepting negative emotional experiences predicts decreased negative affect and depressive symptoms. *Behaviour Research and Therapy, 48*(9), 921-929.

Shambhala dictionary of Buddhism and Zen. (1991). Boston: Shambhala.

Shantideva. (1997). *A guide to the Bodhisattva's way of life* (V. A. Wallace & B. A. Wallace, Trans.). Ithaca, NY: Snow Lion.

Shapiro, S. L., Astin, J. A., Bishop, S. R., & Cordova, M. (2005). Mindfulness-based stress reduction for health care professionals: Results from a randomized trial. *International Journal of Stress Management, 12*, 164-176.

Shapiro, S. L., & Schwartz, G. E. (2000). Intentional systemic mindfulness: An integrative model for self-regulation and health. *Advances in Mind-Body Medicine, 16,* 128-134.

Shepherd, D. A., & Cardon, M. S. (2009). Negative emotional reactions to project failure and the self-compassion to learn from the experience. *Journal of Management Studies, 46*(6), 923-949.

Siegel, D. J. (2007a). *The mindful brain.* New York: Norton.

Siegel, D. J. (2007b). Mindfulness training and neural integration: Differentiation of distinct streams of awareness and the cultivation of wellbeing. *Social Cognitive and Affective Neuroscience, 2,* 259-263.

Siegel, D. J. (2009). Mindful awareness, mindsight, and neural integration. *The Humanistic Psychologist, 37,* 137-158.

Siegel, R. D., Germer, C. K., Olendz A. (2009). Mindfulness: What is it? Where did it come from? In F. Didonna (Ed.), *Clinical handbook of mindfulness* (pp.17-35). New York: Springer.

Skinner, B. F. (1953). *Science and human behavior.* New York: Free Press.

Skinner, B. F. (1974). *About behaviourism.* New York: Random House Digital.

Snyder, C. R., Ilardi, S. S., Cheavens, J., Michael, S. T., Yamhure, L., & Sympson, S. (2000). The role of hope in cognitive-behavior therapies. *Cognitive Therapy and Research, 24,* 747-762.

Sopa, G. L., & Newman, B. (2008). *Steps on the path to enlightenment: A commentary on Tsong-kha-pa's Lamrim Chenmo: Vol. 3. The way of the bodhisattva.* Somerville, MA: Wisdom.

Stewart, I., Villatte, J., & McHugh, L. (2012). Approaches to the self. In L. McHugh & I. Stewart (Eds.), *The self and perspective taking: Contributions and applications from modern behavioral science* (pp.3-36). Oakland, CA: New Harbinger.

Succito, A. (2010). *Turning the wheel of truth: Commentary on the Buddha's first teaching.* Boston: Shambhala.

Surrey, J. L. (2005). Relational psychotherapy, relational mindfulness. In C. K. Germer, R. D. Siegel, & P. R. Fulton (Eds.), *Mindfulness and psychotherapy* (pp.91-110). New York: Guilford Press.

Suzuki, S. (1970). *Zen mind, beginner's mind.* Boston: Weatherhill Press.

Tang, Y. Y., Ma, Y., Fan, Y., Feng, H., Wang, J., Feng, S., et al. (2009). Central and autonomic nervous system interaction is altered by short-term meditation. *Proceedings of the National Academy of Sciences, 106,* 8865-8870.

Tangney, J. P. (1995). Shame and guilt in interpersonal relationships. In J. P. Tangney & K. W. Fischer (Eds.), *Self-conscious emotions: The psychology of shame, guilt, embarrassment, and pride* (pp.114-139). New York: Guilford Press.

Teasdale, J. D. (1999). Emotional processing, three modes of mind and the prevention of relapse and depression. *Behaviour Research and Therapy, 37*(Suppl.), S53-S77.

Teasdale, J. D., & Chaskalson, M. (2011). How does mindfulness transform suffering?: I. The nature and origins of dukkha. *Contemporary Buddhism, 12*(1), 89-102.

Teasdale, J. D., Moore, R. G., Hayhurst, H., Pope, M., Williams, S., & Segal, Z. V. (2002). Metacognitive awareness and prevention of relapse in depression: Empirical evidence. *Journal of Consulting and Clinical Psychology, 70,* 275-287.

Teasdale, J. D., Segal, Z. V., & Williams, J. M. G. (2003). Mindfulness training and problem formulation. *Clinical Psychology, 10,* 157-160.

Teasdale, J. D., Segal, Z. V., Williams, J. M. G., & Mark, G. (1995). How does cognitive therapy prevent depressive relapse and why should attentional control (mindfulness) training help? *Behaviour Research and Therapy, 33,* 25-39.

Terry, M. L., & Leary, M. R. (2011). Self-compassion, self-regulation, and health. *Self and Identity, 10*(3), 352-362.

Thera, N. (1962). *The heart of Buddhist meditation.* New York: Samuel Weiser.

Thera, S. (1998). *The way of mindfulness: The Satipatthana Sutta and its commentary.* Kandy, Sri Lanka: Buddhist Publication Society.

Thompson, B. L., & Waltz, J. (2008). Self-compassion and PTSD symptom severity. *Journal of Traumatic Stress, 21,* 556-558.

Thurman, R. (1997). *Essential Tibetan Buddhism.* Edison, NJ: Castle Books.

Tirch, D. D. (2010). Mindfulness as a context for the cultivation of compassion. *International Journal of Cognitive Therapy, 3*(2), 113-123.

Tirch, D. D. (2012). *The compassionate mind approach to overcoming anxiety: Using compassion focused therapy.* London: Constable & Robinson.

Tirch, D. D., & Amodio, R. (2006). Beyond mindfulness and posttraumatic stress disorder. In M. G. T. Kwee, K. J. Gergen, & F. Koshikawa (Eds.), *Horizons in Buddhist psychology* (pp.101-118). Taos, NM: Taos Institute Publications.

Tirch, D. [D.], & Gilbert, P. (2014). Compassion-focused therapy. In N. C. Thoma & D. McKay (Eds.), *Working with emotion in cognitive-behavioral therapy: Techniques for clinical practice* (pp.59-79). New York: Guilford Press.

Tirch, D. [D.], Schoendorff, B., & Silberstein, L. R. (2014). *The ACT practitioner's guide to the science of compassion: Tools for fostering psychological flexibility*. Oakland: CA: New Harbinger.

Toneatto, T., Vettese, L., & Nguyen, L. (2007). The role of mindfulness in the cognitive-behavioural treatment of problem gambling. *Journal of Gambling Issues, 19*, 91-100.

Törneke, N. (2010). *Learning RFT: An introduction to relational frame theory and its clinical application*. Oakland, CA: New Harbinger.

Treadway, M. T., & Lazar, M. T. (2009). The neurobiology of mindfulness. In F. Diodonna (Ed.), *Clinical handbook of mindfulness* (pp.45-58). New York: Springer.

Treanor, M. (2011). The potential impact of mindfulness on exposure and extinction learning in anxiety disorders. *Clinical Psychology Review, 31*, 617-625.

Trungpa, C. (2005). *The sanity we are born with*. Boston: Shambhala.

Tsong-Kha-Pa. (2002). *Lam Rim Chen Mo: The great treatise on the stages of the path to enlightenment* (Vol. 3; Lamrim Chenmo Translation Committee, Trans.). Ithaca, NY: Snow Lion.

Valentine, E., & Sweet, P. (1999). Meditation and attention: A comparison of the effects of concentrative and mindfulness meditation on sustained attention. *Mental Health, Religion and Culture, 2*, 59-70.

van den Hurk, P. A., Giommi, F., Gielen, S. C., Speckens, A. E., & Barendregt, H. P. (2010). Greater efficiency in attentional processing related to mindfulness meditation. *Quarterly Journal of Experimental Psychology, 63*, 1168-1180.

Varela, F. J. (1996). Neurophenomenology: A methodological remedy for the hard problem. *Journal of Consciousness Studies, 3*(4), 330-349.

Varela, F. [J.] (1997). The specious present: A neurophenomenlogy of time consciousness. In J. Petitot, F. J.Varela, J.-M. Roy, & B. Pachoud (Eds.), *Naturalizing phenomenology: Issues in contemporary phenomenology and cognitive science* (pp. 266-316). Stanford, CA: Stanford University Press.

Varela, F. [J.] (2000). Steps to a science of inter-being. In G. Watson, S., Batchelor, & G. Claxton (Eds.), *The psychology of awakening: Buddhism, science, and our day-to-day lives* (pp.71-89). Newbury Port, MA: Weiser Books.

Villagran, M., Goldsmith, J., Wittenberg-Lyles, E., & Baldwin, P. (2010). Creating COMFORT: A communication-based model for breaking bad news. *Communication Education, 59*(3), 220-234.

Voegelin, E. (1978). *Anamnesis* (G. Niemeyer, Trans. & Ed.). Notre Dame, IN: University of Notre Dame Press. (Originally published 1966)

Vujanovic, A. A., Zvolensky, M. J., Bernstein, A., Feldner, M. T., & McLeish, A. C. (2007). A test of the interactive effects of anxiety sensitivity and mindfulness in the prediction of anxious arousal, agoraphobic cognitions, and body vigilance. *Behaviour Research and Therapy, 45,* 1393-1400.

Wachs, K., & Cordova, J. V. (2007). Mindful relating: Exploring mindfulness and emotion repertoires in intimate relationships. *Journal of Marital and Family Therapy, 33,* 464-481.

Wallace, B. A. (2003). Introduction: Buddhism and science-Breaking down the barriers. In B. A. Wallace (Ed.), *Buddhism and science: Breaking new ground* (pp.1-30). New York: Columbia University Press.

Wallace, B. A. (2011). A Buddhist view of free will: Beyond determinism and indeterminism. *Journal of Consciousness Studies, 18*(3-4), 17-33.

Wallace, B. A., & Shapiro, S. L. (2006). Mental balance and well-being: Building bridges between Buddhism and Western psychology. *American Psychologist, 61*(7), 690-701.

Wang, S. (2005). A conceptual framework for integrating research related to the physiology of compassion and the wisdom of Buddhist teachings. In P. Gilbert (Ed.), *Compassion: Conceptualisations, research and use in psychotherapy* (pp.75-101). New York: Routledge.

Way, B. M., Creswell, D., Eisenberger, N. I., & Lieberman, M. D. (2010). Dispositional mindfulness and depressive symptomatology: Correlations with limbic and self-referential neural activity during rest. *Emotion, 10,* 12-24.

Webster's new world dictionary (3rd college ed.). (1988). New York: Websters New World.

Wegner, D. M., Schneider, D. J., Carter, S. R., & White, T. L. (1987). Paradoxical effects of thought suppression. *Journal of Personality and Social Psychology, 53,* 5-13.

Welford, M. (2010). A compassion focused approach to anxiety disorders. *International*

Journal of Cognitive Therapy, 3, 124-140.

Welford, M. (2012). *The compassionate mind approach to building self-confidence: Using compassion focused therapy.* London: Constable & Robinson.

Wells, A. (1995). Meta-cognition and worry: A cognitive model of generalized anxiety disorder. *Behavioural and Cognitive Psychotherapy, 23*(3), 301-320.

Wenzlaff, R. M., & Wegner, D. M. (2000). Thought suppression. *Annual Review of Psychology, 51*, 59-91.

White, K. S., Brown, T. A., Somers, T. J., & Barlow, D. H. (2006). Avoidance behavior in panic disorder: The moderating influence of perceived control. *Behaviour Research and Therapy, 44*, 147-157.

Wiist, W. H., Sullivan, B. M., George, D. M., & Wayment, H. A. (2012). Buddhists' religious and health practices. *Journal of Religion and Health, 51*, 132-147.

Williams, J. C., & Lynn, S. J. (2011). Acceptance: An historical and conceptual review. Imagination, *Cognition, and Personality, 30*(1), 5-56.

Williams, J. M. G. (2010). Mindfulness and psychological process. *Emotion, 10*, 1-7.

Wilson, D. S. (2004). What is wrong with absolute individual fitness? Trends in Ecology and *Evolution, 19*, 245-248.

Wilson, D. S. (2007). *Evolution for everyone: How Darwin's theory can change the way we think about our lives.* New York: Delcacort Press.

Wilson, D. S., Hayes, S. C., Biglan, A., & Embry, D. D. (2014). Evolving the future: Toward a science of intentional change. *Behavioral and Brain Sciences, 37*(4), 395-416.

Wilson, K. G., & DuFrene, T. (2009). *Mindfulness for two: An acceptance and commitment therapy approach to mindfulness in psychotherapy.* Oakland, CA: New Harbinger.

Wood, J. T. (2004). Buddhist influences on teaching and writing. *Journal of Communication and Religion, 27*, 32-39.

Woolfolk, R. L. (1998). *The cure of souls: Science, values, and psychotherapy.* San Francisco: Jossey-Bass.

Wupperman, P., Marlatt, G. A., Cunningham, A., Bowen, S., Berking, M., Mulvihill-Rivera, N., et al. (2012). Mindfulness and modification therapy for behavioral dysregulation: results from a pilot study targeting alcohol use and aggression in women. *Journal of Clinical Psychology, 68*(1), 50-66.

Yeshe, L. T., & Ribush, N. (2000). *Make your mind an ocean-Aspects of Buddhist psychology.* Geylang, Singapore: Amitabha Buddhist Centre.

Young, J. D. E., & Taylor, E. (1998). Meditation as a voluntary hypometabolic state of biological estivation. *Physiology, 13*(3), 149-153.

Zajonc, R. B. (1984). On the primacy of affect. *American Psychologist, 39,* 117-123.

Zeidan, F., Johnson, S. K., Gordon, N. S., & Goolkasian, P. (2010). Effects of brief and sham mindfulness meditation on mood and cardiovascular variables. *Journal of Alternative and Complementary Medicine, 16*(8), 867-873.

Zuroff, D. C., Mongrain, M., & Santor, D. A. (2004). Conceptualizing and measuring personality vulnerability to depression: Comment on Coyne and Whiffen (1995). *Psychological Bulletin, 130*(3), 489.

찾아보기

인명

불교심리학과
인지행동치료

자비중심치료 임상 실제

초판 발행 | 2024년 3월 5일

지은이 | 데니스 터치·로라 실버스타인·러셀 콜츠
옮긴이 | 윤희조·윤영선
펴낸이 | 김성배

책임편집 | 최장미
디자인 | 엄혜림, 엄해정
제작 | 김문갑

펴낸곳 | 도서출판 씨아이알
출판등록 | 제2-3285호(2001년 3월 19일)
주소 | (04626) 서울특별시 중구 필동로8길 43(예장동 1-151)
전화 | (02) 2275-8603(대표) 팩스 | (02) 2265-9394
홈페이지 | www.circom.co.kr

ISBN   979-11-6856-208-0 (93220)